D1994669

BASTEI
LÜBBE

Über den Autor:

Gunter Haug, geboren 1955 in Stuttgart, wohnt in Schwaigern bei Heilbronn. Der langjährige beliebte Fernsehmoderator hat zahlreiche historische Bücher, Romane und Kriminalromane veröffentlicht.

Gunter Haug

Niemands Tochter

Auf den Spuren eines
vergessenen Lebens

BASTEI
LÜBBE

BASTEI LÜBBE TASCHENBUCH
Band 61542

1. Auflage: April 2004
2. Auflage: September 2004
3. Auflage: Februar 2005
4. Auflage: September 2005
5. Auflage: Januar 2006

Überarbeitete Taschenbuchausgabe

Bastei Lübbe Taschenbücher in
der Verlagsgruppe Lübbe

Lizenzausgabe: Verlagsgruppe Lübbe GmbH & Co. KG,
Bergisch Gladbach
Einbandgestaltung: Tanja Østlyngen
Titelbild: Privatfoto
Satz: Dörlemann Satz, Lemförde
Druck und Verarbeitung: GGP Media GmbH, Pößneck
Printed in Germany
ISBN-13: 978-3-404-61542-1 (ab 01.01.2007)
ISBN-10: 3-404-61542-5

Meiner Mutter

26. Dezember 1965

Langsam kroch die riesenhaft anmutende Scheibe des Vollmondes hinter den Bergen der Frankenhöhe hervor und tauchte den Abend dieses zweiten Weihnachtsfeiertages in ein fahlgelbes Licht. Aus dichten Wolken fielen dicke Schneeflocken zur Erde und überzogen das Land allmählich mit einer weißen Decke. Die Schneekristalle benetzten das Gesicht des jungen Mannes, der frierend auf der weiten Rasenfläche des Kreiskrankenhauses von Rothenburg ob der Tauber stand, schmolzen, vermischten sich mit seinen Tränen und rannen ihm die Wangen hinunter. Doch der lange Zeit fast reglos ausharrende Mann bemerkte sie gar nicht. Er nahm auch nichts von der allmählichen Veränderung wahr, von der märchenhaften Weihnachtsstimmung, die sich über den vom Schnee beladenen Dächern, Straßen und Bäumen auszubreiten begann und sich durch den nunmehr hellen Schein des Mondes in eine fast unwirkliche, überirdisch anmutende Kulisse der romantischen alten Stadt verwandelte. Wieder und wieder blickte der Mann verzweifelt zu einem der erleuchteten Fenster im dritten Stock des Gebäudes hoch. Bittend hatte er die Hände gefaltet, und ganz leise bewegte er schließlich seine Lippen: »Bitte, lieber Gott, lass sie nicht sterben! Mutter, bitte, verlass uns nicht!«

Dort oben, hinter dem Fenster, kämpfte eine Frau den letzten Kampf ihres Lebens: Maria Staudacher, die Mutter des jungen Mannes. Sie lag seit dem gestrigen Abend auf der Intensivstation des Krankenhauses, angeschlossen an Apparaturen, verbunden mit medizinischen Überwachungsgeräten, mit Infusionsschläuchen, Drainagen und Geräten zur künstlichen Beatmung. Im Koma: nicht mehr ansprechbar, ohne jegliche Reaktion auf die hilflosen Versuche der Ärzte, einen Funken Bewusstsein in ihrem Gehirn aufzuspüren.

Der Oberarzt hatte den Angehörigen am Nachmittag keinerlei Hoffnung machen können, dass ihre Mutter den schweren Gehirnschlag, den sie am Abend des ersten Weihnachtsfeiertages im Kreis ihrer Angehörigen erlitten hatte, überleben könnte. Nicht einmal ein letztes Erwachen, ein kurzes Aufflackern von Leben, die Möglichkeit für die Kinder, sich von ihrer sterbenden Mutter zu verabschieden, hatte er in Aussicht gestellt. Maximal noch ein, zwei Tage Lebenserhaltung an den Maschinen auf der Intensivstation hatte er mit resigniertem Schulterzucken vorausgesagt. Freilich, andererseits könne man ja nie wissen: Die Medizin habe die Ärzte schließlich im Laufe der Geschichte schon so manches Wunder erleben lassen, wobei er sich in diesem schweren Fall allerdings nicht vorstellen könne, dass er mit seiner Prognose falsch liege. Dafür sei das Gehirn der Patientin viel zu stark und irreparabel geschädigt, nie wieder werde die Frau zu dem Menschen werden können, der sie einmal gewesen sei, niemals mehr so, wie sie, die Angehörigen, sie gekannt hätten: ihre Mutter. Bestenfalls, hatte der Mediziner gemeint und die beiden ältesten Söhne Willi und Erich dabei mit ernster Miene angeschaut, bestenfalls werde die Patientin als totaler Pflegefall noch ein paar Monate intensiv betreut weiterleben können, ohne allerdings jemals das Bewusstsein, ihr Bewusstsein als Mensch, wiederzuerlangen. Ob man also selbst bei einer solch eher unwahrscheinlichen Entwicklung wirklich vom besten Fall reden dürfe, daran hege er ernsthafte Zweifel. Anschließend hatte er die Hand Johann Staudachers, des Ehemanns der Schwerkranken, ergriffen und sie wortlos gedrückt. Der kleine, alte Mann, von seinen Söhnen Hans, Fritz und Werner gestützt, hatte die Worte des Arztes mit fassungslosem Kopfschütteln verfolgt.

Er konnte und wollte in seinem Schockzustand das eben Gehörte nicht aufnehmen, nicht annehmen, und fühlte sich, wie die anderen Familienmitglieder auch, schlicht nicht in der Lage, das Schicksal, das die Familie wie ein Blitz aus heiterem Himmel heimgesucht hatte, zu begreifen.

Da war doch gerade eben erst die Feier am ersten Weihnachtstag gewesen, auf die sich die beiden alten Leute schon so lange gefreut hatten, endlich wieder alle vereint vor dem festlich geschmückten Weihnachtsbaum im Haus von Willi, dem Ältesten, der die ganze Familie zu sich nach Hause eingeladen hatte. Drei Jahre nach dem Auszug von Fritz, dem jüngsten der insgesamt acht Geschwister, aus dem kleinen Haus mitten in Rothenburg. Die Vorfreude auf ein Wiedersehen mit ihm und dem Zweitjüngsten, Werner. Beide wollten sie zum ersten Mal wieder zu Besuch in ihre Geburtsstadt, nach Rothenburg, kommen, seit sie vor drei beziehungsweise vier Jahren in die Schweiz übergesiedelt waren. Auf der Flucht vor der Einberufung zum Wehrdienst waren sie, die überzeugten Wehrdienstgegner, die nie vergessen hatten, von welch schrecklichen Geschehnissen aus dem Zweiten Weltkrieg ihnen ihr Vater erzählt hatte, ins Ausland geflohen und hatten sich beide, der eine in Bern, der andere in Dornbirn, Arbeit besorgt, sicher vor dem Zugriff der deutschen Militärpolizei.

Wie Maria, ihre Mutter, sich in Briefen besorgt über das Wagnis geäußert hatte, dass sie nun an Weihnachten heimlich zur Familienfeier hierher zurückkehren wollten, wo es dann ein Leichtes gewesen wäre, sie dingfest zu machen, und wie doch überall zwischen den Zeilen die Vorfreude auf ein Wiedersehen im Kreis der Familie durchgeschimmert war. Endlich, nach diesen immer entbehrungsreichen, manchmal sogar brutalen Jahren, ausruhen zu können, sich zufrieden zurückzulehnen angesichts der Tatsache, dass man alle acht Kinder unter teilweise schwierigsten Bedingungen, oft genug am Rande des Existenzminimums, nicht nur hatte durchbringen können, sondern dass sich alle auch auf einem guten Weg in eine gesicherte Existenz befanden, dass keines in Gefahr war, abzugleiten ins soziale Nirgendwo, das war es, worauf die beiden alten Leute stolz waren, und das war es auch, was ihre Vorfreude auf dieses Weihnachtsfest des Jahres 1965 so groß hatte werden lassen wie niemals zuvor. »Die Früchte ernten, die man einmal bei Sturm und Hagel gesät hat« – so hatte es Johann kürzlich formuliert, was ihm, wie so oft, einen nachdenklich-vorwurfsvollen Blick seiner Frau Maria eingebracht hatte, die gleichwohl nicht minder stolz darauf war, dass die Familie es trotz Arbeitslosigkeit, trotz der großen Schar von Kindern und trotz der ärmlichen Verhältnisse, die jahrzehntelang in dem kleinen Haus im »Alten Keller« in Rothenburg geherrscht hatten, geschafft und ihr Schicksal gemeistert hatte.

Wie sie dann ausgerechnet auf Fritz, den Jüngsten, gewartet hatten, wie allmählich bei aller Wiedersehensfreude die Sorge in ihnen hochgestiegen war, man habe ihn womöglich bereits an der Grenze dingfest gemacht, als gesuchten Wehrdienstverweigerer identifiziert und der Militärpolizei überstellt. Wie dann schließlich das Telefon geläutet hatte (Willi war der Einzige in der Familie, der überhaupt schon ein Telefon besaß), worauf Maria die Augen geschlossen und die Handflächen zusammengepresst hatte, in der Hoffnung, der Anruf möge nicht von der Polizei kommen, wie Willi den Hörer abgenommen und Fritz sich von unterwegs gemeldet hatte – er würde sich um gut zwei Stunden verspäten, der Anschlusszug, in den er habe umsteigen wollen, sei ihm am Bahnsteig vor der Nase weggefahren …

All diese Erinnerungen schossen dem jungen Mann in Sekunden durch den Kopf, während er weiterhin, ohne seine Umgebung auch nur im Geringsten wahrzunehmen, unverwandt nach oben zu dem hell erleuchteten Krankenzimmer im dritten Stock emporblickte, in dem seine Mutter im Sterben lag. Oder war das eben doch nur die Meinung der Ärzte im Kreiskrankenhaus, die ja schließlich keine Spezialisten auf diesem Gebiet waren und sein konnten, sondern Feld-Wald-und-Wiesenärzte in einem Kreiskrankenhaus. Wahrscheinlich sollte er sich morgen schon zusammen mit dem Bruder Willi, der ja schließlich als Verwaltungsbeamter wissen musste, wie man Verbindungen knüpfen konnte, um die schleunige Verlegung der Mutter in ein Spezialkrankenhaus kümmern. Wer weiß, was diesen Ärzten an diagnostischen Mitteln und medizinischer Erfahrung zur Verfügung stand, vielleicht würden die dann zu ganz anderen Ergebnissen und Prognosen gelangen. Egal, welche Kosten dabei entstehen würden, das wäre das Mindeste, was sie, die acht Kinder, für ihre Mutter tun konnten, tun mussten. Und vielleicht … Hatte nicht selbst der pessimistisch gestimmte Oberarzt im Rothenburger Krankenhaus von medizinischen Wundern gesprochen, die sich manchmal entgegen allen Voraussagen und medizinischen Erfahrungen eben doch ereigneten?

Wunder! Ja, warum sollte gerade in diesem Fall ein solches Wunder denn nicht möglich sein? Hatte es diese Frau denn nicht ganz besonders verdient, nun ein paar ruhige, sorgenfreie Jahre zu verleben, war sie denn mit ihren zweiundsechzig Jahren überhaupt schon alt genug zum Sterben? Man muss ganz fest daran glauben, dass der Albtraum wieder aufhört, dachte er, und dann wird er auch aufhören! Ein Stich traf ihn mitten ins Herz: Das Licht im Zimmer seiner Mutter war ausgegangen! Wie ein bedrohliches, finsteres Loch präsentierte sich mit einem Schlag das gerade noch hell erleuchtete Fenster, in dem Maria Staudacher den letzten Kampf ihres Lebens verloren hatte. Ein gequälter Schrei drang aus dem Mund des jungen Mannes, ein einziges Wort: »Mutter!«, dann begann er hemmungslos zu weinen …

»Das Leben meiner Großmutter beschreiben! Was soll denn daran spannend gewesen sein? Solch eine Abhandlung interessiert doch keine Menschenseele!«

Ich weiß noch genau, wie ich neben meiner Mutter in der Küche meines Elternhauses stand und ihr – zum wiederholten Male – zu erklären versuchte, dass es sinnlos sei, mich von einem Projekt überzeugen zu wollen, das mich nicht im Geringsten ansprach. Ein Buch über eine Frau, die ich so gut wie gar nicht gekannt habe? Eine Frau, von der ich nur ein nebulöses Bild in Erinnerung hatte, denn sie war ja nicht viel älter als sechzig Jahre geworden, und bei ihrem Tod war ich gerade mal zehn Jahre alt gewesen. Nein, dieses Thema interessierte mich ganz und gar nicht, und obgleich ich wusste, sie würde immer wieder einmal solch eine Bemerkung anbringen, trat ich den Argumenten der Mutter beharrlich entgegen. Zum Beispiel dem von der mittellosen, kinderreichen Familie, immer hart am sozialen Abgrund, der es dennoch gelungen war zu existieren und jedem Kind eine gute Zukunft zu sichern. Dass es solche Beispiele zu Tausenden gebe, habe ich erwidert. Und auch die Tatsache, dass sich viele andere Mütter ausgerechnet bei der armen Frau im kleinsten Haus von Rothenburg ob der Tauber immer wieder Rat und Hilfe geholt hätten: Nun ja, gut und schön, aber deshalb ein Buch verfassen?

Aber dann tauchte das Thema plötzlich in meinem Kopf auf. Ich stand immer noch in der Küche und spürte auf einmal die Gänsehaut auf meinen Armen: Jetzt war ich emotional gefangen. »Was hast du da gerade erzählt? Wie war das mit ihrem Vater? Wann hat der das Kind von seiner Mutter abgeholt? War sie da tatsächlich erst sechs Wochen alt?«

Meine Mutter lächelte: Sie hatte verstanden! Von diesem Moment an beschäftigte mich die Lebensgeschichte meiner Großmutter intensiv – beinahe zwei Jahre lang. Und sie beschäftigte mich nicht nur, sondern sie faszinierte mich mehr und mehr. Eine immer wieder bewegende und anrührende Suche nach Spuren eines schon lange verloschenen Lebens begann, einer mittlerweile fast völlig vergessenen Existenz. Das schwere Leben einer einfachen Frau im auf den ersten Blick so romantischen Frankenland zwischen Dinkelsbühl und Rothenburg ob der Tauber. Ein Lebenslauf, in dem sich mikroskopisch klein die Zeitgeschichte bricht, eine Existenz, die Tag für Tag ein Ringen ums pure Überleben bedeutete: kein einfaches, kein schönes, aber – erstaunlicherweise – dennoch ein zufriedenes Leben.

1. Juli 1903 bis 1. August 1914

Die Reisenden in der Holzklasse des D-Zugs von Rothenburg nach Dinkelsbühl wurden völlig überrascht von der ruckartigen Vollbremsung. Wild purzelten die Menschen und Gepäckstücke durcheinander. Derbe Flüche der so unsanft aus ihrem Halbschlaf gerissenen Bauern, aufgeregtes Gegacker des in hölzernen Käfigen vom Markt nach Hause transportierten Geflügels, wütende Kommentare der sich mühsam wieder aufrappelnden Bäuerinnen vermischten sich mit dem kläglichen Schreien eines winzigen Säuglings.

Verlegen lächelnd sah sich der große junge Mann, der das weiße Bündel krampfhaft an den Leib gepresst hielt, unter den Mitreisenden um, während er mit der Rechten behutsam den Kopf des Wickelkindes streichelte und mit leiser Stimme versuchte, es zu beruhigen: »Ist ja gut, Maria, ist ja nichts passiert! Wart nur, bald schon sind wir zu Hause!«

Besorgt beugte sich sein Begleiter über das fest in dicke weiße Leinenwindeln gehüllte Kind: »Ist ihr auch nichts passiert? Vielleicht hat sie sich irgendwo gestoßen?« Sachte berührte er mit dem Zeigefinger die Nase des Mädchens. »Maria, alles wird gut!«

Leonhard Ohr, der das Kind weiterhin eng umschlungen an den Oberkörper drückte, warf seinem jüngeren Bruder Wilhelm einen langen, traurigen Blick zu.

»Komm schon, Leonhard, wart erst mal ab!« Aufmunternd legte Wilhelm seine derbe Hand auf die Schulter des Bruders und drückte sachte. »Du weißt doch, die Zeit heilt alle Wunden …«

Leonhard hob den Kopf und setzte gerade zu einer Entgegnung an, als der Zug noch einmal eine kurze ruckartige Bewegung nach vorn machte. Wieder hatten die Reisenden Mühe, nicht von den hölzernen Sitzbänken zu fallen, und hielten sich reflexartig an der Kleidung ihrer Nachbarn fest.

»Unverschämheit, so was!«, fluchte ein grauhaariger Bauer mit großem dickem Schnurrbart, der gerade im Gang gestanden hatte und deshalb auf den Holzboden des Abteils gestürzt war. Ächzend erhob er sich und begann nun, weiterhin laut schimpfend, mit seinem dunklen Hut den Staub des Wagenbodens von Jacke und Hose abzuklopfen.

»Passen Sie doch auf das Kind auf!«, wurde er im selben Moment von einer dicken Frau mit streng nach hinten gekämmtem blondem Haar zurechtgewiesen. »Sie können ihm doch den Staub nicht direkt ins Gesicht klopfen! Haben Sie denn keine Augen im Kopf?«

Ein dankbarer Blick aus den Augen des jungen Vaters traf die Frau, während der Bauer verlegen zu Boden schaute: »Entschuldigung«, brummelte er. »War grade völlig mit mir selber beschäftigt, hab das Kind ganz vergessen, tut mir Leid!«, wandte er sich zerknirscht an die beiden jungen Männer mit dem Wickelkind.

»Schon gut! Ist ja weiter nichts passiert«, gab Leonhard Ohr verlegen zurück, während er seinem weiterhin heftig weinenden Kind zärtlich über Stirn und Nase strich. Sachte wiegte er das Bündel und summte ins Ohr des Säuglings, dessen Schluchzen ganz allmählich leiser wurde, bis es sich schließlich beruhigt hatte und ganz langsam die Augen schloss.

»Ist doch aber auch eine Zumutung, einfach auf offener Strecke ohne Vorwarnung die Bremse reinzuhauen und stehen zu bleiben!«, knurrte unterdessen der Bauer mit dem Schnauzbart ärgerlich und blickte sich verständnisheischend unter seinen Mitreisenden um.

Ein kleiner, hagerer Mann mit Nickelbrille und Stehkragen nickte zustimmend. »Recht haben Sie! Das ist ja lebensgefährlich, so ein Bremsmanöver! Man sollte die Reichsbahn direkt verklagen, wegen versuchter Körperverletzung …«

Bevor er weitersprechen konnte, betrat ein Schaffner das Abteil. »Alles in Ordnung die Herrschaften?«, erkundigte er sich mit besorgtem Blick über die Bankreihen.

»Alles in Ordnung ist gut«, fauchte der Hagere zurück. »Fast den Hals gebrochen hätte ich mir, das ist eine Unverschämtheit, so ein …«

Der Schaffner hob entschuldigend die Hände in die Höhe und setzte zu einer Entgegnung an, doch ein anderer Reisender, ein freundlich dreinschauender Soldat, kam ihm zuvor. »Nun beruhigen Sie sich mal wieder. Es ist ja letztlich niemandem etwas passiert«, sagte er und legte dem erregten Herrn besänftigend die Hand auf den Unterarm. »Aber sagen Sie«, wandte er sich an den Schaffner, »was ist denn nun eigentlich der Grund für dieses Manöver gewesen?«

Der Schaffner verdrehte die Augen und schlug laut die Hände zusammen, was ihm einen zornigen Blick der dicken blonden Frau einbrachte. »Nicht so laut!«, zischte sie ärgerlich. »Sie sehen doch, das arme Kind! Gerade erst hat es sich beruhigt!«

Die Gesichtsfarbe des Schaffners wechselte in ein helles Rot, und verlegen fingerte er ein Taschentuch aus seiner Uniformhose, mit dem er sich den Schweiß von Stirn und

Nacken wischte. »Heute ist aber auch wirklich der Wurm drin. Eine Bullenhitze, dass man fast keine Luft mehr bekommt und dann auch noch eine Herde Rindviecher auf dem Gleis! Das war die Ursache für unsere Vollbremsung! Es tut mir Leid, meine Herrschaften, aber dem Lokführer ist nichts anderes übrig geblieben als diese Notbremsung, sonst wäre er mitten in die Tiere hineingefahren.«

In diesem Moment ertönte ein trillernder Pfiff des Oberschaffners, der unmittelbar darauf von einem heiseren kurzen Signalton der Lokomotive beantwortet wurde. Mit dumpfem Stoßen und Zischen setzte sich der Zug allmählich wieder in Bewegung und fuhr langsam vorbei an der grasenden Rinderherde.

Das Kleine begann leise zu wimmern. Der junge Mann drückte es fest an sich und warf seinem Bruder einen hilflosen Blick zu. Doch auch Wilhelm zuckte ratlos mit den Schultern, schüttelte den Kopf und griff schließlich in seine Jackentasche. Daraus holte er ein etwa fünfzehn Zentimeter langes Holzstück hervor, in das er grobe Konturen geschnitzt hatte. Zärtlich streichelte er dem Kind, das in der Zwischenzeit die Augen geöffnet hatte, den Kopf und hielt ihm die kleine Figur vor das Gesicht. »Da, schau mal, Maria, was ich für dich habe! Guck es dir nur ganz genau an! Das gehört dir, das ist deine Puppe. Aus dem Holz geschnitzt, das auf unserem Hof gewachsen ist!«

Erstaunt blickte Leonhard Ohr seinem gut fünf Jahre jüngeren Bruder in die Augen. »Eine Puppe? Für Maria?«

Wilhelm lächelte stolz. »Ja! Selbst gemacht – so gut es eben ging!« Ein Schatten huschte über sein Gesicht. »Unsere Maria soll doch auch eine Freude haben – wenn sie schon keine Mutter hat«, setzte er bitter hinzu und senkte den Blick auf den Boden des Waggons.

Bei den letzten Worten setzte sich Leonhard kerzengerade auf. »Aber …«, presste er schließlich hervor, »was hätte ich denn machen sollen? Du weißt doch selber, was unser Vater gesagt hat …«

Wilhelm blies zornig die Luft durch die Nase. »Unser Vater, unser Vater! Es geht aber nicht nur um unseren Vater, es geht um dich, um euch, und in erster Linie geht es doch wohl um das Kind da in deinem Arm!« Wütend hieb er mit der Faust auf die Holzbank, sodass sein Gegenüber, der freundliche Soldat von vorhin, irritiert von seiner Lektüre aufblickte. Die beiden Brüder atmeten tief durch, doch keiner hatte Lust, das Gespräch in diesem Moment fortzusetzen.

Das Wimmern des Säuglings wurde stärker. Besorgt drehte sich die auf der anderen Seite des Gangs sitzende blonde Frau zu dem Vater mit seinem Kind herum. »Das arme Kind hat sicherlich Durst! Bei dieser Hitze! Wahrscheinlich schwitzt es auch! Du liebe Güte, wenn dieser Zug nur endlich schneller fahren würde!«

Das Wimmern steigerte sich immer mehr zu einem kläglichen Schreien. Hilflos erwiderte Leonhard Ohr den Blick der Frau. Diese schien in der Zwischenzeit einen Entschluss gefasst zu haben, erhob sich schwer atmend und stellte sich direkt vor den jungen Mann. »Kommen Sie, geben Sie mir das Kleine einmal her – vielleicht kann ich es ja beruhigen!« Ohne eine Antwort abzuwarten, griff sie nach dem schreienden Bündel und drückte es an ihre Brust.

»Du meine Güte, das ist ja noch ein ganz kleines, das ist ja erst ein paar Wochen alt!« Vorsichtig strich sie mit der Rechten über den weißen Leinenstoff. »Aha – das habe ich mir doch gedacht. Nass ist es auch. Das Kind gehört dringend gewickelt! Kein Wunder, wenn es nass ist, da würden Sie sich ja schließlich auch nicht mehr wohl fühlen!« Vorwurfsvoll schüttelte sie den Kopf und blickte den Vater streng an. »Wo haben Sie denn eigentlich die Mutter gelassen?«

Tiefe Röte überzog nun das Gesicht des Mannes. »Die Mutter!«, stieß er hervor. »Es gibt keine Mutter!«

»Aber jedes Kind hat eine Mutter!«, gab die Frau scharf zurück.

Nun mischte sich Wilhelm, der das Gespräch bisher fast teilnahmslos verfolgt hatte, in die Diskussion ein. »Dieses Kind hat keine Mutter«, sagte er mit fester Stimme und blickte die Frau dabei durchdringend an.

Verlegen senkte diese den Kopf. Sie schien die Botschaft verstanden zu haben. »Aber Ersatzwindeln, die haben Sie doch hoffentlich wohl dabei«, murmelte sie. »Wie weit fahren Sie noch?«

»Bis Schopfloch«, antwortete Wilhelm.

Ein Lächeln huschte über das Gesicht der Frau. »Na also, das würde reichen. Haben Sie nun Ersatzwindeln?«

Wilhelm nickte und deutete auf ein spärlich ausgestopftes, an den Enden zusammengeknotetes gräulich-weißes Betttuch, das vor ihm auf dem Boden lag. »Da drin müsste eigentlich alles sein. – Das ist zumindest alles, was sie uns mitgegeben haben.«

»Aha!« Ein missbilligender Blick streifte die beiden jungen Männer. »Dann lassen Sie mal sehen, was da drin ist!«

Bevor Wilhelm zugreifen konnte, hatte sich sein Bruder Leonhard bereits nach vorn gebeugt und das Bündel auf den Schoß gehoben. Er löste die Knoten und zog zwei aus derbem Leinen gewebte, an mehreren Stellen durchlöcherte Stofftücher hervor. Die Frau gab einen ärgerlichen Seufzer von sich. »Windeln! Das sollen Windeln für ein kleines Wickelkind sein?« Energisch wandte sie sich den beiden Männern zu und fixierte sie abwechselnd mit kritischem Blick. »Ich glaube nicht, dass Sie gelernt haben, einen Säugling zu wickeln, oder?«

Die beiden schauten sich verlegen an, während die Frau langsam nickte. »Hab ich mir doch gedacht. Na ja, jetzt machen Sie mal ein bisschen Platz auf der Bank, und dann legen wir das Tuch dorthin und dann das Kleine drauf. Wie alt ist es denn eigentlich?«, fragte sie, während sie sich bereits daran machte, die nasse Windel des Kindes aufzuwickeln.

»Ziemlich genau sechs Wochen«, murmelte Leonhard. »Am 15. Mai ist sie geboren worden.«

Die Frau sog hörbar die Luft ein. »Sechs Wochen erst!« In Erinnerung an den vorherigen Disput vermied sie jedoch jeden weiteren Kommentar. »Und wie heißt es, Ihr Kind? Sie sind doch der Vater, oder?«, wandte sie sich jetzt direkt an Leonhard.

Dem jungen Mann schoss wiederum die Röte ins Gesicht, als er nickte. »Maria heißt sie. Maria Margareta.«

»Maria Margareta – ein schöner Name!« Die Frau lächelte, während sie das Kleinkind mit geschickten Handbewegungen neu wickelte. In der Zwischenzeit hatte es aufgehört zu schreien. »So, du armes Würmchen, nun geht es dir doch wieder viel besser, kleine Maria, oder?« Zärtlich kitzelte sie das Kind mit der Spitze des Zeigefingers unter der Nase, und wie zur Bestätigung veränderte es seinen Gesichtsausdruck, schien sogar einen Moment lang selig zu lächeln.

Dankbar streckte Leonhard den Arm aus. »Vielen Dank, dass Sie das für mich gemacht haben. Danke sehr!« Er ergriff die Hand der Frau und drückte sie innig.

»Nun, die Hand zerquetschen müssen Sie mir deshalb noch lange nicht«, überspielte diese die in ihr aufkommende Verlegenheit. »Außerdem war das doch selbstverständlich! Aber nun müssen Sie langsam wieder Ihre Tochter nehmen und sich bereit zum Aussteigen machen, ich glaube, wir sind gleich in Schopfloch.«

Kurz darauf blieb der Zug mit quietschenden Rädern stehen. »Also nochmals vielen Dank und eine gute Weiterreise!«, verabschiedete sich Leonhard, während nun auch Wilhelm der Frau zum Abschied die Hand reichte. Eilig machten sich die beiden auf, um das Abteil zu verlassen.

Ernst blickte die Frau den zwei jungen Männern mit ihrem Wickelkind hinterher. »Auf Wiedersehen. Und dir, du kleines Mädchen, viel Glück. Wirst es brauchen können, du wirst es im Leben sicherlich nicht leicht haben. Viel Glück, Maria!«

Hat es diese Szene tatsächlich gegeben? Hat sich die Zugfahrt der beiden jungen Männer mit dem sechs Wochen alten Wickelkind so oder zumindest so ähnlich abgespielt?

Wir standen am Bahnhof von Schopfloch an der Wörnitz, einem heruntergewirtschafteten Gebäude, an dem die vergangenen Jahrzehnte ihre Spuren hinterlassen haben. So hatte ich mir als Kind immer das Ende der Welt vorgestellt – öde und verlassen präsentierte sich der Ort in der flimmernden Sommerhitze des Jahres 1999. Fast hundert Jahre danach …

Ich warf meiner Mutter einen fragenden Blick zu, den sie mit einem unsicheren Kopfnicken beantwortete: »Doch – hier müssen sie damals ausgestiegen sein!« Sie wandte sich um und zeigte in Richtung Osten. »Und da hinauf müssen sie dann gegangen sein. Ich war als Kind mit meiner Mutter ja später selbst ein paarmal hier. In Schopfloch sind wir ausgestiegen, und dann mussten wir durch das Dorf den Berg hinauflaufen, auf einem schmalen Weg rund eine Dreiviertelstunde durch den Wald, bis wir dann den Bauernhof gesehen haben. Und genau auf diesem Weg muss mein Großvater mit seinem Bruder damals die kleine Maria zu seinen Eltern auf den Goschenhof gebracht haben.«

Wieder spürte ich – genau wie damals in der Küche – diese Gänsehaut. Es muss ein geradezu albtraumhaftes Erlebnis für die beiden jungen Männer gewesen sein – und ganz besonders natürlich für den gerade einmal dreiundzwanzig Jahre alten Vater, für Leonhard Ohr. Dieser Bauernsohn, der sein sechs Wochen altes Wickelkind von der Mutter abholen musste, ein junger Mann auf der Rückreise von Rothenburg zum Hof seiner Eltern. Und das in diesen Zeiten! Anfang des 20. Jahrhunderts.

Was die beiden Brüder damals gesprochen haben – wir wissen es natürlich nicht. Dass es für sie, besonders für Leonhard, eine bedrückende Situation gewesen sein muss, liegt auf der Hand. Das Wenige, was in der Familie später jemals erzählt worden ist, bestätigt diese Vermutung.

»Aber weshalb hat er denn die Frau nicht geheiratet? Wieso hat er sie denn nicht mit auf den Hof gebracht?« Die Frage kreiste schon seit Stunden in meinem Kopf, und jetzt, direkt am Schauplatz des Geschehens, wo vor fast hundert Jahren die Geschichte begonnen hatte, ließ sie sich auch nicht mehr zurückdrängen. Was um alles in der Welt war denn damals geschehen, dass sich die Lebenswege dieser beiden Menschen – der Dienstmagd Anna und des Bauernsohns Leonhard – nach einer kurzen Berührung schon gleich wieder getrennt hatten?

»Wenn ich das wüsste! Auch meine Mutter hat darüber eigentlich nie gesprochen! Und groß gefragt haben wir sie als Kinder sowieso nicht danach. Das war für uns kein Thema, wir haben die ganze Geschichte ja selbst erst erfahren, als wir größer waren. Wir haben nur davon gehört, dass Großvater eben von einem Bauernhof stammte, immerhin, während Anna ja nur eine gewöhnliche Dienstmagd war. Das hat seinen Eltern nicht gepasst, irgend so etwas habe ich einmal gehört. Aber damals haben wir uns für andere Dinge interessiert, das war für uns überhaupt nicht wichtig, wir hätten es wahrscheinlich auch gar nicht begriffen. – Das habe ich später immer wieder gedacht: Hätten wir doch nur mehr gefragt! Jetzt ist es zu spät.«

»Auf jeden Fall muss es die Hölle gewesen sein, damals. Stelle ich mir jedenfalls vor. Und ich denke, irgendwann müssen die beiden auch darüber gesprochen haben, weshalb denn Leonhard seine Anna nicht geheiratet hat. Spätestens auf dem Marsch durch den Wald, als sie dem Hof der Eltern immer näher gekommen sind …«

Wir wandten uns um und blickten nachdenklich in die Richtung, die damals die Brüder mit dem Säugling genommen haben …

Neugierige Augenpaare hinter den Fenstern verfolgten den Weg des Brüderpaares vom Bahnhof durch das in der Mittagshitze fast ausgestorben wirkende Dorf, die steile Straße hinauf Richtung Frickinger Wald, der sich auf der Anhöhe gleich hinter Schopfloch kilometerweit bis fast zu dem Bauernhof erstreckte, auf dem sie aufgewachsen waren. Bewusst den Blick auf die staubige Dorfstraße geheftet, suchten sie jeglichem Gespräch mit dem einen oder anderen Bekannten aus dem Weg zu gehen. Nur einmal, schon ganz am Ende des Ortes, als sie an einem heruntergekommenen Anwesen vorbeikamen, ging ein Fenster auf, und ein alter Mann mit dicken grauen Bartstoppeln und wässrigen blauen Augen rief ihnen zu: »So so, die Gebrüder Ohr! Spazieren am helllichten Tag durch die Weltgeschichte, als ob es zu Hause nichts zu schaffen gäbe! Ja, und was haben wir denn da? Seid ihr unterwegs auch noch dem Klapperstorch begegnet?« Der Alte lachte dröhnend und rief hinter sich in die Stube hinein: »Du, Bärbel, komm mal her ans Fenster, das musst du gesehen haben! Die beiden Ohrs! Komm und guck mal!« Wieder lachte er laut auf. »Nein, so was Komisches hab ich schon ewig und drei Tage nicht mehr gesehen!«

Wilhelm, der jüngere der beiden Brüder, blieb stehen und riss sich voller Zorn den Hut vom Kopf. »Mach, dass du in deinem Dreckloch verschwindest, du Rindviech, du blödes! Und halte ja sofort dein dummes Schandmaul, sonst komm ich rein und stopfe es dir!« Doch der Alte ließ sich nicht einschüchtern.

»Da, Bärbel, da, guck mal«, lachte er glucksend und deutete auf die beiden Männer. »Schau einer an! Den einen hat der Klapperstorch gebissen, und der andere hat sich wohl die Tollwut eingefangen! Pass auf, gleich kriegt er Schaum vor den Mund!«

»Du elendes Schandmaul!« Wütend hieb Wilhelm seinen Hut nun auf den linken Unterarm und machte einen entschiedenen Schritt auf das Haus zu. »Du willst es anscheinend nicht anders …«

Leonhard, der die Spotttiraden kommentarlos über sich hatte ergehen lassen, wandte sich rasch um und legte seinem Bruder fest den Arm auf die Schulter. »Wilhelm, lass gut sein! Das bringt doch nichts! Lass den doch reden.«

Ärgerlich schüttelte Wilhelm die Hand ab und blieb stehen. »Dieses verwahrloste Rindvieh da! Muss man sich denn alles gefallen lassen?«

»Was willst du denn machen? Glaubst du denn, das ist der Einzige hier, der so was von sich gibt?« Traurig schüttelte Leonhard den Kopf und verzog die Mundwinkel. »Der Unterschied zwischen dem und den anderen ist nur der, dass es der hier laut hinausposaunt, was die anderen sich hinter vorgehaltener Hand zuflüstern. Komm«, und damit zog er seinen Bruder an der Jacke, »lass uns weitergehen und wegen so einem keine Zeit vergeuden!« Er deutete entschieden in die Richtung, die sie vorher eingeschlagen hatten. »Komm, lass den Kerl in Ruhe! Gehen wir weiter, sonst wird die Hitze vollends unerträglich, und ich möchte das Kind so schnell wie möglich zu Hause haben!« Ohne einen weiteren Kommentar abzuwarten, marschierte er los.

Wilhelm stieß zornig die Luft durch die Nase. »Zu Hause!«, schnaubte er. »Wo ist denn zu Hause für dieses Kind?!« Noch einmal drohte er dem Alten am Fenster, zu dem sich in der Zwischenzeit noch eine Frau mit schwarzem Kopftuch gesellt hatte, die neugierig zu den beiden jungen Männern hinüberglotzte. Dann drehte auch er sich um und folgte missmutig seinem Bruder, der schon den Waldsaum erreicht hatte.

Lange Zeit marschierten sie auf dem schmalen Waldweg, der durch den dichten, dunklen Tannenwald führte, wortlos nebeneinander her. Das Wickelkind im Arm des Vaters schien ruhig und entspannt zu schlafen. Erst als sie den Rand einer kleinen Lichtung erreicht hatten, blieb Wilhelm für einen Augenblick stehen und fingerte eine Uhr aus seiner Westentasche. Er klappte sie auf und wiegte anschließend abschätzend den Kopf. »Ich würde sagen, noch eine Viertelstunde, dann müssten wir durch sein! Was meinst du?« Fragend schaute er ins Gesicht seines Bruders, der ebenfalls innegehalten hatte. Leonhard wechselte das

Kind behutsam auf seine andere Seite und nickte. »Glaube ich auch. Das meiste haben wir auf jeden Fall geschafft! Obwohl«, ein bitterer Zug spielte um seine Mundwinkel und erneut trat so etwas wie Hoffnungslosigkeit in seine Miene, »was heißt hier geschafft? Dann geht es ja wahrscheinlich erst richtig los!«

Verständnislos schaute Wilhelm auf. »Wie meinst du das? Was soll dann losgehen?«

Leonhard, der den Marsch wieder aufgenommen hatte, ließ sich Zeit mit seiner Antwort. Den Kopf gesenkt, die Augen starr auf den Boden gerichtet, schritt er weiter. »Am liebsten wäre es mir jetzt gerade, wir würden niemals auf dem Hof ankommen«, murmelte er bitter, mehr zu sich selbst gewandt. »Ich habe nämlich keine Ahnung, wie es weitergehen soll, wenn wir erst einmal da sind, das Kind und ich! Wenn ich daran denke, was für einen Tanz mir unser Vater veranstaltet hat, als er das mit Anna und ihrer Schwangerschaft erfahren hat! Wie soll es denn dann um Gottes willen weitergehen?!« Ein verzweifelter Blick streifte seinen jüngeren Bruder.

Wilhelm schlug heftig die Hände vor dem Gesicht zusammen. »Du meine Güte! Schon wieder diese Jammerarie! Du hast es doch selbst so gewollt ...« Er baute sich vor dem anderen auf und sah ihm direkt in die Augen. »Du hättest doch bloß standhaft bleiben müssen, als der Vater dir das mit der Heirat verweigert hat, hättest du nämlich nicht so einfach klein beigegeben ...«

Doch weiter kam er nicht. Leonhards Antwort war laut, heftig und bitter. »Was soll ich selber so gewollt haben? Hast du überhaupt eine Ahnung, was du da grade sagst?« Er spie die Worte förmlich aus dem Mund. »Da kommt man heim und versucht, es den Eltern so einfach wie möglich beizubringen, dass die Anna schwanger ist und in ein paar Monaten ein Kind von mir bekommt, und die erste Reaktion darauf ist eine Ohrfeige vom Vater! Dann erst fragen sie einen, wer überhaupt die Mutter ist!« Er machte eine Pause und holte tief Luft, bevor er weitersprach. »Ich hab dir doch schon hundertmal erzählt, wie das war, als ich ihm dann erzählt habe, dass es die Anna ist, die grade auf dem Frankenhof bei Rothenburg in Stellung ist! Sei bloß froh, dass du damals nicht dabei warst! Ich sag es dir: Lustig war das weiß Gott nicht!«

Wilhelm schaute verlegen zu Boden und schwieg.

»Eine ledige Dienstmagd in unserem Haus! Wir sind Bauern und keine Knechte! Die hat doch nichts, die bringt nichts in die Ehe mit, die hat dich einfach geangelt! Und selber hat sie auch keinen Vater, Lumpenpack! Du weißt doch, dass er mich tatsächlich rausgeschmissen hätte, wenn ich die Anna geheiratet hätte! Und sein Einverständnis zur Hochzeit würde ich sowieso nicht bekommen!« Mit ernster Miene fixierte Leonhard seinen Bruder. »So ist das – und nicht anders! Du hast gut reden, aber die Wirklichkeit, die schaut halt doch anders aus! Ich frage dich also: Was hätte ich denn machen sollen!« Das Kind war durch den erregten Wortwechsel wach geworden und ließ einen tiefen Seufzer vernehmen. Sanft streichelte der große Mann die Wange seiner Tochter. »Ist ja schon gut, Maria! Alles wird gut!« Man brauchte ihm nur ins Gesicht zu schauen, um zu ahnen, dass er wohl selbst nicht so richtig an den Wahrheitsgehalt seiner Worte glauben konnte.

»Und unsere Mutter? Wieso hast du dich denn nicht viel mehr mit ihr verbündet? Das habe ich noch nie verstanden!«

»Unsere Mutter!« Leonhard schnaubte wütend. »Glaubst du denn im Ernst, dass die sich mit dem Vater anlegen würde?!«

Wilhelm machte einen zweiten Versuch. »Trotzdem«, begann er zögernd. »Vielleicht hätte man doch noch etwas erreichen können …«

Leonhard schnitt ihm brüsk das Wort ab. »Hätte! Könnte! Vielleicht – vielleicht auch nicht! Das hilft mir jetzt auch nicht mehr weiter – und dem Kind gleich gar nicht!« Wieder fuhr er dem Mädchen zärtlich über das Gesicht.

Der Bruder riskierte einen vorsichtig-forschenden Blick auf sein Gegenüber. »Schon gut, Leonhard, verstehe ich ja. Aber«, noch ein tiefer Atemzug, wie um sich zusätzlich Mut einzuflößen, »du weißt, ich habe mich bisher noch nie getraut, dich zu fragen, aber jetzt tu ich's: Wieso hast du Maria dann nicht bei ihrer Mutter gelassen?«

Ein bitteres Lachen war die Antwort. »Bei ihrer Mutter gelassen! Wenn das so einfach wäre!« Leonhard gab dem Kleinen, das die Augen geöffnet hatte, einen sanften Kuss auf die Stirn. »Weil sie das Kind ganz einfach nicht hat behalten können! Der Bauer vom Hof in Rothenburg hat es verboten, dass das Kind bei ihm aufgezogen wird. Die Bäuerin hat Anna zwar helfen wollen, aber der Bauer hat es nicht erlaubt – und Annas Mutter, die ist ja selbst nur Dienstmagd auf einem anderen Hof, die hat von den beiden, von der eigenen Tochter samt ihrem Enkelkind, auch nichts wissen wollen. Also hat Anna dem Bauern versprechen müssen, das Kind nach sechs Wochen wegzugeben. Und bevor sie es zu fremden Leuten gab, da hat sie mich gefragt. Das war das Mindeste, was ich für sie habe tun können.«

»Aber getauft werden sollte Maria doch noch auf jeden Fall nach dem Willen ihrer Mutter in Rothenburg? Das war doch der Wille der Mutter, oder?«

Leonhard nickte. »Ja! Ich hatte ja auch nichts dagegen.

Was hätte ich auch dagegen sagen sollen! Und es war natürlich ein Signal, dass sich die Bäuerin, die ja Anna und das Kind gern bei sich behalten hätte, wenn nur der Mann damit einverstanden gewesen wäre, dann sogar noch als Taufpatin zur Verfügung gestellt hat. Sonst war ja auch niemand von den Angehörigen da«, fügte er resigniert hinzu. Zärtlich streichelte er mit dem Zeigefinger über die Nase seines Mädchens. »Deshalb heißt unsere Maria ja mit dem zweiten Namen auch Margareta. Maria Margareta Reingruber – nicht Ohr, sondern Reingruber wie ihre Mutter. Annas zweiter Name ist der ihrer Mutter: Margareta. Ich glaube auch, dass der Taufspruch nicht von ungefähr gekommen ist, sondern dass sie ihn selbst ausgesucht hat, der passt nämlich dazu: Geben ist seliger denn nehmen. Wenn nur alle so denken würden, dann hätten wir weniger Probleme auf dieser Welt.« Er warf einen raschen Blick auf seinen Weggefährten. »Danke nochmals, dass du dich spontan als Taufpate zur Verfügung gestellt hast! Damit hast du bewiesen, dass wenigstens einer aus der Familie Ohr etwas mit dem Kind zu tun haben will.«

Wilhelm legte seinem Bruder sachte die Hand auf die Schulter. »Wir werden die Maria schon großkriegen. Ich helfe dir dabei – versprochen! Mir tut nur bei der ganzen Geschichte auch noch die Anna Leid, denn der ist ja jetzt gar nichts mehr geblieben: kein Mann, kein Kind, und noch nicht einmal eine Mutter, die sie bei sich hat aufnehmen können oder wollen.«

In Leonhards Augen standen Tränen. Rasch wandte er sich ab und drückte das Kind an sich. Mit festen Schritten nahmen sie ihren Marsch durch den Wald wieder auf.

Nach einer guten Viertelstunde hatten sie das Ende des Waldes erreicht. Vor ihnen erstreckte sich eine von gleißendem Sonnenlicht beschienene Ebene, eine Lichtung, ungefähr drei Kilometer lang und genauso breit. Mitten darin, in einer Senke, war ein kleines Gehöft zu sehen, das an seiner Nord- und Südseite jeweils von einem großen Teich begrenzt wurde. Es war der Goschenhof, das Anwesen der Bauernfamilie Ohr, die hier schon seit Jahrhunderten das Land bewirtschaftete, das immer kaum mehr als gerade so viel hergegeben hatte, dass es der Familie zum Überleben reichte. Dennoch war sie stolz darauf, als freie Bauern auf eigenem Grund zu sitzen, frei von Pacht und ähnlichen Abhängigkeiten, die viele schon in den Ruin getrieben hatten. Die Wiesen waren gerade abgemäht worden, das Heu war unter den großen Dächern gelagert, das Einbringen der Wintergerste auf den Feldern ringsum würde in zwei, drei Wochen als Nächstes anstehen. Ein prächtiger großer Birnbaum und zwei sattgrüne Lärchen spendeten dem Bauernhof ausreichend Schatten; an diese Stelle auf der Weide hatten sich in der Hitze des Julitages auch die Schafe zurückgezogen, die genauso zum Hof gehörten wie die schnatternden Gänse und Enten. Einige hundert Meter entfernt von dem Anwesen, genau dort, wo sich zwei schmale Straßen kreuzten, lag ein Weiler, gerade einmal eine Hand voll Häuser: Das war Flinsberg. Und in der Ferne zeichnete sich als graublaue Mauer der Höhenzug des fast siebenhundert Meter hohen Hesselberges ab, der mächtig über der verträumten fränkischen Landschaft thronte.

Die beiden Männer hielten einen Moment lang inne und ließen die Szenerie auf sich wirken. Der Vater nahm sein Kind nun in beide Arme und wandte das kleine Bündel mit dem Gesicht zu dem Gehöft zwischen den beiden Teichen: »Schau, Maria, das ist unser Hof. Hier wirst du aufwachsen, hier kannst du bei mir sein, das wird von nun an dein Zuhause sein!« Überwältigt von seinen Empfindungen und den Ereignissen der letzten Tage stand er am Waldrand und ließ den so lange zurückgedrängten Gefühlen freien Lauf.

Fast hundert Jahre später am Waldrand. Die Landschaft hatte sich in diesem vergessenen Winkel von Franken so gut wie gar nicht verändert.

»Da, schau! Genau wie früher, als ich mit meiner Mutter ein paarmal hierhergekommen bin. Da vorne, das ist der Goschenhof!« Mit ausgestrecktem Arm deutete meine Mutter auf die Gebäude, die ein, zwei Kilometer von uns entfernt am gegenüberliegenden Waldrand zu erkennen waren.

Enttäuschend! Wenn das jemals ein stattlicher Bauernhof gewesen sein mochte – es war nichts mehr davon zu sehen. Selbst auf diese Distanz spiegelte sich die Krise der Landwirtschaft in dem Anwesen. Einen derart nüchternen Anblick hatte ich nicht erwartet. Ob es überhaupt Sinn machte, dort hinunterzugehen? Vielleicht sollte man die alten Geschichten doch besser auf sich beruhen lassen.

»Wer wohnt denn eigentlich heute da?«

»So ganz genau weiß ich das auch nicht!« Meine Mutter wiegte nachdenklich den Kopf. »Das können keine Stiefgeschwister von damals sein. Eher irgendeines von den Kindern. Es sieht ja auch nicht so aus, als würde da noch viel Landwirtschaft betrieben. Sollen wir mal vorbeischauen?«

Wenig begeistert nickte ich. »Na gut, aber nur kurz!«

Je näher wir dem Goschenhof kamen, desto prosaischer wurde der Eindruck von den Gebäuden und desto gesprächiger meine Mutter.

»Natürlich, jetzt erinnere ich mich wieder. Das hat zwar früher alles anders ausgesehen, aber da ist ja immer noch der Weiher, und dort drüben stand der große Birnbaum. Und da hinten waren die Schweine und da die Hühner!«

Ein kleiner, wohl sechzig Jahre alter Mann in blauer Arbeitskluft bog unsicheren Schrittes um die Ecke und musterte uns verlegen.

»Grüß Gott, ich bin die Gretel«, sagte meine Mutter und streckte die Hand aus. »Die Tochter von der Maria aus Rothenburg. Von der Maria Staudacher!«

»Aus Rothenburg!« Die Miene des Mannes hellte sich auf. »Ja, grüß Gott. Ich bin der Hermann, der Lateier Hermann …«

»Dann müsstest du der Mann von Erna sein, stimmt's?«

»Genau!«, strahlte der andere. »Da wird sich die Erna aber freuen.«

»Wir wollen aber nicht stören«, warf ich ein, obwohl deutlich zu spüren war, dass die unvorhergesehene Abwechslung dem Mann auf dem einsamen Hof hoch willkommen war.

Keine fünf Minuten später saßen wir in angeregter Unterhaltung zusammen am Küchentisch. Ein merkwürdiges Gefühl, plötzlich in der Küche des Bauernhofes zu sitzen, der einst meinem Urgroßvater gehört hatte. Dessen Geschichte ich nicht kannte und von dessen Existenz ich einige Wochen zuvor zum ersten Mal etwas gehört hatte. Der Mann also, der seinem Sohn verboten hatte, die Frau, die er liebte, zu heiraten! Ein Drama – damals – vor langen Jahren, über das sich längst schon der Mehltau der Zeit gelegt hatte, die angeblich alle Wunden heilt. Doch leider stellte sich am Küchentisch auch rasch heraus, dass die freundlichen Latners selbst äußerst wenig von der Familiengeschichte wussten. Dass da eines Tages der junge Bauer mit seinem unehelichen Kind zurückgekommen war, nein, darüber wussten sie gar nichts. Dass Maria dort als eines von vielen Kindern aufgewachsen war, als Stiefkind, doch, davon hatten sie gehört. Und dass sie später mit ihren Kindern immer wieder zu Besuch auf den Hof gekommen war, das war ebenfalls noch bekannt. Aber hatte das eigentlich jemals eine große Rolle gespielt? Nein, natürlich nicht! Und deshalb waren die Geschehnisse von damals schon längst im Nebel des Vergessens versunken …

Kurze Zeit später erreichten die Brüder das Gehöft. Keine Menschenseele weit und breit, nur das Geschnatter der Gänse durchbrach hin und wieder die Stille. Ausgestorben! Verlassen! Unwillkommen! Mit bangem Blick auf seinen Bruder schritt Wilhelm auf die Haustür zu und trat ein. »Hallo, wo seid ihr? Wir sind wieder da!«, rief er in den dunklen Hausflur hinein.

Einige Augenblicke später öffnete sich die Küchentür, und die Mutter, eine hagere, grauhaarige, abgearbeitet wirkende Frau Ende vierzig erschien im Flur. »Wo werden wir schon sein, in der Küche natürlich«, brummelte sie, während sie sich die nassen Hände an der Schürze abwischte. Am Esstisch saß der Vater, ein großer Mann mit wettergegerbter Haut und dichtem dunklem Haar, durch das sich nur wenige graue Strähnen zogen. Durch nichts gab er zu erkennen, dass er die Ankunft der drei bemerkt hatte. Wortlos hielt er den Kopf gesenkt und löffelte, anscheinend ganz mit sich und seiner Mahlzeit beschäftigt, mit langsamen Bewegungen die vor ihm stehende Suppe. Wilhelm warf seiner Mutter einen unsicheren Blick zu, doch die wandte sich nur verlegen zur Seite.

Leonhard schoss die Zornesröte ins Gesicht, mit einem energischen Schritt trat er vor seinen Vater. »Grüß Gott, Vater, da sind wir!«, sagte er mit fester Stimme, während er das weiße Bündel eng umschlungen hielt.

»Das höre ich«, gab der Bauer zurück, ohne den Kopf zu heben, und aß bedächtig weiter.

Wütend stampfte Leonhard mit dem Fuß auf den Küchenboden. »Ein herzlicher Empfang für dein Enkelkind ist das ja! Donnerwetter!«

Als wäre dies das Stichwort gewesen, fuhr der Bauer im selben Moment auf, warf den Löffel in den noch halb vollen Suppenteller, sodass die Suppe nach allen Seiten spritzte und hieb mit der Faust heftig auf die Tischplatte. »Mein Enkelkind! Komm mir ja nicht damit! Ich habe kein Enkelkind! Du hast mir einen Bastard mitgebracht, ein Kuckucksei! Das ist alles!« Mit zornigem Blick funkelte er seinen Sohn an. »Hast du gehört, ein Bastard, kein Enkelkind! Dass das ein für alle Mal klar ist!« Damit machte er kehrt, trat ans Fenster und fixierte einen imaginären Punkt in der hitzeglühenden Landschaft.

Bevor Leonhard zu einer scharfen Antwort ansetzen konnte, begann das Kind in seinen Armen zu weinen. Irritiert hielt er inne und versuchte, das Kleine mit zart wiegenden Bewegungen zu beruhigen. Aber es half nichts, das Weinen wurde immer lauter. Hilflos warf Leonhard erst seinem Bruder und dann der Mutter einen verzweifelten Blick zu. Auf einmal straffte sich die Bäuerin und trat einen energischen Schritt auf ihren Sohn zu. »Das habt ihr jetzt von eurer dummen Schreierei! Und jetzt steht ihr da wie die Hornochsen und wisst nicht weiter. Jetzt bin ich wieder recht. Komm«, sagte sie und streckte die Arme aus, »gib mir das Kind einmal her!«

Vorsichtig legte Leonhard das Wickelkind in die Hände seiner Mutter. »Ich weiß auch nicht, was sie plötzlich hat«, stammelte er verlegen. »Bis jetzt habe ich sie immer beruhigen können, aber diesmal …«

Im selben Moment stieß die Mutter einen Schrei aus.

Sie wankte, und die Geistesgegenwart Wilhelms bewahrte sie davor, zusammen mit dem Kind auf den Boden zu stürzen.

»Mutter, was ist denn plötzlich mit dir?« Mit festem Griff hatte Wilhelm die Bäuerin untergehakt und setzte sie vorsichtig auf einen der Stühle am Esstisch. Er griff nach dem Kind und wollte es an sich nehmen, doch seine Mutter schüttelte den Kopf. »Nein, lass nur«, flüsterte sie. »Lass mir nur das Kind!«

Verblüfft suchte Wilhelm Rat in den Augen seines Bruders, doch auch der schaute ihn nur verständnislos an.

In diesem Augenblick hob die Frau den Kopf. Tränen liefen ihr die Wangen hinunter. »Karl!«, rief sie. »Karl! Komm doch! Sieh doch einmal das Kind. Das ist Paula! Das ist unsere Paula!« Wieder wandte sie sich dem Kind zu, dessen Schreien in ein klägliches Wimmern übergegangen war.

Der Bauer war bei den Worten seiner Frau zusammengezuckt. »Paula?«, sagte er. »Paula ist tot – schon lange!«

»Aber Karl, sieh doch. Das ist unsere Paula!«, beharrte sie. Damit schien der Damm gebrochen. Der Bauer ging auf die beiden zu und beugte sich über das Wickelkind. »Paula«, sagte nun auch er, »unsere Paula!«, und dabei streichelte er die Wange des Kindes.

Lange herrschte ein fast andächtiges Schweigen in der Küche. Schließlich wagte es Wilhelm, die Stille zu durchbrechen. »Paula«, murmelte er leise, »ihr meint unsere kleine Schwester?«

Die Bäuerin nickte. »Ja, eure kleine Schwester! Ihr müsstet euch doch eigentlich noch an unsere Paula erinnern!«

Leonhard sah verlegen zu Boden. »Na ja, ich war damals, glaube ich, noch nicht ganz zehn Jahre alt, als es passiert ist, und Wilhelm erst sechs. Ich weiß nur noch, dass Paula gerade erst laufen gelernt hatte. Aber ein Bild von ihr habe ich nicht mehr im Kopf, nur ganz verschwommen noch. Dazu ist das alles doch schon viel zu lange her ...«

»Dreizehn Jahre! Fast auf den Tag genau. Da hat Ernst sie aus dem Weiher gezogen und uns tropfnass gebracht.« Wieder liefen ihr Tränen über die Wangen. »Und nun kommst du und bringst uns die Paula zurück!« Sie rüttelte an der Schulter ihres Mannes. »Karl! Das ist ein Geschenk von unserem Herrgott. Er hat uns die Paula zurückgegeben. Wir geben dieses Kind nicht mehr her, um keinen Preis der Welt. Es ist unser Kind, Karl!«

Der Bauer hob langsam den Kopf, dann nickte er. »Du hast Recht«, sagte er leise. »Dieses Kind ist ein Geschenk Gottes, und wir werden es großziehen, als sei es unser eigenes.« Dabei erhob er sich und trat mit ernster Miene auf seinen ältesten Sohn zu. »Entschuldigung, Leonhard! Entschuldige, dass ich so hart zu dir war und euch so ungehobelt empfangen habe. Aber jetzt, das verspreche ich dir, jetzt wird alles gut. Dein Kind hat ein Zuhause, und dieses Zuhause ist unser Hof, dein Hof eines Tages und später einmal das Erbe dieses Kindes. Unserer Maria!« Damit machte er kehrt und stapfte mit schweren Schritten aus der Küche hinaus.

Das Kind begann von neuem, unruhig zu werden. Leonhard streckte die Arme aus, um es wieder an sich zu nehmen, doch die Bäuerin machte keine Anstalten, Maria herzugeben, und musterte den Sohn mit strengem Blick. »Wann habt ihr dem Kind denn eigentlich zum letzten Mal etwas zu trinken gegeben?«

»Zu trinken?« Irritiert sah Leonhard zu seinem Bruder hinüber. »Wir haben nichts zu trinken für sie dabeigehabt. Da war nur ein leeres Fläschchen in dem Bündel.«

»Leer?! Du liebe Güte, das darf ja wohl nicht wahr sein!« In den letzten Minuten schien eine wundersame Wandlung in der Mutter vorgegangen zu sein. Aus der verhärmten alten Frau war wieder die energische Bäuerin geworden, wie sie sie aus früheren Zeiten kannten: der Mittelpunkt der Familie auf dem Goschenhof. »Du stellst jetzt sofort den Topf mit dem Wasser wieder auf den Herd, bis es kocht«, wies sie Leonhard an. »Und du«, sagte sie zu ihrem jüngeren Sohn, »schnürst nun endlich das Bündel auf und holst das Fläschchen heraus. Und dann machen wir dem armen Kind einen guten Kamillentee – wenn es bis dahin nicht dank seines Vaters und seines Onkels schon verdurstet ist«, fügte sie kopfschüttelnd hinzu.

Nachdem die Bäuerin das Kind frisch gewickelt und ihm anschließend mit der Routine einer dreifachen Mutter eine große Portion Kamillentee verabreicht hatte, war Maria im Bett seines Vaters eingeschlafen. Als Nächstes müssten sie nun die Wiege, in der sie alle in ihren ersten Lebensmonaten gelegen hatten, vom Speicher holen, sie säubern, das dazugehörende Bettzeug und die alten Windeln waschen, ihre in einer Truhe aufbewahrten alten Kindersachen herbeibringen, kontrollieren und aussortieren, hatte sie ihren Söhnen angegeben, die staunend, aber auch erleichtert die wundersame Verwandlung ihrer Mutter registriert hatten.

»Jetzt wird ja anscheinend doch noch alles gut«, sagte Wilhelm und klopfte seinem Bruder übermütig auf die Schulter, als sie auf dem Speicher standen, um die Wiege für das Kind zu holen. »Jetzt kannst du deine Anna doch noch hierher auf den Hof holen und heiraten. Ich glaube nicht, dass unser Vater jetzt noch was dagegen haben wird.« Freudig klatschte er die Hände zusammen. »Das wird ein Fest, das sag ich dir!«

Leonhard schüttelte langsam den Kopf. »Dazu gehören immer zwei, lieber Bruder. Und ich habe Anna dermaßen enttäuscht, als ich ihr habe sagen müssen, dass ich sie nicht heiraten kann, und als sie auch gemerkt hat, dass mir die Kraft fehlt, mich ihretwegen vom Hof und von den Eltern loszusagen – nein, das hat sie mir schon noch mit auf den Weg gegeben, dass das für sie die Hölle gewesen ist die letzten Monate. Erst die ungewollte Schwangerschaft, dann keine Heirat, dann das unehelich geborene Kind, das sie nicht auf dem Hof bei sich behalten darf. Und dann komme ich und nehme ihr das Neugeborene weg. Nein, egal wie es jetzt auch immer ist, das hat sie mir nicht verziehen, und das kann sie mir auch nie verzeihen.« Tränen traten in seine Augen, doch er schämte sich ihrer nicht und erwiderte ernst den Blick seines Bruders. »Und weißt du was: Ich kann es ihr auch gar nicht verdenken. Sie ist die einzige Frau, die ich geliebt habe, und ich war der erste und einzige Mann für sie – und dann habe ich sie dermaßen enttäuscht! Es gibt Situationen im Leben, da bekommst du keine zweite Chance mehr. Einmal die falsche Weiche gestellt und dein Zug fährt für immer in die falsche Richtung.«

Leonhard Ohr: So also hat er ausgesehen. Auf dem vergilbten Foto im Wehrpass ist ein großer, dunkelhaariger, schlanker Mann in Uniform zu sehen – nicht unsympathisch! Der Landsturmmann Leonhard Ohr. Mein Urgroßvater. Die Lateiers haben das Dokument hervorgekramt, während wir uns in der Küche über die Geschichte der Familie unterhalten haben. Doch viel mehr ist ihnen nicht mehr geläufig. Ja – wenn wir sie nach der nächsten, der jüngeren Generation fragen würden: nach der Mutter, nach den Kindern, nach den Enkeln … Aber so? Schade!

Und dennoch: Bruchstück fügt sich zu Bruchstück. Kaum haben wir uns von den freundlichen Leuten verabschiedet, da kommt schon die nächste Geschichte. Allmählich steigen die Erinnerungen wieder hoch im Gedächtnis der Mutter. Ich schalte das Diktiergerät ein, unauffällig, um sie nicht abzulenken von ihrer Reise in die Vergangenheit unserer Familie.

Zwei Jahre waren ins Land gegangen, Jahre, wie sie die Bewohner des kleinen Bauernhofes im Fränkischen schon lange nicht mehr erlebt hatten. Seit Leonhard seine kleine Maria auf den Goschenhof gebracht hatte, war es, als sei mit einem Mal ein dunkler Schatten von dem Anwesen gewichen. Gerade so, als sei das Kind ein Lebenselixier, waren der Bauer und die Bäuerin regelrecht aufgeblüht, hatten sich in die Menschen zurückverwandelt, als die Leonhard sie von früheren Zeiten her kannte. Auf einmal erklang wieder fröhliches Lachen auf dem Hof, auf dem die Jahre zuvor gedrückte Ernsthaftigkeit geherrscht hatte. Die Bäuerin war gänzlich in der Beschäftigung mit ihrem Enkelkind aufgegangen, und obwohl die vergangenen schweren Jahre ihre unauslöschlichen Spuren im Gesicht der Frau hinterlassen hatten, war Leonhard immer wieder aufs Neue verblüfft über die geradezu ansteckende Heiterkeit, die seine Mutter seitdem ausstrahlte. Jeder Entwicklungsschritt des Kindes war ein Ereignis, von dem beim Mittagessen oder abends in der Stube voller Stolz berichtet wurde.

Natürlich machten sich alle auch immer wieder lustig über den Enthusiasmus, mit dem die Mutter sich der kleinen Maria widmete, und mehr als einmal stimmte sogar der Bauer in das Gelächter ein, zum Beispiel, als das Kind eines Tages mit tropfnasser Hose auf dem Schoß des Vaters saß, wo doch die Bäuerin noch einen Augenblick zuvor stolz verkündet hatte, ihr Enkelkind gehe von nun an aufs Töpfchen und brauche künftig keine Windel mehr.

Der Winter war in diesem Jahr 1905 schon früh gekommen, und bereits Ende November hatte eine dicke Eisschicht den kleinen See unterhalb des Hofes überzogen. Sogar die dicke Schlammschicht auf dem Boden des so genannten Himmelfahrtsweihers, in die man sonst bis zu den Waden einsank, war steinhart gefroren.

In der Stube hatten sich am Abend alle möglichst nahe an den Ofen gesetzt, um endlich die tagsüber bei der Arbeit auf dem Hof durchgefrorenen Glieder aufzuwärmen. Der Bauer paffte genüsslich an seiner Pfeife, die er sich nach verrichtetem Tagwerk zu stopfen pflegte, Leonhard las aufmerksam in einer Abhandlung über die neuesten Erkenntnisse, wie sich mineralische Düngung ertragssteigernd nutzen lasse, während Wilhelm seiner Lieblingsbeschäftigung nachging und aus einem Stück Eichenholz eine kleine Puppe schnitzte, die er der kleinen Maria zu Weihnachten schenken wollte.

Die Tür ging auf, und die Bäuerin betrat die Stube. »So, das ist geschafft. Unsere Kleine schläft selig«, konstatierte sie zufrieden, während sie sich auf ihren Sessel niederließ. »Ist das eine schöne Wärme hier am Ofen, man möchte am liebsten gar nimmer hinausgehen, so kalt ist es schon wieder.«

Um Leonhards Lippen spielte sekundenlang ein verschmitztes Lächeln, als er seine Mutter fragte: »Und die Maria? Ist es ihr auch nicht zu kalt da in dem Zimmer? Du weißt, sie hat schnell eine Erkältung, wenn sie nicht richtig zugedeckt ist.«

Entrüstet hieb die Bäuerin die Hände auf die Schenkel. »Ja, da hört sich doch alles auf! Mein Herr Sohn will mir beibringen, wie man Kinder großzieht! Als hätte ich euch damals erfrieren lassen!« Aufgebracht beugte sie sich vor. »Aber du kannst ja gern nachschauen und kontrollieren, ob ich alles richtig gemacht habe.«

Leonhard warf seinem Bruder einen belustigten Blick zu, dann prusteten beide los. »Um Gottes willen, Mutter, ich bitte dich! Das war doch nur ein Scherz. Niemand kann besser mit Maria umgehen als du.«

Auch der Vater fiel in das Gelächter ein.

»Schöner Scherz! Wenn ihr sonst nichts zu reden habt ...« Schmollend zog sich die Bäuerin in ihren Sessel zurück.

Einen Moment lang herrschte Stille in der Stube, nur das Knistern des Feuers im Ofen war zu hören. Schließlich brachte Wilhelm das Gespräch wieder in Gang. »Sind wir dann also klar für morgen früh?«

Leonhard nickte. »Ich denke schon. Schneien wird es wohl nicht heute Nacht, oder?«

Der Vater schüttelte den Kopf. »Auf keinen Fall. Es wird aber wieder klirrend kalt. Also zieht euch warm an.«

»Es ist immer dasselbe beim Bäumefällen. Erst frierst du wie ein Schneider, und nachher beim Sägen und beim Keilen läuft der Schweiß nur so an einem herunter, dass man hinterher ruck, zuck eine Erkältung hat. Ich sag's ja immer wieder: Holz macht fünfmal warm.« Er hob die Hand und zählte an den Fingern ab. »Beim Fällen, beim Sägen, beim Spalten, beim Aufschichten und dann schließlich hier am Ofen.«

Wilhelm schaute forschend in die Runde. »Meint ihr, ich könnte dann so ein kleines Tannenbäumchen mitnehmen?«

»Wieso das denn?«

»Na, in vier Wochen ist Weihnachten. Und ich habe gehört, in der Stadt, in Dinkelsbühl, da stellen sie an Weihnachten einen kleinen Tannenbaum in die Stube und schmücken ihn. Das wär doch schön, wenn Maria auch einen eigenen Weihnachtsbaum hätte! Immerhin ist sie mein Patenkind.«

»Na ja, warum eigentlich nicht?«, sagte Leonhard. »Warum sollen denn immer nur die Bürgerkinder etwas haben, und die Bauernkinder gehen leer aus? Was meinst du, Vater?«

Der Bauer wiegte den Kopf. »Ist mir egal. Wenn's für unsere Maria eine Freude ist, dann soll's mir recht sein. Aber morgen würde ich den Baum noch nicht schlagen, da ist in den nächsten Wochen doch sicher noch Zeit genug. Du kannst dir morgen einen aussuchen, und den holen wir dann kurz vor Weihnachten.«

Die anderen nickten, und auch die Bäuerin lächelte zufrieden: eine Weihnachtsüberraschung der besonderen Art für ihr Enkelkind. Das Gespräch verebbte, und eine Weile hing jeder seinen eigenen Gedanken nach.

»Übrigens, was ich noch sagen wollte«, ließ sich der Bauer schließlich vernehmen. »Vorgestern hab ich den Frieder getroffen ...« Er machte eine kleine Pause, um wieder an seiner Pfeife zu ziehen und sah seine Frau vielsagend an.

Die Bäuerin nahm den Gesprächsfaden auf. »Ja und? Wie geht's ihm?«

»Allem Anschein nach gut. Sein Hof steht prächtig da, mit der diesjährigen Ernte ist er sehr zufrieden, wie er sagt. Und seine Tochter, die Mathilde, die ihn begleitet hat, ich sag euch, das ist ein sauberes Dirndl, Donnerwetter!«

»Und im richtigen Alter müsste sie wohl auch sein«, hakte seine Frau ein. »Einundzwanzig oder zweiundzwanzig Jahre alt, glaube ich. So ganz genau weiß ich das nimmer.«

»Zweiundzwanzig Jahre ist sie«, warf der Bauer ein.

Überrascht sah Wilhelm auf. »Da hast du dich aber bestens erkundigt. Schau an!«

Der Bauer zuckte die Achseln. »Na ja. Man muss doch schließlich Bescheid wissen …«

»Bescheid worüber?« Wilhelm war nun richtig neugierig geworden.

Leonhard lachte schallend. »O heilige Einfalt! Sag mal, liebes Bruderherz, du scheinst aber auch gar nichts mitzubekommen«!

Ärgerlich legte Wilhelm sein Schnitzmesser zur Seite und runzelte die Stirn. »Was soll denn das jetzt wieder heißen? Was soll ich nicht mitbekommen!«

»Na, dass unser lieber Vater gerade eben heftig dabei ist, dich unter die Haube zu bringen!« Belustigt schaute Leonhard in die Runde. »Du sollst die Mathilde heiraten, das ist es, was der Vater gerade versucht, dir schmackhaft zu machen!«

Wilhelm fuhr auf. »Wer? Heiraten? Ich? Niemals!« Heftig schüttelte er den Kopf. »Ich denke ja nicht im Traum daran!«

»Na, jetzt beruhige dich mal wieder!« Der Bauer hatte die Pfeife aus dem Mund genommen und sah seinen Jüngsten belustigt an. »So schlimm ist es ja dann auch wieder nicht, wenn man ein schönes Mädchen zur Frau bekommt!«

»Ich will aber nicht heiraten! Was soll ich denn mit der anfangen!«

»Das wird sich dann schon finden, spätestens in der Hochzeitsnacht …« Leonhard kicherte leise vor sich hin.

»Lass den Blödsinn!«, fuhr ihn Wilhelm heftig an. »Nur dass ihr's alle wisst: Ich will nicht heiraten, und ich werde nicht heiraten! Soll diese Mathilde doch nehmen, wer sie will – ich jedenfalls werde es nicht sein! Und wenn ihr mich loshaben wollt vom Hof«, mit von Zorn geröteten Wangen funkelte er seinen Vater an, »dann sagt es mir lieber gleich, dann weiß ich nämlich, woran ich bin. Dann suche ich mir irgendwo eine Stellung, und dann seid ihr mich los!«

»Aber Bub! Jetzt übertreib doch nicht gleich so maßlos!« Der Bauer hob beschwichtigend die Hände. »Jetzt schau dir die Mathilde doch erst mal an, und dann kannst du ja immer noch …«

»Nichts werde ich anschauen! Die kann mir gestohlen bleiben! Wenn ich sage nein, dann heißt das auch nein!« Wie zur Bekräftigung seiner Worte hieb er mit der flachen Hand heftig auf den Tisch und verließ mit raschem Schritt die Stube. Krachend fiel hinter ihm die Tür ins Schloss.

»Ja, was ist denn mit dem Jungen los?« Irritiert schaute die Bäuerin zur Tür.

Der Vater nahm einen tiefen Zug aus der Pfeife und zog die Stirn in Falten. »Keine Ahnung. So heftig habe ich unseren Wilhelm noch nie erlebt. Weißt du vielleicht, was dahinter steckt, Leonhard?«

»Na ja«, Leonhard faltete, wie um Zeit für die Antwort zu gewinnen, langsam seine Lektüre zusammen. »Dann stimmt meine Vermutung wohl doch …«

»Welche Vermutung? Komm, jetzt mach's nicht so spannend!«

»Ich habe schon seit einiger Zeit das Gefühl, dass Wilhelm sich unsterblich verliebt hat.« Leonhard fuhr sich über die Stirn. »Aber dass es ihn so arg erwischt – das hätte ich nicht für möglich gehalten …«

Die Bäuerin klatschte ärgerlich die Hände zusammen. »Nun lass dir doch nicht jedes Wort aus der Nase ziehen! In wen hat er sich denn verguckt?«

Leonhard machte eine hilflose Handbewegung. »Also gut. Es ist die Friederike vom Rappenhof, die würde ihm gut gefallen, hat er mir vor ein paar Wochen gestanden.«

Der Bauer nickte anerkennend. »Nicht schlecht! Einen guten Geschmack hat er ja, unser Jüngster, das muss man ihm lassen! Zumal sie ja auch noch eine alles andere als schlechte Partie wäre.«

»So einfach ist das leider nicht. Friederike will nämlich von unserem Wilhelm gar nicht viel wissen. Sie geht mit dem Ernst aus Sulzach, da hat der Wilhelm nie eine Chance gehabt. Ernst kommt ja selber von einem großen Hof und ist eine erstklassige Partie. Gerade vorgestern hab ich gehört, dass nächsten Sonntag Verlobung sein soll. Und das muss Wilhelm schlimm getroffen haben.«

»Der arme Bub! Jetzt ist mir klar, weshalb er in den letzten Tagen so still und bekümmert ist.« Die Bäuerin erhob sich und strebte zur Tür.

»Nein, lass das, Mutter! Lass ihn jetzt erst mal allein mit der Sache fertig werden. Da kann ihm jetzt keiner helfen, auch du nicht.« Der Vater war ebenfalls aufgestanden und nahm seine Frau zärtlich in die Arme. »Komm, lass ihn erst mal mit sich und seinem Weltschmerz allein. Du kannst ihn in den nächsten Tagen dann noch genug bemuttern.«

»Er tut mir halt Leid, mein Wilhelm …«

»Mir ja auch. Aber warte, wenn irgendwann die Richtige kommt, dann geht der Katzenjammer ganz schnell vorbei.« Der Bauer machte eine Pause und warf dann aus den Augenwinkeln einen prüfenden Blick auf seinen Ältesten. »Ach ja … wenn wir gerade schon beim Thema sind …« Verlegen griff er wieder nach seiner Pfeife und klopfte die Asche aus.

Leonhard hatte die Andeutung sofort begriffen. »Aha.

Du meinst, was für Pläne ich in dieser Richtung habe? Tja – allererste Wahl bin ich ja wohl nicht mehr.«

»Leonhard!«

»Ist doch wahr, Mutter! Wir müssen der Wahrheit schon ins Auge sehen. Welches schöne Mädchen nimmt schon ohne weiteres einen Mann mit einem unehelichen Kind, wenn sie eine andere Wahl haben kann. Aber im Übrigen habe ich eh keine Lust zu heiraten. Scheint ja irgendwie in unserer Familie zu liegen, das mit der unglücklichen Liebe ...« Ernst blickte er seine Eltern an. »Also – dass auch das klar ist. Ich will niemandem Vorwürfe machen, schuld daran, dass es so gekommen ist, bin letzten Endes nur ich, ganz allein. Aber bitte«, und dabei sah er seinem Vater direkt in die Augen, »habt eben auch dafür Verständnis, dass ich nicht vorhabe zu heiraten. Meine kleine Maria soll keine Stiefmutter bekommen. Und außerdem, unsere Maria hat eine so tolle Oma, was braucht's da noch eine andere auf dem Hof.«

»O Bub, gebe Gott, dass ich weiter so gesund bleibe wie bisher. Dann ist alles gut. Aber was ist, wenn ich krank werde, denk doch mal daran, dass ich auch nicht mehr die Jüngste bin! Und was ist dann, wenn ich nimmer kann und die Maria immer noch klein ist?«

»Das wird aber nicht sein, dafür sorgen wir schon«, erwiderte Leonhard und klatschte in die Hände, als wollte er die merkwürdig trübe Stimmung vertreiben, die sich in der letzten halben Stunde über den Hof gelegt hatte. »Es kommt alles so, wie es kommen muss. Und deshalb wird auch alles gut werden, da bin ich mir sicher!« Er erhob sich, streckte die Arme weit von sich und gähnte laut. Forschend blickte er danach in die Runde: »Ach ja – eines noch. Wie fändet ihr es eigentlich, wenn wir versuchen würden, die Maria zu adoptieren, das heißt, wenn ich es versuchen würde?« Er wartete gespannt auf die Reaktion seiner Eltern.

Der Bauer hob überrascht den Kopf. »Adoptieren? Maria?«

Leonhard nickte. »Ja genau! Daran habe ich nämlich schon eine ganze Zeit lang gedacht. Ich glaube nicht, dass es gut ist, wenn Maria auf Dauer den Namen ihrer Mutter behält, wenn sie also Reingruber heißt, wo sie doch hier bei uns, bei der Familie Ohr, auf dem Goschenhof, aufwächst. Sie soll meiner Meinung nach so heißen wie ihr Vater und wie ihre Großeltern auch. Was meint ihr dazu?«

Der Bauer blickte kurz zu seiner Frau hinüber. Als er das leise, zufriedene Lächeln bemerkte, das um ihre Mundwinkel spielte, nickte er kurz und entschieden. »Das ist eine gute Idee. Außerdem, wenn sie in die Schule kommt und die Kinder sie hänseln, weil sie anders heißt als wir, das muss wirklich nicht sein! Die Maria gehört zu uns, dann soll sie also auch so heißen wie wir. Ich hoffe nur, du bekommst das so einfach hin auf dem Amt, wo du doch keine Frau hast.«

Leonhard lachte kurz. »Ach ja, da sind wir wieder beim Thema! Aber macht euch keine Sorgen, das werde ich schon richten können. Schließlich kann ich ja prächtige Großeltern vorweisen, die mein Kind hier hat. Ihr werdet schon sehen: Alles wird sich zum Guten wenden, davon bin ich felsenfest überzeugt.« Nach diesen Worten warf er einen Blick auf die Standuhr, wünschte eine gute Nacht, gab seiner Mutter einen Kuss auf die Wange und verließ anschließend die Stube.

Dieses harte Leben auf dem einsamen Bauernhof! Früher konnten die Leute hier noch von der Landwirtschaft leben, bescheiden zwar und im Schweiße ihres Angesichts –

aber immerhin. Heute wird der Goschenhof nicht mehr bewirtschaftet. Die Kinder der Lateiers sind fortgezogen. Der Sohn lebt jetzt in Dinkelsbühl, in der Stadt. Obwohl man ihm doch in dem großen Haus eine wunderbare, großzügige Wohnung hätte einrichten können. Mit viel Platz zum Wohnen und viel Grün drum herum. Nein, hat er gesagt. Er wolle in die Stadt. Nach Dinkelsbühl. Das Leben dort draußen sei doch viel zu einsam und langweilig. Hermann Latner hat das damals nicht verstanden und wird es auch nie verstehen können, das hat er mehr als einmal bei unserer Begegnung angedeutet.

Begegnungen. Verwandtschaft. Seltsam: Wie oft bin ich schon auf der Autobahn Würzburg – Ulm ohne besondere Empfindungen an dem Landstrich zwischen Feuchtwangen und Dinkelsbühl vorübergerast. Autobahnödnis halt. Die lästige Distanz zwischen zwei Orten. Und immer in der Sorge, ja nicht in einen Stau zu geraten.

Und nun, auf einmal, habe ich an dieser Stelle ein neues Gefühl: Da sind meine Wurzeln – zumindest ein Teil von ihnen. Hier stammt einer meiner Urgroßväter her, hier gibt es Menschen, mit denen ich irgendwie noch verwandt bin. Wer weiß, wie oft ich schon an einem von ihnen ahnungslos vorübergelaufen bin. Hier gibt es Zusammenhänge, von denen ich bisher keine Ahnung hatte. Und deshalb sehe ich diese Landschaft seitdem mit ganz anderen Augen. Seit unserer Rechercheriese in die Vergangenheit meiner eigenen Familie.

Sie kommt mir plötzlich schöner vor, lieblicher, interessanter, die Gegend um Dinkelsbühl, dieses Grenzland zwischen Bayern und Baden-Württemberg. Das westliche Franken mit seinen unglaublich einsamen Streusiedlungen und Gehöften. Dort, wo sich Fuchs und Hase »Gute Nacht« sagen. Irgendwie ist das mittlerweile kein Schimpfwort mehr. Diese Ödnis – sie hat auch ihren Reiz. Jahrhundertelang haben sich die Menschen hier gegen den Wald, das Klima und die harten Arbeitsbedingungen fast fünfhundert Meter über dem Meeresspiegel zur Wehr gesetzt. Die Höfe. Sie waren natürlich früher viel kleiner als heute. Dann musste einer nach dem anderen aufgeben. Die kleinen sind verschwunden. Die großen immer noch größer geworden. Verdammt zum Wachstum. Reicher sind sie deshalb nicht geworden, die Bauern in dieser Gegend. Zufriedener auch nicht. Kein Wunder, dass dieses Leben heute fast keiner mehr führen will – dieses harte bäuerliche Leben.

»Lirum, larum, Löffelstiel … Oma, wie geht es weiter?« Die kleine Maria saß mitten auf dem großen Esstisch in der Küche und sah ihrer Großmutter beim Kochen zu, während sie mit einem hölzernen Kochlöffel langsam im Takt des Gedichts auf die Tischplatte schlug. »Lirum, larum, Löffelstiel – Oma, sag schon!«

Die Großmutter trocknete sich die nassen Hände an der Schürze ab und lächelte ihr Enkelkind zufrieden an. »Aber Maria, das ist doch ganz einfach. Pass mal auf, das geht so.« Sie holte Luft und wollte gerade mit dem Reim beginnen, da war das Kind von etwas anderem abgelenkt. Aufmerksam spähte Maria ins Freie. »Du, Oma – das ist Onkel Wilhelm. Guck mal, wie der rennt! Wieso rennt denn der so, Oma?«

Schon bei diesem Anblick ahnte die Bäuerin, dass etwas Schlimmes passiert war. Auch sie sah jetzt vom Küchenfenster aus am Waldrand ihren Sohn Wilhelm, der in wilder Hast auf den Bauernhof zugerannt kam. Er hatte nicht, wie sonst, seinen Hut auf dem Kopf, seine Jacke war geöffnet, und beim Näherkommen sah die entsetzte Mutter, dass Blut von seiner Stirn auf den beinhart gefrorenen Boden tropfte.

»Um Gottes willen, lieber Gott, lass es nicht geschehen sein!« In Bruchteilen einer Sekunde breitete sich klamme Angst in ihr aus. Ihr wurde schwindelig. Gerade noch rechtzeitig schaffte sie es, sich auf einen der Küchenstühle fallen zu lassen.

»Oma, sag doch, wieso rennt denn Onkel Wilhelm so?«

Schwer atmend stieß die Bäuerin die Luft aus. Es war genau dasselbe unbeschreibliche Gefühl dumpfer Angst und Verzweiflung wie damals. Damals, als sie ihr Paula gebracht hatten. Leblos, weiß im Gesicht, tot. »Bitte nicht, lieber Gott!«

Verständnislos starrte das Kind seine Großmutter an. »Oma, was ist denn, sag! Oma!« Doch als sie wiederum keine Antwort erhielt, begann Maria zu weinen. »Oma, warum sagst du denn nichts!«

Im selben Moment flog die Tür auf, und Wilhelm torkelte in die Küche. Sein Gesicht war blutverschmiert, und an seiner Stirn klaffte eine Wunde. Keuchend stützte er sich mit den Armen am Esstisch ab. Sekundenlang herrschte Totenstille in der Küche. Die leichenblasse Frau, das erschrocken seinen Onkel fixierende Mädchen und der erschöpfte, blutende Jungbauer: Das Entsetzen lag in der Luft.

Mühsam richtete der Mann sich auf: »Mutter!«, presste er heiser hervor.

Die Bäuerin blickte wortlos zu ihm empor. Tränen rannen über sein Gesicht. »Der Vater! Er ist von einem Baum fast erschlagen worden! Der Baum ist in die falsche Richtung gefallen. Er lebt noch, aber der Baum hat ihn eingequetscht. Leonhard ist bei ihm geblieben.« Heftig atmend machte er eine Pause. »Ich hole jetzt zwei Kühe aus dem

Stall, und dann versuchen wir, den Baum irgendwie vom Vater wegzuziehen. Lauf du in der Zwischenzeit nach Flinsberg und hol Hilfe! Wir brauchen auf jeden Fall eine Bahre und einen Arzt.« Besorgt beugte er sich über die Bäuerin. »Mutter! Hast du verstanden? Wir brauchen Hilfe! Schnell!«

Langsam hob sie den Kopf und sah ihren Sohn aus tränenverschleierten Augen an. »Ich hab's gewusst. Gestern Abend schon habe ich es geahnt, dass es so kommen würde. Welcher Fluch lastet auf diesem Hof?« Sie schlug die Hände vor das Gesicht.

Panisch rüttelte Wilhelm seine Mutter an der Schulter. »Mutter! Bitte! Wir brauchen dich jetzt!«

Maria, die das Geschehen bisher sprachlos verfolgt hatte, begann nun, laut zu weinen. »Hol Hilfe! Schnell!«, rief Wilhelm noch einmal. Dann stürmte er hinaus und ließ die apathisch in sich versunkene Bäuerin und das jämmerlich schreiende Kind in der Stube zurück.

Es war das traurigste Weihnachten, das die beiden Brüder auf dem Goschenhof jemals erlebt hatten. Zusammen mit dem Kind saßen sie in der Stube und betrachteten stumm den Weihnachtsbaum, den Wilhelm am Tag zuvor für sein Patenkind aus dem Wald geholt hatte. Nur von Maria, die neben den Männern auf der Ofenbank hockte, war ab und zu ein Laut zu hören. Sie spielte mit der kleinen Holzpuppe, die ihr Wilhelm zu diesem Weihnachtsfest geschnitzt hatte. Dankbar blickte sie aus ihren tiefbraunen Augen zum Onkel hinüber: »Du, Onkel Wilhelm. Ich weiß jetzt, wie wir die Puppe nennen können!«

Wilhelm sah auf, ein Lächeln huschte über seine traurige Miene. »Wie soll sie denn heißen, deine Puppe?«

»Gertrud. Genauso wie die Oma soll sie heißen.« Zufrieden nickend streichelte sie ihre Puppe. »Ist doch ein schöner Name für ein Puppenkind. Gertrud. Findest du auch, Papa?«

Leonhard stöhnte auf. »Ja, find ich auch«, presste er mühsam hervor, während seinem Bruder mit einem Mal Tränen über die Wangen liefen.

Erschrocken beobachtete das Kind den traurigen Mann. »Aber Onkel Wilhelm! Was ist denn mit dir?« Behutsam rutschte sie näher heran und streichelte mit ihrer kleinen Hand zart über den Scheitel des Onkels. Wilhelm nahm Maria in die Arme und drückte sie fest an sich. »Es ist schon gut. Ich war nur ein bisschen traurig gerade, das ist alles.«

»Wegen Oma und Opa?«

Wilhelm nickte. »Genau! Wegen Opa und Oma!«

»Aber die sind doch jetzt im Himmel! Da muss man doch gar nicht traurig sein! Es geht ihnen gut ...«

Leonhard lächelte bitter. »Du hast ja Recht, Maria. Es geht ihnen gut. Aber weißt du, es ist eben ein merkwürdiges Gefühl, wenn sie beide dieses Jahr an Weihnachten nicht mehr bei uns sind!«

Maria blickte einen Moment lang nachdenklich zu Boden. »Ja, schon. Ich hätte der Oma doch auch so gerne meine schöne Puppe gezeigt. Ob sie sich wohl darüber freut, dass ich ihr ihren Namen gegeben habe?«

»Klar! Die Oma schaut uns jetzt sicher zu und zeigt dem Opa, wie wir hier in der Stube sitzen und du mit deiner Gertrud-Puppe spielst. Das gefällt ihnen sicherlich!« Der Vater ergriff sein Kind mit beiden Händen und setzte es zu sich auf den Schoß. »Jetzt sagst du Onkel Wilhelm noch ›Gute Nacht‹, bevor ich dich ins Bett bringe. Und bedanke dich auch noch für den schönen Christbaum, den er dir aus dem Wald geholt hat.«

Damit erhob er sich und trug seine Tochter zur Stubentür hinaus. »Gute Nacht, Onkel Wilhelm, und vielen Dank für den schönen Baum!«

Wilhelm, in diesem Moment zu keiner Antwort fähig, hob den Kopf und verzog das Gesicht zu einem Lächeln.

Wenig später erschien Leonhard wieder in der Stube. »Sie wird bald schlafen, glaube ich. Sie ist erschöpft von der ganzen Aufregung heute. Aber die Puppe, Wilhelm, ich glaube, damit hast du ihr eine riesige Freude gemacht.« Er betrachtete den Jüngeren sorgenvoll. »Komm, Bruder! Es nützt nichts, wenn wir uns jetzt hängen lassen! Was geschehen ist, ist geschehen! Gottes Wille ist …«

Als habe er nur auf dieses Stichwort gewartet, fuhr Wilhelm auf. »Gottes Wille! Komm mir bloß nicht damit! Was kann denn daran Gottes Wille sein, dass wir Vater und Mutter innerhalb von zwei Tagen verloren haben? Ganz schön gnadenlos, der Herr mit dem Rauschebart da oben!« Wütend hieb er mit der Faust auf den Tisch.

»Wilhelm, ist ja gut! Komm, beruhige dich wieder!«

»Gut? Nichts ist gut! Kannst du mir sagen, wie es weitergehen soll auf dem Hof? Wir haben uns jetzt mithilfe der Nachbarn gerade so über Wasser gehalten, aber so kann das ja nicht weitergehen. Wenn ich doch nur den Vater hätte wegziehen können, bevor der Baum in seine Richtung gefallen ist.«

Der Ältere schüttelte den Kopf. »Aber Wilhelm, das bringt doch nichts! Das haben wir doch schon hundertmal besprochen: Da war nichts zu machen, und da kann man auch niemandem die Schuld geben. Es ist eben ein Unglück gewesen, und letztendlich kann man doch froh sein, dass der Vater noch im Wald gestorben ist, als wir ihn endlich unter dem Baum haben hervorziehen können. Du weißt, was der Doktor gesagt hat: Der Vater wäre für den

Rest seines Lebens ein Pflegefall gewesen, und zwar von der schlimmsten Art: vom Hals an gelähmt, bewegungsunfähig, elend. So gesehen, muss man noch dankbar dafür sein, dass ihm das zumindest erspart geblieben ist.«

»Froh sein? Dankbar?« Wilhelm blies heftig die Luft durch die Nase. »Was denn noch alles?! Dann müssen wir womöglich auch noch dankbar sein, dass es die Mutter nicht verkraftet hat und an dem Schock gestorben ist! Da reicht es nicht, dass der Vater plötzlich tot ist, da muss dann auch noch die Mutter einen Gehirnschlag erleiden und sterben! Und wir beide sind mit einem Schlag Vollwaisen und dürfen dafür auch noch dankbar sein?! Nein«, verzweifelt hob er die Hände, »ich weiß beim besten Willen nicht, wie es jetzt weitergehen soll. Mit dem Kind auf dem Hof, keine Mutter, keine Oma weit und breit. Ich weiß es wirklich nicht!«

Die Minuten vergingen, und keiner sagte ein Wort. Schließlich hieb Leonhard so energisch auf die Tischplatte, dass sein Bruder erschrocken hochfuhr. »Schluss jetzt mit diesem verdammten Selbstmitleid! Es ist so gekommen, wie es gekommen ist. Daran ist jetzt nichts mehr zu ändern. Wir müssen unser Schicksal eben zuversichtlich in die Hand nehmen. Und sag jetzt nicht gleich wieder, es gehe nicht. Wir sind ja schließlich nicht allein auf der Welt, sondern haben die Pflicht, für unsere Maria da zu sein. Jetzt erst recht!« Forschend sah er seinem Bruder in die Augen. »Hast du mich verstanden, Wilhelm? Ich als Vater und du als der Patenonkel, wir müssen nun unserem Kind nicht nur die Mutter, sondern auch die Oma und den Opa ersetzen. Und wenn wir das nicht schaffen, dann sind wir Tagediebe, die auf der ganzen Linie versagt haben.« Wieder hieb er auf die Tischplatte. »Nein, das sind wir nicht, das werden wir nicht sein, und Maria wird eines Tages stolz auf uns sein können. Komm«, er streckte den rechten Arm aus, »schlag ein und versprich mir, dass wir das alles schon richten werden!«

Wilhelm blickte einen Moment lang auf den ausgestreckten Arm seines Bruders. Dann nickte er entschieden und schlug ein. »Du hast ja Recht, so schwer auch alles ist und noch werden wird. Wir dürfen jetzt nicht aufgeben, schon wegen Maria nicht! Wir werden das schon hinbekommen, und ich bin auf jeden Fall dabei, versprochen!«

»Guck mal Maria, wie schön das aussieht!« Wilhelm deutete fröhlich mit dem ausgestreckten Arm auf den Weiher, in dessen Wasser sich im strahlenden Sonnenlicht dieses herrlichen Maitages die große Lärche spiegelte. »Extra für dich zum Geburtstag!«

»Wo denn?« Maria, die heute an ihrem dritten Geburtstag ihr Festtagskleidchen anziehen durfte, das ihr im letzten Jahr noch die Großmutter zu Weihnachten genäht hatte, blinzelte suchend in die grelle Sonne.

»Nicht da oben am Himmel, du Dummerchen«, grinste Wilhelm. »Da schau doch mal ganz genau an meinem Arm entlang auf das Wasser. Siehst du, wie sich der Baum da im See spiegelt, gerade so, als ob er baden wolle. Und so schöne grüne Nadeln hat er auch wieder gekriegt: zur Feier des Tages.« Er nahm sein Patenkind mit beiden Händen hoch und machte eine Bewegung, als ob er die Kleine ins Wasser werfen wollte. »Na, wie wär's mit einem kleinen Bad bei dem schönen Wetter?«

Maria kreischte auf und strampelte auf dem Arm ihres Onkels aus Leibeskräften. Der lachte schallend und setzte das Kind wieder sanft auf dem Boden ab. »Na gut, dann eben ein andermal!«

»Gar nicht! Böser Onkel!« Heftig stampfte das Mädchen mit dem Fuß auf.

»Na komm, so war das doch nicht gemeint!« Beruhigend streichelte Wilhelm ihr über das Haar. »Was glaubst du, wie die Fische sich gefreut hätten, wenn du sie besucht hättest? Oder die Gänse da und die Enten, da schau nur!« Ruhig zogen die Enten ihre Kreise auf dem in der Sonne glitzernden Weiher. Ab und zu war noch ein kurzes Plätschern zu vernehmen, wenn einer der im See ausgesetzten Karpfen wieder nach einer Mücke geschnappt hatte, die der Wasserfläche zu nahe gekommen war, sonst herrschte friedliche Stille rund um den Hof. Wilhelm sog die angenehm warme Luft dieses Tages voller Inbrunst in sich ein und schloss einen Moment lang die Augen.

»Du, Onkel Wilhelm, wer kommt denn da?« Marias Frage riss ihn aus seinen Gedanken. Er drehte sich in die Richtung, in die Maria deutete. Dort war auf der staubigen Straße, die von Flinsberg herüber zum Goschenhof führte, eine zweirädrige Kutsche zu erkennen. Auf ihr saßen zwei Erwachsene, eine junge Frau und ein schwarz gekleideter älterer Bauer, sowie ein kleines Kind, sicherlich jünger als Maria. Rasch näherte sich das von einem gedrungenen Pferd gezogene Gefährt dem Anwesen. Ein schmerzlicher Stich durchzuckte den jungen Bauern, als er den Besuch erkannte, obwohl er auf dessen Ankunft vorbereitet war. Er nahm sein Patenkind wortlos an die Hand und zog es mit sich zum Gehöft.

Dort kam in diesem Moment auch Leonhard aus der Tür und empfing die Besucher, deren Kutsche gerade eben vor dem Hof zum Stillstand kam, mit verlegenem Lächeln. »Grüß Gott, Hedwig, grüß Gott, Anton!«

»Grüß Gott!« Der dunkel gekleidete Bauer stieg nach diesem knappen Gruß behände von der Kutsche und streckte anschließend wortlos die Arme nach dem Kind aus, das sich eng an die blasse junge Frau geschmiegt hatte. Unsicher blinzelnd betrachtete diese erst den Jungen, dann den Bauern, bevor sie das Kind hochhob und dem anderen übergab. Der nahm es und stellte es sachte auf den Boden. »So, Fritz, da sind wir.« Dann wandte er sich wieder der Kutsche zu: »Und was ist mit dir? Willst du ewig da oben sitzen bleiben und festwachsen?« Ärgerlich schnaubend schüttelte er den Kopf. Der Frau schoss die Röte ins Gesicht, und eine zornige Erwiderung lag ihr auf den Lippen, als Leonhard entschieden hervortrat und ihr die Hand reichte. »Bitte schön, Hedwig. Lass dir herunterhelfen.«

Immer noch bebend vor Zorn, biss sich die Frau auf die Lippen, blieb aber stumm und ergriff Leonhards Hand, als sie von der Kutsche kletterte.

»So, das wäre also geschafft«, versuchte Leonhard die Situation mit einem Lächeln zu überspielen. »Und du bist also der Fritz?«, beugte er sich zu dem wohl zweijährigen Jungen hinunter, der regungslos neben dem Bauern stand und die Frage mit einem schüchternen Nicken beantwortete.

»Aha! Schön, dass du da bist! Schau mal, wer da kommt!« Leonhard deutete mit dem Zeigefinger in die Richtung, aus der gerade Maria und ihr Onkel hinzutraten. »Das ist die Maria. Die ist ein Jahr älter als du und ein ganz liebes Mädchen. Ihr werdet euch sicher gut vertragen!« Noch immer blinzelte der Junge still und verlegen vor sich auf den Boden. Vorsichtig tastend ergriff er den Rock seiner Mutter und verbarg sich schließlich hinter dem weiten, dunkelbraunen Stoff.

»Er ist halt ein bisschen schüchtern«, kommentierte die junge Frau das Verhalten ihres Kindes. »Aber das wird sich sicherlich bald geben!«

Leonhard richtete sich wieder auf und nickte. »Das denke ich auch. Wenn sich die beiden erst mal näher kennen gelernt haben … Komm, Maria«, suchend schaute er sich nach seiner Tochter um, »sag mal schön ›Grüß Gott‹ zu den Leuten!«

Auch Maria war durch die merkwürdig kühle Atmosphäre gehemmt, die von diesem Besuch ausging. Den Blick unsicher auf ihren Vater geheftet und nach wie vor die Hand ihres Onkels umklammernd, murmelte sie leise: »Grüß Gott!«

»Na, na! Man schaut dem Besuch aber ins Gesicht, wenn man ihn begrüßt«, sagte Wilhelm.

»Und außerdem gibt man ihm artig die Hand«, setzte die Frau säuerlich hinzu. Wilhelm blickte bei diesem Einwurf überrascht auf, verkniff sich aber eine Entgegnung.

»Na, komm Maria! Da hat die Tante Hedwig schon Recht! Gib deinem Besuch schön die Hand und heiße ihn willkommen!« Er gab dem Mädchen einen aufmunternden Klaps und schubste es sanft nach vorn.

Maria tat einen Schritt auf die Frau zu und streckte ihr die linke Hand entgegen. »Grüß Gott, Tante Hedwig!«

Die Frau schüttelte missbilligend den Kopf. »Aber doch nicht mit der Linken! Hat man dir denn das etwa noch nicht beigebracht? Ich will die andere Hand!«

Maria zuckte unsicher zurück, während Wilhelm seinem Unmut nun freien Lauf ließ: »Du meine Güte! Das Kind ist drei Jahre alt! Da kann doch so was mal vorkommen! Übrigens hat Maria heute Geburtstag und den möchte ich ihr mit so einer Szene nicht verderben! Das kann ja heiter werden!« Brüsk drehte er sich um und stapfte zornig davon.

Leonhard, der am liebsten seinem Bruder gefolgt wäre, legte sachte die Hand um die Schultern seiner Tochter und drückte sie an sich. »Ist nicht so gemeint! Wilhelm ist halt manchmal etwas heftig. Und außerdem muss er sich wohl erst an den Gedanken gewöhnen, dass da künftig wieder eine Bäuerin auf dem Hof ist und dass er seine Maria nicht mehr für sich alleine hat. Wo sie doch sein ein und alles ist.«

»Was die Erziehung angeht, scheint er dann ja aber kein allzu großes Licht zu sein«, warf die Frau ein, während sie ihrem Jungen über die Haare fuhr.

»Hedwig!«, zischte der ältere Bauer zornig. »Jetzt halt doch endlich mal dein Schandmaul!« Und zu Leonhard gewandt fuhr er fort: »So ist sie eben manchmal. Ich sag dir von vornherein: Lass dir bloß nichts gefallen, sonst hast du verloren!«

»Schon gut!« Leonhard war in diesem Moment drauf und dran, die schon einige Wochen vorher verabredete Verlobung abzusagen und die für Ende Mai geplante Hochzeit platzen zu lassen. Doch tausend Gedanken schossen ihm gleichzeitig durch den Kopf. Was hätte das zur Folge? Es war den beiden Brüdern bitter klar geworden, dass sie es zu zweit auf dem Hof auf keinen Fall schaffen konnten, nebenbei auch noch die kleine Maria großzuziehen. Es hatte sich doch in den letzten Wochen erwiesen, seit der Winter vorübergegangen war und sie wieder zusätzlich zur Arbeit im Stall auch noch die Felder bestellen mussten, dass sie ohne eine tatkräftige Bäuerin nicht in der Lage waren, den Hof so zu bewirtschaften, wie sie es von ihren Eltern gewohnt waren. Eine zusätzliche Magd war kein Muttterersatz für Maria, und auch Wilhelm, der liebevolle Patenonkel, konnte nicht einfach die Rolle übernehmen, die die Großmutter bis zu ihrem plötzlichen Tod für ihr Enkelkind gespielt hatte. Also war Leonhard gar nichts anderes übrig geblieben, als sich nach einer Frau umzuschauen und sich für diejenige zu entscheiden, die ihm deren Vater wärmstens empfohlen hatte, indem er Leonhard eine üppige Mitgift in Aussicht gestellt hatte. Schließlich besaß Hedwig durch ihren Sohn Fritz ebenfalls ein Handicap in Gestalt eines ledigen Kindes, das sie auf dem Hof ihrer Eltern großzog. Die Heiratschancen für sie waren also genauso eingeschränkt gewesen wie für den Bauern auf dem Goschenhof: Viel Auswahl blieb da für einen kleinen Landwirt im Fränkischen nicht mehr übrig. Leonhard fröstelte, aber was sollte er tun? Es war ein schwerer Kampf, den er mit sich auszufechten hatte, doch schließlich presste er den entscheidenden Satz mühsam hervor: »Kommt doch bitte herein und seid mir herzlich willkommen!« Dabei öffnete er die Tür des Bauernhauses und ließ seinen Besuchern den Vortritt.

Sie hat nie viel über ihre Stiefmutter erzählt, meine Großmutter. Auch meine Mutter weiß wenig über die Frau, die dem kleinen Mädchen Maria das Leben auf dem Goschenhof zur Hölle gemacht hat.

Maria hat nie verächtlich oder gar hasserfüllt über diese harte Frau gesprochen, obwohl sie allen Grund dazu gehabt hätte. Eher bedauernd hat sie das eine oder andere eingeflochten ins Gespräch mit ihren Kindern. Wenn sie wieder einmal als junge Frau den Vater auf dem Hof besucht hat und dabei eines oder zwei ihrer acht Kinder mitgenommen hat.

Dass die Bäuerin oft krank gewesen ist, dass die kleine Maria bald auch schon die Rolle der Mutter für ihre Stiefgeschwister übernehmen musste. Dass der Onkel, solange er auf dem Hof gelebt hat, die schlimmsten Schikanen abmildern konnte. Dass der Vater – merkwürdigerweise – fast überhaupt keine Rolle gespielt hat in dieser Zeit. Ein als Jugendlicher offenbar fröhlicher junger Mann, den die Lebensumstände einsam, ernst und hilflos gemacht hatten.

Und dann diese eine Aussage, mehr nicht. Dass sie oft genug vor lauter Hunger die Kartoffeln aus dem Schweinetrog gegessen habe.

Wie bitte?!

Doch, beharrt meine Mutter, das habe sie ab und zu von Maria gehört. Immer dann, wenn sie selbst in ihren ärmlichen Rothenburger Verhältnissen kein üppiges Mittagessen auf dem Tisch stehen hatten. Oder dann, wenn sie einmal wieder zu Besuch auf dem Goschenhof waren. Dort drüben, bei den Schweinen, habe sie die gekochten Kartoffeln aus dem Trog gegessen.

Sie hat das ohne Bitterkeit gesagt. Es sei immer nur eine Feststellung gewesen, kein Selbstmitleid, und auch keine Anklage. Immer wieder habe sie ihren Vater gern besucht auf seinem Hof. Habe sich gefreut, wenn man sich wiedergesehen habe. Kein böses Wort sei da gefallen, nichts. Erstaunlich. Meine Großmutter. Das verschwommene Bild in meinem Kopf nimmt neue Konturen an.

»Maria!« Laut dröhnte die vor Zorn und Ärger bebende Stimme durch den Flur. »Maria, komm sofort hierher!«

»Ja, Tante.« Schüchtern linste Maria vom Flur aus durch die Küchentür. »Hier bin ich.«

Die Bäuerin fuhr herum. Wut verzerrte ihr Gesicht. »Maria! Und sag nicht immer ›Tante‹ zu mir. ›Tante Hedwig‹ heißt das, nur dass dir das endlich mal klar wird, du maulfaules Ding! Verstanden?«

Maria nickte stumm und senkte den Kopf.

»›Ja, Tante Hedwig‹. So heißt das!«, fauchte die Stiefmutter und baute sich drohend vor dem Kind auf. »Wenn du das nur endlich mal begreifen würdest! Also, wie heißt das?«

»Ja, Tante Hedwig«, murmelte das Kind mit leiser Stimme.

»Lauter!«

Maria war es, als schnüre ihr ein Kloß den Hals ab. Nur mühsam schaffte sie es, ihre Stimme zu verstärken. »Ja, Tante Hedwig!«

Die andere nickte. »Na also, es geht doch! Dir werden wir schon noch die nötigen Flötentöne beibringen, lass dir das gesagt sein! So«, und damit stemmte sie die zu Fäusten geballten Hände in die Hüften, »und nun sagst du mir auf der Stelle, wo du die ganze Zeit gesteckt hast! Du solltest doch auf das Baby Acht geben, das schreit schon seit mindestens fünf Minuten. Also: Wo warst du?«

»Ich ... ich ... war ... nirgendwo«, stammelte das Mädchen verlegen und starrte dabei auf den Küchenboden.

»Was heißt das, du warst nirgendwo? Irgendwo wirst du ja wohl gewesen sein!«

Maria hielt den Blick konsequent nach unten gesenkt. »Nein, nur so.«

»Nur so. Nur so!« Die Bäuerin redete sich in immer ärgere Rage. »Na warte, dir werde ich's zeigen, was es heißt, meine Anweisungen nicht zu befolgen!« Damit tat sie einen energischen Schritt auf das Mädchen zu und hob die Hand, um zum Schlag auszuholen. Maria schaffte es gerade noch, die Arme schützend vor das Gesicht zu reißen, als der erste Hieb auch schon auf sie niederprasselte. »Da, du undankbares Ding, da hast du es, und ...«

»Halt!« Ein lauter Befehl hallte durch den Flur, und Sekundenbruchteile später stand Wilhelm auf der Türschwelle. »Lass sofort die Hand herunter, sonst vergesse ich mich!«, schrie er der Bäuerin entgegen. Wie zur Bestätigung seiner Absicht trat er direkt vor sie hin und hob drohend die Rechte. »Wenn du nicht sofort kehrtmachst und das Kind in Ruhe lässt, dann vergesse ich, dass du meine Schwägerin bist!« Sachte zog er das leise schluchzende

Kind zu sich heran. »Nur ruhig, Maria. Die darf dir nichts antun, dafür sorge ich schon. Das werde ich nicht zulassen, dass sie dich schlägt.« Das Schluchzen des Kindes wurde lauter, eng klammerte es sich nun an seinen Onkel. »Da, schau, du Hexe, was du mit dem Kind angestellt hast. Ein fünfjähriges Mädchen einschüchtern, ja, das kannst du! Und meinen Bruder einwickeln, das hast du ja auch geschafft. Aber ich warne dich«, er machte einen Schritt nach vorn und fixierte die Frau aus nächster Nähe. »Wehe, du krümmst der Maria ein Haar, dann wirst du sehen, was passiert! Als ob ich nicht merken würde, welche Schikane ständig hinter meinem Rücken abläuft. Und mein lieber Herr Bruder, der scheint ja davon gar nichts mitzukriegen, der weiß vor lauter Kindern ja anscheinend nicht mehr ein noch aus.« Wilhelm warf einen bösen Blick auf den sich deutlich unter dem Rock abzeichnenden Bauch der Frau und drehte sich um. Er nahm die immer noch schluchzende Maria auf die Arme und verließ ohne ein weiteres Wort die Küche.

Die Jahre vergingen, und anstelle der einst so freien, herzlichen Atmosphäre auf dem Goschenhof hatte sich eine Art trüber Bedrücktheit auf dem Anwesen breit gemacht. Jeder der Erwachsenen ging, ohne große Zufriedenheit zu empfinden, seiner täglichen Arbeit nach, selbst die beiden Brüder hatten sich mehr und mehr entfremdet und wechselten nur die nötigsten Worte miteinander. Man ging sich aus dem Weg und machte sich, jeder für sich allein, seine eigenen kummervollen Gedanken.

Mittlerweile waren vier Kinder auf dem Goschenhof zur Welt gekommen, zwei Mädchen und zwei Jungen. Keine der Geburten war reibungslos verlaufen, und trotz ihres geringen Alters bei der Geburt der ersten Kinder erinnerte sich Maria in späteren Jahren noch schaudernd an den langen, gnadenlosen Kampf, den die Frau bei jeder Niederkunft hatte ausfechten müssen, und an die jämmerlichen Schreie, die sie dabei ausgestoßen hatte. Selbst die erfahrene Hebamme aus Flinsberg hatte immer wieder bedenklich den Kopf geschüttelt und bei der vierten Geburt eindringlich auf den leichenblassen Bauern eingeredet: dass es mit an Sicherheit grenzender Wahrscheinlichkeit den Tod der Frau bedeuten würde, wenn es zu einer weiteren Schwangerschaft käme, und dass es diesmal noch längst nicht klar sei, ob sie sich von dieser schweren Niederkunft jemals erholen werde. Auch an den Kommentar ihres Onkels, der die Unterredung vom Flur aus mitangehört hatte, sollte sich Maria ein Leben lang erinnern: Wie sehr er gehofft habe, dass die Bäuerin sich gar nicht mehr vom Wochenbett erheben und das Zeitliche segnen würde. Zum Glück hatte keiner der in der Stube Anwesenden diesen Fluch gehört, und Wilhelm war hinaus ins Freie geeilt, um seinen Gedanken und seiner Wut freien Lauf zu lassen. Zurückgeblieben war eine völlig entgeisterte Maria, die sich, aufgewühlt von den Schreien der Stiefmutter, der verzweifelten Miene des Vaters, vom Weinen der verängstigten Stiefgeschwister und vom Wutausbruch des geliebten Patenonkels nicht mehr zu helfen wusste. Auch damals hatte sie dann, wie immer öfter in der letzten Zeit, ihre Puppe genommen und war mit ihr auf den Dachboden geklettert. Dort oben hatte sie sich niedergekauert, die Hände gefaltet und mit zum Himmel emporgewandtem Gesicht den lieben Gott und die bei ihm wohnenden lieben Großeltern angefleht, sie möchten doch alles wieder gutmachen und der Familie endlich ihren lang ersehnten Frieden bescheren. Stundenlang hatte sie so dagesessen, war manchmal sogar beim Beten eingeschlafen, und erst die lauten Rufe ihres Onkels, der bereits das ganze Haus nach ihr abgesucht hatte, weckten sie wieder auf.

Aber diese vierte, besonders schwere Geburt hatte den Organismus der Bäuerin offenbar tatsächlich schwer geschädigt. Wochenlang lag die Frau im Bett, fast schon wächsern schimmerte ihre Gesichtsfarbe. Nur mühsam stammelte sie mit leiser Stimme den einen oder anderen Satz. Und immer wieder kam die Hebamme vorbei, später sogar zwei- oder dreimal der Arzt, doch beide runzelten nach jeder Untersuchung nur die Stirn und verzogen skeptisch den Mund. Keiner könne sagen, ob seine Frau jemals wieder auf die Beine komme, bedeuteten sie ein ums andere Mal dem verzweifelten Bauern, der nach solchen Unterredungen oft selbst stundenlang in stummer Lethargie am Ofen hockte und dumpf auf den Boden stierte. Wären da nicht die benachbarten Bauern aus Flinsberg gewesen, die immer wieder mit Rat und Tat eingesprungen waren und deren Frauen die Kleinstkinder der Familie mit dem Nötigsten versorgten, dann, dessen war sich Maria später gewiss, hätte die Familie das erste kritische Jahr nach der Geburt des letzten Kindes mit Sicherheit nie und nimmer durchgestanden. »Geben ist seliger denn nehmen«, ihr Taufspruch, den das inzwischen siebenjährige Mädchen mehr als einmal in den einsamen Stunden auf dem Dachboden vor sich hingemurmelt hatte, füllte sich angesichts der Hilfsbereitschaft der Mitmenschen plötzlich mit einer Sinnhaftigkeit, die Maria ihr ganzes weiteres Leben nicht mehr vergessen sollte.

Und das Wunder geschah. Die Bäuerin kam tatsächlich nach langen Wochen allmählich wieder zu Kräften, und als der Winter endlich vorüber war und das Frühjahr des Jahres 1911 die ersten warmen Sonnenstrahlen vom Himmel scheinen ließ, erhob sich die Frau von ihrem Krankenlager und begann wieder, langsam erst, doch dann mit immer größerer Routine und zurückkehrender Lebenskraft, ihre Hausarbeit zu verrichten. Für Maria, mittlerweile fast acht Jahre alt, kam es einem Wunder gleich, dass die Frau, deren Krankenlager ja fast schon einem Sterbebett geglichen hatte, noch einmal ins Leben zurückgekommen war. Dementsprechend groß war die Freude des Mädchens. Jetzt würde alles gut werden, jetzt konnte sie in ihrer Ecke auf dem Dachboden den Großeltern im Himmel für das Wunder danken, das diese zusammen mit dem Herrgott auf dem Goschenhof vollbracht hatten – jetzt, darin war sich Maria völlig sicher, würden sie endlich zu einer glücklichen Familie vereint werden.

»Maria!« Eine scharfe Stimme durchschnitt die andächtige Stille, die sich an diesem Nachmittag auf dem Dachboden ausgebreitet hatte. »Wo steckt das widerspenstige Ding denn schon wieder?« Maria schrak zusammen. Das war sie, zwar nicht mehr ganz so laut und kräftig, aber genauso herrisch wie eh und je, die Stimme der Stiefmutter, deren Wesen sich offenbar in den langen Wochen ihrer Krankheit allen Hoffnungen zum Trotz nicht verändert hatte.

Hastig nahm das Mädchen die kleine Holzpuppe und kletterte die Dachbodenleiter herunter, so schnell sie es vermochte.

»Maria!« Wieder peitschte die aufgebrachte Stimme durch das Haus. »Wo in Teufels Namen steckst du denn?«

»Hier, Tante! Ich komme schon!« Mit klopfendem Herzen eilte die so unvermittelt aus ihren rosaroten Zukunftsträumen gerissene Maria zur Küche. Jetzt nur ja nichts falsch machen und der Frau alle Wünsche von den Augen ablesen, dann musste die doch irgendwann einmal spüren, dass man gar nicht gegen sie eingestellt war auf dem Hof, sondern dass sich jeder der Bewohner nur nach Geborgenheit sehnte, mehr nicht. Atemlos blieb sie an der Türschwelle stehen. »Hier bin ich, Tante.«

Doch irgendetwas war anscheinend schon wieder schief gelaufen, irgendeinen derjenigen Fehler, die niemand außer der Bäuerin als solche erkannte, hatte sie allem Anschein nach schon wieder begangen. Mit stechendem Blick blitzte die in den Wochen ihrer Bettlägerigkeit noch hagerer gewordene Stiefmutter das Mädchen an. »›Tante Hedwig‹! Wie oft soll ich dir das noch sagen?!« Drohend machte sie einen Schritt auf die wie erstarrt dastehende Maria zu. »Oder muss ich es dir erst mit dem Wellholz einbläuen, bis du's kapiert hast?« Schon hob sie den rechten Arm in die Höhe, um zum Hieb auszuholen, da drang das klägliche Geschrei des Babys durch die Küche und stoppte die Strafaktion im Ansatz. Wütend fuhr die Frau herum: »Da schau, was du angerichtet hast! Jetzt hast du auch noch das Baby aufgeweckt.« Sie trat zur Wiege, nahm das immer noch schreiende Kind auf den Arm und tastete mit der anderen Hand das weiße Bündel ab. »Auch noch nass. Das musste ja noch dazukommen. Du nimmst jetzt das Baby augenblicklich und wickelst es neu! Aber richtig, verstanden?« Damit hielt sie der immer noch auf der Schwelle verharrenden Maria das Kind entgegen. »Na los, mach schon, oder soll ich dir etwa Beine machen?«

Das Mädchen schüttelte heftig den Kopf und nahm das Baby in die Arme. »Nein, nein. Ist schon gut, Tante … Tante Hedwig!« In letzter Sekunde war ihr das noch eingefallen.

»Und dass du mir ja wieder alles sauber machst und danach noch nach der Wäsche schaust! Du kannst ruhig alles von der Leine nehmen und zusammenlegen. Das tut die

Wäsche nämlich immer noch nicht von alleine.« Die Frau setzte sich ächzend an den Küchentisch und betrachtete das Mädchen durchdringend. »Dass man aber auch alles allein machen muss. Es ist schon eine schwere Last mit so einem Kind wie dir.«

Maria nickte verlegen und wandte sich schnell um. Sie schluckte mühsam den Kloß hinunter, der sich in ihrem Hals festgesetzt hatte: Das Wunder war nicht eingetreten. Die Stiefmutter hatte sich nicht zum Besseren verändert – im Gegenteil.

»Da, guck mal, Onkel Wilhelm, was ich kann!« Fröhlich drang Marias Stimme an das Ohr des Onkels und zerschnitt die düsteren Gedanken, die ihn schon seit einigen Stunden bei der Arbeit plagten. Wilhelm, der gerade damit beschäftigt war, das Eis wegzuhacken, das sich in den letzten Tagen zentimeterdick auf den Weg von der Hoftür zum Schuppen gelegt hatte, blickte sich suchend um.

»Maria! Wo bist du denn? Ich kann dich nicht sehen!« Frierend stand er da und rieb sich heftig die Oberarme. Der Winter hatte in diesem Jahr 1911 wieder früh und mit bitterer Kälte Einzug gehalten. Eine positive Auswirkung allerdings hatten die Minustemperaturen: Die Schädlinge, die auf den Feldern der Landwirte im vergangenen Frühjahr und Sommer so schlimm wie schon lange nicht mehr gewütet hatten, würden diesen harten Winter, wenn er denn noch ein, zwei Wochen mit solcher Heftigkeit andauerte, mit Sicherheit zum großen Teil nicht überleben. Also noch einmal: Etwas Gutes war jeder Situation abzugewinnen, in diesem Fall sogar der eisigen Kälte. Wilhelm lächelte still in sich hinein und blinzelte dann in das gleißende Sonnenlicht dieses strahlend schönen Dezembertages.

»Na, hier bin ich!«, kam die fröhliche Stimme Marias zurück, keine dreißig Meter entfernt. Aber dort drüben war doch nur der See ... natürlich, der See! Wilhelm tippte sich lachend an die Stirn und ging mit vorsichtigen Schritten zu dem zugefrorenen Gewässer hinüber. Mitten auf dem See stand Maria stolz und ausgelassen auf den neuen Schlittschuhen, die er ihr vor zwei Tagen von seinem Besuch in Dinkelsbühl mitgebracht hatte. Mit ausgestreckten Armen winkte sie ihrem Onkel freudig zu. »Da, Onkel Wilhelm, schau mal, was ich kann!« Im selben Moment nahm sie etwas holprig Anlauf, fuhr mit der Geschwindigkeit, die sie dadurch erreicht hatte, unsicher schwankend einen langen Bogen und endete Sekundenbruchteile später mit der Nase auf der glitzernden Eisfläche.

»Maria! Ist dir was passiert?«

»Ach was! Es hat mich halt hingehauen, das ist alles«, kam die Antwort zurück.

Wilhelm lachte. »Na, dann ist ja alles gut. Aber sei vorsichtig, da hast du dir ruck, zuck etwas gebrochen. Fang lieber langsam und in aller Ruhe an, überhaupt ...« Er hob tadelnd den Zeigefinger in die Höhe. »Wer hat dir denn eigentlich erlaubt, einfach aufs Eis zu gehen, ohne uns Erwachsene vorher zu fragen? Was ist, wenn dich das Eis womöglich gar nicht trägt?«

Maria hatte sich in der Zwischenzeit wieder aufgerappelt und kam langsam, mit den Armen rudernd, ans Ufer gefahren. »Der Vater hat's mir erlaubt. Er ist gerade vorher hinaus und hat das Eis gemessen. Es würde mich tragen, hat er gesagt, ich darf also fahren.« Sprach's und drückte ihrem Onkel einen Kuss auf die Wange. »Und vielen Dank noch für die tollen Schlittschuhe, Onkel Wilhelm!« Dann nahm sie Anlauf und stolperte mit ihren noch ungeübten Bewegungen wieder auf den See hinaus. Wilhelm rieb sich verlegen die geküsste Wange und lächelte kopfschüttelnd in sich hinein. Na also! Und dabei hatte er vor einer halben Stunde noch düstere Gedanken gewälzt – ob es nicht doch vielleicht besser sei, den Hof zu verlassen und sich zu Lichtmess eine andere Stellung zu suchen, in Dinkelsbühl, in Rothenburg oder womöglich noch weiter fort. Und jetzt, in diesem Moment, wurde es ihm wieder klar, wohin er gehörte. Hier würde er bleiben, zumindest so lange, bis sein Patenkind einmal erwachsen wäre …

Ein Ziehen an seinem Pullover machte ihn darauf aufmerksam, dass er nicht allein war. »Du, Onkel«, ließ sich eine Stimme hinter ihm vernehmen, »darf ich auch mal?«

Wilhelm drehte sich um. Es war Fritz, der Junge, den die Bäuerin damals mit in die Ehe auf den Goschenhof gebracht und den er im Laufe der Zeit ebenfalls in sein Herz geschlossen hatte. Schließlich konnte das Kind ja nichts dafür, dass es eine solche Mutter hatte. »Na, Fritz, wieso denn eigentlich nicht? Nächstes Jahr dann, da bist du acht Jahre alt, so wie Maria jetzt. Also gut, gleiches Recht für alle – im nächsten Winter bist du dran und bekommst von mir auch so schöne Schlittschuhe, abgemacht?« Er hob die Hand, um den Pakt zu besiegeln, doch der Junge verzog nur das Gesicht und meinte enttäuscht: »Nächstes Jahr, nächstes Jahr. Jetzt ist aber dieses Jahr. Wer weiß, ob es im nächsten Jahr überhaupt einen Winter gibt.«

Wilhelm lachte schallend. »Aber sicher gibt es den. Das ist so sicher wie das Amen in der Kirche. Und das Warten, das gehört halt zum Leben dazu. Maria hat doch auch warten müssen, bis sie acht Jahre alt geworden ist, ehe sie die Schlittschuhe bekommen hat. Und du bist schließlich erst sieben.«

»Aber bald werde ich acht«, beharrte der Junge trotzig auf seiner Forderung.

»Bald, das ist im nächsten Jahr. Aber weißt du was«,

Wilhelm kniete sich zu Fritz auf den Boden, »es gibt da eine Möglichkeit, wie du vielleicht doch noch dieses Jahr einmal auf Schlittschuhen stehen könntest.«

»Ja? Wie denn?«

»Du fragst ganz einfach die Maria, ob sie dir die Schlittschuhe einmal ausleiht. Wie wäre das denn?«

»Ausleihen!« Fritz machte ein enttäuschtes Gesicht. »Ob sie mir die überhaupt gibt?«

»Aber komm! Deine Lieblingsschwester? Du weißt das ganz genau: Wenn du Maria fragst, dann darfst du sie schon mal ausleihen, aber bitte, das musst du mir versprechen, und zwar hoch und heilig: Du gehst nie allein hinaus auf den See, und du fragst vorher immer einen von den Erwachsenen, ob das Eis dick genug ist, einverstanden?«

Fritz nickte eifrig. Doch Wilhelm war noch nicht fertig. »Und Maria leiht dir die Schlittschuhe, wenn du sie fragst. Sie gehören aber ihr, dass das auch klar ist!«

Verwundert runzelte der Junge die Stirn. »Klar. Sag ich doch. Wem sollen sie denn sonst gehören?«

Die beiden schauten wieder auf den See hinaus, wo Maria nach wie vor emsig damit beschäftigt war, ihre unsicheren Bewegungen mehr und mehr unter Kontrolle zu bringen, was ihr oft genug nicht gelang. Immer wieder kicherten die beiden Beobachter amüsiert, wenn wieder einmal eine anfänglich elegante Bewegung in einem Sturz mündete.

»Das ist ja prima. Die anderen arbeiten, bis sie nicht mehr können, und hier stehen die Herrschaften nutzlos in der Sonne herum und vergnügen sich prächtig!« Die bittere Stimme, die den unbeschwerten Dezembernachmittag durchschnitt, war Wilhelm nur allzu gut bekannt. Er wandte langsam den Kopf und erblickte seine Schwägerin, die, ihre vierjährige Tochter Lieselotte an der Hand führend, mit missbilligendem Blick auf sie zugelaufen kam.

Wilhelm verzog schmerzhaft das Gesicht, dennoch zwang er sich, höflich zu bleiben. »Hallo, Schwägerin! Da schau mal. So ein schöner Tag, vielleicht die letzte Sonne in diesem Jahr, da wird man auch mal ein paar Minuten ausruhen und genießen können.«

»Faulenzen meinst du. Na ja, wenn die anderen für einen schaffen … Und was ist das da …?« Angestrengt spähte sie auf die Eisfläche hinaus.

»Das da draußen? Das ist Maria. Der hab ich doch Schlittschuhe geschenkt, und heute ist genau das richtige Wetter und das richtige Eis, um sie auszuprobieren. Hoppla! Das war wohl nichts.« Wieder hatte sich Maria unsanft auf die Eisfläche gesetzt, was Fritz und Wilhelm mit lautem Lachen quittierten.

»Maria! Das ist ja das Allerletzte!« Wütend schnaubte die Bäuerin. »Ich kann putzen und waschen, bis mir die Haut von den Knochen fällt, während die Tochter des Bauern draußen auf dem Eis ihre Pirouetten dreht. Und dieses Beispiel: Dann sehen das womöglich die kleinen Kinder und wollen auch aufs Eis hinaus! Was, wenn es dann wieder taut und das Eis brüchig wird? – Maria! Du kommst sofort hierher!«

Maria drehte sich herum, als sie die Stimme der Stiefmutter vernommen hatte, und selbst aus dieser Entfernung sah Wilhelm, wie das Mädchen zusammengezuckt war. Kalte Wut kochte in dem sonst so friedliebenden Bauern hoch. »Bleib ruhig da draußen und übe noch ein bisschen, Maria«, rief er ihr zu.

Offensichtlich mit widerstreitenden Gefühlen kämpfend sah Maria, die sich in der Zwischenzeit zögernd dem Ufer genähert hatte, unsicher von ihrem Onkel zur Stiefmutter.

Doch Wilhelm wusste, dass er sich dieses eine Mal durchsetzen musste. »Schon gut, Maria. Ich regle das hier. Lauf ruhig noch eine Weile!« Damit drehte er sich um und sah seiner Schwägerin wütend ins Gesicht. »Und nun zu dir, du Hexe! Du hast die Wahl, und ich sage es dir einmal noch im Guten: Lass dieses Kind in Frieden, sonst bekommst du es mit mir zu tun! Und dann mache ich dir eine Szene, wie sie die Welt noch nie gesehen hat!«, fauchte er. »Und jetzt mach, dass du verschwindest. Wir beide, der Fritz und ich, wir kommen hier auch ganz gut ohne dich zurecht!«

Noch ehe die sprachlose Frau zu einer scharfen Antwort ansetzen konnte, nahm er die Hand des kleinen Fritz und ließ sie stehen.

Beim Abendessen herrschte gespanntes Schweigen in der Küche, lange Zeit fiel zwischen den Erwachsenen kein Wort. Mit mürrischer Miene saß die Bäuerin am Tisch und verteilte die Scheiben geräucherten Specks auf den Holzbrettchen. Stumm durchschnitt Leonhard mit dem Brotmesser den duftenden großen Laib, den seine Frau heute Morgen gebacken hatte. Auch die größeren unter den Kindern, Maria, Fritz und Lieselotte, spürten die düstere Stimmung und hockten mit gesenkten Köpfen auf ihren Stühlen. Nur die beiden Kleinsten, Karl und Lina, plapperten unbeschwert miteinander, ohne sich um die Laune der anderen zu kümmern. Mit vernehmbarem Schmatzen genossen sie die Brotwürfel, die ihnen Maria vorher mundgerecht aufgeschnitten hatte.

»Soll ich dir vom Brot noch was herunterschneiden, Karl?«, fragte Maria ihren Stiefbruder, als der den letzten Würfel in den Mund gesteckt hatte.

Karl nickte eifrig. »Mmmh«, brummte er, emsig weiterkauend, »und Speck auch noch!«

»Das heißt ›bitte‹! Das hab ich dir doch schon hundertmal gesagt!«, fuhr ihn die Bäuerin scharf an. »Und außerdem, wenn du dein Essen nicht so hinunterschlingen würdest, dann würde dir auch weniger reichen, immerhin müssen in diesem Haus ja acht Menschen von dem satt werden, was …«

Ehe sie ihren Satz beenden konnte, wurde sie von dem laut hustenden Karl unterbrochen, der sich verschluckt hatte. Mit hochrotem Kopf fuhr er hoch und hielt sich die Hand vor den Mund. Maria klopfte ihm energisch auf den Rücken, bis das Husten nachließ. »Da, komm, trink etwas, dann wird's besser«, sagte sie und hielt ihm einen mit Wasser gefüllten Becher hin.

Mit langsamen Schlucken trank der Junge und setzte sich danach wieder auf seinen Stuhl.

»Ich sag's ja immer wieder, beim Essen spricht man nicht, aber auf mich hört hier ja keiner«, klagte die Bäuerin. Dann nahm sie ihren Mann ins Visier. »Nun sag du doch auch endlich mal etwas, Leonhard!«

Der Bauer sah ratlos auf. »Was soll ich denn sagen? Karl hat sich verschluckt und hat deshalb gehustet. Was soll ich jetzt tun? Ihm deswegen den Hintern versohlen? Ich versteh nicht, was du meinst.«

»Versteht nicht, was ich meine!« Hedwig schnaubte wütend. »Sitzt einfach da und lässt den Dingen ihren Lauf! Tut so, als ob nichts gewesen wäre!« Laut klatschend schlug sie die Hände zusammen. »Aber anscheinend bin ich ja die Einzige, die versucht, hier auf dem Hof Ordnung zu halten.«

Nun runzelte auch Leonhard die Stirn. »Sag mal, was für eine Laus ist dir denn wieder über die Leber gelaufen? Den ganzen Nachmittag über machst du schon so ein Gesicht wie sieben Tage Regenwetter …«

Weiter kam er nicht. Die Bäuerin war aufgesprungen und funkelte ihren Mann böse an. »Was heißt hier wieder? Als wenn ich nicht allen Grund hätte! Man muss sich ja schließlich nicht alles gefallen lassen ...«

»Jetzt setz dich hin und sag mir endlich, was los ist!«

»Frag doch den da!« Hedwig deutete mit dem Kinn in Wilhelms Richtung. »Mit dem kannst du das alles besprechen. Auf den hörst du ja sowieso mehr als auf deine Frau. Mir reicht's auf jeden Fall für heute. Ich habe Kopfweh und gehe ins Bett. Schaut zu, wie ihr ohne mich fertig werdet!« Damit drehte sie sich um und verließ mit raschen Schritten die Küche, deren Tür sie heftig hinter sich zuschlug.

Eine Zeit lang sprach keiner der Zurückgebliebenen ein Wort. Auch die Kinder schauten nach dem Wutausbruch ihrer Mutter nur betreten vor sich hin auf den Tisch. Schließlich beendete Leonhard kopfschüttelnd das Schweigen: »Sag mir bloß einer, was heute wieder in sie gefahren ist. Ich verstehe allmählich gar nichts mehr. Was war denn eigentlich los, Wilhelm?« Traurig sah er seinen Bruder an.

Der zuckte resigniert die Achseln. »Was los war? Das fragst du noch? Nichts – wie immer: Kein Anlass und dennoch großes Theater. So ist sie halt.«

»Ich weiß langsam nicht mehr, was ich machen soll. Wenn ich das vorher schon hätte ahnen können ...«

Wilhelm hinderte den Älteren am Weitersprechen, indem er ihm die Hand auf den Arm legte. »Nicht vor den Kindern, Leonhard!« Er wandte sich um. »Maria! Meinst du, dass du es schaffst, die Kinder ins Bett zu bringen? Fritz, du bist ja auch schon alt genug, du kannst der Maria doch sicher ein bisschen helfen, oder?«

Fritz sah erst Maria an, dann nickte er bestimmt. »Klar!

Mach ich! Bin ja schon groß! Aber was ist eigentlich mit der Mutter los? Ist sie krank?« Besorgt fixierte das Kind seinen Vater.

Der holte tief Luft und seufzte schwer. »Ja, Fritz. Weißt du, sie hat es ja auch nicht leicht, unsere Mutter!« Damit streckte er den Arm aus und zog seinen Sohn zu sich auf den Schoß. »Weißt du, der Mama ist das manchmal alles ein bisschen viel, mit sechs Kindern da. Der ganze Haushalt, der Hof und wir alle. Wir müssen ihr halt helfen, jeder von uns. Dann wird das schon wieder alles gut!«

Fritz schmiegte sich kurz an seinen Vater, dann nickte er entschieden. »Ja, machen wir. Dann wird die Mutter sicher schon bald wieder gesund und lacht so, wie sie früher immer gelacht hat!«

Leonhard gab sich einen Ruck, Resignation durfte auf keinen Fall im Hof Einzug halten! Schon der Kinder wegen nicht! »So machen wir es, abgemacht! Also, Fritz, auf geht's, ab ins Bett! Und du hilfst der Maria bei den Kleinen!« Er stellte ihn vor sich auf den Boden und gab dem Jungen einen leichten Klaps auf das Hinterteil. »Und Abmarsch …«

Fritz salutierte lachend. »Zu Befehl, Herr Leutnant.« Er drehte sich zu seinen Geschwistern herum. »Also dann! Kompanie Achtung: aufstellen. Im Gleichschritt: marsch! Und eins und zwei und eins und zwei …« Damit marschierte er, gefolgt von den kichernden Kindern, aus dem Raum.

Maria war ebenfalls aufgestanden und hatte damit begonnen, den Tisch abzuräumen. Der Vater hob die Hände und spreizte abwehrend die Finger. »Lass das jetzt sein, Maria! Darum können wir uns nachher kümmern! Schau du nur, dass die Kinder ordentlich ins Bett kommen!«

Das Mädchen blickte einen Moment lang verblüfft

auf – abräumen: Frauenarbeit war das doch, die die beiden Männer da verrichten wollten! Dann aber huschte ein Lächeln über ihr von den dicken blonden Zöpfen umrahmtes Gesicht, ein Lächeln, das ihrem Onkel Wilhelm jedes Mal aufs Neue warm ums Herz werden ließ. Sie schlang kurz die Arme um den Hals ihres Vaters und drückte ihm einen schmatzenden Kuss auf die Wange, danach wandte sie sich um zu Wilhelm. »Gute Nacht, Onkel Wilhelm. Da, schau, du bekommst sogar zwei Küsse, einen von mir und einen von der Gertrud!« Damit drückte sie ihm ihre Puppe an die eine Backe, während sie selbst die andere küsste. »So – das hast du dir aber verdient, weil du der liebste Onkel von der Welt bist und weil du mir die tollen Schlittschuhe geschenkt hast! Gute Nacht!« Während sich Wilhelm verlegen mit dem Handrücken das Gesicht wischte, machte Maria kehrt und eilte ihren Geschwistern nach.

Wieder herrschte einen Moment lang Stille in der Küche. Leonhard starrte mit sorgenvoller Miene auf das Holzbrett vor sich, während Wilhelm immer wieder mit den Fingernägeln auf die hölzerne Tischplatte trommelte. Schließlich gab er sich einen Ruck und begann zu sprechen. »Also, Leonhard, ich hab's mir überlegt. Das Beste für uns alle wird es sein, wenn ich mir demnächst an Lichtmess einen Bauernhof suche, auf dem ich mich als Knecht verdingen kann. Das mit mir und Hedwig, das wird nie etwas …«

Weiter kam er nicht in seinen Ausführungen. Leonhard war aufgesprungen und schrie ihm förmlich ins Gesicht: »Nein, das wirst du nicht! Du wirst nirgendwo hingehen und mich hier allein lassen! Hörst du, das darfst du nicht! Du kannst mich doch hier nicht einfach im Stich lassen!«

Wilhelm machte eine hilflose Handbewegung. »Aber Leonhard! Jetzt sei doch mal ehrlich. Deine Frau und ich, das wird in hundert Jahren nichts Gutes. Was bleibt mir da denn anderes übrig, als …«

Wieder unterbrach ihn der Ältere mitten im Satz. »Und was bleibt mir dann noch übrig?« Er ließ sich auf seinen Stuhl zurückfallen. »Kannst du mir sagen, was ich dann tun soll? Allein mit sechs kleinen Kindern und einer Frau, die einem tagtäglich die Hölle heiß macht wegen nichts und wieder nichts? Und die sich immer dann, wenn man anderer Meinung ist als sie, ins Bett legt, tagelang, und zu keiner Arbeit mehr fähig ist? Dann …«, er rang sichtlich nach Worten, »dann bleibt einem zuletzt ja nur noch …«

Der Jüngere fiel ihm augenblicklich ins Wort und schüttelte heftig den Kopf. »Sag's nicht! Das, was du da gerade sagen willst, darf man nicht einmal denken! Du bist schließlich nicht allein auf der Welt. Du hast eine Verantwortung, eine riesige Verantwortung, deinen Kindern gegenüber und – vor allem – auch für Maria!«

Bei der Erwähnung seiner ältesten Tochter schossen Leonhard Tränen in die Augen, und er begann hemmungslos zu schluchzen. Erschrocken betrachtete Wilhelm seinen Bruder. Was mochte sich in den letzten Jahren alles in Leonhard angestaut haben an Verzweiflung, an Trauer, an lange Zeit mühsam verarbeiteten Geschehnissen, die nun mit einem Schlag in diesem Nervenzusammenbruch ans Tageslicht geschwemmt worden waren. Wieso hatte er denn die ganzen Jahre über nie mit ihm über seinen Gemütszustand geredet? Man hätte sich doch sicherlich gegenseitig helfen können! Jeder von ihnen hatte es im Grunde seines Herzens gewusst, aber keiner war mutig genug gewesen, die Dinge beim Namen zu nennen, die ihnen auf der Seele lasteten. Andererseits: Was hätte es denn auch genützt, was hätten sie ändern können an der Situation?

Wilhelm erhob sich langsam und stellte sich hinter den Stuhl seines Bruders, der nur langsam wieder die Fassung zurückzugewinnen schien. Sanft massierte er ihm die Schultern, bis Leonhard sich schließlich ein wenig beruhigt hatte. »Wilhelm, versprich mir eines: Geh nicht fort, bleib hier bei mir – und bei Maria. Wenn du es nicht für mich tun kannst, dann tu es – bitte – für Maria!«

So hatte Wilhelm seinen großen Bruder noch nie erlebt, so hilflos, so allein, so verzweifelt. Nicht einmal, als sie damals Maria aus Rothenburg abgeholt hatten und mit dem Wickelkind im Zug wieder nach Hause gefahren waren. Sein Bruder, ein gebrochener Mann! Wilhelm legte die Hände fest auf Leonhards Schultern und nickte. »Gut, Leonhard, einverstanden. Ich verspreche es dir. Ich bleibe hier – zumindest so lange, bis unsere Maria erwachsen ist!«

Der Juni des Jahres 1912 hatte mit großer Hitze und wenig Regen begonnen, eine Wetterlage, die noch bis zur Mitte des Monats andauern sollte. Über den Feldern flirrte in den Mittagsstunden die trockene Luft, und die Bauern begannen mit sorgenvollen Mienen ihre Getreidefelder zu inspizieren. »Also, wenn jetzt nicht bald ein kräftiger Regen kommt, dann sehe ich schwarz für unser Korn!« Nachdenklich kratzte sich Leonhard an der Nase und schob den Hut tiefer in die Stirn, um sich vor der sengenden Sonne zu schützen. »Schau her, dort ist seit letzter Woche fast nichts mehr gewachsen, und die ersten gelben Verfärbungen sind auch schon da.« Er bückte sich und zupfte eine der jungen Pflanzen aus der Erde, deren Triebspitzen deutliche Anzeichen von Trockenstress offenbarten.

»Und da drüben« – er deutete mit der ausgestreckten Hand auf den Kartoffelacker, auf dem sie vor gut drei Wochen die Kartoffeln ausgepflanzt hatten – »da tut sich weit und breit so gut wie gar nichts. Die Keime kommen einfach nicht aus der Erde.«

»Ja, du hast Recht. Aber ich denke, das wird schon noch. Mehr als zwei Wochen ohne Regen hat es im Juni selten gegeben, ich kann mich zumindest nicht daran erinnern.« Prüfend ließ Wilhelm Ohr den Blick über das Land um den Goschenhof schweifen. Am Birnbaum, der im Frühjahr wieder so prächtig geblüht hatte, bildeten sich mittlerweile Früchte aus, das Gras auf den Wiesen stand hoch und wiegte sich sanft im leichten Wind, der jedoch keine Kühlung brachte. Bereits jetzt, kurz vor der Mittagszeit, hatte sich die Luft schon so sehr erwärmt, dass sich selbst die Konturen der Häuser von Flinsberg vor dem Auge des Betrachters allmählich aufzulösen begannen. Und ganz weit in der Ferne, fast schon im Dunst versunken, war schemenhaft gerade noch die bläuliche Silhouette der Hesselberge zu erahnen. Wilhelm liebte diesen Anblick, der ihm seit seiner frühesten Kindheit vertraut war, über alles. »Des einen Freud, des anderen Leid«, sagte er fröhlich.

Überrascht wandte Leonhard den Kopf. »Was soll denn das nun wieder heißen? Ich weiß nicht, was mich daran freuen soll, wenn unser Getreide vertrocknet!«

Wilhelm wies mit einer ausladenden Handbewegung auf die bis an den Waldrand reichenden Weiden. »Regnen lässt's der Herrgott sicherlich bald schon von ganz allein. Aber das wird, denke ich, noch drei, vier Tage dauern. Und wenn wir uns bis dahin ranhalten, dann haben wir zumindest schon einiges von unserer Heuernte trocken in der Scheune. Was meinst du, sollten wir damit nicht morgen früh anfangen?«

Leonhard nickte. »Da hast du Recht. Wenigstens die Heuernte scheint gut zu werden. Wenn ich an das letzte

Jahr denke, wo es uns fast das ganze Heu verregnet hat, dann kommt mich immer noch das Grausen an. Also gut, Bruder: Morgen fangen wir an mit dem Mähen. Um drei Uhr sollten wir aufstehen, damit wir mit allem fertig werden, was meinst du?«

»Auf jeden Fall! Jetzt halten wir uns die nächsten Tage lieber ran und arbeiten bis zum Umfallen, bevor es uns so geht wie im letzten Jahr! Aber da, schau mal«, Wilhelm hielt die Hand über die Augen und spähte zum Waldrand hinüber. »Ist das etwa schon die Maria mit dem Fritz, die da aus Richtung Lehengütingen kommen?«

Leonhard folgte dem Blick seines Bruders. »Tatsächlich, du hast Recht. Das sind die beiden. Was machen die denn schon wieder hier? Die Schule kann doch jetzt noch nicht aus sein. Es ist doch gerade erst Mittagszeit.«

»Hallo, Onkel Wilhelm, hallo, Vater«, tönte es den Männern wenig später fröhlich entgegen. »Der Lehrer hat heute früher Schluss mit der Schule gemacht, weil er heute Nachmittag noch zum Heuen muss! Und morgen und übermorgen haben wir dann auch schulfrei! Wegen der Heuernte! Ist das nicht toll?« Maria rannte die letzten Meter fröhlich lachend auf ihren Onkel zu, während Fritz mit hochrotem Kopf und mürrischem Gesichtsausdruck langsam hinter ihr her trottete.

»Ganz toll, ehrlich!« Wilhelm schmunzelte bei dem Anblick seines Patenkindes. Sie sieht wirklich aus wie ein Engel, meine Maria, schoss es ihm durch den Kopf. »Aber sag mal«, und damit deutete er auf Fritz, der nun ebenfalls vor ihnen stand und offenbar den Tränen nahe war, »was ist denn mit dem Fritz passiert?«

Der Junge begann zu schluchzen. »Ich habe so furchtbaren Durst. Und der Weg war so lang. Ich will endlich etwas zu trinken haben!«

»Na, wenn das alles ist.« Der Bauer hob das Kind zu sich auf den Arm. »Dann machen wir mal, dass wir ins Haus kommen und einen Becher Wasser für dich finden, bevor du verdurstest.«

Während sich die beiden rasch dem Hof näherten, blieben Maria und ihr Onkel noch eine Zeit lang stehen. Wortlos blickten sie auf die in der Sonne glitzernde, fast spiegelglatte Oberfläche des Himmelfahrtsweihers. »Schön, nicht wahr, Onkel Wilhelm?«, sagte schließlich das Mädchen. »Da möchte man am liebsten hineinspringen, bei der Hitze.«

Wilhelm lachte. »Stimmt. Aber ich glaube, das hätten unsere Enten gar nicht gern. Und die Gänse erst. Die haben ja jetzt Junge, was glaubst du, wie schnell die dich verjagen würden. Mit so einem Gänserich ist nicht gut Kirschenessen!«

»Das ist wahr! Weißt du noch, wie der letzte Woche gefaucht hat und wie er mir nachgerannt ist, nur weil ich da am Birnbaum gestanden und die Gänse erst gar nicht gesehen habe?«

»Eben. Deshalb würde ich an deiner Stelle lieber im See da drüben baden gehen.« Wilhelm warf dem Mädchen einen besorgten Blick zu. »Aber sag mal, kannst du denn wirklich schon richtig schwimmen?«

»Hab ich mir doch im letzten Sommer selber beigebracht, weißt du das denn nicht mehr?! Ich schwimme aber auch nicht gleich in die Mitte, sondern bleibe erst mal in Ufernähe, einverstanden?«

»Einverstanden!« Der Onkel nickte. »Ich habe keine Zeit, am Ufer zu stehen und auf dich aufzupassen. Und dein Vater auch nicht. Wir müssen alles herrichten, damit es morgen in aller Frühe losgehen kann mit der Heuernte.«

»Weiß ich doch! Aber meinst du, dass der See überhaupt schon warm genug ist zum Baden?«

»Um den großen Zeh hineinzuhalten, auf jeden Fall. Und du musst ja schließlich nicht bis morgen früh drinbleiben, oder?« Wilhelm lachte dröhnend.

Maria, die gerade in das Lachen einstimmen wollte, zuckte mit einem Mal zusammen. Ein Schatten hatte für den Bruchteil einer Sekunde die Sonne verdunkelt und war mit einem lauten, platschenden Geräusch in dem Weiher gelandet. Dort schien plötzlich das Wasser zu brodeln, und bevor den beiden klar wurde, was die Idylle buchstäblich aus heiterem Himmel beendet hatte, war der Spuk auch schon vorbei.

»Hast du das gesehen, Maria?« Wilhelm schüttelte erstaunt den Kopf. »Das war ein Fischreiher. Guck, da hinten fliegt er, und du kannst es gerade noch sehen.« Mit ausgestrecktem Arm deutete er auf den davonfliegenden Vogel. »Der hat tatsächlich einen Fisch im Schnabel, siehst du?«

Das Mädchen nickte. »Da bin ich aber erschrocken! Ich habe gedacht, ein Komet wäre ins Wasser gefallen.«

Wilhelm lachte. »Ach, das mit dem Kometen, das ist schon ein paar Jahre her. Hat euch das der Lehrer in der Schule erzählt?« Wieder nickte Maria. »Aber unser Komet«, sagte er schmunzelnd, »war ein Fischreiher. Na ja, wieder ein Karpfen weniger für uns, aber andererseits, so ein Vogel will ja auch leben.«

»Holt der denn jeden Tag so einen Fisch, Onkel Wilhelm?«

»Ich fürchte, ja, und nicht bloß einen. Wir müssen aufpassen, dass das nicht überhand nimmt. Sonst haben wir im Herbst beim Abfischen ja keine Karpfen mehr. Aber bevor das so weit kommt, werden wir uns auf die Lauer legen und dem Fischräuber eins auf die Federn brennen, dein Vater und ich.«

Maria schüttelte energisch den Kopf. »Nein, bitte nicht. Tut das nicht! Das ist doch so ein schöner Vogel. Der soll auch am Leben bleiben dürfen!«

»Darf er ja, wenn er uns auch unser Leben lässt. Weißt du, Maria, von irgendetwas müssen wir Bauern ja auch leben, und das Leben auf so einem kleinen Hof ist schwer genug. Da braucht es nur noch eine Weile nicht zu regnen, dann ist das Getreide verdorrt und die Kartoffeln sind in der Erde verhockt. Wenn dann noch eine von den Kühen krank wird, und das haben wir schließlich schon oft genug erlebt, dann sind wir froh, wenn wir im Spätjahr den Weiher ablassen und die Karpfen, die wir abfischen, noch gut in der Stadt verkaufen können.«

Es war mehr ein Flüstern, das schließlich ganz leise an Wilhelms Ohr drang: »Und trotzdem sollt ihr den schönen Vogel am Leben lassen …«

Der Tag war für alle Bewohner des Goschenhofes, die zur Heuernte mit hinaus auf die Wiesen gingen, hart und anstrengend. Schon früh morgens um drei Uhr stand man auf, fütterte und molk das Vieh. Noch vor der Dämmerung verließen die beiden Männer zusammen mit Maria und dem kleinen Fritz den Hof, während Hedwig bei den übrigen Kindern zurückblieb. Sie fühle sich, wieder einmal, nicht wohl, und man solle froh darüber sein, dass sie überhaupt das Bett verlassen könne und keinen Arzt rufen müsse, der viel Geld koste. Leonhard hatte die Klage seiner Frau mit gesenktem Blick über sich ergehen lassen, und so brachen sie rasch auf, ohne vorher gefrühstückt zu haben.

Die Kinder hatten jeweils zwei Rechen geschultert, während die Männer mit Sensen, Wetzstein, Wasser und

Proviant voranschritten. Im ersten Licht des Tages kamen sie ganz oben an der Grenze ihrer Markung am Waldrand an, ungefähr an jener Stelle, an der neun Jahre zuvor die beiden jungen Männer mit dem Wickelkind Maria einen Moment lang verharrt hatten, und begannen unverzüglich mit der Arbeit.

Es war fast zehn Uhr, als die erschöpften Männer endlich eine Pause machten. Mit schweißnassen Gesichtern ließen sie sich im Schatten des Waldrandes auf dem Boden nieder und holten langsam Atem. »Kommt, Kinder, wir machen Pause!« Wilhelm hob die Feldflasche und schwenkte sie in der Luft. Maria und Fritz ließen die Rechen fallen, mit denen sie das frisch gemähte Gras locker verteilt hatten, und setzten sich zu den anderen. »Die habt ihr euch jetzt aber redlich verdient, diese Vesper.« Leonhard nickte anerkennend, während er das Brot und den Speck aus dem Ranzen holte. Mit geübten Bewegungen schnitt er den Brotlaib in Scheiben und reichte sie weiter.

Fritz schüttelte den Kopf und griff als Erstes zur Wasserflasche. »Hab ich einen Durst! Es ist ja schon wieder so furchtbar heiß.« Er setzte die Flasche an den Mund und trank mit langen glucksenden Schlucken. Wilhelm drückte die Wasserflasche nach unten. »Nicht so hastig, junger Mann! Das Wasser ist kostbar, das trinkt man sparsam und nicht alles in einem Zug!«

»Wenn ich aber Durst habe«, sagte der Junge und setzte die Flasche von neuem an den Mund.

»Ist ja schon gut.« Wilhelm streichelte die Schulter des Kindes. »Und was ist mit dir, Maria? Hast du auch keinen Hunger?«

»Doch, schon!« Maria nickte. »Auch wenn ich fast noch zu müde zum Essen bin.«

»Also dann doch lieber Schule, oder?« Leonhard zwinkerte seiner Tochter belustigt zu.

»Na ja, ich weiß auch nicht so recht. Da kann ich immerhin fast zwei Stunden länger schlafen, und dann sitzt man ja auch im Klassenzimmer drinnen im Schatten. Das ist dann schon besser als hier in der vollen Sonne – manchmal wenigstens.«

»Dann lernst du halt was Gescheites und heiratest mal einen reichen, gebildeten Mann, dann musst du nicht die Arbeit von uns armen Bauern verrichten. Wie wäre das?«

Leonhard hatte den Satz eher zur allgemeinen Unterhaltung ausgesprochen. Umso überraschter waren die beiden Männer über die Reaktion des Mädchens. Maria war aufgesprungen und starrte ihren Vater mit einem solch entschiedenen Gesichtsausdruck an, wie er ihn bei seiner Tochter noch nie erlebt hatte. Die großen braunen Augen wirkten noch dunkler und ernster als sonst, als sie mit fester Stimme sagte: »Niemals, Vater! Niemals gehe ich weg vom Goschenhof! Von dir nicht und von Onkel Wilhelm nicht und auch von Fritz nicht!« Damit wandte sie sich um und lief zurück auf die Wiese, wo sie den Rechen vom Boden aufnahm und, ohne ein weiteres Wort zu sagen, mit ihrer Arbeit fortfuhr.

Der Bauer sah seinem Bruder verblüfft ins Gesicht und schüttelte verwirrt den Kopf. »Was hat sie denn bloß? So hab ich das doch gar nicht gemeint.« Er war im Begriff, aufzustehen und seiner Tochter zu folgen, doch Wilhelm hielt ihn sanft zurück. »Lass sie jetzt einfach in Ruhe! Ich weiß auch nicht genau, was sie so sehr bewegt, aber sicherlich spielt auch das Verhältnis zwischen ihr und der Hedwig eine Rolle. Die würde sie ja lieber heute als morgen loswerden, und das spürt so ein Kind schließlich. – Nein, sag jetzt nichts! Du weißt genauso gut wie ich, dass ich Recht habe. Aber ich werde schon aufpassen, dass das Leben für Maria auf dem Goschenhof nicht unerträglich wird!«

»Jetzt mach aber mal einen Punkt!«, brauste der Ältere auf. »Als ob ich alles zulassen würde, was die Hedwig macht! So ist es dann ja auch wieder nicht!«

Wilhelm wiegte nachdenklich den Kopf und bewegte die kleine Holzpuppe in den Händen, die Maria liegen gelassen hatte, als sie zurück auf die Wiese gestürmt war. »Nein, sicher. Aber du weißt schon, was ich meine. Lass Maria noch ein wenig Zeit und sprich heute Abend mit ihr.«

»Gut«, bekräftigte der Bauer und wandte sich dann an seinen Stiefsohn. »Na, Fritz, willst du Maria nicht wieder helfen? Wir kommen dann auch gleich und machen weiter.«

»Na gut«, murmelte der Junge mürrisch kauend und trottete von dannen.

Leonhard zog die Stirn in Falten. »Eines noch, Wilhelm, das sollten wir endlich mal besprechen. Ich hab mir schon den ganzen Morgen über beim Mähen so meine Gedanken gemacht ...« Er legte eine Pause ein, bevor er weitersprach. »Weißt du, als wir beide heute Morgen rausmarschiert sind und ich die Wiese vor uns gesehen habe, die wir abmähen müssen, wir beide ganz allein und als Hilfe nur die beiden Kinder, da ist es mir ganz anders geworden! Der Vater fehlt uns halt als Arbeitskraft – und auch die Mutter ...« Wieder stockte er in seinen Überlegungen.

»Und worauf willst du hinaus, Leonhard?« Wilhelm ahnte schon, was sein Bruder sagen wollte.

»Na ja. Ich denke, wir sollten uns doch bald einen Knecht auf den Hof holen. Ich weiß nämlich bald nicht mehr, wie wir beide das alles bewältigen sollen. Und dann noch, das gebe ich ja zu, die Hedwig mit ihren ewigen

Krankheiten. Aber was soll ich denn machen? Ich kann sie ja auch nicht gewaltsam in den Stall treiben. – Also, was hältst du davon? Sag!«

»Überhaupt nichts halte ich davon. Aber das weißt du doch. Natürlich hätte ich auch gern noch eine Hilfe auf dem Hof, aber wovon sollen wir den Knecht bezahlen? Du weißt genau, dass wir mit dem Goschenhof alles andere als üppig dastehen. Denk doch nur an das Geld, das sich unser Vater geliehen hat und das wir immer noch nicht ganz zurückbezahlt haben. Aber gut, ich mache dir einen Vorschlag: Wir rechnen heute Abend noch mal alles durch. Einverstanden?«

»Einverstanden.«

Was haben sie tatsächlich gesprochen, die Brüder Leonhard und Wilhelm? Wir wissen es nicht und werden es auch nie in Erfahrung bringen. Auf diese Problematik stößt die gesamte Reise in die Familienvergangenheit: Da gibt es einzelne – wenige – Daten. Da tauchen bruchstückhafte Erinnerungen auf, einzelne Sätze, verwaschene Bilder von Personen, deren Aussehen ich mir dennoch nicht vorstellen kann. Gut, dieses eine Bild im Wehrpass von Leonhard Ohr. Und wie soll ich mir den Bruder denken? Von ihm gibt es noch nicht einmal mehr ein Bild. Kein Brief, kein Stück Papier, nichts mehr. Ein kurzes Leben ohne Spuren, aufgeflackert, erloschen.

Klar ist nur, dass er gelebt hat, diese Daten gibt es. Es gibt einige wenige Äußerungen Marias über ihren Patenonkel, die meiner Mutter im Gedächtnis geblieben sind. Aber keine Briefe an das Patenkind, keine Erzählungen, die klarere Konturen formen könnten …

Und so wird mir eines immer deutlicher: Es wird sich ein Lebensbild zusammenfügen lassen, das Lebenspuzzle meiner Großmutter Maria Staudacher. Denn schließlich gibt es die Schauplätze ihres Lebens, auch die »technischen« Daten sind ja vorhanden. Ich kann belegen, dass das alles wirklich geschehen ist, was ich schreibe. Nur: *Wie* hat es sich abgespielt?

Dennoch: Wir kommen dem Leben der Maria immer näher, trotz aller Lücken. Das Bild formt sich. Ein Bild, das mich mehr und mehr überrascht – und fasziniert.

Müde, verschwitzt und mit bleischweren Gliedern schleppten sich Leonhard und Wilhelm dem Hof entgegen. Die Sonne stand schon über dem westlichen Rand des Waldes, es musste also fünf Uhr vorüber sein, höchste Zeit, auf dem Hof nach dem Rechten zu schauen. Den Kindern hatten sie bereits eine Stunde zuvor frei gegeben und ihnen aufgetragen, der Bäuerin Bescheid zu sagen, damit sie rechtzeitig das Abendessen zubereiten könne. Und nach dem Essen wartete dann noch eine gute Stunde Stallarbeit auf die Brüder, bevor es früh ins Bett gehen würde, denn am nächsten Morgen sollte die Nacht wieder um drei Uhr vorüber sein.

Aller schweren Arbeit zum Trotz fühlte sich Leonhard leicht und beschwingt wie selten zuvor in den letzten Jahren. Irgendwie würden sie es schon schaffen und den Hof im Familienbesitz halten. Und wer weiß, vielleicht könnte ja eines gar nicht so fernen Tages doch noch eine glückliche Familie auf dem Goschenhof beisammenwohnen. Der Bauer straffte den Rücken und genoss den Abend dieses herrlichen Sommertages.

»Sag mal, Leonhard, was ist denn in dich gefahren? Übst du etwa für die nächsten Olympischen Spiele?« Wilhelm machte es in seinem erschöpften Zustand sichtlich Mühe, mit dem älteren Bruder Schritt zu halten. »Das sieht ja gerade so aus, als würdest du dich mit einem Mal darüber freuen, nach Hause zu kommen!«

»Tue ich auch«, gab Leonhard frohgelaunt zurück. »Und schau, da kommt auch schon das Empfangskomitee!« Zwei heftig gestikulierende Kinder kamen ihnen vom Bauernhof entgegengerannt.

»Hallo!« Lachend winkte Leonhard zurück. »Habt ihr es aber eilig! Als ob wir uns heute den ganzen Tag noch nicht gesehen hätten.« Amüsiert drehte er sich zu seinem Bruder um. »Das sind doch schon wieder Fritz und Maria.«

Wilhelm hielt verwundert inne. Sein Bruder hatte Recht. »Halt mal!« Er zupfte den Älteren energisch am Ärmel. »Bleib doch mal stehen, Leonhard! Das ist doch merkwürdig. Was rufen die da die ganze Zeit?« Ein Schatten huschte über Wilhelms Gesicht. »Leonhard, da stimmt etwas nicht!«

Keuchend kamen die Kinder näher. »Vater!«, rief Fritz immer wieder, und als sie sie erreichten, schienen sie keines Wortes mächtig zu sein, doch das Entsetzen in ihren Gesichtern sprach für sich. Eine Welle der Verzweiflung durchflutete Wilhelm in diesem Augenblick. Er packte sein Patenkind bei den Schultern und schüttelte das Mädchen heftig. »Maria! Sag mir augenblicklich, was passiert ist!«

Maria blickte auf, Tränen liefen über ihre Wangen. »Du, Onkel ... Es ist die Lieselotte ...« Doch weiter kam sie nicht. Auch Fritz begann laut zu weinen.

»Maria! Was ist los?« Leonhard tat einen energischen Schritt auf die beiden zu. »Was ist mit Lieselotte? Ihr sagt mir jetzt auf der Stelle, was passiert ist!«

Ein neuerliches Schluchzen von Fritz war zunächst die ganze Antwort, während Maria stumm auf den Boden starrte. Schließlich drehte sich der Junge in die Richtung, aus der sie gerade gekommen waren, und deutete zum Hof hinüber. »Da, Vater! Die Lieselotte!«

In wilder Panik ergriff Leonhard die Schulter seines Sohnes und rüttelte sie heftig. »Mensch, Kerl! Jetzt rede endlich! Was ist mit Lieselotte?«

Wieder bebte der Oberkörper des Jungen, der stumm blieb, während jetzt Maria zu sprechen begann. »Lieselotte ist in den Weiher gegangen und hat dort schwimmen wollen! Niemand hat es gemerkt, auch die Tante nicht.« In leiser Verzweiflung schüttelte sie den Kopf.

»Ja und?«, krächzte Leonhard rau hervor. Eigentlich wollte er die Antwort gar nicht hören. Aber vielleicht war seine zweitälteste Tochter doch noch rechtzeitig gerettet worden?

Doch Marias Miene ließ ihm keine Hoffnung. »Na ja«, stieß sie hervor. »Als wir dann nach Hause gegangen sind, haben wir sie da im Weiher treiben sehen. Sie war ganz nahe beim Ufer, und ich habe sie auch schnell herausziehen können, und der Fritz ist zur Tante gerannt und hat sie zu Hilfe geholt ...« Wieder schüttelte sie traurig den Kopf. »Und als dann Tante Hedwig gekommen ist, hat sie versucht, Lieselotte wieder das Leben einzuhauchen. Aber die war ganz blass und hat überhaupt nicht mehr geatmet und sich auch nicht mehr bewegt ...« Ein verzweifelter Blick streifte die beiden Männer. »Und jetzt liegt Tante Hedwig auch da, neben der Lieselotte. Und sie sagt gar nichts mehr.«

Leonhard war es, als würde ihm der Schädel zerspringen. »Oh, lieber Gott, was habe ich nur verbrochen?«, rief er und wollte zu Boden sinken, doch in diesem Moment packte ihn sein Bruder energisch an der Schulter.

»Jetzt lass mich bloß nicht allein in dieser Situation, Leonhard! Jetzt brauchen wir alle Kräfte, die wir haben.

Komm, wer weiß, was wir vielleicht doch noch ausrichten können!« Und damit eilte Wilhelm als Erster mit weit ausholenden Schritten dem Unglücksort entgegen.

Es war der Morgen des 1. August 1914. Die elfjährige Maria war schon morgens um vier aufgestanden, hatte erst Fritz geweckt und war dann in den Stall gegangen, um zusammen mit den beiden Männern die Kühe zu füttern und zu melken. Anschließend hatte sie einen dünnen Zicchorienkaffee für die Erwachsenen gekocht, für die Kinder eine Milchsuppe vorbereitet, die nur noch kurz aufgewärmt werden musste, und ein Stück Weißbrot auf den Tisch gelegt. Sachte klopfte sie danach an die Tür des Schlafzimmers. Als keine Antwort zu hören war, öffnete sie vorsichtig die Tür und spähte in das Zimmer hinein. »Hab ich etwa ›Herein‹ gesagt?«, krächzte ihr im selben Moment eine ärgerliche, schwache Stimme entgegen.

»Nein, Tante Hedwig«, stammelte Maria verlegen, »ich habe nur gedacht …«

»Denken ist Glücksache!« Die blasse Frau im Bett starrte das Mädchen böse an. »Also, was willst du denn schon wieder? Wieso störst du eine schwerkranke Frau mitten im Schlaf?«

»Ich wollte nur sagen, dass ich das Frühstück gerichtet habe«, stammelte das Mädchen verlegen. »Und ob ich jetzt auch die Kleinen schon wecken soll, weil ich doch jetzt gleich mit Fritz auf den Acker gehen und Kartoffeln hacken muss.«

»Untersteh dich!«, durchschnitt die scharfe Stimme die dumpfe Luft im Schlafzimmer. »Ist denn keine Schule heute?«

Maria schüttelte den Kopf. »Nein, Tante Hedwig! Wir haben doch Sommerferien.«

»Schon wieder Ferien! Kein Wunder, dass du nichts kannst und nichts weißt. Na, auch egal: Mach aber zu, dass das Geschirr abgewaschen und der Tisch wieder sauber geputzt ist, bevor du aufs Feld gehst! Und lass um alles in der Welt die Kleinen schlafen! Und mich auch! Ach, wenn doch nur meine arme Lieselotte noch am Leben wäre, dann hätte ich wenigstens eine Unterstützung in dieser undankbaren Familie …« Maria schloss vorsichtig die Tür hinter sich.

Im selben Moment drangen kräftige Schritte an ihr Ohr. Leonhard und Wilhelm hatten ihre morgendliche Arbeit im Stall erledigt und setzten sich gerade auf die Truhe im Flur, um dort die vom Stallmist verschmutzten Stiefel auszuziehen.

»Na, Maria, was gibt es denn heute Morgen zur Feier des Tages zum Frühstück?« Wilhelm hatte es offenbar geschafft, sich den Schlaf aus dem Kopf zu treiben. »Haben wir heute Morgen vielleicht einmal besonders dicken richtigen Bohnenkaffee in der Tasse? Und womöglich ein Frühstücksei dazu und eine Scheibe Käse, wie die feinen Herrschaften?« Aufmunternd klatschte er in die Hände.

Maria hielt erschrocken den Zeigefinger vor den Mund. »Psst! Leise! Tante Hedwig schläft doch noch!«, flüsterte sie leise.

»Ach so, die Hedwig!« Wilhelm lachte dröhnend, besonders laut, wie es Maria in diesem Moment schien. »Die darf jetzt ruhig auch aus den Federn steigen, wo wir drei bereits die halbe Morgenarbeit verrichtet haben! Nicht, dass sie irgendwann im Bett noch Wurzeln schlägt, Leonhard. Dann musst du sie eines schönen Tages noch aus dem Bett heraussägen!« Wieder lachte er schallend.

Leonhard zischte missbilligend. »Jetzt halt endlich den Rand, kleiner Bruder, sonst setzt es heute schon am frühen

Morgen eine Tracht Prügel!« Damit erhob er sich und stapfte in die Küche.

»Na, der nimmt's heute aber mal wieder ganz genau.« Immer noch kicherte Wilhelm über die Bemerkung, die er hatte fallen lassen. »Weißt du, Kind, ich sage mir immer: In diesen schweren Zeiten muss man auch noch etwas zu lachen haben, sonst kann man ja gleich an Gott und der Welt verzweifeln!«

»Aber warum soll man denn am lieben Gott verzweifeln?« Maria war erstaunt. Solch eine Bemerkung konnte sie nicht verstehen.

»Na, das habt ihr doch sicher auch schon in der Schule durchgenommen, dass sich die Erwachsenen gerade mal wieder anstellen wie die Hornochsen.« Wilhelm warf einen prüfenden Blick auf sein Patenkind. »Ja, ja, ich sehe schon. Du weißt nichts, rein gar nichts! Oder zumindest nur so viel, wie sie in der Schule gemeint haben, euch beibringen zu müssen, damit man die Menschen auch richtig schön gegeneinander aufhetzen kann.«

Maria schaute ihn fragend an.

Sachte trat er auf sie zu und umfasste sie mit dem linken Arm. »Komm, wir gehen in die Küche zum Frühstück, und da erkläre ich dir dann alles!«

»Was willst du Maria erklären?« Fritz, der gerade hungrig seine Scheibe Weißbrot vertilgt hatte, musterte den Onkel neugierig.

»Das mit der Streiterei in der Welt und mit dem Krieg, der immer wahrscheinlicher wird!« Wilhelm ließ sich langsam auf seinen Stuhl sinken. »Schon komisch, Leonhard, dass sie das den Kindern nicht erklären, oder?«

Der Bauer nahm einen großen Schluck dampfenden Zicchorienkaffee aus dem Becher und wischte sich mit dem Handrücken den Mund, bevor er zu einer Antwort ansetzte. »Komisch finde ich das Ganze überhaupt nicht! Da sind wieder mal die hohen Herrschaften am Werk, die das einfache Volk aufhetzen! Und wir müssen uns dann die Köpfe blutig schlagen lassen, damit der Herr Kaiser und die Herren Generäle ihre Sandkastenspiele treiben können!«

»Wieso Sandkasten?« Fritz verstand nicht, was sein Vater da gerade gesagt hatte. »Das sind doch erwachsene Menschen, und die spielen doch nicht im Sandkasten!«

Der Bauer lachte bitter. »Na ja, wie man es nimmt! Also, die ganze Sache ist so: Da gibt es zur Zeit die Österreicher mit ihrem alten Kaiser Franz Josef und einem riesigen Reich, das gerade an allen Ecken und Enden auseinander bricht. Und dann gibt es da auch noch die Russen und die Franzosen und die Engländer und die Serben und – nicht zuletzt – auch die Deutschen, die sich alle mindestens ein Stück von dem Kuchen holen wollen, der da eventuell zu holen ist. Jetzt haben sie im letzten Monat ja auch noch in Sarajevo den Erzherzog Franz Ferdinand, den österreichischen Thronfolger, ermordet. Und das in der vollen Absicht, dass das Pulverfass, auf dem wir leben, auch wirklich bald in die Luft fliegt.«

Verwirrt sah Maria auf. »Aber in der Schule sagen sie immer, dass die Franzosen etwas gegen die Deutschen ...«

»Die Franzosen, die Franzosen!«, schnitt Wilhelm ihr abrupt das Wort ab. »Die Franzosen sind eigentlich genauso vernünftige Menschen wie wir. Wie du und ich und wir alle. Nur haben sie eben genauso machtbesessene Politiker, die nie genug bekommen können. Den Kopf für sie hinhalten, das müssen ja immer die anderen. Wir Bauern zum Beispiel. Uns schicken sie in den Krieg, damit wir uns gegenseitig die Köpfe einhauen. Und da frage ich mich: Was hat mir dieser französische Bauer eigentlich jemals getan, dass ich auf ihn schießen soll? Und weshalb schießt der vielleicht im Krieg auf mich? Nur deshalb, weil meine Uniform eine andere Farbe hat als die seine? Nein, das kann keiner verstehen, das ist einfach furchtbar, das Ganze!«

»Aber in der Schule ...« begann Maria noch einmal zögernd. Doch wieder wurde sie unterbrochen. Diesmal von ihrem Vater. »In der Schule bringen sie euch natürlich etwas ganz anderes bei. Klar! ... Und sagen darf man ja gar nichts, sonst holen sie einen gleich ab und stecken einen ins Gefängnis, wegen Volksverhetzung und so weiter. Wenn ich das schon höre: Volksverhetzung!« Mit der geballten Faust hieb er auf den Tisch. »Wer hetzt denn hier das Volk in Wirklichkeit auf? Das sind doch die großen Herrschaften, die uns kleine dann auf dem Schlachtfeld bluten lassen, während sie mit ihren sauberen Uniformen in den warmen Stuben sitzen und Angriffspläne studieren. Das sind die wahren Volksverhetzer! Aber so was lernt ihr natürlich nicht in der Schule.«

»Aber du sagst doch immer, dass die Schule wichtig ist und dass wir da was für das Leben lernen ...«

»Maria!« Ihr Onkel hatte den Arm ausgestreckt und zog das irritiert dreinblickende Mädchen zu sich. »Dein Vater will dir damit sagen, dass es schon recht ist, was ihr in der Schule lernt, wenn es ums Rechnen, Lesen und Schreiben geht. Nur: Das andere, was sie euch versuchen beizubringen, die ganze Politik und wer gegen wen warum ins Feld ziehen muss, dass die einen – natürlich wir – die Guten sind und die anderen die Feinde, die wir besiegen müssen, das ist es, was uns nicht gefällt! Ich möchte jetzt nicht als Soldat in den Krieg ziehen und irgendeinen Soldaten erschießen müssen, nur weil der eine andere Uniform anhat.«

»Dann tu's doch nicht«, warf Fritz dazwischen, der die Unterhaltung bisher unbekümmert an seinem Weißbrot kauend verfolgt hatte.

»Fritz!«, fuhr Leonhard auf. »Lass doch die blöden Bemerkungen!«

»Ist schon gut!« Wilhelm hob beschwichtigend die Hand. »Das mit dem Kriegführen, das hört sich ja theoretisch immer so einfach an. Da steht hier eine Armee, und dort steht eine Armee. Und dann hat irgendwann eine von beiden gewonnen, und denen gehört plötzlich das ganze Land. Die haben halt die besseren Generäle gehabt. Logisch! Aber die Wirklichkeit sieht anders aus. Denn überlegt mal, wo ich vorher stehen geblieben bin.« Er machte eine kurze Pause.

»Das war das mit dem anderen Soldaten ...« Fritz nickte heftig. »Ja, du hast gesagt, dass du den nicht erschießen willst!«

»Genau! Jetzt frage ich dich aber, was soll ich tun, wenn der sein Gewehr auf mich anlegt?«

Einen Moment lang herrschte Schweigen, Fritz schien angestrengt über das gerade Gehörte nachzudenken. Dann bewegte er abschätzend den Kopf. »Ja, da gibt's dann nur noch eins: vorher schießen!«

»Aber warum denn?«, rief Maria. »Und wieso soll der andere Soldat das denn überhaupt tun? Der kennt dich doch gar nicht!«

»Eben! Siehst du, genau darauf wollte ich hinaus«, sagte Wilhelm. »Jetzt haben dem anderen Soldaten, der mich ja gar nicht kennt, seine Offiziere und Generäle aber gesagt, ich sei sein Feind, ich wolle in sein Land einmarschieren, und darum müsse er mich erschießen. Denn wenn er nicht auf mich anlege, dann würde ich es tun!«

»Aber das stimmt doch gar nicht! Du kannst doch niemanden umbringen, Onkel Wilhelm!«

»Das ist das Wesen des Krieges, Maria!« Nun mischte sich auch Leonhard wieder in die Diskussion ein. »Natürlich will keiner einen anderen umbringen, wir zumindest nicht. Aber was soll denn der Wilhelm oder irgendein anderer Soldat tun, wenn einer ihm gegenübersteht und auf ihn zielt. Dann gilt nur noch: der oder ich! So einfach ist das!«

»Das ist ja furchtbar!« Maria war blass geworden. Langsam setzte sie sich wieder an den Tisch. »So hat uns das noch nie jemand erklärt!« Einen Augenblick dachte das Mädchen nach. »Dann gibt es nur eine Lösung, Onkel! Du darfst einfach nicht in den Krieg gehen, wenn sie dich holen wollen! Versprich mir, dass du nicht Soldat wirst!«

Wilhelm lachte auf. »Wenn das so einfach wäre! Ich bin doch eigentlich schon Soldat, weißt du das denn nicht? Also, wenn es losgeht, dann ziehen die mich sicherlich ruckzuck ein, und zwar zum Landsturm. Erst mich, und dann, wenn sie nicht gleich im ersten Angriff gewonnen haben, womöglich auch noch deinen Vater!«

»Nein! Das dürfen die nicht! Das können die doch ...«

Der Bauer legte ihr beschwichtigend seine Hand auf den Arm. »Jetzt beruhige dich! Noch ist ja nichts passiert! Wer weiß, vielleicht haben wir ja auch Glück, und es geht doch noch ohne Krieg aus!« Den zweifelnden Blick seines Bruders kommentierte er mit einem hilflosen Schulterzucken. »Kommt«, rief er und erhob sich. »Die Arbeit wird vom Reden auch nicht weniger. Also, auf geht's!«

Auch Wilhelm war aufgestanden. »Gut! Recht hast du, Bruder! Was kommt, das kommt, und wir einfachen Bauern können es nicht aufhalten!« Er klatschte aufmunternd in die Hände. »Womit fangen wir an?«

Bevor ihm sein Bruder eine Antwort geben konnte, klopfte es an der Tür, und gleich darauf trat ein großer, dunkelhaariger Mann Mitte dreißig in die Küche. Aufgeregt schwenkte er ein Stück Papier in den Händen. »Es geht los, Freunde! Es gibt Krieg! Das ist so sicher wie das Amen in der Kirche.«

Leonhard schnaubte ärgerlich. »Wie – Krieg? Woher willst du denn das wissen, Müller!« Wütend funkelte er den Störenfried an.

Der jedoch ließ sich nicht beirren. »Da! Dann lest einmal!« Damit deutete er auf das Stück Papier in seiner Hand. »Das ist die Mobilmachung. Ist vor gut zwei Stunden in Schopfloch bekannt gegeben worden.«

Wilhelm holte tief Atem. »Krieg!«

»Ja, Krieg!«, rief Müller. »Noch heute rechnen sie mit unserer Kriegserklärung an Russland! Und dann geht's los! Auf sie mit Gebrüll!« Er schien angesichts der Mobilmachung in einen regelrechten Freudentaumel zu verfallen. »Wir sollen uns alle melden, und zwar heute Vormittag noch! Endlich zeigen wir es dem ganzen Gesindel, wer die Herren in Europa sind!«

Kopfschüttelnd machte Leonhard einen Schritt auf den Besucher zu. »Na bravo! Darauf hätte ich gern verzichten können!«

»Verzichten? Na, du bist mir ja ein schöner Patriot! Wenn das Vaterland ruft, dann hat man zu folgen, das ist Ehrensache! Aber wahrscheinlich kommst du eh drum herum. Dich werden sie erst mal zu Hause lassen. Es wird wohl reichen, wenn Wilhelm einrückt. Und in drei, vier Monaten ist alles sowieso schon wieder vorbei: Dann haben wir den anderen gezeigt, wo es langgeht. Und dann wärst du sicher auch gern dabei gewesen!«

»Von wegen!«, schnaubte Leonhard und drehte sich mit sorgenvoller Miene zu seinem Bruder um. »Aber wahrscheinlich kommt es ja wirklich so, dass sie erst mal dich einziehen und mich noch hier auf dem Hof lassen! Schon wegen der Familie und allem anderen. – Hoffen wir, dass der Spuk schnell vorüber ist …«

Müller betrachtete die Szene mit wachsender Missbilligung. »Ihr seid mir ja Helden! Wenn der Kaiser lauter solche Soldaten hätte …«

Weiter kam er nicht. »Raus!«, rief Wilhelm und wies auf die Tür. »Raus, ehe ich mich vergesse!« Fluchend und Verwünschungen ausstoßend zog der Besucher von dannen.

27. Dezember 1965

»Und, Vater, was sagen sie?« Dem jungen Mann schnürte es die Kehle zu, als er seinen Vater aus der Tür kommen sah, die den Flur zur Intensivstation abschloss. Willi, der älteste Sohn, hatte den Vater untergehakt und kam seinem Bruder mit ernster Miene entgegen. Forschend blickte Erich ihm in die Augen. Ein kaum merkliches, langsames Kopfschütteln war die niederschmetternde Antwort. Willis strenger Blick hielt ihn davon ab, seinen Gefühlen freien Lauf zu lassen. Sachte fasste er den Vater beim anderen Arm, und so schritten sie den trostlosen Gang entlang.

Kurz vor dem Treppenhaus blieben sie stehen. Einen Moment lang schien der Vater zu überlegen, ob er sich stark genug fühlte, die Treppe zu nehmen. Drei Stockwerke zu gehen anstatt mit dem Aufzug zu fahren, das wäre für ihn bis gestern keine Frage gewesen, aber jetzt? Der kleine Mann mit dem runzligen roten Gesicht und den rotblonden Haaren schien mit einem Mal zerbrechlich wie eine Porzellanpuppe zu sein. Tiefe Falten hatten sich um den Mund eingegraben, die wässrigen hellblauen Augen lagen tief in ihren Höhlen. Er zitterte. Hilfesuchend wandte er sich an Willi, der ihn bei dem Besuch im Krankenzimmer begleitet hatte. »Ich weiß gar nicht, was ich sagen soll, Willi. Ich habe auch nicht gehört, was der Arzt gesprochen hat. Ich hab nur immer die Maria ansehen müssen ...« Er stockte. Über seine Wangen liefen Tränen, die Erich einen Stich versetzten. Sein Vater weinte. Noch nie hatte er seinen Vater weinen sehen, egal welche Schicksalsschläge die Familie heimgesucht hatten. Und jetzt stand der Vater da und weinte bittere Tränen. Erich blickte seinen Bruder hilfesuchend an. Doch auch Willi kämpfte mit seinen Gefühlen und starrte stumm auf die gläserne Wand des Treppenhauses. Es dauerte eine Weile, bis er die richtigen Worte fand: »Also, Vater«, begann er zögernd. »Wenn ich das richtig verstanden habe, dann kann man im Moment noch keine richtige Prognose stellen, wie sich das alles entwickeln wird. Die Ärzte meinen, sie müssten dazu erst noch …«

Der alte Mann hob überraschend schnell den Kopf. »Willi! Ich habe zwar nichts davon mitbekommen, was der Arzt erzählt hat, aber ich habe eure Mutter dort liegen sehen. Wenn jemand so auf dem Bett liegt, an tausend Schläuche und Maschinen gefesselt … da glaubt doch niemand mehr an eine Besserung!«

»Vater!« Willi packte den alten Mann energisch am Ärmel. »Vater! Wir dürfen die Hoffnung nicht aufgeben! Vielleicht passiert ja doch noch ein Wunder. Lass uns daran glauben, bitte!«

Doch Johann Staudacher schüttelte nur stumm den Kopf. Maria, seine Maria, mit der er jetzt fast vierzig Jahre verheiratet war, würde das Krankenhaus nie mehr als gesunder Mensch verlassen können, ausgeschlossen! Zögernd streckte er den Arm aus und öffnete die Tür zum Treppenhaus. Im selben Moment durchzuckte ihn die bittere Erkenntnis: Es ist gerade so wie im wirklichen Leben. Von einem bestimmten Moment an geht es steil bergab. Und gerade da, auf dieser Stufe, stehe ich und muss hinunter! Tief Atem holend setzte er sich in Bewegung und begann, ohne sich um weitere Unterstützung durch seine Söhne zu kümmern, langsam Stufe um Stufe die Treppe hinunterzugehen.

25. September 1914

Es war ein sonnendurchfluteter, warmer Spätsommertag, wie es nur wenige gibt, wenn der Sommer zu Ende gegangen ist und der Herbst mit den ersten kalten Nächten Einzug hält. Die Apfelbäume leuchteten schon von ferne mit ihren gelbroten Früchten, und unter dem großen Birnbaum am Weiher war bereits eine stattliche Anzahl frühreifer Birnen auf die Erde gefallen, emsig umschwärmt von Hunderten von Wespen. Bald sei es an der Zeit, auf den Baum zu steigen und die Äste zu schütteln, hatte Leonhard zu Maria gesagt. In fünf oder sechs Tagen könne man wohl daran denken, Birnenmost zu machen. Wie immer, wenn die Mosterei bevorstand, hatte er die hölzernen Fässer aus dem Keller gewuchtet und sie, unterstützt von der Tochter, stundenlang geschrubbt und gereinigt. Anschließend hatte er sie bis an den Rand mit Wasser gefüllt, um das in den letzten Monaten ausgetrocknete Holz wieder zu verschwellen, wie er sich ausgedrückt hatte. »Eigentlich war das ja immer Wilhelms Arbeit, dem hat das riesigen Spaß gemacht«, hatte er zu Beginn der Arbeit gemurmelt. »Hoffentlich ist der Scheißkrieg bald zu Ende und dein Onkel kann hier wieder seiner Leidenschaft frönen!«

Für die Bewohner des Goschenhofs waren die Tage angefüllt mit Arbeit von früh bis in die Nacht hinein. Auf dem kleinen Bauernhof war die Ernte in vollem Gange. Natürlich machte sich das Fehlen eines tüchtigen Mannes wie Wilhelm jetzt besonders deutlich bemerkbar, und so mussten alle, der Vater genauso wie schon die kleinen Kinder, umso konzentrierter ihrer Arbeit nachgehen. Nur von der Bäuerin war – wieder einmal – keine Hilfe zu erwarten: Schon vor Tagen hatte sie sich eines Nachmittags mit der Bemerkung ins Bett gelegt, ihr sei übel, sie fühle sich furchtbar schwach, und seither war sie nicht mehr aufgestanden.

Schon zeitig an diesem Morgen waren Maria, ihr Vater, Fritz und die anderen Geschwister mit dem Kuhgespann hinaus auf den Kartoffelacker gefahren. Alle freuten sich auf die Erntearbeit, die zwar viel Zeit in Anspruch nahm, bei der man aber auch von Anfang an der Mühe Lohn mit den Händen greifen konnte. Für Maria und die übrigen Kinder gab es kaum etwas Schöneres als die Kartoffelernte, sie liebte es, wenn die dicken, braungelben Knollen aus der Erde geschält wurden: eine schöner und größer als die andere. Und dann am Mittag das Kartoffelfeuer, wenn sie das dürr gewordene Kraut der Pflanzen zu einem großen Haufen zusammengesammelt und angezündet hatten und anschließend mit Haselnußstecken in der noch glühendheißen Asche stocherten, auf der Suche nach den Kartoffeln, die sie vorher unter den Haufen gelegt hatten. So gut, wie diese Kartoffeln frisch vom Acker schmeckten – auch wenn man sich gelegentlich beim Auseinanderschneiden der kohlschwarzen Schale die Finger verbrannte –, schmeckte nichts anderes: Darüber waren sich die Kinder einig.

Zufrieden lächelnd lehnte sich Leonhard einen Moment lang zurück, als er beim Mittagessen auf dem Feld die Szenerie mit seinen emsig in der Glut nach Kartoffeln suchenden Kindern beobachtete. Die aufgeregten Kommentare, wenn sie doch noch eine Knolle gefunden hatten. Die panischen Blicke, wenn sie sich gierig die heißen Kartoffeln in den Mund stopften, noch bevor diese genügend abgekühlt waren. Die zufriedenen Mienen, wenn sie den Kampf mit der Kartoffel schließlich doch gewonnen hatten. Und die vom Ruß geschwärzten Gesichter. Und Maria, für den Bruchteil einer Sekunde trafen sich ihre Blicke, sie schien glücklich und zufrieden mit dem Augenblick, wie er überhaupt dieses Kind bewunderte. Mit welcher Selbstverständlichkeit und Fröhlichkeit sie all die anfallenden Arbeiten verrichtete, die auf anderen Bauernhöfen in der Umgebung die Frauen im Haus auf sich nahmen. Dieses Kind! Wenn er daran dachte, in welch tiefe Krise er damals als junger Mann gestürzt war, als er von Marias Geburt erfahren hatte und davon, dass Anna, die Mutter, es nicht behalten konnte. Nie würde er den Tag vergessen, als er Maria zusammen mit ihrem Patenonkel Wilhelm nach der Taufe von Rothenburg hatte mitnehmen müssen. Dort oben, am Waldrand, hatten sie eine Verschnaufpause eingelegt, als sie den Hof zum ersten Mal zusammen mit dem Kind im gleißenden Sonnenlicht vor sich hatten liegen sehen. Leonhard lächelte in sich hinein: Das Leben war also doch weitergegangen, damals genauso wie heute. Er ließ den Blick über das bisher vollbrachte Tagwerk streifen: Doch, die Ernte schien reichlich auszufallen. So viele prall mit Kartoffeln gefüllte Säcke, wie sie jetzt bereits am Ackerrand standen, hatte er nicht erwartet. Wenn er sie nur schon alle auf den Wagen geladen hätte, allein, ohne die kräftigen Arme anderer Männer!

Aber vielleicht nahte dort hinten unerhoffte Hilfe, denn es kam jemand mit schnellen Schritten auf die Gruppe am Kartoffelfeuer zu. Leonhard hielt die Hand vor die Stirn, um im grellen Gegenlicht besser sehen zu können, und erhob sich, als er die uniformierte Gestalt erkannte. Es war der Briefträger, aber von dem war mit Sicherheit keine

Hilfe zu erwarten, denn schließlich hatte der Mann nur einen Arm. Beim letzten Krieg gegen Frankreich, gleich zu Beginn, im Oktober des Jahres 1870, hatte der blutjunge Soldat durch einen gewaltigen Säbelhieb den linken Arm verloren. Seitdem galt er in der Gegend um Flinsberg als einer der Kriegshelden des glorreichen Frankreichfeldzugs, und wohl jeder der Bauern hier hatte sich seine Geschichte schon ein gutes Dutzend mal anhören müssen. Leonhard hatte sich deshalb auch nicht gewundert, als der Mann wahre Freudentänze aufgeführt hatte, nachdem am 3. August bekannt gegeben worden war, das Deutsche Reich habe Frankreich den Krieg erklärt. Obwohl der Verlust des Armes nun schon vierundvierzig Jahre zurücklag, machte der ehemalige Kriegsheld, der seitdem voller Stolz die Tapferkeitsmedaille an seiner Briefträgeruniform trug, immer noch die Franzosen im Allgemeinen für sein Leid verantwortlich.

»Hallo, Leonhard! Grüß Gott! Da draußen bist du also. Da läuft man sich ja fast die Seele aus dem Leib«, keuchte der Postbote und wischte sich mit dem Ärmel seiner Uniform den Schweiß von der Stirn.

»Ja, wo soll ich auch sonst sein bei dem Wetter? Höchste Zeit für die Kartoffelernte«, knurrte Leonhard. »Tut mir Leid, Euer Hochwohlgeboren, dass ich Euch nicht mit den geziemenden Ehren empfangen habe!«

In den Augen des anderen blitzte Ärger auf, und gerade, als es so schien, als setzte er zu einer scharfen Erwiderung an, senkte er den Blick und murmelte etwas Unverständliches.

»Sag mal, wieso kommst du eigentlich hier raus aufs Feld? Was hast du denn so Wichtiges, dass du es nicht wie sonst auf den Küchentisch im Hof legen konntest?« Neugierig blinzelte Leonhard den Postboten an.

Ohne eine Antwort zu geben, setzte der Zusteller seine Tasche ab und begann, umständlich in einem Stapel Post zu kramen. »Da, hier ist es!« Ächzend richtete er sich wieder auf und überreichte Leonhard mit feierlicher Miene einen Brief. Anschließend salutierte er stramm und blieb wie angewurzelt stehen. Dem Bauern, der die groteske Szene gerade noch ironisch hatte kommentieren wollen, schien es, als durchzuckte ihn ein glühender Blitz. Er hatte beiläufig einen Blick auf den Absender geworfen, und von einer Sekunde auf die nächste war ihm alles klar: Es war ein Brief von der Feldpost! Aber, und diese Erkenntnis traf ihn wie ein Keulenschlag, er stammte nicht von seinem Bruder Wilhelm. Das war die schreckliche Nachricht, die er die vergangenen Wochen so sehr gefürchtet hatte! Und das erklärte auch das merkwürdige Verhalten des einarmigen Kriegshelden, der noch immer starr salutierend vor ihm stand.

»Wilhelm!« Leonhard krächzte den Namen seines Bruders kaum hörbar hervor. Und noch einmal: »Wilhelm!« Als stummer Schrei fraß sich der Name in sein Herz.

»Kamerad Ohr!«, begann nun der Postbote mit fester, feierlicher Stimme. »Kamerad Ohr! Du musst jetzt ganz tapfer sein! Dein Bruder Wilhelm ist den Heldentod fürs Vaterland gestorben. Der schönste Tod, den ein Soldat sich wünschen kann: Wilhelm Ohr hat sein Leben für den Kaiser und das Reich gegeben. Er ist auf dem Feld der Ehre gefallen!« Noch einmal salutierte der Briefträger und schlug laut die Hacken zusammen.

»Was?!« In Leonhard kochte eine ohnmächtige Wut empor. »Was sagst du da, du Rindvieh?« Er schrie nun, schrie aus Leibeskräften, sodass die Kinder, die bei ihrem Spiel mit den Stöcken in der heißen Asche die Ankunft des Mannes nur am Rande wahrgenommen hatten, wie erstarrt innehielten und ihren Vater erschrocken anblickten. »Heldentod? Feld der Ehre? Dass ich nicht lache! Sieh zu, dass du verschwindest, bevor ich dir was vom Feld der Ehre auf den Buckel klopfe, du Idiot, du einarmiger!« Er hob die Tasche des Postboten vom Boden und hängte sie ihm an den gesunden Arm. »Verschwinde und lass dich bloß so schnell nicht wieder hier blicken, das sag ich Dir!« Er gab dem verdutzten Mann einen energischen Tritt ins Hinterteil. Der hatte nun begriffen und eilte mit stolpernden Schritten in die Richtung zurück, aus der er gekommen war.

Leonhard ließ sich erschöpft auf dem Boden nieder. Mit zitternden Fingern öffnete er den Feldpostumschlag und entnahm ihm zwei Schreiben. Das eine war ein zusammengefaltetes, eng beschriebenes Blatt Papier, auf dessen Vorderseite die Anschrift »An mein Patenkind Maria« zu lesen war, das andere die in nüchternem Amtsdeutsch abgefasste Todesnachricht. Sie besagte in wenigen Worten, dass der ledige Landsturmmann Wilhelm Ohr vom Goschenhof bei Flinsberg vor etwas mehr als einer Woche beim Vorrücken der deutschen Armee irgendwo zwischen Paris und Verdun von einer feindlichen Kugel getroffen worden und gestorben sei. In unsagbarem Schmerz hob Leonhard den Kopf und blickte zum Himmel. »Wilhelm! Hoffentlich ist es wenigstens schnell gegangen!« Während ihm die Tränen in die Augen schossen und übers Gesicht liefen, spürte er, wie zwei Hände sachte seine Schultern massierten. Nach einer Weile schaute ihm Maria ernst ins Gesicht. Sie hatte als Einziges der Kinder längst begriffen, was geschehen war. »Vater! Nicht weinen!«, sagte sie. »Der Onkel Wilhelm ist doch jetzt im Himmel und schaut auf uns runter.« Sie gab ihm einen Kuss auf die tränenfeuchte Wange. »Ich hab ihn ja so lieb gehabt, den Onkel Wilhelm!

Aber jetzt hat er es doch auch gut im Himmel, meinst du nicht auch?« Forschend blickten Marias braune Augen direkt in die seinen. Und trotz aller Trauer und allen Entsetzens huschte bei diesen Worten ein flüchtiges Lächeln um Leonhards Mundwinkel. »Ja, Maria, meine Gute. Du hast Recht. Unser Wilhelm ist jetzt im Himmel!«

März 1917

Es war gekommen, wie es der Bauer befürchtet hatte. Der Krieg dauerte nun schon fast drei Jahre, und ein Ende war nicht abzusehen. Die Offensive der Deutschen war überall zum Stillstand gekommen, und im Stellungskrieg bei Verdun hatten sich die Heere beider Seiten regelrecht festgefressen. Überall in Europa herrschte ein erbittertes Schlachten und Morden. Schon ein Jahr nach seinem Bruder hatte deshalb auch Leonhard Ohr seinen Stellungsbefehl erhalten: Der mörderische Krieg verschlang die Soldaten zu Tausenden, und die immer wahnwitziger operierenden Generäle verlangten immer unersättlicher immer mehr menschlichen Nachschub, so viel wie irgend möglich. Und so hatte es schließlich auch den Bauern auf dem Goschenhof getroffen, jeder Hinweis auf den einsamen Hof, der ohne männliche Hilfe und dann noch mit einer kranken Bäuerin samt fünf Kindern an den Rand der Existenzkrise geraten würde, war ungehört verhallt. Das Militär hatte sich unbarmherzig gezeigt: Leonhard Ohr wurde als Landsturmmann gebraucht und musste einrücken. Das Vaterland rief, und die Nöte eines kleinen fränkischen Bauern hatten da keine Rolle zu spielen. Schließlich gebe es ja noch Nachbarn und die Flinsberger Dorfgemeinschaft, wurde kühl erklärt, in Notzeiten habe man eben zusammenzustehen. Den Einwand, dass aber doch mittlerweile fast alle wehrfähigen Männer eingezogen worden seien, hatte das Militär erst gar nicht zur Kenntnis genommen.

Die mittlerweile fast vierzehnjährige Maria, auf der seit der Einberufung ihres Vaters ein Großteil der Arbeit auf dem Hof lastete, war an diesem Morgen wie immer bereits um fünf Uhr aufgestanden und hatte die beiden einzigen Kühe gemolken, die ihnen noch geblieben waren. Anschließend weckte sie ihre Geschwister, erst Fritz und dann die jüngeren. Mit einem vielsagenden Augenaufschlag übernahm es auch heute wieder Fritz, an die Tür des Schlafzimmers seiner Mutter zu klopfen. »Es ist besser, wenn *ich* das mache«, murmelte er, was Maria mit einem dankbaren Lächeln quittierte.

Kurz vor halb sieben waren sie dann aufgebrochen, um den rund einstündigen Schulweg nach Lehengütingen anzutreten. Es war kalt an diesem Morgen, bitterkalt sogar, und auf der Oberfläche des Weihers hatte sich eine zarte, durchsichtige Haut aus Eis gebildet, die im ersten matten Licht des Tages schimmerte. Maria fröstelte und hielt sich die Hände vor den Mund, um mit ihrem Atem die klammen Finger wenigstens etwas anzuwärmen. Doch allzu viel half auch das nicht: Die Kälte breitete sich in ihrem ganzen Körper aus. Der Raureif, der den Grasweg mit einem weißen Überzug bedeckt hatte, kroch kalt und feucht durch die löchrigen Sohlen ihrer Schuhe, die kratzenden Wollstrümpfe schützten sie nur unzureichend vor der nebligen kühlen Luft, die an ihren Beinen heraufzog.

Schaudernd dachte Maria an die ersten beiden Jahre, in denen sie den Schulweg noch ohne ihre Geschwister hatte gehen müssen, im Sommer wie im Winter. Vor allem in der kalten, dunklen Jahreszeit war es ihr immer angst und bang gewesen, mutterseelenallein durch den finsteren Heidelbeerwald zu laufen, regelrecht gerannt war sie jedes Mal, um hinterher erleichtert aufzuatmen, wenn sie den Waldrand erreicht und die Franzenmühle vor sich hatte liegen sehen. Denn von dort an hatten die beiden Kinder des Müllers sie begleitet, und die restliche Strecke war ihr nur noch halb so weit vorgekommen wie die bisher zurückgelegte.

»Maria!« Dröhnend ging der Rohrstock direkt vor dem Kopf des Mädchens auf die Schulbank nieder. »Was habe ich dich gerade gefragt?«

Erschrocken fuhr Maria auf und blickte irritiert in das zorngerötete Gesicht des Lehrers, der sich drohend vor ihr aufgebaut hatte. »Ich ... ich glaube, das war ...«, stammelte sie verlegen. Um sich herum vernahm sie das leise Kichern ihrer Mitschüler. Was war das denn gleich noch gewesen, worum war es im Unterricht gerade eben gegangen? Mühsam versuchte sie, ihre Gedanken zu ordnen, doch es war vergeblich. Hilflos zuckte sie die Schultern und sah den wütenden Mann bittend an. »Entschuldigung, Herr Lehrer! Ich habe es, glaube ich, vergessen.«

»Vergessen!«, fauchte der Dorfschulmeister. »Eingeschlafen bist du! Mitten im Unterricht. So aufmerksame Schüler können wir gerade noch brauchen. Tritt vor!« Er streckte gebieterisch die Hand aus und winkte Maria energisch, sich von der Schulbank zu erheben und in den Gang zu treten. Maria wusste, was jetzt gleich kommen würde.

»Arme ausstrecken! Handflächen nach oben!« Kaum war sie dem Befehl des Lehrers nachgekommen, da sauste auch schon der Rohrstock nieder und verursachte ein scharfes, klatschendes Geräusch, als er die Hände des Mädchens traf. Maria zuckte bei dem mit aller Wucht ausgeführten Schlag zusammen, Tränen schossen ihr in die Augen, doch sie wusste aus leidvoller Erfahrung, dass Weinen die Wut des Mannes nur noch steigern würde, und so presste sie die Lippen fest aufeinander. Ein zweites, ein drittes und auch noch ein viertes Mal holte der Lehrer aus, bis er sich schließlich mit triumphierender Miene umwandte und hoch erhobenen Hauptes zur Tafel schritt. »So, jetzt habt ihr gesehen, was es heißt, meinen Unterricht nicht ernst und aufmerksam zu verfolgen. Und du«, wandte er sich mit strengem Blick an Maria, »setzt dich wieder hin und lässt dir das ein für alle Mal eine Lehre sein! In meinem Unterricht wird nicht geschlafen, auch dann nicht, wenn man Ende des Monats aus der Schule kommt! Ist das klar?«

Maria nickte. »Ja, Herr Lehrer!«, murmelte sie mit gesenktem Kopf, während sie ihre Handflächen, die wie Feuer brannten, fest gegeneinander rieb, um den Schmerz zu unterdrücken.

»Wie?!« Der Lehrer legte die Hand ans Ohr. »Ich habe nichts verstanden!«

Maria nahm ihre ganze Kraft zusammen. »Ja, Herr Lehrer!«

»Na also!« Befriedigt nickte der Schulmeister. »Setzen!« Fragend sah er darauf in die vordere Bankreihe. »So – wo also waren wir stehen geblieben?« Pfeilschnell schossen einige Hände in die Höhe: Der Unterricht ging weiter.

An diesem dritten Sonntag im März schien es Maria, als würden die Glocken vom Turm der gedrungenen kleinen Kirche von Lehengütingen ganz besonders klar und hell erklingen. Über dem ganzen Ort lag eine feierliche Stimmung, zu der auch die ersten warmen Sonnenstrahlen dieses Frühjahrs beitrugen. Hoch droben in der Luft trällerten die Lerchen, und auf den Gesichtern der Menschen, die sich vor dem Gotteshaus versammelt hatten, spiegelte sich trotz der schweren Zeit so etwas wie Hoffnung und Zuversicht. Den harten, kalten Winter hatte man überstanden, und vielleicht würde der jetzt bevorstehende Sommer auch endlich den so lange herbeigesehnten Frieden bringen. Frieden nach einem Krieg, der schon viel länger dauerte, als man jemals erwartet hatte. Einem Krieg, der nicht mehr zu gewinnen war, das ahnten die meisten, wenn sie es auch nicht auszusprechen wagten.

Langsam und feierlich betraten die festlich gekleideten Frauen und Männer die Kirche. Junge Männer waren freilich in der Minderzahl: Die meisten waren längst als Soldaten eingezogen worden und lagen an den Fronten des Ersten Weltkriegs in den Schützengräben.

Maria hatte sich nach der Stallarbeit an diesem Morgen zusammen mit ihren beiden ältesten Halbgeschwistern, Fritz und Lina, auf den Weg zum Gottesdienst gemacht, während die beiden kleineren bei der Bäuerin auf dem Goschenhof zurückgeblieben waren. Die Stiefmutter hatte es Fritz und Lina zunächst verbieten wollen, ihre Schwester zur Kirche zu begleiten. Erst nachdem Fritz wütend geworden war, hatte sie mit einer wegwerfenden Handbewegung eingelenkt. »Also dann, von mir aus, dann lasst mich ruhig mit der ganzen Arbeit hier allein zurück, ihr werdet schon sehen, wohin das eines Tages führen wird.«

»Aber Mutter!« Fritz hatte fassungslos den Kopf geschüttelt. »Wo die Maria doch heute Konfirmation hat! Da können wir sie doch nicht mutterseelenallein zur Kirche schicken!«

»Nein, das könnt ihr nicht!« Die Frau wandte sich von den Kindern ab. »Dann lasst mich ruhig alleine, wenn euch eure kranke Mutter weniger wert ist als offenbar alles andere …«

»Mutter!« Fritz stieg die Zornesröte ins Gesicht. Zum ersten Mal widersprach er seiner Mutter energisch. »Das kannst du doch nicht wirklich glauben, was du da …«

Weiter kam er nicht. Maria hatte ihm den Finger auf

den Mund gelegt. »Fritz, lass nur! Ich kann auch allein zur Kirche gehen ...«

Fritz nahm die Hand seiner Schwester und drückte sie fest. »Nein, das wirst du nicht!«, sagte er mit Nachdruck in der Stimme. »Wir werden dich begleiten, Lina und ich. Die beiden Kleinen lassen wir da ...« Weiter kam er nicht: Mit einem lauten Knall fiel die Küchentür hinter der Bäuerin ins Schloss.

Noch einmal strich Maria die Falten ihres selbst genähten schwarzen Leinenkleides glatt und holte tief Atem. Seit Monaten schon hatte sie sich auf diesen Tag gefreut, den Tag ihrer Konfirmation, der für sie einen weiteren Schritt hinein in die Welt der Erwachsenen bedeutete. Die endgültige Aufnahme in die christliche Gemeinschaft – endlich auch dazuzugehören – hatte das Mädchen mit wachsender Ungeduld herbeigesehnt. Und jetzt endlich war es so weit. Glückstrahlend wandte sie sich ihren Geschwistern zu. »Ist das schön heute! Und ist das schön, dass ihr mich begleitet habt!« Sie küsste Lina und Fritz und hakte sich bei ihnen unter. »Schade nur, dass der Vater das nicht erleben kann. Aber dafür seid *ihr* ja bei mir. Also kommt! Gehen wir hinein!«

Während Maria vorn auf der ersten Bank bei den Konfirmanden Platz nahm, setzten sich die beiden Geschwister schüchtern in eine der hinteren Reihen. Schließlich waren sie die Einzigen, die ohne Eltern oder Großeltern gekommen waren, und so atmete Fritz erleichtert auf, als er in derselben Bankreihe zwei seiner Schulkameraden erblickte. Und allem Anschein nach waren neben ihnen auch noch zwei Sitzplätze frei.

Einen Konfirmanden nach dem anderen rief der Pfarrer während des Gottesdienstes zu sich und verlas vor der versammelten Gemeinde den Konfirmationsspruch, der ihn auf seinem weiteren Lebensweg begleiten sollte. In alphabetischer Reihenfolge kamen die Mädchen und Jungen nach vorn an den Altar.

»Pfahler, Johannes«, winkte der Pfarrer mit feierlicher Miene den Nächsten zu sich. Dem Jungen, der sich daraufhin erhob, war die Anspannung deutlich anzusehen. Mit zögernden Schritten und verlegen zum Boden gesenkten Kopf bewegte er sich vorwärts. Noch nie zuvor hatte er vor solch einer großen Ansammlung von Menschen gestanden, noch nie hatten sich plötzlich alle Blicke allein auf ihn gerichtet. Auch die Kinder hatten die Unsicherheit des einen oder anderen bemerkt und sich jedes Mal verstohlen angegrinst, wenn wieder einem aus der Reihe der Konfirmanden vor lauter Nervosität die Knie zitterten. »Du, sag mal«, wandte sich in diesem Moment der Banknachbar fragend an Fritz. »Was soll denn das! Nach N kommt doch im Alphabet erst mal O, wie Ohr, und dann erst P wie Pfahler. Jetzt wäre doch eigentlich Maria dran.«

Fritz schüttelte den Kopf. Eine leichte Röte überzog sein Gesicht. »Ja. Das heißt, nein. Eigentlich nicht.«

Verwirrt starrte ihn der andere an. »Ja, was jetzt? Ja oder nein?«

»Nein.« Eigentlich hätte er auf diese Frage vorbereitet sein müssen, und deshalb ärgerte es Fritz umso mehr, dass er sich nun selbst in diese Sackgasse manövriert hatte. »Es ist so: Maria heißt in Wirklichkeit gar nicht Ohr …«

»Aber sie ist doch eure Schwester!«

»Na ja, nicht ganz. Sie ist unsere Halbschwester. Und sie heißt deshalb auch nicht Ohr, sondern Reingruber.«

»Wie? Reingruber? Hab ich ja noch nie gehört!« Vieldeutig grinsend stupste der Schulkamerad seinen Nachbarn auf der anderen Seite. »Hast du das gewusst, Erwin?«

»Noch nie gehört! Wie heißt die?« Fragend beugte sich Erwin zu Fritz hinüber.

Der unterdrückte den in ihm aufsteigenden Unmut. »Reingruber, nach ihrer Mutter. Unser Vater wollte sie zwar adoptieren, aber dann musste er in den Krieg und ...«

»Ruhe!«, zischte eine hinter ihnen sitzende ältere Frau. »Könnt ihr denn nicht wenigstens in der Kirche den Mund halten!«

»Reingruber, Maria Margareta!« Der Pfarrer hatte die nächste Seite des großen Buches aufgeschlagen, das er vor sich in den Händen hielt, und blickte feierlich auf die Bank der Konfirmanden, wo Maria sich nunmehr erhob. Die beiden Schulkameraden von Fritz stießen sich mit den Ellbogen an und grinsten dann unverhohlen zu den Kindern vom Goschenhof hinüber, doch Lina und Fritz beherrschten sich und taten so, als würden sie die Grimassenschneider gar nicht bemerken.

Maria hatte sich noch einmal ihr schwarzes Kleid glatt gestrichen und stand nun neben dem Pfarrer. »Geben ist seliger denn nehmen. Das, Maria Margareta Reingruber, wird der Gedanke sein, der dich fortan durch dein weiteres Leben begleiten wird. Ein Spruch, der schon bei deiner Taufe für dich ausgesucht worden ist und der dich nun auch als Konfirmandin leiten wird, da du erstaunlicherweise genau jene Bibelstelle aufgeschlagen hast.« Er machte eine kurze, bedeutungsvolle Pause und wandte sich an die Gemeinde. »Ein Vorgang, wie er mir noch nie in meiner Tätigkeit als Seelsorger widerfahren ist – dass ein Konfirmand die Bibel ausgerechnet an der Stelle aufschlägt, an der sein Taufspruch verzeichnet ist: Geben ist seliger denn nehmen. Möge dich, Maria, dieser Leitspruch auf deinem weiteren Lebensweg segensreich begleiten!«

Und wieder grinsten sich die beiden Nachbarn auf einer der hinteren Bänke bei diesen Worten an. »Geben! Was soll die denn auch geben, wenn sie nicht mal den Namen ihres Vaters hat! Da wird das mit dem Nehmen aber leichter sein!«

Hätte Lina in diesem Moment nicht die Hand ihres Bruders ergriffen und heftig gedrückt, wer weiß, wie Fritz, das fragte er sich noch Jahre später als erwachsener Mann, wohl reagiert hätte.

Kurz vor Mittag erreichten die drei wieder den Goschenhof. Den größten Teil des Weges waren sie stumm nebeneinander hergelaufen: Maria, stolz und zufrieden über die eigenartige Verbindung von Tauf- und Konfirmationsspruch sinnierend, die beiden anderen tief in Gedanken versunken. Vor allem Fritz wurmte es im Nachhinein immer mehr, dass er den zwei Kirchenbanknachbarn nicht wenigstens unmittelbar nach dem Gottesdienst noch die richtige Antwort verpasst hatte, doch auch davon hatte ihn Lina zurückgehalten.

Kaum hatten sie das Haus betreten und gingen den Flur entlang auf die Küche zu, da zeichnete sich hinter dem geviertelten Fensterglas der Küchentür auch schon das von Ärger verzerrte Gesicht der Bäuerin ab. Wütend riss sie die Tür auf. »Ach, die Herrschaften kommen von ihrem Sonntagsspaziergang zurück!«, bellte sie den Kindern entgegen.

»Aber Mutter«, versuchte Lina erschrocken, die Frau zu besänftigen. »Wir waren doch nur in der Kirche bei der Konfirmation, und gleich darauf sind wir zurückgelaufen!«

»So so, nur in der Kirche, und ich kann in der Zwischenzeit schauen, wo ich bleibe!« Es war Hass, registrierte Fritz erschrocken, schierer Hass, der sich in der Miene der Bäuerin spiegelte.

»Jetzt sind wir ja wieder da, und immerhin war doch Marias Konfirmation!« Fritz hoffte immer noch inständig, seine Mutter würde sich bald beruhigen. »Mutter, bitte.«

»Nichts ist mehr mit bitte. Ihr setzt euch jetzt ohne weitere Widerrede zu euren Geschwistern an den Küchentisch. Da kocht und macht man den ganzen Morgen mutterseelenallein und erntet dann noch von den eigenen Kindern Widerworte. Schluss jetzt damit, jetzt wird zu Mittag gegessen!« Die aufgebrachte Frau machte kehrt und stapfte wütend in die Küche zurück, wo sie sich, laut mit den Töpfen und Kochlöffeln klappernd, am Herd zu schaffen machte.

Stumm setzten sich die drei Kinder auf ihre Stühle am Küchentisch. Die beiden Kleinen hatten die Szene mit betretenen Mienen beobachtet und saßen nun schweigend vor ihren Tellern. »Maria!«, durchfuhr ein scharfer Befehl die lastende Stille. »Wie wäre es, wenn du endlich die Suppe austeilen würdest! Muss ich denn alles alleine machen?«

Maria sprang auf, ergriff die beiden gehäkelten Topflappen, die neben dem Spülstein lagen, und nahm den Topf mit der wässrig schimmernden Suppe vom Herd.

»Pass aber auf, dass die Kleinen auch genügend davon bekommen! Mehr als diese Suppe gibt es nämlich heute nicht. Das restliche Brot noch, mehr können wir uns nach diesem harten Winter nicht mehr leisten!« Die Bäuerin hatte sich nun ebenfalls an den Tisch gesetzt und überwachte mit strengem Blick, wie Maria die Teller nahm, einen nach dem anderen, und sie mit der Suppe füllte. »Und diesen Teller da, den kannst du ruhig ganz voll machen, ich muss schließlich irgendwie wieder zu Kräften kommen, wenn alle Arbeit einzig und allein auf meinen Schultern lastet!«

Maria nickte wortlos, und obwohl danach gerade noch eine einzige Kelle Suppe übrig blieb, führte sie die Anordnung der Bäuerin widerspruchslos aus. Danach goss sie den spärlichen Rest in ihren eigenen Teller.

Gerade wollte Fritz der Mutter angesichts der ungleichen Aufteilung des Essens widersprechen, doch sie kam ihm zuvor: »Du brauchst gar nicht erst zu glauben, dass du dich gegen mich auflehnen kannst. Ihr alle seid noch in dem Alter, in dem man tüchtig essen muss, und ich selbst, ich bin schwach und krank und kann deshalb erst recht nicht auf das bisschen Suppe verzichten, das wir überhaupt noch übrig haben. Eure Halbschwester ist schließlich die Größte und die Älteste, da wird sie auch ruhig mal ein wenig Verzicht üben können, für ihre Geschwister und für die Leute, die sie tagein tagaus durchfüttern müssen.« Fritz erkannte an dem Blick, den ihm seine Mutter zuwarf, dass jeglicher Einwand in diesem Moment zwecklos war, und so fügte er sich wortlos in die Situation.

»Ach ja – und übrigens«, fuhr die Bäuerin fort. »Jetzt, nachdem Maria sozusagen fast schon erwachsen ist, als Konfirmandin, und weil du ja Ende des Monats auch mit der Schule fertig bist, da habe ich mir gedacht, dass es an der Zeit für dich ist, eine Stellung anzunehmen, damit wenigstens ein bisschen Geld auf den Hof kommt, wo doch sowieso schon viel zu viele Esser hier am Tisch sitzen.«

Mit lautem Geklapper ließ Fritz den Suppenlöffel auf den Teller fallen. »Was meinst du damit? Willst du Maria etwa fortschicken von uns?« Auch Maria hatte sich bei diesen Worten kerzengerade aufgesetzt und starrte die Stiefmutter erschrocken an.

Die Bäuerin stemmte beide Hände auf die Tischplatte. »Was heißt hier fortschicken?«, rief sie. »Sie ist alt genug, um selbst Geld zu verdienen und wenigstens einen Teil von dem, was sie uns bisher schon gekostet hat, zurückzuzahlen. Das ist nur recht und billig!«

»Furchtbar ist das! Niemals wirst du das tun, hörst du, niemals!« Fritz war von seinem Stuhl aufgesprungen.

»So so, das werde ich also nicht tun«, höhnte die Frau und lachte kurz und böse auf. »Ich habe es aber schon getan, wenn du es genau wissen willst, du kleiner Gernegroß! Es ist bereits alles abgemacht: Am 1. April fängt Maria auf dem Angerhof als Dienstmagd an, und ich bin froh, dass mir der Bauer überhaupt erlaubt hat, so lange nach Lichtmess noch zuzuwarten, bis sie die Schule abgeschlossen hat!«

Fritz schaute sie fassungslos an. »Das alles hast du schon gemacht? Du willst Maria also wirklich weggeben? Als Magd fort von uns auf den Angerhof? Wenn das der Vater wüsste ...«

»... dann würde er sicherlich einsehen, dass ich recht gehandelt habe«, fiel die Bäuerin ihrem Sohn ins Wort. »Die Zeiten sind hart, und das bisschen Landwirtschaft, das wir ohne euren Vater und ohne Knechte oder Mägde überhaupt noch betreiben können, reicht einfach nicht aus, um so viele Personen satt zu bekommen, wie wir hier auf dem Hof versammelt sind!«

»Aber das ist doch ...« Wieder kam er nicht weiter in seiner Rede, denn in der Zwischenzeit war auch Maria aufgestanden und legte ihm sacht die Hand auf die Schulter. »Fritz, lass gut sein! Wahrscheinlich hat Tante Hedwig ja Recht, und alt genug bin ich auch. Ich muss jetzt halt ein wenig Geld verdienen, und so weit weg ist der Angerhof ja auch nicht gerade, als dass wir uns nicht ab und zu besuchen könnten.«

»Schau an, schau an: Sie begreift! Da scheint meine jahrelange Arbeit ja doch noch auf fruchtbaren Boden gefallen zu sein!« Die Bäuerin lächelte spöttisch. »Dann ist ja alles gut, es wird also so gemacht, wie ich es gesagt habe.«

Glutrot versank an diesem Abend die Sonne hinter den Gipfeln der Bäume, die den Goschenhof in dichter Reihe umsäumten. Maria, die eine große graue Küchenschürze über ihr schwarzes Konfirmationskleid gezogen hatte, war mit der Arbeit in der Küche fast fertig und hatte gerade begonnen, die Kartoffeln, die sie zuvor in einem großen Topf für die Schweine weich gekocht hatte, in einen Blecheimer umzuschütten. »Maria, wo bleibst du denn?« Lina war unbemerkt von ihrer Schwester ins Haus gekommen und sah sie kopfschüttelnd von der Seite an. »Jetzt hör doch wenigstens einen Augenblick auf mit deiner Arbeit und komm raus zu uns. Schau doch mal, wie toll heute die Sonne untergeht. Der ganze Himmel ist feurig rot, als würde er brennen!«

»Einen Moment noch, kleine Schwester! Gleich komme ich!« Maria lachte fröhlich und nahm den schweren Eimer auf. »Lass mich wenigstens noch die Kartoffeln zum Abkühlen raustragen, dann habe ich eine Weile Zeit für euch.«

»Na gut, aber keine Minute länger!« Lina gab sich mit der Antwort zufrieden und hüpfte pfeifend wieder ins Freie.

Während die Kinder vorn beim Himmelfahrtsweiher spielten, der vor einer Woche mit Hilfe der Nachbarn abgedichtet worden war und sich jetzt wieder mit frischem Wasser aus den Drainagegräben der Wiesen zu füllen begann, ging Maria mit ihrem Kartoffeleimer zum Schweinestall hinüber, der zwischen dem Wohnhaus und dem Schuppen lag. Die drei Schweine quiekten aufgeregt, als sie den Eimer neben dem Trog abstellte, und quetschten die Schnauzen durch das Gitter. »Immer langsam«, lachte das Mädchen und sah sich dabei verstohlen um. Als sie sich vergewissert hatte, dass niemand in der Nähe war, kauerte sie sich neben dem Eimer nieder und zog ein Küchenmesser aus dem Schurz. Darauf nahm sie eine der noch heißen Kartoffeln in die Hand und begann sie zu schälen. Sie konnte es kaum erwarten, sich das erste Kartoffelstück in den Mund zu schieben. Als der erste Heißhunger gestillt war, kaute sie allmählich langsamer. Nachdenklich starrte sie auf die geschälte Kartoffel in ihrer Hand. »Doch, vielleicht hat die Tante wirklich Recht«, murmelte sie. »Vielleicht ist es wirklich das Beste, dass ich mich als Magd verdinge. Bevor die anderen auch nichts mehr zu essen haben …«

»Maria! Maria – wo bist du?« Mit einem Ruck fuhr sie auf und ließ das Küchenmesser im Schurz verschwinden. Hastig klopfte sie sich den Staub von den Kleidern. »Karl! Georg! Ich komme schon. Versteckt euch ruhig, ich werde euch gleich finden.«

Fröhliches Kichern war die Antwort. »Wirst du nicht.«

»Werd ich doch!«

»Wirst du nicht!«

»Wollen wir wetten?« Maria hatte inzwischen die Stalltür erreicht und spähte hinaus. Laut begann sie den alten Versteckreim in den Hof zu rufen: »Eckstein, Eckstein, alles muss versteckt sein! Hinter mir und vorder mir, da gilt es nicht: Ich komme!« Mit einem deutlich vernehmbaren Händeklatschen begann sie mit der Suche: »Na wartet! Gleich habe ich euch!«

Sie hat nur ein-, zweimal davon erzählt, dass sie sich während der Schlussphase des Ersten Weltkriegs als Magd auf einem anderen Bauernhof verdingen musste. Das war halt so, hat sie dann auf die erstaunten Ausrufe der Kinder geantwortet. Sie hat das ohne Bitterkeit gesagt – auch das.

So war sie eben: erstaunlich ruhig und gelassen. So habe auch ich sie noch kennen gelernt, nur war diese Wesensart für mich damals allerhöchstens langweilig. Aber es hat mich eh nicht interessiert …

Dass der Vater dann aus dem Krieg gekommen ist, Neuanfang und so weiter. Ja, auch darüber ist nie groß gesprochen worden. So war das halt! Was sollen die kleinen Leute auch machen? Sie sind und bleiben ein Spielball für die großen! Weshalb sich dann darüber einen Kopf machen? Das bringt doch nichts! Sie hat es hingenommen. Hier ist sie in die Welt hineingeboren worden, an diesen Ort, in diese Lebensumstände. Weshalb darüber räsonieren? Und so lässt sich auch der Tag, an dem Leonhard aus dem Krieg zurückgekommen ist, nicht mehr rekonstruieren – obwohl er sich ganz ähnlich zugetragen haben muss. Die Fakten, sie sind doch schließlich da: die kranke Frau, die als Magd arbeitende Maria, die vielen Kinder, der einsame Goschenhof und – der Tag der Ankunft …

November 1918

Dicht hatte sich der Nebel auf die Landschaft gesenkt. Eine unangenehme feuchte Kälte breitete sich aus und zog bis in die Häuser hinein, deren Bewohner mit klammen Fingern am Ofen hockten. »Ich hole noch ein paar Scheite Holz aus dem Schuppen, und dann mache ich mich wieder auf den Weg, damit ich noch vor der Dunkelheit wieder auf dem Hof zurück bin!« Maria erhob sich und machte Anstalten, den Weidenkorb zu ergreifen, der in der Nähe des Ofens stand.

»Lass mal, Maria, das mache ich nachher, das hat doch Zeit!« Fritz war aufgesprungen und hob abwehrend die Hände. »Wenn du jetzt endlich mal bei uns zu Besuch bist, da musst du doch nicht gleich wieder arbeiten! Es reicht ja schließlich, wenn du an Lichtmess das ganze Geld, das du dir verdient hast, bei der Mutter abliefern musst, wie sie das vorhin verlangt hat!«, setzte er mit kritischem Unterton noch dazu.

»Nicht so laut, Fritz! Nicht, dass sie dich noch hört!« Vorsichtig legte Maria den Zeigefinger an den Mund. »Das hat schon seine Ordnung so! Jetzt, wo sie doch das Geld für den Hof geliehen hat! Wovon soll sie das denn zurückzahlen, wenn sie nicht meinen Lohn als Dienstmagd dazunehmen kann!? Und wer weiß, wann der Vater endlich aus dem Krieg zurückkommt – falls er überhaupt zurückkommt!«

Augenblicklich fuhr Lina hoch, die der Unterhaltung bisher nur am Rande gefolgt war. »Wie meinst du das, Maria? Glaubst du etwa«, mit zitternden Lippen sprach sie weiter, »meinst du, der Vater lebt womöglich gar nimmer? Wo sie doch den Krieg verloren haben und man gar nichts mehr von ihm hört!« Tränen schossen ihr in die Augen, und verzweifelt schaute sie in die Runde. »Was würden wir denn dann machen, wenn der Vater nicht mehr …«

Im selben Moment wurde sie vom lauten Zuschlagen der Haustür unterbrochen. Die Kinder am Ofen fuhren erschrocken zusammen. »Da ist wer!«, stammelte Georg. »Ich höre es ganz genau!«

In der Tat waren nun im Gang langsame schlurfende Schritte zu hören, die langsam näher kamen. »Wer kann das sein?«, wandte sich Maria flüsternd an die anderen, doch die zuckten nur ratlos die Achseln.

»Hallo! Wo seid ihr denn alle?« Eine vertraute und doch irgendwie fremde Stimme drang durch die geschlossene Küchentüre an ihr Ohr. Im selben Moment wurde auch schon die Klinke heruntergedrückt, und ein groß gewachsener, knapp vierzigjähriger Mann mit dichtem, dunklem Haar und ungepflegten grauen Bartstoppeln betrat den Raum.

Einen kurzen Moment lang herrschte atemlose Stille. »Vater!« Der Aufschrei durchdrang die Küche und hallte tausendfach von den Wänden wider. »Vater! Er ist es! Er ist wieder da!« Im selben Augenblick noch waren alle Kinder gleichzeitig aufgesprungen und hatten sich auf ihren Vater gestürzt, der von dem plötzlichen Ansturm ins Wanken geraten war und fast auf den Boden gefallen wäre.

»Langsam, langsam!«, krächzte er mühsam mit belegter Stimme, als seine Kinder ihn stürmisch umarmten. »Lasst mich bitte am Leben! Jetzt habe ich drei Jahre lang diesen schrecklichen Krieg überstanden, und dann werde ich womöglich zu Hause noch erdrückt – von den eigenen Kindern!« Dicke Freudentränen, die er nun nicht mehr zurückhalten konnte oder wollte, liefen ihm die Wangen herunter. Ein tiefer Seufzer entrang sich schließlich seiner Brust: »Ist das schön, endlich wieder zu Hause zu sein!« Der Bauer machte vorsichtig einen Schritt nach vorn und ließ sich langsam auf die Ofenbank niedersinken. Er lehnte sich zurück und breitete die Arme um seine Kinder, die sich nach wie vor fest an ihn geschmiegt hatten. »Endlich daheim!« Er hob den Kopf und lächelte Maria selig an, die als Einzige schüchtern lächelnd etwas abseits stand. »Maria! Was ist mit dir? Freust du dich denn nicht auch, dass ich wieder bei euch bin?«

Maria nickte heftig. »Aber ja, Vater! Natürlich freue ich mich, wo ich doch jeden Abend und jeden Morgen gebetet habe, dass du gesund und wohlbehalten wieder aus dem Krieg zurückkommst!« Sie warf einen verlegenen Blick auf ihre Geschwister, die wie die Kletten an ihrem Vater hingen. »Ich habe halt erst mal den Kleinen den Vortritt gelassen, bin ja schließlich schon fast erwachsen.«

Ein zärtliches Lächeln huschte über das von tiefen Falten durchzogene Gesicht von Leonhard Ohr, der gleichzeitig leise den Kopf schüttelte. »Meine Maria! Vernünftig wie eh und je! Und immer denkt sie zuerst an die anderen!« Er streckte einladend den Arm aus: »So – jetzt komm aber her zu uns. Du gehörst schließlich auch dazu, meine Große!«

Nach einer langen Weile setzte sich der abgekämpfte, müde Mann schließlich auf. »So, jetzt muss ich aber langsam einmal fragen, wo denn eigentlich eure Mutter steckt! Die weiß ja noch gar nicht, dass ich endlich da bin!« Forschend schaute er sich um. »Wo ist sie? Im Stall oder im Schuppen?«

Georg, der Jüngste, antwortete wie aus der Pistole geschossen. »Im Bett, wie fast immer!«

»Aber Georg!«, zischte Fritz tadelnd. »Sag doch so was nicht!«

Trotzig stampfte der Kleine mit dem Fuß auf. »Stimmt aber doch!«

Bevor sich die beiden weiter zanken konnten, erhob sich der Bauer schwer. »Hab schon verstanden! Eure Mutter war ja schließlich schon vorher eine kranke Frau, und das ist sicherlich in den letzten Jahren nicht besser geworden!« Er warf einen sorgenvollen Blick zur Schlafzimmertüre. »Dann werde ich eure Mutter also jetzt überraschen und ihr sagen, dass ich wieder hier bin. Und danach«, kopfschüttelnd blickte er an sich herunter, »dann werde ich erst einmal diese Uniform da ausziehen und mich in meinen alten Kleidern wieder so fühlen wie früher: wie ein richtiger fränkischer Bauer!« Damit klopfte er sachte an die Schlafzimmertür und öffnete sie vorsichtig.

Lange saßen sie an diesem Abend noch am Ofen und erzählten sich von den Ereignissen der letzten Monate. Nur Maria, die rechtzeitig wieder auf den Angerhof hatte zurückkehren müssen, waren nicht mehr dabei. Kopfschüttelnd hatte ihr Vater davon erfahren, dass sie sich als Dienstmagd auf dem Angerhof hatte verdingen müssen. »Dass das ein für alle Mal klar ist«, hatte er darauf in scharfem Tonfall erklärt. »Du kannst deinem Bauern gleich heute Abend noch sagen, dass du nur noch bis Lichtmess bei ihm bleibst! Dann kommst du wieder hierher zurück, und dann sehen wir weiter! Die Tochter des Bauern auf dem Goschenhof verdingt sich nicht als einfache Dienstmagd auf einem anderen Bauernhof! Das war noch nie so, und das lasse ich auch in Zukunft nicht mehr zu!«

Maria hatte ihrem Vater versprochen, dies dem Bauern auszurichten und war anschließend leichter auf den Angerhof zurückgegangen, als sie das am Morgen noch für möglich gehalten hätte. Endlich war der Vater wieder da!

Dinkelsbühl! Zum ersten Mal in meinem Leben besuche ich Dinkelsbühl. Eine schöne mittelalterliche Stadt an der romantischen Straße zwischen Nördlingen und Rothenburg. Kleiner als Rothenburg, aber mit breiteren Straßen versehen. Weniger Touristen, Japaner und Amerikaner, aber in den Sommermonaten wird dennoch ganz schön etwas geboten in dem sehenswerten fränkischen Städtchen. Mein Lieblingsplatz, den ich seit diesem ersten Besuch schon fast ein Dutzend Mal wieder aufgesucht habe, ist der östliche Teil der Stadt. Dort, wo man die Wörnitz ganz nahe an der Stadtmauer vorbeifließen sieht. Ob diese Stelle damals, vor gut und gern achtzig (!) Jahren, auch der Maria gefallen hat? War es vielleicht auch ihr »liebster« Ort, ihr Fluchtpunkt nach der Arbeit in der Gastwirtschaft?

Ja doch, sie sind verbürgt, die Jahre in Dinkelsbühl. Hier also hat meine Großmutter gearbeitet, hier war sie in Stellung, wie man das früher genannt hat. Als Hilfe in irgendeinem Gasthof. Welcher das war? Achselzucken? Sie habe den Namen zwar irgendwann einmal genannt, aber keines der Kinder hat ihn im Gedächtnis behalten.

Und so stehen wir nun an der großen Kreuzung beim Münster St. Georg und schauen uns etwas ratlos um. Das »Deutsche Haus« mit seiner weithin berühmten Fachwerkfassade. War sie hier am Weinmarkt in Stellung? Nein, eher unwahrscheinlich! In der »Goldenen Rose«? Ja, das könnte passen! Der Begriff »golden« ist im Zusammenhang mit der Gastwirtschaft in Dinkelsbühl noch irgendwie geläufig. Na also! Doch die Ernüchterung kommt postwendend: Es gibt nämlich auch noch eine »Goldene Kanne«, einen »Goldenen Anker«, das »Goldene Lamm«, die »Goldene Krone« und den »Goldnen Hirsch«! Nun gut, dann lege ich mich nun eben fest: auf eine Wirtschaft namens »Goldener Engel«!

Was tun auch schon die Namen zur Sache? Wichtig ist die Lebensgeschichte. Und diese hat für einige Jahre tatsächlich hier hinter den dicken Stadtmauern von Dinkelsbühl ihren am Ende tragischen Lauf genommen.

April 1919

Krachend flog die Wirtshaustüre auf, und ein gelbgesichtiger, kahlköpfiger, dicker Mann wankte in heftigen Schlingerbewegungen auf die Straße. Ihm folgte ein zweiter, dem dunkle Zornesröte ins Gesicht geschossen war. »Komm du mir ja nie mehr hier herein, das sag ich dir! Hier hast du Hausverbot, und zwar für alle Zeiten!« Der wütende Wirt des Brauereigasthofes »Zum Goldenen Engel« in Dinkelsbühl bückte sich kurz und warf dem Dicken einen steifen schwarzen Hut hinterher. »Und deinen Deckel kannst du auch mitnehmen, damit es nicht noch in dein armseliges Spatzenhirn hineinregnet!«, donnerte er dem anderen nach.

»Wirst schon noch sehen«, brabbelte der ganz offensichtlich stark angetrunkene Kahlkopf, während er unsicher schwankend versuchte, sich auf den Beinen zu halten. »Ihr alle werdet es noch erfahren, dass wir den Krieg gar nicht verloren hätten, wenn diese Verräter unserer siegreichen Armee nicht den Dolch in den Rücken gestoßen hätten!« Er breitete die Arme weit aus und richtete das Gesicht zum Himmel. »Es lebe Deutschland! Es lebe unser Vaterland! Es lebe …« Doch weiter kam er nicht mehr. Er hatte es in seinem stark bezechten Zustand mit der vaterländischen Begeisterung doch etwas zu gut gemeint und war auf einmal um die eigene Achse getorkelt und dann mit der Nase voraus auf die von schmierig-dreckigem Staub und Pferdemist bedeckte nasse Pflasterstraße gefallen.

Der Wirt des »Goldenen Engel« lachte schallend, als er den Sturz des Betrunkenen verfolgte: »Ja, genau da gehörst du hin, wo du jetzt liegst: in den Dreck nämlich, du Dreckstück, du granatenmäßiges!« Fluchend rappelte sich der Gestürzte mühsam auf und wankte, sich mit der Rechten an den Hauswänden abstützend, ohne einen weiteren Kommentar davon.

Maria klammerte sich ängstlich an ihren Vater, der wie seine Tochter das Geschehen unmittelbar vor ihnen wortlos staunend verfolgt hatte. »Vater, und da soll ich nun künftig arbeiten? Hier drin?!«

Leonhard Ohr drückte das Mädchen an sich und fuhr ihm beruhigend mit der Hand über das blonde Haar. »Ganz ruhig, mein Liebes!«, murmelte er zärtlich, während er gleichzeitig einen unsicheren Blick zum Eingang des Gasthauses hinüberwarf, wo sich der Wirt, die Hände energisch auf die Hüften gestützt, aufgebaut hatte und immer noch dem Gast hinterhersah, den er vor wenigen Augenblicken eigenhändig aus dem Lokal geworfen hatte. Gerade jetzt wandte er den Kopf und stutzte einen Moment lang, als er die beiden bemerkte, die nur wenige Meter entfernt von ihm standen.

»Ja, der Leonhard Ohr! Da schaust du, was? Hast du gerade gesehen, wie ich mit diesem Stück Mist fertig geworden bin?« Wieder lachte er. »Das ist die einzige Sprache, die diese Rindviecher verstehen!« Er streckte den Arm aus und winkte die beiden einladend zu sich her, während er Maria mit einem prüfenden Blick musterte. »So, nun kommt aber erst mal herein in die gute Stube! Das ist doch sicher die Maria, die du mir heute hierher bringst, oder?«

Der Bauer gab seiner nach wie vor zögernden Tochter einen aufmunternden Klaps und schob sie vor sich her zum Eingang des »Goldenen Engel«. Er zog den Hut vom Kopf und schüttelte die dargebotene Hand. »Grüß Gott, Hainlein! Da hast du uns aber einen schönen Empfang bereitet! Ja, das ist meine Maria, die heute bei dir die Stellung als Dienstmagd antreten soll! Maria, sag dem Herrn Hainlein Guten Tag!«

Schüchtern blickte das Mädchen zu Boden und machte einen unbeholfenen Knicks. »Grüß Gott, Herr Hainlein. Ich bin die Maria vom Goschenhof und will bei Ihnen die Stellung annehmen.«

Der große, massige Mann musterte seine neue Magd wohlwollend. »Eine hübsche Tochter hast du da, Ohr! Und ich denke, das Schaffen wirst du ihr auch beigebracht haben, so wie ich dich kenne. Also, noch mal: Willkommen im ›Goldenen Engel‹. Und jetzt kommt bitte!«

Wenig später saßen sie an einem der Tische in der hell gestrichenen Gaststube, die im ersten Stock des Gebäudes untergebracht war. Gediegene Gastlichkeit dominierte den Raum. Maria sah sich neugierig um: Besonders die kunstvoll gearbeitete Stuckdecke hatte es ihr angetan. So etwas hatte sie bisher noch nie gesehen, nur in der Kirche von Lehengütingen, aber nicht in einem ganz normalen Wohnhaus oder einer Gastwirtschaft! Die Familie, der die traditionsreiche Gaststätte gehörte, schien also recht vermögend zu sein und sicher auch über einen gewissen Einfluss in der altehrwürdigen freien Reichsstadt Dinkelsbühl zu verfügen.

Die Bierkrüge klirrten, als die beiden Männer sich zuprosteten. »Also, zum Wohl und: auf unser neues Dienstmädchen!« Der Wirt nickte Maria kurz zu, bevor er einen großen Schluck aus seinem Krug nahm. Mit einem zufriedenen Seufzer stellte er danach den Krug wieder zurück und wischte sich mit dem Handrücken den weißen Bierschaum aus dem Bart. Leonhard Ohr tat es ihm nach und wartete anschließend mit verschränkten Armen, bis der andere das Gespräch beginnen würde. So entstand eine kurze Pause. Der Wirt schien zu überlegen, wie er die Szene von vorher am besten erklären könnte. Maria, die ihre Beklemmung immer noch nicht hatte ablegen können, schließlich sollte sie ja die nächsten Jahre hier in diesem Haus verbringen, griff mit der Rechten in die Tasche ihres Mantels. Mit den Fingern ertastete sie die kleine, alte Holzpuppe, die der Patenonkel Wilhelm ihr vor vielen Jahren geschnitzt hatte. Noch immer war die Puppe für sie eine Art Talisman, und wenn sie die Hand fest um die abgegriffene Figur schloss, dann schien es ihr jedesmal, als würde sie im selben Moment von einem warmen Energieschub durchströmt. Solange dies der Fall war, solange würde die Verbindung zu ihrem geliebten Onkel nicht abreißen, und allein diese Gewissheit hatte ihr in der zurückliegenden schweren Zeit zusammen mit ihrem unerschütterlichen Glauben wieder und wieder die nötige Kraft gegeben.

»Ich weiß nicht, ob ihr das auch schon erlebt habt«, begann der Wirt nun seine Erklärung. Nachdenklich wiegte er den Kopf. »Aber wahrscheinlich ist bei euch da draußen in Flinsberg und auf dem Hof die Welt noch in Ordnung – sofern man das in diesen Zeiten überhaupt sagen kann. Hier in der Stadt, da kriechen die ersten Säbelrassler schon wieder aus den Löchern, kaum dass wir diesen elenden Krieg verloren haben. Jetzt wollen sie uns weismachen, dass die deutsche Armee in Wirklichkeit kurz vor dem entscheidenden Sieg gestanden habe und dass die Politiker den Generälen ausgerechnet in diesem Moment heimtückisch einen Dolch in den Rücken gestoßen hätten. Novemberverbrecher nennt man nun plötzlich die Leute, die den Waffenstillstand ausgehandelt haben! Unglaublich!« Er spuckte die letzten Worte geradezu aus dem Mund und schlug die Faust donnernd auf den Tisch, dass die Bierkrüge hüpften. »Da sind schon wieder welche am Zündeln, und ich sage dir, Ohr«, damit beugte er sich vor und sah Leonhard ernst in die Augen, »wenn die nur irgendwo eine Zündschnur finden, dann gibt es die nächste Explosion, und die wird noch viel, viel heftiger werden als dieser verdammte Krieg schon gewesen ist! Als wenn wir nicht schon genug durchgemacht hätten, angeblich für das Vaterland, in Wirklichkeit aber für machtbesessene Wahnsinnige, die ohne mit der Wimper zu zucken eine ganze Generation von jungen Männern zur Schlachtbank geführt haben! Und jetzt also strecken sie schon wieder die Fühler aus. Nein!« Wieder hieb er donnernd auf den Tisch. »Man muss diesem kriegslüsternen Gesindel diesmal von Anfang an widerstehen und ihm klar machen, dass wir uns kein zweites Mal zu diesem Irrsinn verführen lassen! Deshalb habe ich dem Kerl von gerade eben einmal kurz gezeigt, wo der Barthel den Most holt! Übrigens: Der war natürlich nicht im Krieg, der hat sich hübsch auf seiner Amtsstube im Rathaus versteckt und die anderen für sich im Dreck verbluten lassen!« Der Wirt machte eine erschöpfte Pause und lehnte sich zurück.

Leonhard Ohr ergriff nachdenklich seinen Krug und nahm einen weiteren tiefen Schluck. Dann wiegte er bedächtig den Kopf. »Recht hast du, Hainlein! So etwas darf man nicht einmal im Ansatz mehr dulden! Allerdings sind diese Typen tatsächlich bisher noch nicht bei uns gewesen und haben versucht, die Leute aufzuhetzen, ich habe zumindest in Flinsberg von den anderen noch nie davon gehört. Aber es ist gut zu wissen, was passieren kann und sich rechtzeitig darauf einzustellen. Einmal Soldat: Das reicht mir mein ganzes Leben lang!«

Der Wirt des »Goldenen Engel« nickte zufrieden. »Na, das ist immer ein Segen, wenn man erfährt, dass es noch mehr aufrechte Menschen gibt, die diesen Hetzparolen nicht mehr erliegen werden. Gut so! Jetzt wollen wir aber zum eigentlichen Grund eures Besuches kommen!« Damit erhob er sich und musterte Maria freundlich. »Dann will ich euch einmal zeigen, wo du künftig arbeiten wirst! Friedrich!« Er wandte sich suchend um. »Wo steckt der Bengel denn nur? Ich habe ihm vorher erst gesagt, er solle hier bei mir im Gastraum bleiben. Friedrich!«

»Ja, Vater?«, tönte es unmittelbar danach vom Flur. Eilige Schritte näherten sich dem Raum, die Tür wurde geöffnet, und ein schlaksiger junger Mann, der wohl um die zwanzig Jahre alte sein musste, betrat mit freundlichem Lächeln den Raum. Er war das genaue Ebenbild seines Vaters, genau so musste der als Jugendlicher früher ausgesehen haben, die Ähnlichkeit war unverkennbar.

»Da bist du ja endlich«, brummelte der Wirt zufrieden. »Na, dann kannst du ja unserem neuen Dienstmädchen einmal ihr Zimmer zeigen!«

Der junge Mann wandte sich in Marias Richtung. Er musterte sie einen Augenblick lang prüfend und pfiff dann anerkennend durch die Zähne. »Donnerwetter! Das ist aber das hübscheste Dienstmädchen, das du jemals ausgesucht hast!« Noch einmal pfiff er bedeutungsvoll und rollte mit den Augen.

»Friedrich! Lass den Quatsch!«, zischte der Wirt, während sich Marias Gesicht innerhalb von Sekunden mit einem tiefen Rot überzog. Vor lauter Verlegenheit wäre sie am liebsten im Erdboden versunken: So etwas hatte schließlich noch kein junger Mann zu ihr gesagt. Wieder tastete sie in ihrer Manteltasche nach der Holzpuppe und drückte sie krampfhaft.

»Hab's doch nicht böse gemeint!«, lachte der Junge und klatschte fröhlich in die Hände. »Ich beschreibe doch nur, was ich vor mir stehen sehe, und gegen Schönheit kann man doch nichts haben, oder?« Er streckte den rechten Arm aus und machte einen Schritt auf Maria zu. »Grüß Gott und Entschuldigung! Ich bin der Friedrich, der Junge vom Alten!« Kichernd schielte er dabei zu seinem Vater hinüber. Dann schlug er zackig die Hacken zusammen. »Gestatten! Friedrich Hainlein, Gasthof zum ›Goldenen Engel‹, Dinkelsbühl!«

Jetzt musste auch Maria lachen. Sie nahm die Hand ihres Gegenübers und drückte sie fest. »Und ich bin die Maria! Vom Goschenhof bei Flinsberg! Grüß Gott, Friedrich!« Innerlich atmete sie erleichtert auf: Anscheinend waren es doch nette Leute, bei denen sie in den nächsten Jahren ihr Geld verdienen würde! Gott sei Dank war ihr erster Eindruck falsch gewesen!

Friedrich hielt die Hand des Mädchens fest und zog Maria hinter sich her. »Also komm, dann zeige ich dir gleich einmal deine Kammer!«

Die Männer schauten den beiden belustigt nach und blickten einander danach vielsagend an. »Na, wenn daraus nicht noch mehr wird ... Ich kenne meinen Filius ja gar nicht wieder! Der ist ja Feuer und Flamme für deine Tochter!«

»Hat auch allen Grund dazu! Die Maria ist schließlich ein blitzsauberes Mädchen! Da kann jeder stolz und glücklich sein, der sie einmal zur Frau bekommen wird«, brummelte der Bauer zufrieden nickend seinen Kommentar.

»Hast Recht! Wäre sicherlich nicht die schlechteste Wahl, eine Bauerntochter! Und dass sie ordentlich schaffen kann, das liegt ja bei euch in der Familie!«

»Eben! Außerdem hat sie fast ganz auf sich allein gestellt den ganzen Hof versorgt, als ich im Krieg gewesen bin. Du weißt ja, die Hedwig ist krank und ist kaum eine

Hilfe. Da hat die Maria eben Tag und Nacht geschafft, um sich und ihre Geschwister durchzubringen. Da hast du also weiß Gott keinen schlechten Fang gemacht, das garantiere ich dir!«

»Glaube ich gern: also dann! Zum Wohl auf dich und deine Tochter!« Der Wirt ergriff den Krug und prostete Leonhard Ohr kräftig zu.

Wenig später erhob sich der Bauer. »So, es ist Zeit für mich zu gehen. Ich will nur noch der Maria auf Wiedersehen sagen, und dann muss ich in der Stadt noch ein paar Einkäufe erledigen. Wo mag sie wohl stecken?« Suchend blickte er sich in der Stube um.

»Sicherlich in der Küche! Und wenn sie da nicht sind, dann zeigt der Friedrich ihr vielleicht gerade die Brauerei!« Auch Sebastian Hainlein, der Wirt des »Goldenen Engel«, hatte sich nun erhoben und rief mit lauter Stimme in den Flur hinein. »Friedrich! Wo steckt ihr?«

Postwendend kam die Antwort. »In der Küche«, ließ sich zwei Türen weiter die Stimme des Jungen vernehmen.

Der Wirt nickte seinem Gast zufrieden zu. »Na siehst du! Sag ich's doch! Aber warte noch einen Moment«, hielt er Leonhard zurück, der gerade in den Gang hinausgetreten war. »Ich habe da noch eine Frage, die wir klären sollten!«

»Was ist es denn? Nur zu!«

»Es ist wegen dem Lohn für deine Tochter. Soll sie das Geld bekommen, oder soll ich warten, bis du es an Lichtmess abholst? Wie sollen wir das vereinbaren?«

Leonhard kratzte sich nachdenklich am Kopf, dann sah er auf. »Gib das Geld der Maria! Die weiß schon, dass sie darauf achten muss, so viel Vertrauen habe ich in sie. Ich komme dann nach Dinkelsbühl und gehe mit ihr auf die Bank, wenn sie nächstes Jahr ihren ersten Lohn erhält. Da legen wir dann für sie ein Sparbuch an! Denn so wie bisher, dass sie das ganze Geld auf dem Hof abgeliefert hat, das sie beim Angerbauern verdient hat, so wird es nicht mehr sein. Jetzt bin ich ja wieder zu Hause, und deshalb reicht uns der Ertrag vom Goschenhof für unser Auskommen. Und das Geld, das die Maria verdient, das soll sie auch später für sich ausgeben können. Also: Jetzt kommt erst einmal alles aufs Sparbuch, und du kannst es ihr dann ruhigen Gewissens auszahlen! Das ist sicher auch ein gutes Gefühl für sie, wenn sie das Geld direkt von dir bekommt! Abgemacht?« Er streckte die Hand aus und sah dem Wirt entschlossen ins Gesicht. »Dann schlag ein!«

Sebastian Hainlein nickte anerkennend und ließ seine Rechte donnernd in die des Bauern fallen. »Abgemacht! So soll es sein!«

Im selben Moment kam Maria eilig aus der Küche, die Wangen vor Aufregung gerötet. »Vater, Vater! Du glaubst es nicht!« Innig schlang sie die Arme um seinen Hals, bis er sich lachend von ihr befreite. »Maria, du willst mich wohl erwürgen! Was gibt es denn so Aufregendes?«

»Der Friedrich hat mir meine Kammer gezeigt! Du glaubst es nicht!« Sie machte eine Pause, um Atem zu holen.

»Ja – und? Was ist daran Besonderes?« »Das ist eine Kammer ganz für mich allein, Vater!« Maria schien ihr Glück immer noch nicht ganz fassen zu können. »Vater, ein Zimmer ganz für mich allein! Das habe ich ja noch nie gehabt!«

»Siehst du!« Zufrieden streichelte Leonhard Ohr die Wange seiner Tochter. Dieses Erlebnis würde den Trennungsschmerz lindern helfen, der die letzten Tage deutlich spürbar auf dem Mädchen gelastet hatte, auch wenn sie nie einen Ton darüber verloren hatte. Fast schien es Leonhard, als fiele es ihm, dem Erwachsenen, nun viel schwerer, seine Tochter hier in Dinkelsbühl zurückzulassen. Bevor ihm der dicke Kloß, der in ihm hochstieg, die Kehle zuschnüren würde, musste er hier jetzt schnell zum Ende kommen. »Also dann, mein Mädchen: Auf Wiedersehen, und mach mir keine Schande hier!« Er drückte Maria innig und wandte sich danach rasch ab. Mit energischen Schritten verließ er das Gasthaus, froh darüber, dass er es noch rechtzeitig geschafft hatte, sodass keiner die Tränen bemerkte, die er nun verstohlen von den Wangen wischte.

Endlich! Eine Szene, die es tatsächlich gegeben hat! Ob nun im »Goldenen Engel« oder wie die Gastwirtschaft in Dinkelsbühl auch immer geheißen haben mag. Doch, Maria hat das einmal erzählt – und diese Geschichte ist so schön, dass sie den Kindern im Gedächtnis haften geblieben ist. Die Geschichte mit den Tauben, die das Mädchen für die Küche des Gasthauses herrichten sollte. Und so komme ich meiner Großmutter wieder ein Stückchen näher und stelle erstaunt fest, dass ich gar nicht so falsch gelegen habe mit meiner bisher so oft nur errätselten Charakterisierung dieses außergewöhnlichen Mädchens von dem damals doch fast niemand Notiz genommen hat.

Halt, doch: Da war noch etwas! Jetzt, beim Anblick des mächtigen Münsterkirchturms, fällt es der Mutter wieder ein. Da droben sei die Maria auch einmal gewesen – zusammen mit dem Sohn des Gastwirts. Auch diese Szene habe sich tatsächlich ereignet – und zwar genau so. Aber eins nach dem anderen.

Juli 1922

»Maria! Wo um alles in der Welt steckst du denn? Maria!« Die Stimme des Wirtes klang ungeduldig. Schon vor über anderthalb Stunden hatte er dem Dienstmädchen den Auftrag gegeben, die Tauben zu rupfen, die heute Mittag zum Beginn der Festwoche bei der Dinkelsbühler Kinderzeche im »Goldenen Engel« auf dem Speiseplan stehen würden. Doch weder von Maria noch von den gerupften Tauben war weit und breit etwas zu sehen. Ärgerlich hieb er mit der Faust an die Küchenwand. »Wo ist die denn bloß? Es wird Zeit, dass sie endlich mit den Tauben beikommt!«

In diesem Moment steckte der Knecht, der hauptsächlich in der Brauerei des »Engel« beschäftigt war, grinsend den Kopf durch die Tür. »Die Maria? Die kommt so schnell nicht wieder!«

»Blödsinn!«, fauchte der Wirt irritiert. »Warum wird sie nicht gleich wiederkommen? Schließlich habe ich ihr ja gesagt, dass sie nicht viel Zeit vergeuden darf, wenn sie die Tauben rupft! Was soll also das dumme Gerede?«

»Ach – nichts weiter!« Immer noch grinsend fingerte der Knecht geheimnisvoll an der Pfeife herum, die er aus der Tasche seines langen grauen Kittels gezogen hatte.

»Jetzt sag schon, Kerl, sonst setzt es was!« Sebastian Hainlein war mit seiner Geduld allmählich am Ende. Drohend machte er einen Schritt auf den kleinen, grauhaarigen Mann zu.

Der jedoch hatte schon viel zu viele Jahre im »Goldenen Engel« auf dem Buckel, um sich von dem Wirt noch einschüchtern zu lassen. »Tja«, meinte er gedehnt, den Blick dabei nach wie vor fest auf die Pfeife gerichtet, die er mal auf die eine und mal auf die andere Seite drehte. »Die Maria habe ich vorher mit den Tauben im Hof gesehen …«

»Ja, wo denn auch sonst!«, brauste der andere auf. »Schließlich soll sie die ja auch da unten rupfen!«

»Eben!« Wieder huschte ein verschmitztes Lächeln über die Miene des Knechts. »Und deshalb wird es heute auch keine Tauben zu essen geben!«

»Sag mal, du willst mich doch wohl nicht auf den Arm nehmen?« Allmählich hatte der Wirt die Nase voll von den zögernd dahingeworfenen Andeutungen, mit denen er nicht das Geringste anfangen konnte.

Der kleine, alte Mann lachte laut und streckte abwehrend die Hände von sich. »Um Gottes willen: Nein! Das wäre ja viel zu schwer für mich!« Wieder legte er eine kurze bedeutungsvolle Pause ein. Dann steckte er die Pfeife zurück in die Tasche und sah den Wirt vielsagend an. »Es ist nämlich so: Die Maria hat die Tauben fliegen lassen!« Wie zur Bestätigung seiner Worte nickte er mehrmals.

»Was hat sie?« Für einen Moment verschlug es dem Wirt die Sprache. »Die Tauben fliegen lassen? Du meinst: weg? Alle? Fliegen lassen? Ist das etwa dein Ernst?«

Der Alte nickte nachdrücklich, und wieder grinste er breit. »Und ob das mein Ernst ist! Alle hat sie freigelassen, alle sind weg!«

Hainlein schnappte nach Luft. »Ja – wieso denn das?!«

Sein Gegenüber zuckte mit den Achseln. »Keine Ahnung! Aber ich denke, sie hat es einfach nicht übers Herz gebracht, den Tauben den Kragen umzudrehen! Ich habe gesehen, wie sie bei denen am Käfig gekauert ist und sie gestreichelt hat! Typisch Maria eben!«

Der Wirt war außer sich. »Hat einfach die Tauben fliegen lassen, das dumme Ding! Unglaublich! Ja, und was um alles in der Welt soll ich denn jetzt den Gästen erzählen, wenn die sich gebratene Tauben zum Essen bestellen? Wie stehe ich denn dann da? Soll ich denen etwa erzählen, dass unser Dienstmädchen sie hat fliegen lassen? Du meine Güte!« Hilflos rang er die Hände und stapfte missmutig zurück in die Küche. »Na warte, wenn du mir unter die Augen kommst, Mädchen!«

»Ich wusste, dass ich dich da finden würde!«

Erschrocken zuckte Maria zusammen, als sie die laute Stimme dicht neben sich vernahm. Sie war tatsächlich in der Mittagssonne eingenickt, die ihr Lieblingsplätzchen an der Stadtmauer oberhalb der Wörnitz so angenehm warm beschienen hatte. Verschlafen rieb sie sich die Augen und blinzelte Friedrich Hainlein, den Wirtssohn aus dem »Goldenen Engel«, unsicher an. »Ich glaube, ich bin eingeschlafen«, murmelte sie verlegen.

Friedrich lachte laut. »Kann man wohl so sagen! Na ja, allemal besser, als momentan meinem Vater unter die Augen zu kommen!«

Maria setzte sich kerzengerade auf. Erschrocken legte sie die Hand vor den Mund. »Ach, wegen der Tauben!«

»Genau, wegen der Tauben, die du alle hast fliegen lassen!« Friedrich schüttelte sich vor Lachen. »Unglaublich! So was habe ich ja noch nie gehört!« Für einen Augenblick hielt er inne und schaute Maria nachdenklich an. »Aber sag mal, wieso hast du das denn gemacht? Das ist doch sonst nicht deine Art!«

Das Mädchen blickte dem Wirtssohn bekümmert ins Gesicht. »Ach Friedrich, versteh mich doch! Dein Vater hat mich heute Morgen angewiesen, die Tauben zu rupfen, und erst hab ich mir gar nichts dabei gedacht. Doch als ich dann unten im Hof gestanden bin und die kleinen Tauben in ihrem Käfig gesehen habe« – sie unterbrach sich und machte eine hilflose Handbewegung – »da hab ich es einfach nicht übers Herz gebracht, sie umzubringen! Tja«, verständnisheischend sah sie zu dem Jungen auf, »und dann hab ich noch gedacht: Wenn ich's nicht tue, dann tun's andere: Deshalb habe ich schnell den Riegel herumgedreht und die Klappe geöffnet. Du hättest sehen sollen, wie schnell die herausgeflogen sind! Als wenn sie geahnt hätten, was ihnen sonst blühen würde!« Sie senkte den Kopf. »Ja, und dann hab ich mir schon gedacht, dass dein Vater richtig wütend werden würde, wenn er erst mal erfahren hätte, was ich da gemacht habe. Und dann habe ich halt auch nicht mehr weitergewusst und bin erst mal hierher gerannt! So war das!« Immer noch wagte sie es nicht, den Jungen direkt anzusehen und blickte starr geradeaus auf das in der Sonne glitzernde Wasser der Wörnitz.

Friedrich rieb sich nachdenklich die Stirn. »So so! Ja, was machen wir denn da?« Eine Zeit lang grübelten beide in Gedanken versunken vor sich hin. »Ich hab's!«, ließ sich der junge Mann schließlich vernehmen. »Du lässt dich für heute ganz einfach nicht mehr blicken und morgen«, er lachte vergnügt, »bis morgen ist der Zorn meines Vaters dann längst wieder verraucht. Du kennst ihn doch auch!« Er gab dem Mädchen einen aufmunternden Klaps auf die Schulter. »Komm schon, Maria! Das wird schon wieder! Morgen wird auch der Vater darüber lachen! Schließlich ist es das allererste Mal, dass du etwas getan hast, mit dem er nicht ganz einverstanden gewesen ist!« Wieder lachte er glucksend. »Ist aber auch zu komisch – wenn man's recht bedenkt! Weißt du was?« Bei dieser Frage blinzelte er Maria unternehmungslustig an. »Wir machen jetzt einen schönen kleinen Spaziergang am Wörnitzufer entlang, oder wie wär's einmal rundherum auf der Stadtmauer? Oder noch besser: Warst du schon einmal oben auf dem Turm von St. Georg? Nein? Dann machen wir das! Ich weiß nämlich, wo der Türmer den Schlüssel versteckt hat, wenn er nicht da ist! Also komm, auf geht's!«

Noch ehe Maria etwas gegen den Plan einwenden konnte, hatte Friedrich sie schon am Handgelenk gepackt und hinter sich hergezogen. Vielleicht hat er ja auch Recht, schoss es ihr durch den Kopf, vielleicht war es ja auch wirklich das Beste, erst einmal etwas Gras über die Sache wachsen zu lassen und außerdem: Auf den Ausblick von dem imposanten hohen Turm der Dinkelsbühler Stadtkirche herunter war sie tatsächlich gespannt.

Schwer schnaufend erreichten die beiden schließlich die Türmerstube hoch droben im Turm von St. Georg. Genau genommen handelte es sich bei der Behausung des Türmers nur um einen notdürftig aus derbem, ungehobeltem Holz zusammengezimmerten Unterstand, der wenigstens etwas Schutz vor dem in dieser Höhe ständig durch das dunkle Gemäuer pfeifenden Wind gewährte. »Du meine Güte!«, keuchte Friedrich nach Atem ringend, als sie sich in dem Holzverschlag umsahen. »Das ist aber wirklich anstrengend! Das möchte ich aber nicht jeden Tag machen müssen. Da ist es mir ja noch tausendmal lieber, die Bierfässer auf den Wagen zu laden oder meinetwegen auch die Pferde anzuspannen!«

Auch Maria war für den Augenblick ziemlich erschöpft. »Das hätte ich tatsächlich auch nicht für möglich gehalten, dass es so viele Stufen sind, bis man endlich oben ist!« Neugierig sah sie sich um. »Ganz schön kühl ist es hier!« Sie rieb sich die Unterarme. »Und da oben muss der Türmer also fast den ganzen langen Tag allein in der Stube sitzen und nach dem Rechten schauen?«

»Nicht mehr«, korrigierte sie Friedrich. »Früher, bis vor ein paar Jahren war das noch so. Heute kommt er noch zwei- oder dreimal herauf und schaut nach. Das Uhrwerk ist ausgetauscht worden, seitdem reicht das!«

Maria starrte fasziniert auf die zahlreichen Räder, Schnüre und Gewichte, die das Herz der Turmuhr darstellten. »So etwas habe ich noch nie gesehen! Und das ist also das Innere der Kirchturmsuhr, die wir immer schlagen hören?«

»Genau!« Friedrich tat einen Schritt auf das Uhrwerk zu und streckte den Arm aus. »Da, schau, das hier ist beispielsweise für den Minutenzeiger. Soll ich mal daran drehen?«

»Bloß nicht!« Maria hob erschrocken die Hand vor den Mund. »Tu das ja nicht! Dann stimmt ja plötzlich die Zeit nicht mehr!«

»Und die ganze Stadt weiß nimmer, wann Abend und wann Morgen ist«, lachte Friedrich und schüttelte den Kopf. »Na, so schlimm wäre das nun auch wieder nicht gewesen, wenn ich die Uhr jetzt eine Minute vorgestellt hätte! Aber gut«, er spreizte in gespielter Resignation die Finger, »ich ergebe mich der Vernunft und lasse die Dinkelsbühler Zeit so, wie sie ist!«

Das Mädchen atmete erleichtert auf. Dann deutete sie auf die Türe gegenüber. »Und da geht es dann hinaus auf die Ballustrade, die man von unten sehen kann?«

»Richtig geraten! So ist es! Sollen wir mal rausgehen? Ich sage dir, das ist ein einmaliger Blick von da oben! Da siehst du das ganze Land, besonders bei solch einem tollen

Wetter wie heute. Ich war schon einmal draußen, als es gestürmt hat: Das war dann alles andere als angenehm, das kannst du mir glauben! Da peitscht einem der Wind und der Regen ins Gesicht, dass man beinahe überhaupt nichts mehr erkennen kann! Also komm«, er nickte Maria aufmunternd zu, schob den Riegel zurück und öffnete die einfache Holztüre. Gleißendes Sonnenlicht drang herein und erfüllte die kalte Stube mit wohliger Sommerwärme.

Gespannt folgte Maria dem Gastwirtssohn nach draußen. Einen Augenblick lang musste sie blinzeln, so sehr blendete das strahlend helle Licht die Augen. »Oh!« Staunend nahm sie anschließend den faszinierenden Ausblick wahr, der sich den Betrachtern von hier oben bot. Das ganze weite Umland lag ausgebreitet vor den beiden jungen Leuten: Mühelos konnten sie weit nach Osten schauen, bis hinüber an die Hesselberge und darüber hinaus. Im Norden: Der Ort ganz da hinten, ja, das könnte Schopfloch sein, doch, das musste es sein, schließlich konnte man klar die in der Sonne funkelnden Schienen der Eisenbahnstrecke verfolgen, die parallel zur Wörnitz verliefen. Oder war es doch eher Lehengütingen? Von oben sah alles irgendwie ganz anders aus! Noch nie hatte sie die Landschaft von so weit oben aus betrachtet: Wie ein Vogel in der Luft, schoss es ihr durch den Kopf. Ob man wohl auch Flinsberg oder den Goschenhof würde ausmachen können? Wo, in welcher Richtung war das wohl? Fragend wandte sie sich an Friedrich, der ebenfalls angestrengt und voller Konzentration versuchte, sich den Anblick der Orte ins Gedächtnis zu rufen, durch die er mit dem Brauereigespann sicherlich schon hundertmal gefahren war und die von hier oben doch so gänzlich anders aussahen.

»Du, Friedrich, was meinst du, in welcher Richtung liegt wohl Flinsberg? Dort drüben?« Damit zeigte sie mit dem ausgestreckten Arm in Richtung Norden, wo ganz in der Ferne im Dunst der wärmeflimmernden Sommerluft ein Dorf vor dem Waldrand auszumachen war.

Friedrich kratzte sich einen Moment lang nachdenklich am Nacken, dann zog er abschätzend die Mundwinkel herunter und wiegte den Kopf. »Mag sein, ich glaube aber eher etwas weiter nach Osten hin. Da, schau! Es ist jetzt vier Uhr nachmittags, dann müsste ungefähr, wenn die Sonne jetzt da drüben steht, in dieser Richtung Süden sein.« Er hielt sich schützend die Hand vor die Augen. »Ja, da hinten müsste es sein – allerdings wird man deinen Hof nicht sehen, denn der ist ja vom Wald umgeben und liegt auf keiner Anhöhe. Irgendwo da hinten, siehst du, dort, wo der Wald zu erkennen ist!«

Maria spähte angestrengt in die Richtung, in die ihr Begleiter deutete. Richtig, dort hinten war dichter Fichtenwald zu erkennen, möglich, dass gleich dahinter … eine bittere Welle durchflutete das Mädchen bei diesem Gedanken. Irgendwie vermisste sie den Vater, ihre Geschwister und die ländlich abgeschiedene Idylle auf dem einsam in der Waldlichtung gelegenen Hof eben doch. Selten nur wurde sie von solchen Gefühlen heimgesucht, denn eigentlich gefiel es ihr in der Stellung beim »Goldenen Engel« gut, obwohl die Arbeit dort in der Gastwirtschaft und im Haushalt alles andere als geruhsam war und viel Einsatz von früh bis spät von ihr verlangt wurde. Die Leute waren nett zu ihr, und von daher hatte sie es wirklich gut getroffen, viel besser, als manch andere Alterskameradin, die ihr bei einer der seltenen Begegnungen in der Stadt ihr Leid mit den Herrschaften klagten, bei denen sie beschäftigt waren.

Doch immer dann, wenn sich einer ihrer wenigen Besuche auf dem Goschenhof dem Ende entgegenneigte und sie sich vom Vater und den Geschwistern verabschiedete, die sie meistens noch bis zum Waldrand begleitet hatten, war ihr zumute, als würde ihr ein Stück ihrer Seele aus dem Leib gerissen, zumal sie sich darüber im Klaren war, dass wieder Monate bis zum nächsten Besuch ins Land gehen würden. Und jedesmal zählte sie deshalb auf dem Rückweg nach Dinkelsbühl in Gedanken zusammen, wie viel Geld sich wohl in der Zwischenzeit schon auf dem Sparbuch angesammelt hatte, samt Zins und Zinseszins. Lange konnte es eigentlich nicht mehr dauern, und sie würde genügend angespart haben, um sich ihren sehnlichsten Traum zu erfüllen und sich eine Nähmaschine kaufen zu können. Dann würde sie – endlich – bei der nächsten Gelegenheit, also doch wohl schon zu Lichtmess 1923 ihre Stellung beim »Goldenen Engel« kündigen und samt der Nähmaschine auf den Goschenhof zurückziehen können.

Der Vater, dem sie neulich von ihrem Traum zum ersten Mal erzählt hatte, war zwar noch merkwürdig zurückhaltend in seiner Reaktion gewesen, aber das war halt seine Art. Wenn es dann einmal so weit wäre, dann hätte er wohl am wenigsten dagegen, wenn Maria ihren Lebensunterhalt und wahrscheinlich sogar noch etwas mehr mit der von ihr selbst erarbeiteten und ersparten Nähmaschine wieder daheim auf dem Hof bestreiten konnte.

Sie schloss für einen Moment die Augen und spähte dann direkt an der Brüstung hinunter in die Tiefe. Wie klein die Menschen dort unten waren: klein wie die Ameisen! Und das Dach des großen Hauses mit dem Stufengiebel gegenüber von St. Georg, man konnte fast darauf herabspucken, so viel weiter oben waren sie jetzt! Klar, von dieser Schwindel erregenden Höhe aus hatte sie das Deutsche Haus, wie es in Dinkelsbühl genannt wurde, schließlich noch nie sehen können. Gerade unter ihr, das Pärchen da! Maria klammerte sich am Geländer fest, denn mit einem Mal schien es ihr, als würde jemand den Boden unter ihren Füßen wegziehen. Eine Welle von Übelkeit stieg in ihr auf, sie bemerkte kaum, wie Friedrich fest den Arm um ihre Schultern gelegt hatte und sie langsam in die Türmerstube zurückbrachte. Dort setzte er sie auf den einzigen Stuhl in diesem Raum und wedelte ihr mit seiner dunkelgrauen Mütze kühle Luft ins Gesicht. Dankbar legte sie den Kopf in den Nacken und atmete einmal tief durch. »Danke, Friedrich, es geht schon wieder! Ich weiß auch nicht, was da plötzlich mit mir los war! Auf einmal ist mir schwarz vor Augen geworden, und der Boden unter meinen Füßen hat sich angefühlt, als würde er Falten werfen. Komisch!« Sie schüttelte erstaunt über das, was ihr da gerade widerfahren war, den Kopf. »So was ist mir noch nie passiert!«

Friedrich lachte leise. »Na ja. So weit oben bist du auch noch nie gewesen! Und nicht jeder Mensch ist schwindelfrei! Also, ich glaube, zum Steinmetz oder gar zum Piloten wärest du nicht unbedingt geeignet!« Er bückte sich und sah ihr forschend in die Augen. »Na, geht es wirklich schon wieder?«

Maria nickte. »Doch, ist schon wieder in Ordnung!« Damit erhob sie sich und reichte Friedrich die Hand. »Vielen Dank auch, dass du mich gleich zu dir hinübergezogen hast!«

»War doch selbstverständlich!«, murmelte der junge Mann verlegen. »Ich habe gemerkt, wie krampfhaft du plötzlich das Geländer umklammert hast, und dann habe ich dir auch schon an der Nasenspitze angesehen, dass irgendetwas nicht ganz in Ordnung ist!« Er stupste mit dem Zeigefinger sanft an Marias Nase und trat einen zögernden Schritt auf sie zu. Vorsichtig streckte er anschließend den

Arm aus und legte ihn um das Mädchen. Langsam zog er sie zu sich heran, bis sich ihre Oberkörper fast schon berührten. »Maria!«, hauchte er ihr ins Ohr. »Maria, ich …« Er stockte und versuchte, offenbar vergeblich, die richtigen Worte zu finden. Er beugte sich herunter und sah ihr ernst in die Augen, er schluckte vor Aufregung trocken: »Maria!« Es war mehr ein heiseres Krächzen gewesen, das er hervorgestoßen hatte, und jetzt kam sein Mund dem ihren immer näher. Mit der Zunge befeuchtete er seine trockenen Lippen: »Maria!«

Das anfangs wie erstarrt dastehende Mädchen löste sich im selben Moment aus der Umarmung und trat einen Schritt zurück. »Friedrich! Nein! Das sollten wir nicht tun!« Sachte nahm sie seine Hand und drückte sie innig. »Friedrich, ich mag dich! Und du magst mich! Aber mehr ist es doch wohl nicht: bei dir nicht und bei mir nicht!« Ernst sah sie ihm in die Augen. »Habe ich Recht? Lass uns doch einfach gute Freunde bleiben, das wäre so schön! Findest du nicht auch? Ehrlich!« Wieder drückte sie seine Hand.

Der Sohn des Gastwirts blickte eine Zeit lang verlegen zu Boden, dann nickte er langsam. »Du hast ja Recht, Maria! Entschuldige! Aber es ist einfach so über mich gekommen!«

Maria schüttelte den Kopf. »Du brauchst dich nicht zu entschuldigen! Es ist ja alles in Ordnung! Wir wollen gute Freunde sein und bleiben, ist das etwa nichts? Komm!« Damit öffnete sie die Türe der Stube. »Lass uns wieder hinuntergehen. Ich muss mich allerdings noch eine Weile vor deinem Vater versteckt halten, was meinst du? Nicht dass der mich heute Abend sonst doch noch zum Taubenrupfen schickt!«

Das war das Stichwort, das Friedrich aus seiner Verlegenheit befreite. Er klatschte in die Hände und lachte.

»Also gut! Ich weiß da ein prima Versteck, unten, an der Wörnitz, gleich neben der Stadtmauer, da findet dich kein Mensch!« Voller Tatendrang eilte er Maria voran die Treppen des Kirchturmes hinunter.

Wer einmal das Dinkelsbühler Festspiel, die so genannte »Kinderzeche« besucht hat, kommt gern wieder. Im Juli eines jeden Jahres ist in Dinkelsbühl Kinderzeche – eine ganze Woche lang. Mit Festspiel, Volksfest, Umzügen, Traditionen. Eine alte Tradition, an die – auch ganz im Sinne des für die Stadt immer wichtiger werdenden Tourismus – gern angeknüpft wird. Dieses Festspiel hat es schon damals, in den zwanziger Jahren, gegeben. Die Aufführung selbst wird nicht viel anders ausgesehen haben als heutzutage: historische Gewänder, anrührend dramatische Dialoge. Und wieder weiß ich nicht mehr als einen Halbsatz von den Berührungspunkten der Maria mit diesem für Dinkelsbühl so wichtigen Fest. Sie wäre so gern ebenfalls am Festzug mitgelaufen, hat sie später einmal gesagt. Ihr Wunsch scheint also nie in Erfüllung gegangen zu sein. Warum? Aber zugeschaut wird sie dem Festzug haben, auf jeden Fall. Dem Schauspiel ebenfalls?

Es war der Tag, an dem ganz Dinkelsbühl sein Festtagskleid aus dem Schrank holte. Wer nicht beim historischen Festumzug oder bei der Musik aktiv mit dabei war, hielt rechtzeitig Ausschau nach einem guten Platz am Straßenrand, von dem aus der lange Zug der historisch gewandeten Menschen optimal zu bewundern war. Es war der Tag der berühmten Kinderzeche, den die Dinkelsbühler seit Jahrzehnten im Juli zelebrierten. Der Sage nach war es mitten im Dreißigjährigen Krieg gewesen, der gerade auch hier in der Gegend zwischen Rothenburg und Nördlingen so schreckliche Spuren hinterlassen hatte, als ein schwedisches Heer vor den Toren der Freien Reichsstadt Dinkelsbühl aufgezogen war und deren bedingungslose Kapitulation forderte. Im Jahr 1632, berichtete die seitdem von Generation zu Generation weitererzählte Sage, habe dieses dramatische Ereignis stattgefunden, und um ein Haar wäre es den Bürgern von Dinkelsbühl damals übel ergangen, als die Stadttore schließlich geöffnet wurden und die Feinde drauf und dran waren, plündernd und brandschatzend die Stadt zu besetzen. Genau in diesem Moment aber sei die fast nicht mehr für möglich geglaubte Wendung des Schicksals eingetreten. Die junge Tochter des Turmwächters, die so genannte Kinderlore, sei den wilden Schwedentruppen nämlich mit einer ganzen Schar kleiner Kinder unerschrocken singend und um Milde flehend entgegengezogen. Als der schwedische Obrist das sah, dessen kleiner Junge wenige Wochen zuvor gestorben war, habe es ihm angesichts der vielen Kinder einen Stich ins Herz versetzt; er ließ Milde walten und verschonte die Stadt vor der schon sicher geglaubten Plünderung. Die Kinderlore aber ging als die Retterin ihrer Stadt in die Geschichte von Dinkelsbühl ein. Alljährlich bei der so genannten Kinderzeche wurde an dieses Ereignis wieder erinnert, spätestens, seit im Jahr 1897 erstmals ein Festspiel aufgeführt wurde, in dem das Geschehen von damals nachgespielt wurde. Besonders für die Kinder war es jedes Mal aufs Neue ein ganz besonderes Ereignis, wenn sie verkleidet mit den historischen Kostümen beim Festzug hinter der Kinderlore in der Bittprozession durch die Straßen der Stadt dem Schwedenobristen entgegenlaufen durften.

Auch Maria war heute ganz besonders früh auf den Beinen. Beim flüchtigen Blick aus dem Fenster bemerkte sie, dass auch in der Straße vor dem »Goldenen Engel« bereits die Fahnen mit den Stadtfarben aufgezogen worden waren. Der Himmel war strahlend blau, kein Wölkchen weit und breit. Sie beeilte sich mit der Hausarbeit, um sich danach rechtzeitig bei der Schranne einen guten Platz in der Menge sichern zu können. Sie streute etwas Scheuersand auf die hölzerne Platte des großen Stammtisches in der Gaststube und begann mit geübten Handbewegungen, den Tisch zu säubern. Heute sollte alles besonders sauber glänzen, denn gerade an einem solchen Festtag legten die Wirtsleute ganz besonderen Wert auf Sauberkeit. Maria konnte das gut verstehen, schließlich putzten sich auch die Bürger an diesem Tag besonders vornehm heraus. Zu gern hätte sie ja bei dem Festzug mitgemacht, aber um in der Schar der Kinder mitzulaufen, dafür war sie mit ihren nunmehr fast zwanzig Jahren schon zu alt, und die Rolle der Kinderlore war traditionell einer der Dinkelsbühler Bürgertöchter vorbehalten. Ein einfaches Dienstmädchen vom Land hatte da keinerlei Chance, die begehrte Figur darstellen zu dürfen. Maria seufzte leise. Schade! Aber dennoch: Heute war ein Festtag, und den wollte sie sich nicht durch irgendwelche trüben Gedanken vermiesen. So war die Welt halt beschaffen, und alles in allem konnte sie mit ihrer Stellung und dem Geld, das sie inzwischen auf dem Sparbuch angespart hatte, doch wirklich zufrieden sein.

»Ja, da ist sie ja!« Die Tür der Gaststube flog mit einem Schlag auf, sodass das erschrockene Dienstmädchen beinahe über den Stuhl gestolpert wäre, der vor ihr stand. Verwundert hob sie den Kopf. War das etwa …?

Mit einem Jubelschrei stürzte sie sich auf ihren Vater, der gerade breit grinsend über die Türschwelle trat. »Vater!« Sie schlang die Arme um den großen Bauern, der heute sein Festtagsgewand aus dem Schrank geholt hatte. »Kommst du heute extra wegen dem Festzug nach Dinkelsbühl? Das ist aber schön!« Maria drückte einen dicken, schmatzenden Kuss auf das wettergegerbte, braungebrannte Gesicht ihres Vaters.

»Von wegen! Nicht wegen dem Festzug! Deinetwegen natürlich!« Der Vater schüttelte energisch den Kopf und wies dann hinter sich. »Und schau mal, wen ich alles mitgebracht habe!«

»Fritz!« Maria klatschte vor Begeisterung in die Hände, als sie ihren Stiefbruder und die übrigen Geschwister erblickte, die nun nacheinander in die Stube traten. »Und Lina! Und Karl! Und Georg!« Jubelnd stürmte sie auf die Kinder zu und umarmte eines nach dem anderen stürmisch. »Ist das aber eine tolle Überraschung! Dann können wir ja zusammen zum Festzug gehen!«

»Obwohl du es eigentlich nicht verdient hättest! Stubenarrest wäre wohl angebrachter für dich!«, meinte der Vater schmunzelnd.

Irritiert sah Maria auf. »Wieso? Wie meinst du das, Vater?«

»Na, wir leben zwar im Wald, aber doch nicht hinter dem Mond, mein liebes Kind! Oder glaubst du etwa, dass ich noch nichts von deiner Taubenrettungsaktion weiß?«

Maria schoss die Röte ins Gesicht. Verlegen schaute sie zu Boden. »Na ja, Vater«, begann sie zögernd. »Die armen Tauben haben mir eben Leid getan, wie sie da vor mir im Käfig zusammengepfercht saßen!«

»Ist ja schon gut, mein Kind!« Der Bauer lachte und zog sie an sich. Sanft streichelte er ihr blondes Haar. »Meine Maria, die Tierfreundin! Der Hainlein ist ja auch gar nicht mehr böse auf dich! Er hat mir erzählt, wie sauer er im ersten Moment gewesen ist, aber er kennt dich schließlich lange genug und weiß, dass du im Haushalt so fleißig bist und es ja auch nicht böse gemeint hast! Nur: Tauben rupfen, das wird er dich künftig bestimmt nimmer lassen!« Wieder kicherte der Vater: »Maria, die Taubenretterin! Also«, suchend blickte er sich in der Gaststube um, »glaubst du, es gibt schon etwas zu essen und zu trinken um diese Uhrzeit? Wir sind nämlich alle besonders früh aufgestanden heute, um rechtzeitig hierher marschieren zu können, und jetzt haben wir alle furchtbaren Hunger und Durst! Ist es nicht so, Kinder?« Wie zur Bestätigung seiner Worte klopfte er sich mit der flachen Hand zweimal gegen den Bauch. Die anderen nickten eifrig.

»Oh ja!« Fritz schlug begeistert die Hände zusammen. »Vielleicht gibt's ja sogar eine Brezel, das wäre toll!«

Maria lachte. »Aber sicher gibt es das. Kommt, setzt euch schon mal an den Tisch. Ich gehe inzwischen in die Küche und schaue nach, was wir da haben!«

»Gut!« Der Bauer leckte sich die Lippen. »Und wenn du für mich noch ein frisches Bier mitbringen könntest ...«

»Mach ich, Vater! Also, bis gleich!« Und damit eilte sie aus der Tür. Unverhofft war für Maria an diesem Tag zum zweiten Mal die Sonne aufgegangen!

»Ach, war das schön! Und habt ihr gesehen, was für schöne Kleider die Kinder angehabt haben?« Immer noch waren Marias Wangen vor Aufregung und Begeisterung gerötet, obwohl der Festzug schon eine ganze Weile zu Ende war und sie sich auf dem Rückweg zum »Goldenen Engel« befanden. Dort würde es jetzt hoch hergehen, und die Wirtschaft war mit Sicherheit bis zum mitternächtlichen Zapfenstreich besetzt bis auf den letzten Platz, sodass jede helfende Hand dringend gebraucht wurde.

Georg, der Jüngste, nickte nachdenklich. »Aber komisch ist das schon, wie die Kinder früher rumgelaufen sind! Haben die wirklich damals so komische Kleider angehabt?«

Lina lachte. »Was heißt hier komisch? So war das eben früher. Wer weiß, wie die Leute in hundert Jahren über unsere Kleidung lachen werden ...«

»Kann ich mir nicht vorstellen!« Georg sah kopfschüttelnd an sich herunter. »Was soll denn an meinem Hemd oder an meiner Hose zum Lachen sein?«

Maria und ihr Vater warfen sich einen belustigten Blick zu. Es war wirklich einer schöner Tag gewesen, und die Überraschung war vollständig geglückt. Maria fühlte eine Woge von Dankbarkeit in sich aufsteigen. Sie schlang die Arme um den Hals des Vaters und küsste ihn auf beide Wangen. Überrascht von der plötzlichen Attacke, blieb der Bauer stehen, runzelte die Stirn und grinste seine Tochter an. »Du meine Güte! Was war das denn für eine plötzliche Attacke? Ich hab fast geglaubt, du würdest mich umwerfen!«

Verlegen senkte das Mädchen den Kopf. »Ach«, murmelte es leise. »Es war so schön, dass ihr mich heute besucht habt. Ich fand ganz einfach, dass du dafür einen Kuss verdient hast!«

»Ach so«, Leonhard Ohr bedachte seine Tochter mit einem warmen Blick. »Aber das war für uns alle doch auch eine richtige Freude, wo wir dich sonst doch nur so selten sehen können.«

»Das wird ja bald wieder anders!« Maria klatschte in die Hände. »Bald bin ich wieder bei euch auf dem Goschenhof!«

»Wie meinst du das?« Der Bauer war stehen geblieben. »Wie kommst du darauf?«

»Na ja, ich habe nachgerechnet!« Unsicher sah sie ihren Vater von der Seite an. »Das mit dem Sparbuch, weißt du. An Lichtmess im nächsten Februar bin ich dann schon fast genau vier Jahre im ›Goldenen Engel‹. Und das ganze

Geld, das ich da verdient habe, das hast du ja auf dem Sparbuch angelegt. Das hat ja auch Zinsen gegeben …« Maria stockte und überlegte krampfhaft, wie sie ihre Pläne am besten erklären konnte.

»Ja und? Worauf willst du hinaus?«

Der Vater hatte die Augen zusammengekniffen und fixierte sie misstrauisch.

»Ich meine … ich habe … da war …« Weshalb war es denn mit einem Mal bloß so schwierig, die richtigen Worte zu finden? »Im Laden dort drüben, da steht nämlich eine Nähmaschine. Da habe ich gefragt, was die wohl kostet. Und dann habe ich zusammengerechnet, was bis Lichtmess auf dem Sparbuch zusammenkommt. Immerhin – das Geld und die Zinsen für vier Jahre Arbeit.« Unsicher sah sie ihren Vater an. »Das würde ausreichen, damit könnte ich mir die Nähmaschine kaufen und dann wieder zu euch auf den Hof kommen. Da könnte ich dann wieder mithelfen und auch mit Nähen noch gutes Geld verdienen! Sag Vater, was meinst du dazu?«

Leonhards Miene hatte sich verfinstert, und eine Zeit lang sagte er kein Wort. Marias Herz klopfte heftig. Eigentlich hatte sie erwartet, ihr Vorschlag würde helle Freude bei dem Vater auslösen, doch das war ganz offensichtlich nicht der Fall. »Vater! Sag schon! Das ist doch eine gute Idee, findest du nicht auch?«

»Toll!«, ließ sich Karl in diesem Augenblick vernehmen, der offensichtlich einen Teil des Gesprächs aufgeschnappt hatte. »Toll, hört ihr? Die Maria kommt im Winter wieder zu uns!«

»Wirklich?« Auch in den Gesichtern der anderen Geschwister spiegelte sich freudige Erregung. »Im Februar? Gleich nach Lichtmess? Und eine Nähmaschine bringst du mit?«

»Moment mal! Ganz langsam!« Leonhard Ohr hob abwehrend die Hände. »So weit sind wir noch lange nicht …«

»Aber die Maria«, wurde er mitten im Satz von Lina unterbrochen, »die hat es doch gerade eben selbst gesagt!«

»Ja, die Maria hat es gesagt! Aber nicht ich!« Ernst musterte der große Mann seine Tochter. »Das solltest du in deinem Alter aber allmählich wissen: Zu einer Abmachung gehören immer zwei!«

Maria schien es, als wäre in diesem Moment ein Band zerrissen. Das unsichtbare Band, das sie immer, so schwer die Situation auch manchmal gewesen war, mit ihrem Vater verbunden hatte. Ein dicker Kloß schnürte dem Mädchen mit einem Mal die Kehle zu. »Aber Vater! Wenn ich doch genügend Geld zusammen habe … Und du hast doch damals selbst gesagt, dass ich irgendwann wieder zu euch auf den Goschenhof zurückkommen darf …«

Finster blickte der Bauer zu Boden. »Aber wie gesagt: So weit ist es noch nicht! Es schadet sicher nichts, wenn du noch etwas mehr Geld zusammensparst, nicht dass alles auf einen Schlag wegen dieser Nähmaschine plötzlich weg ist! Und was passiert, wenn das Ding kaputtgeht? Das kommt ja nicht gerade selten vor, bei diesen Dingern! Hast du dann genügend Geld, um die Maschine wieder reparieren zu lassen?«

Maria stand da, unfähig, ein Wort zu entgegnen. Nie im Leben hatte sie geglaubt, dass das Gespräch eine solche Wendung nehmen würde. Hilflos zuckte sie mit den Schultern.

»Siehst du! Daran hast du nämlich nicht gedacht! Also, da müssen wir auch gar nicht lange hin- und herreden. Ich habe nämlich längst mit dem Sebastian Hainlein ausgemacht, dass du auf jeden Fall bis Lichtmess 1924 bei ihm im »Goldenen Engel« bleiben wirst, mindestens. Und dann sehen wir weiter!«

»Noch ein Jahr länger?« Es war mehr ein verzweifelter Schrei als eine Frage, den sie ihrem Vater ins Gesicht schleuderte. »Also von jetzt an noch mindestens anderthalb Jahre!« Dicke Tränen schossen aus Marias Augen und liefen ihr die Wangen herunter.

»Aber Kind!« Leonhard war schockiert, als er die Reaktion seiner Tochter registrierte. So hatte er Maria ja noch nie erlebt. Gleichzeitig tat es ihm Leid, doch er hatte mit dem Gastwirt bereits alles abgesprochen und per Handschlag besiegelt. Das war Ehrensache, auf keinen Fall hätte er das rückgängig machen können. Er trat einen Schritt nach vorn und streckte zaghaft die Hand aus. »Komm, Maria, so lange ist das doch nicht mehr. Und dann ...«

Maria wich vor ihrem Vater zurück. »Und dann und dann und dann!« Sie spuckte ihm die Worte förmlich ins Gesicht. »Ich kann das bald nicht mehr hören: und dann! Und ich habe immer gedacht, dass du dich darüber freust, wenn ich wieder heimkomme auf den Hof!«

»Tue ich doch auch!« Leonhard Ohr sah sich verlegen um. Die Kinder standen mit gesenkten Köpfen vor ihm, und die ersten Passanten spitzten erstaunt die Ohren, ob der Szene, die sich da auf offener Straße abspielte. »Es ist doch bloß noch ein gutes Jahr ...!«

»Ein Jahr? Über anderthalb Jahre sind es! Und wer weiß, was dann kommt!« Zornig und verzweifelt stampfte das Mädchen mit dem Fuß auf. »Ich weiß schon, wer dir das eingeredet hat: die Tante Hedwig! Die will nicht mehr, dass ich zurückkomme! Gib es doch endlich zu: Du tust nur, was sie von dir verlangt hat!«

»Maria!« Der Vater war nun zornig geworden. Das konnte er sich so öffentlich von seiner Tochter nicht bieten lassen. Vor allen Leuten! Er hob drohend die Hand. »Maria, ich verbiete dir, so über deine Stiefmutter zu reden!«

Maria lachte bitter. »Stiefmutter! Mehr Stief als Mutter! Aber gut, schlag mich ruhig!« Unbeweglich stand sie da und funkelte ihren Vater herausfordernd an. Der ließ verlegen die Hand sinken und schüttelte unsicher den Kopf. So hatte er seine Tochter noch nie erlebt! Wie musste es in dem Mädchen aussehen, bei allem, was er jetzt gehört hatte? »Aber Kind! Maria! Du weißt doch, ich habe dich noch nie geschlagen ...« Wieder versuchte er, einen Schritt auf sie zuzugehen, doch wieder wich Maria zurück.

»Lass nur, Vater! Ich habe schon verstanden! Auf dem Hof ist kein Platz für mich mehr! Also bleibe ich erst einmal da, wo ich bin. Aber dann, im Mai übernächstes Jahr, da werde ich dann einundzwanzig Jahre, da kann ich dann mit meinem Geld vom Sparbuch machen, was ich für richtig halte: Dann bin ich nämlich volljährig! Und dann«, sie wischte sich die Tränen von der Wange und warf energisch den Kopf in den Nacken. Mit entschlossenem Gesichtsausdruck funkelte sie ihren Vater an: »Dann, wenn ich volljährig bin, werde ich die Nähmaschine kaufen und mir mein Geld mit Nähen verdienen, so wahr ich hier stehe!« Damit wandte sie sich um und eilte ohne einen Abschiedsgruß auf den »Goldenen Engel« zu, wo an diesem Abend so viel Arbeit auf sie warten würde, dass gar keine Zeit mehr für trübe Gedanken blieb.

November 1923

»Das darf doch wohl alles gar nicht wahr sein!« Wütend faltete Sebastian Hainlein, der Wirt des »Goldenen Engel« in Dinkelsbühl, die Tageszeitung zusammen und knallte sie auf den Tisch. »Die glauben wohl, sie können alles mit uns machen!«

Maria, die gerade eben arglos die Tischdecke glattgestrichen hatte und tief in Gedanken versunken war, zuckte zusammen. »Entschuldigung!«, stammelte sie und sah den Wirt erschrocken an.

»Du doch nicht!« Hainlein schüttelte erstaunt den Kopf. »Dich habe ich doch gar nicht gemeint! Aber da«, mit einer missmutigen Geste deutete er auf die zusammengeknüllte Zeitung vor ihm, »lies selber! Die machen unser Geld kaputt!«

Zögernd griff das Mädchen nach der Zeitung. Sie verstand den Sinn der Überschrift nicht, die in großen Lettern über die ganze Seite lief: »Inflation galoppiert immer schneller!«

»Was soll das heißen, Herr Hainlein? Was hat denn das Geld mit dem Pferderennen zu tun?«

Der Wirt lachte bitter. »Oh, du dummes Ding! Gar nichts natürlich. Aber das, was hier steht, heißt, dass wir gewaltig aufpassen müssen, sonst ist unser ganzes schönes Geld mit einem Schlag kaputt!«

Maria hatte immer noch nichts verstanden. »Aber wieso denn? Der Vater hat es doch sicher für mich auf der Bank angelegt, mit einem eigenen Sparbuch. Und das bringt sogar jedes Jahr noch Zinsen!«

»Zinsen!« Wieder lachte Hainlein kurz und trocken. »Das ist der Witz des Tages! Ich fürchte, die können dir noch so viel Zinsen versprechen, viel wird davon nicht mehr übrig bleiben! Auf jeden Fall ist es ratsam, wenn ich mal selbst nach dem Rechten schaue! Vielleicht kann ich das Geld ja noch in Sicherheit bringen und in Gold anlegen!«

»Gold?« Maria wollte die nächste Frage stellen, als die Tür der Gaststube geöffnet wurde und ein blasser, gut gekleideter Mittfünfziger grußlos in den Raum trat. Schweißperlen standen auf seiner Stirn, und schwer atmend zog er sich einen Stuhl heran, auf dem er sich erschöpft niedersetzte.

»Ja, da schau an! Da kann ich mir meinen Gang ja sparen! Grüß Gott, Herr Schneider! Gerade habe ich Sie auf der Bank besuchen wollen!«

Der mit Schneider Angesprochene glotzte sein Gegenüber einige Sekunden lang wortlos an, dann senkte er den Kopf und begann, umständlich ein weißes Leinentaschentuch aus der Hosentasche zu fingern. Langsam wischte er sich damit die schweißnasse Stirn. Anschließend lockerte er den Krawattenknoten und holte tief und inbrünstig Atem. »Besuchen wollen? Sie? Mich?«

»Ja, genau! Ist ja nichts Außergewöhnliches, oder?« Hainlein wusste nicht, wie er sich das seltsame Verhalten des Bankdirektors erklären sollte. So unkonzentriert und allem Anschein nach vollkommen erschöpft hatte er den Herrn Schneider noch nie erlebt. Schließlich war er ansonsten bekannt dafür, dass er streng auf Disziplin und Etikette achtete. Seine Untergebenen wussten ein Lied davon zu singen.

»Nichts Außergewöhnliches, nein!« Der Bankmensch lachte kurz und bitter. »Aber den Gang können Sie sich getrost sparen, Hainlein!« Mit nervös flackerndem Blick drehte er sich um. »Gibt es hier vielleicht etwas zu trinken?« Er sah das Dienstmädchen ungeduldig an. »Etwas, das schnell geht, einen Obstler vielleicht?«

Maria nickte.

»Also gut! Dann aber bitte einen doppelten! Und bitte sofort!«

Wieder nickte Maria und beeilte sich, dem Mann das Gewünschte zu bringen.

Mit gerunzelter Stirn hatte der Wirt die Szene verfolgt. Ganz allmählich keimte ein übler Verdacht in ihm, gegen den er verzweifelt anzukämpfen versuchte. Dennoch zwang er sich abzuwarten und den anderen dessen merkwürdiges Verhalten selbst erklären zu lassen.

Maria kam mit einem Schnapsglas und der Flasche Obstler. »Schenk kräftig ein«, befahl der Bankier, kaum dass sie das Glas auf den Tisch gestellt hatte. Hastig griff er danach und kippte den Inhalt in einem Zug hinunter. »Ahhh!«, ein tiefes Seufzen entfuhr seinem Mund, als er das Glas zurückstellte. Er hob den Kopf und deutete mit dem ausgestreckten Zeigefinger auf die Flasche. »Komm, schenk ruhig noch mal ein!«

»Aber Herr Schneider«, begann der Wirt sich nun doch zu regen. »So kenne ich Sie ja gar nicht!«

»Dann werden Sie mich jetzt eben so kennen lernen!«, kommentierte der andere den erstaunten Ausspruch lakonisch. »Ist eh alles zu spät und den Bach runter!«

»Wie, zu spät und den Bach runter?« Hainlein fühlte, wie sich sein Magen zu einem schmerzhaften Klumpen zusammenzuziehen begann.

»Wie ich es sage!« Schneider griff wiederum zu dem bis an den Rand voll geschenkten Glas und kippte es genauso schnell wie vorher in sich hinein.

»Soll das etwa heißen …« Der Wirt des »Goldenen Engel« erhob sich langsam von seinem Stuhl, wobei er sich schwer mit den Händen auf der Tischplatte abstützte. Er fühlte sich mit einem Schlag um Jahrzehnte gealtert. Er wagte kaum, die Frage zu formulieren. »Ist es jetzt also so schlimm gekommen, wie wir alle schon lange befürchtet haben?«

»Schlimm?« Der Banker lachte trocken und bedeutete Maria, noch einmal einzuschenken. »Schlimm ist gar kein Ausdruck! Eine Katastrophe ist passiert! Unser Geld ist nichts mehr wert, endgültig nichts mehr! Alles, was wir an Kapital auf der Bank deponiert hatten, ist wertlos! Über Nacht vollkommen wertlos geworden! Wir rechnen nun nicht mehr in Tausendern oder Hunderttausendern, nicht mal mehr in Millionen, sondern in Milliarden und Billionen! Hab bis dahin nicht mal gewusst, wie viele Nullen eine Billion hat!« Wieder griff er zum Glas und leerte es in einem Zug.

Die Gesichtszüge des Wirtes waren aschfahl geworden, und langsam ließ er sich wieder auf den Stuhl nieder, den er gerade eben von sich geschoben hatte. Maria, die den Beginn der Unterhaltung eher teilnahmslos verfolgt hatte, war sich immer noch nicht ganz darüber im Klaren, ob sie das, was der Bankdirektor da eben gesagt hatte, richtig verstanden hatte. »Herr Schneider, Entschuldigung!«, begann sie zögernd. »Ich weiß nicht, ob ich Sie das fragen darf, aber …« Sie hielt verlegen den Blick gesenkt und fingerte nervös am Ende der Tischdecke herum. »Was ist denn nun mit dem Geld? Wäre es besser, wenn mein Vater das Sparbuch auflösen würde und …«

Weiter kam sie nicht. Ein kurzes, heiseres Lachen des Bankiers unterbrach sie. »Auflösen? Abheben? Mein liebes Kind!« Ernst und hoffnungslos sah er in die Augen des erschrockenen Dienstmädchens. »Da ist nichts mehr aufzulösen oder abzuheben! Alles ist hin! Aus! Schluss! Weg! Über Nacht! Die Bank hat kein Geld mehr – und du« – damit stupste er sie mit dem ausgestreckten Zeigefinger in den Bauch –, »und du, mein Kind, hast auch kein Geld mehr! Wir sind pleite: die Bank, die Anleger, alle! Die Inflation hat alles aufgefressen – endgültig! Also, verstehst du? Du hast kein Sparbuch mehr!«

Dumpf schlug die Flasche auf dem Boden auf, nachdem Maria sie hatte fallen lassen. Mit schreckgeweiteten Augen starrte sie den Bankdirektor an: »Aber, aber das glaube ich nicht! Das kann doch nicht sein!« Panik ergriff das Mädchen. Mit beiden Händen rüttelte sie den nun apathisch vor sich hinbrütenden Mann an den Schultern. »Herr Schneider! Das ist nicht wahr! Das glaube ich nicht! Sagen Sie mir bitte, dass das nicht wahr ist! Ich habe fast vier Jahre gearbeitet, und mein ganzer Lohn, mein ganzes Geld liegt bei Ihnen auf dem Sparbuch! Das kann doch nicht alles weg sein!«

Schneider hob langsam den Kopf und musterte sie aus hoffnungslosen Augen. »Kind!« Das Sprechen schien ihm hörbar schwer zu fallen. Nur ein leises, heiseres Krächzen kam aus seinem Mund. »Es ist aber so! Alles ist hinüber! Alles ist weg!« Er stützte die Ellbogen auf den Tisch und vergrub das Gesicht in den Händen.

Maria starrte fassungslos auf den Boden. Dann drehte sie sich um und wankte langsam zur Tür hinaus. »Aus! Alles ist aus!«

Alle Ersparnisse über Nacht vernichtet! Der Schock muss furchtbar gewesen sein. Doch auch davon haben die Kinder wenig gespürt. War halt so … Ungefähr so, als wenn man seine fünf Pfennig für den Lutscher verliert, den man sich kaufen wollte. So jedenfalls müssen sie es empfunden haben, als Maria es erzählt hat. Ohne Bitterkeit im Nachhinein, denn sonst hätte sich diese Episode ganz anders in der Erinnerung der Kinder festgesetzt. Sie hatte ihn akzeptiert, diesen Schicksalsschlag, von dem sie nun ohne Schärfe oder selbstbemitleidendem Wehklagen sprechen konnte.

Und dennoch: Es muss eine Katastrophe für das Mädchen gewesen sein! Und das mag auch einer der Gründe gewesen sein, weshalb sie nicht zurück auf den Goschenhof gegangen ist und weshalb der Vater offenbar auch gar nicht erst zurate gezogen wurde. Maria hat ihre wenigen Sachen gepackt und sich auf den Weg gemacht: nach Rothenburg ob der Tauber, rund fünfzig Kilometer nördlich von Dinkelsbühl.

Rothenburg. Weshalb Rothenburg? Weil sie wusste, dass ihre Mutter dort lebte? Hatte sie die Mutter seit ihrer Geburt überhaupt wiedergesehen? Nein, nie!

Weshalb dann jetzt, nach der Katastrophe? War die Mutter in Rothenburg tatsächlich der Grund für diese Flucht aus Dinkelsbühl? War es eine Flucht? Und: Was erwartete sie? Wir wissen es nicht. Wir wissen nur, dass sie endlich einmal ihre Mutter sehen wollte, die Dienstmagd, deren Mädchennamen sie ja von Anbeginn an trug: Reingruber, Maria Reingruber.

Diese erste Begegnung muss katastrophal verlaufen sein – mehr hat sie darüber nie erzählt. Doch nur durch diesen Drang zur Mutter hat sie dann ja jenen Knecht in der Ludleinsmühle kennen gelernt, meinen Großvater! Zufall?

Februar 1924

»Und du, Mädchen, zeig mir einmal deine Hände!« Neugierig musterte der kleine grauhaarige Mann die junge blonde Frau, die schüchtern und fröstelnd auf dem Bahnsteig des Bahnhofs von Rothenburg ob der Tauber stand und das Treiben um sich herum stumm verfolgt hatte. Unsicher wandte sich Maria um, dann drehte sie mit einem verlegenen Lächeln die Handflächen nach oben.

»Aha!« Der Betrachter schien zufrieden. »Diese Hände haben gearbeitet, das sieht der Kenner auf den ersten Blick! Also gut, wenn du willst, kannst du bei mir in der Mühle im Taubergrund als Magd anfangen. Schlag ein!«

Für einen kurzen Moment zögerte Maria und blickte dem Müller unschlüssig in die hellblauen Augen. »Na komm schon«, lachte der. »Wo kann man es in der Landwirtschaft schon besser haben als in einer Mühle!« Mit dem rechten Arm machte er eine weit ausholende Geste und deutete auf die Szenerie ringsum. Die meisten Bauern hatten sich inzwischen, begleitet von ihren neuen Mägden und Knechten, auf den Weg nach Hause gemacht. Nur wenige standen noch am Bahnsteig: Bauern, die nicht rechtzeitig die kräftigsten Knechte und Mägde verpflichtet hatten, und ein paar traurig blickende Dienstboten in abgerissener Kleidung, die offenbar niemand auf seinem Hof verpflichten und durchfüttern wollte, weil keiner so recht an ihre Arbeitsfähigkeit glaubte. »Da schau, lange hast du nimmer Zeit, dich zu entscheiden! Die besten Stellungen sind längst vergeben! Du kannst sowieso von Glück sagen, dass ich erst jetzt heraufgekommen bin, nur weil vorher die Deichsel an meiner Kutsche gebrochen ist. Sonst wäre ich schon vor vier Stunden da gewesen und mit meiner neuen Magd längst wieder ins Tal zur Mühle gefahren.« Mit einer entschiedenen Handbewegung streckte er ihr die Rechte entgegen. »Also, gilt es? Da – schlag ein!«

Der Mann hatte Recht. Maria nickte entschlossen und schlug kräftig in die dargebotene Hand ein. »Einverstanden! Abgemacht!«

»Na also! Dann sind wir uns also handelseinig! Du kommst am besten gleich mit mir mit! Hast ja sonst auch sicherlich keine Unterkunft hier in Rothenburg, oder? Na siehst du! Meine Frau wird sich freuen, wenn ich ihr endlich wieder eine gescheite Magd mitbringe. Die letzte, die haben wir nämlich davongejagt, das faule Luder!« Der Müller streifte sie mit einem kurzen, forschenden Blick. »Faulenzen und Herumlungern, das kann ich nämlich überhaupt nicht leiden! Und meine Frau noch viel weniger! Wer gut arbeitet, ordentlich und fleißig ist, der hat es gut bei uns. Wer aber meint, er könne den Herrgott einen guten Mann sein lassen und die Arbeit Arbeit sein lässt, mit dem sind wir schnell fertig, nur dass wir uns richtig verstehen!«

»Keine Sorge, Herr!« Maria hatte verstanden, was ihr der Müller sagen wollte. »Aber Sie können gern mein Zeugnis sehen. Ich war fast fünf Jahre in Dinkelsbühl in der Brauereiwirtschaft ›Zum Goldenen Engel‹ in Stellung, und die Herrschaft war immer mit mir zufrieden. Ich weiß, was arbeiten heißt, und ich will auch gern arbeiten, das ist für mich überhaupt keine Frage!«

»Gut so!« Der Müller war sich mittlerweile völlig sicher, dass er mit seiner neuen Magd einen hervorragenden Fang gemacht hatte. Er war stolz darauf, seiner Frau das Mädchen heute Abend schon präsentieren zu können. Nachdem die letzten beiden Mägde überhaupt nichts getaugt hatten, war es ja auch höchste Zeit gewesen, dass endlich einmal wieder jemand in die Mühle kam, für den Arbeit kein Fremdwort war. Er hätte sogar durchaus noch etwas auf den Lohn draufgesattelt, doch anscheinend war die Summe, die er der neuen Dienstmagd geboten hatte, gut genug gewesen. Zumindest hatte sie erst gar nicht versucht, noch um ein paar Mark mehr zu feilschen. Also, dann sollte es ihm auch recht sein. Zufrieden klatschte sich der Müller der »Ludleinsmühle«, einer der zahlreichen im Taubergrund gelegenen Mühlen der ehemaligen Freien Reichsstadt Rothenburg, auf die Schenkel. »So, dann pack dein Bündel und schwing dich zu mir auf den Kutschbock!«

Maria bückte sich, um ihre wenigen Habseligkeiten aufzunehmen, die sie in einem schwarzen Koffer vor sich auf dem Bahnsteig stehen hatte. Dann legte sie den Kopf in den Nacken und schloss für einen Augenblick die Augen, um aus tiefster Brust ein inniges Stoßgebet zum Himmel zu schicken. »Danke, lieber Gott, dass du es doch noch zum Guten gewendet hast!«

»Was hast du gesagt?« Der Müller schaute sie irritiert von der Seite an.

»Ach, nichts!« Maria öffnete die Augen wieder und lächelte ihren neuen Arbeitgeber dankbar an. »Ich freue mich schon auf die Arbeit in der Mühle!«

»Na, dann ist ja alles bestens!«, brummte der Mann zufrieden und nahm auf dem Kutschbock Platz. Er schnalzte mit der Zunge und gab seinem Pferd das Kommando. »Also, hüh, Liesel! Auf geht's! Bring uns hinunter zur Mühle, altes Schlachtross!«

Schweigend saßen die beiden nebeneinander auf dem

heftig schaukelnden Kutschbock. Der Müller hatte alle Hände voll zu tun, um mit seinem Gespann auf den schlecht gepflasterten Straßen wenigstens den schlimmsten Löchern auszuweichen. »Und so was nennt sich dann ehemalige Freie Reichsstadt! Aber Geld zum Straßenausbessern haben sie weniger als ein Kuhdorf, unglaublich!«, schimpfte er immer wieder, wenn sie mit einem der Räder wieder in ein Schlagloch geraten und kräftig durchgeschüttelt worden waren.

Maria hatte sich mit beiden Händen an ihrem Sitz festgeklammert und war tief in Gedanken versunken. Was hatten die letzten beiden Tagen nicht alles an Aufregung gebracht! Gestern Morgen war sie in Dinkelsbühl aufgebrochen und hatte sich von der Familie Hainlein verabschiedet, bei der sie die letzten fünf Jahre in Stellung gewesen war. Das war natürlich nicht ohne Tränen vonstatten gegangen, und auch in den Augen des Wirtes hatte es feucht geschimmert, als er Maria warm die Hand zum Abschied gereicht hatte. »Maria! Wir hätten dich wirklich gern noch dabehalten, wir alle! Schade, dass du uns jetzt verlassen willst! Aber gut, ich verstehe dich! Eines aber sollst du noch wissen«, und dabei hatte er ihr beide Hände auf die Schultern gelegt und sie ernst und durchdringend fixiert. »Wenn es in Rothenburg nicht gut gehen sollte und du dort nicht weiterkommst, dann denke daran: Du kannst jederzeit zu uns zurückkommen! Das verspreche ich dir, auch im Namen meiner Frau! Egal, wie viele Dienstmägde dann bei uns in Stellung sind: Für dich haben wir immer einen Platz frei, das sind wir dir für deine bisherige Arbeit einfach schuldig! Scheue dich also nicht, wieder zu uns zu kommen, wenn es andernorts nicht klappt! Hier bist du immer willkommen!« Umständlich hatte der Wirt des »Goldenen Engel« nach diesen Worten sein Taschentuch aus der

Hosentasche genommen und sich kräftig geschneuzt. Danach war er mit einer hilflosen Handbewegung in seiner Rede fortgefahren. »Ich hätte dir ja so gern mehr mit auf den Weg gegeben, aber die Inflation hat auch mich zu einem armen Mann gemacht! Das ganze schöne Geld auf dem Sparbuch: Alles ist hin!«, er deutete hinter sich auf das große, stattliche Gasthaus. »Wenn wir die Wirtschaft und die Brauerei nicht hätten – Gott sei Dank –, dann würden wir jetzt ohne Arbeit auf der Straße stehen. Und so, so können wir wenigstens wieder von vorne beginnen, wenngleich es auch wirklich schwer fällt, nach so vielen Jahren wieder ganz am Anfang zu stehen, noch weiter unten, als wir vor einem Vierteljahrhundert gewesen sind …« Er machte eine Pause und schaute betrübt zu Boden. Die Inflation des letzten Herbstes hatte auch die Wirtsleute des »Goldenen Engel« in Dinkelsbühl quasi über Nacht brutal getroffen, und an manchem Nachmittag hatte Maria bei ihrer Arbeit in der Gaststube Gesprächsfetzen aufgeschnappt, aus denen sie geschlossen hatte, dass selbst die so gut ausgestattete Brauerei »Zum Engel« lange auf der Kippe gestanden hatte.

Einer nach dem anderen aus der Familie hatte sie, die einfache Dienstmagd, zum Abschied sogar noch an sich gedrückt, und in diesem Augenblick war sich Maria zum wiederholten Male alles andere als sicher gewesen, ob sie mit ihrem Entschluss, die freundlichen Wirtsleute des »Goldenen Engel« nach fünfjähriger Tätigkeit zu verlassen, wirklich richtig lag. Doch wie immer kämpfte sie die Zweifel in sich nieder und nahm Abschied. Entschieden ergriff sie schließlich ihren Koffer und marschierte mit festem Schritt zum Dinkelsbühler Bahnhof. Genauso mittellos, wie du vor fünf Jahren gekommen bist!, schoss es ihr bitter durch den Kopf. Arm wie eine Kirchenmaus! Und das nach so langer Arbeit! Doch alles Grübeln und Klagen war letztendlich vergebens: Ihr Sparbuch, auf das sie so viele Hoffnungen gesetzt hatte, auf das sie ihr ganzes hart verdientes Geld einbezahlt hatte, mit dem sie sich die Nähmaschine kaufen und zurück auf den Goschenhof ziehen wollte, all das war durch die Inflation wertlos geworden. »Spielgeld« nannten die Leute die Milliardenbeträge, die plötzlich im Umlauf waren und mit denen man sich nicht einmal mehr das tägliche Brot beim Bäcker kaufen konnte. Wenn der Vater ihr doch schon früher erlaubt hätte, die Nähmaschine zu kaufen, vor einem Jahr, als bereits genügend Geld auf das Sparbuch einbezahlt gewesen war, aber er hatte es ihr ja verboten und jetzt ... Der Vater! Wo war er überhaupt in der letzten Zeit? Weshalb war er seit ihrer Meinungsverschiedenheit von damals nicht mehr nach Dinkelsbühl gekommen, oder zumindest nicht mehr in den »Goldenen Engel«? Und: Er hatte doch gewusst, dass sie heute ihre Stellung aufgeben würde, aber nicht einmal heute war er da. Eine bittere Woge des Schmerzes durchflutete das Mädchen, als es schließlich den Bahnhof erreicht hatte.

Wo um alles in der Welt sollte Maria denn nun hingehen? Die Stellung hatte sie gekündigt, nach fünf Jahren war es nun einfach an der Zeit, etwas anderes zu machen. Auch wenn sie in Wirklichkeit ja bereits ganz konkrete Pläne gehabt hatte, wie sie mit der von ihr ersparten Nähmaschine hätte Geld verdienen können, denn Geschick zum Nähen war bei ihr vorhanden, das hatte selbst ihre sonst so misslaunige Stiefmutter Hedwig eingestehen müssen. Wieder verwarf sie die trüben Gedanken, es half ja jetzt alles nichts, sie musste sich am Riemen reißen! Nur: Zurückkehren auf den Goschenhof? Auf keinen Fall, das kam überhaupt nicht in Frage! Jetzt nicht, und nachdem der Vater nicht ...

Was aber dann? Sollte sie wirklich ... Unschlüssig stand sie am Fahrkartenschalter, während die immer gleichen Überlegungen durch ihren Kopf jagten. Sollte sie tatsächlich den Schritt wagen und nach Rothenburg ob der Tauber fahren? Würde sie dort ihre Mutter finden? Und: Würde sie sich über ihre Ankunft überhaupt freuen? Würde sie ihre Tochter, die sie vor so langer Zeit verloren hatte, tatsächlich bei sich aufnehmen? Und was wäre, wenn sie die Mutter nicht wiederfände? Was sollte sie dann unternehmen? Zurück nach Dinkelsbühl und dort eine andere Stellung annehmen oder doch wieder zu den Hainleins in den »Goldenen Engel?« Tausend Gedanken kamen ihr zum wiederholten Male in den Sinn. Doch welcher Weg war der richtige, welcher falsch? Mit der Rechten wischte sie schließlich entschieden über die Stirn, wie um das Spinnennetz aus Fragen und nicht vorhandenen Antworten aus ihrem Kopf zu verbannen. Es half ja alles nichts, eine Entscheidung musste jetzt getroffen werden, jetzt gleich! Mit entschlossener Miene trat Maria auf den Bahnbeamten zu, der sie schon eine ganze Zeit lang auffordernd angestarrt hatte, und mit fester Stimme nannte sie ihr Reiseziel: »Einmal dritte Klasse Rothenburg, bitte!«

»Hin und zurück?«, tönte es dumpf zurück.

Ein letztes Mal verspürte sie den Anflug eines Zweifels und verdrängte ihn sogleich. Wieder dachte sie daran, dass ihr jetziger Schritt ein endgültiger war. Genau jetzt, in diesem Augenblick, stellte sie – hier fast schon sinnbildlich auf dem Bahnhof – die Weichen für ihr künftiges Leben! Sie atmete einmal tief durch: »Nur eine Hinfahrkarte, bitte! Nicht zurück!«

Ein heftiger Peitschenknall ließ Maria auffahren. Der Müller wandte den Kopf und bedachte seine erschrocken dreinblickende neue Magd mit einem amüsierten Blick. »Na, bist wohl eingeschlafen auf der öden Strecke, was? Hast wahrscheinlich früh herausmüssen, heute Morgen, gell?«

Maria nickte dem Mann auf dem Kutschbock verlegen zu. Sie hatte, tief in Gedanken versunken, gar nicht bemerkt, wie sie auf dem Gefährt an der beeindruckenden mittelalterlichen Silhouette der altehrwürdigen Freien Reichsstadt vorbeigefahren waren und nun den Fahrweg hinunter in den Taubergrund genommen hatten. Dabei hatte Maria noch bei der Zugfahrt voller Ungeduld auf den Anblick von Rothenburg gewartet, von dem es hieß, es hinterlasse mit seinen vielen Türmen und der mächtigen Stadtmauer einen fast noch imposanteren Eindruck auf den Betrachter, als das schon bei Dinkelsbühl der Fall sei. Maria hatte das kaum glauben können, aber ein gewisser Stolz hatte sie bei dieser Beschreibung schon erfüllt, denn schließlich stammte sie ja auch zur Hälfte aus dieser Stadt: Rothenburg war die Geburtsstadt ihrer Mutter.

Es war schon ein seltsames Gefühl gewesen, das sie bei dem Gedanken ergriffen hatte, dass sie jetzt, mit fast einundzwanzig Jahren, als erwachsene Frau, als die sie sich gleichwohl noch längst nicht fühlte, heute, zum allerersten Mal in ihrem Leben die Mutter gesehen hatte. Endlich hatte sie eine Vorstellung von ihr. Der Vater hatte dem Kind kaum etwas über die Frau erzählt, die er einst geliebt hatte, aber nicht heiraten durfte. Immer wenn das Gespräch zwischen den beiden auf Marias Mutter gekommen war, hatte ein bitterer Zug um den Mund des Vaters gespielt und die ganz besondere Stimmung, die sich eingestellt, wenn sie einmal füreinander Zeit gefunden hatten, mit einem Schlag vertrieben.

Endlich war der Zug in Rothenburg angekommen. Es war ein klarer, bitterkalter Februartag, das Sonnenlicht glitzerte in den festgefrorenen Wasserpfützen auf dem von zahlreichen Menschen bevölkerten Bahnsteig. Das Land war mit einer dünnen Schneeschicht bedeckt, und die Männer und Frauen rieben sich fröstelnd die Hände vor dem Mund und wärmten sie mit ihrem in der Kälte dampfenden Atem. Maria stieg aus und sah sich in dem Gedränge unsicher um. Wie sollte sie da nur wissen, wen man nach der Mutter fragen könnte? Und wohin sollte sie denn dann eigentlich gehen? Schließlich war Rothenburg für sie ja eine völlig fremde Stadt! Doch bevor sich dumpfe Resignation in ihr ausbreiten konnte, fasste sie sich ein Herz und schritt energisch mit ihrem Koffer in der Hand auf eines der vor dem Bahnhof wartenden Pferdegespanne zu. Noch bevor sie die Kutsche erreicht hatte, hob der Mann auf dem Bock abwehrend die Hände und beschrieb eine verneinende Geste. »Nein, Mädchen, nix zu machen! Bei uns kommst du zu spät. Wir haben schon zwei Leute bekommen! Der Bauer hat sie gerade ausgesucht und kommt gleich mit ihnen. Wir brauchen niemanden mehr!«

Maria schüttelte den Kopf. »Ich will doch gar nicht bei euch in Stellung gehen, Entschuldigung!« Verlegen zupfte sie am Kragen ihres Mantels. »Ich, ich suche nur jemanden, vielleicht können Sie mir ja weiterhelfen!«

Hoffnungsvoll blickte sie zu dem Knecht auf dem Kutschbock empor, der gelangweilt die Achseln zuckte und anschließend innig gähnte.

»Kennen Sie denn eine Frau mit Namen Reingruber? Die Anna Margareta Reingruber? Wissen Sie, wo die in Stellung ist?«

Der Knecht überlegte einen kurzen Moment lang, dann zog er die Mundwinkel nach unten und schüttelte den

Kopf. »Nie gehört, den Namen! Reingruber?« Er kratzte sich am Ohr. »Nein, eine Reingruber kenne ich nicht!«

Enttäuscht bedankte sich das Mädchen und ging zur nächsten Kutsche. Der dort neben dem Wagen stehende Knecht war zwar wesentlich freundlicher als der erste, doch weiterhelfen konnte er genauso wenig. »Nein, tut mir Leid. Aber eine Magd namens Reingruber ist mir nicht bekannt. Und den Vornamen Anna«, abschätzend wiegte er den Kopf, »was glaubst du wohl, wie viel Dutzend Mägde und Dienstmädchen hier in Rothenburg auf den Namen Anna hören! Da kommst du, glaube ich, auch nicht weiter!«

Wieder nichts! Die ganzen Zweifel und Befürchtungen, die Maria während der Zugfahrt von Dinkelsbühl bis nach Rothenburg heruntergekämpft hatte, gewannen mit einem Mal allmählich wieder die Oberhand. Sie steckte die linke Hand in die Tasche des Mantels und suchte tastend nach ihrer kleinen Holzpuppe, die sie auch auf dieser Reise wie durch ihr ganzes bisheriges Leben begleitet hatte. Die hatte ihr doch bisher immer geholfen und immer dann, wenn sie sich besonders traurig und allein gelassen gefühlt hatte, war es ihr schon bei der bloßen Berührung mit dem Holz der Puppe so erschienen, als durchströme sie nun die ganze Kraft und Zuneigung, mit der ihr geliebter Onkel Wilhelm sie vor so langer Zeit für sein Patenkind geschnitzt hatte. Auch diesmal war es wieder so. Nein, sie würde nicht so schnell die Flinte ins Korn werfen! Sie würde sich so lange durchfragen, bis ihr Erfolg beschieden wäre! Es wäre ja auch gelacht, schließlich war die Mutter doch schon seit fast fünfundzwanzig Jahren hier in Rothenburg, da müsste es doch möglich sein, sie ausfindig zu machen.

Doch auch der nächste Knecht wusste keine Antwort auf die Frage, welcher Bauer wohl eine landwirtschaftliche Dienstmagd mit Namen Anna Reingruber beschäftigte. Gerade, als sich die junge Frau abwandte, um ihr Glück beim nächsten zu versuchen, zupfte sie der Knecht am Ärmel. »Halt mal! Da fällt mir grade etwas ein!«

Irritiert drehte sich Maria wieder um. »Ja? Was meinen Sie?«

»Na ja!« Der Knecht hauchte dampfenden warmen Atem auf seine vor Kälte fast steifen Finger. »So eine Saukälte aber auch!« Er rieb sich energisch die Hände, bevor er sich mit dem ausgestreckten Zeigefinger nachdenklich an die Nase tippte. »Also«, begann er zögernd, »vielleicht heißt sie ja auch gar nicht mehr Reingruber! Hast du darüber schon einmal nachgedacht?«

Maria schüttelte erstaunt den Kopf. »Nein!« Darauf war sie wirklich noch nie gekommen! Unglaublich eigentlich! Aber ihre Mutter war für sie nun eben schon immer die Anna Margareta Reingruber gewesen, das heißt, es hatte recht lange gedauert, bis ihr der Onkel Wilhelm eines Tages schließlich auf wiederholtes hartnäckiges Nachbohren hin die Vornamen der Mutter verraten hatte, den Nachnamen, ja, den hatte sie natürlich gewusst, nachdem sie selbst auf diesen Namen hörte und nicht auf den Nachnamen Ohr wie die anderen Kinder auf dem Goschenhof. Wie hatte sie das auch nicht bedenken können! Natürlich: Ihre Mutter hatte geheiratet und hieß damit gar nicht mehr Reingruber! Wieder war es diese dumpfe Resignation, die sie spürte.

Der Knecht schaute sie forschend an, offensichtlich war ihm die Enttäuschung in Marias Gesicht nicht verborgen geblieben. »Jetzt wirf nicht gleich die Flinte ins Korn, Mädchen! Sag, wie alt ist denn die Frau, die du da suchst?«

Maria überlegte kurz. Sie war nun fast einundzwanzig Jahre alt, die Mutter war damals wohl genauso alt gewesen … »Ich denke, so Anfang bis Mitte vierzig! Aber was …«

»Na überleg doch mal«, schnitt ihr der freundliche Mann das Wort ab. »Dann kann so einer wie ich sie doch gar nicht kennen oder zumindest«, fügte er hinzu, als er die Verwirrung registrierte, die diese simple Feststellung bei seinem Gegenüber auslöste, »zumindest kenne ich sie dann nur unter ihrem neuen Namen – falls sie geheiratet hat. Ich bin ja schließlich selber erst vierundzwanzig, und ich denke nicht, dass sie erst im letzten Jahr geheiratet hat, mit über vierzig noch!«

Allmählich begriff das Mädchen, worauf der andere hinauswollte. Das konnte der Grund sein, weshalb keiner der Knechte ihre Mutter gekannt hatte.

»So«, der Mann schlug wie zur Bestätigung seine Hände zusammen, stolz auf seine Schlussfolgerung. »Dann fände ich es aber besser, wenn du dich mal bei den Älteren nach ihr erkundigst, bei den Bauern, zum Beispiel.« Er deutete mit dem ausgestreckten Arm in die Nähe des vor der Bahnhofstüre aufgehängten Fahrplans, wo ein schätzungsweise fünfzigjähriger dicker Bauer mit rotem Vollmondgesicht ungeduldig auf und ab lief. »Der Dehner da drüben. Das ist einer, dem macht so leicht keiner etwas vor, wenn es um irgendwelche Leute geht und wer mit wem weshalb verwandt oder verschwägert ist oder wer gerade mit wem herumstreitet: der weiß alles, der hat seine Ohren überall! Versuch doch einmal bei dem dein Glück!«

»Das ist eine gute Idee, vielen Dank auch!« Maria hatte die letzten Worte kaum ausgesprochen, als sie schon voller Zuversicht auf den Dicken zueilte, der sie mit gerunzelter Stirn näher kommen sah.

»Grüß Gott, Herr Dehner!«, stieß Maria atemlos hervor, kaum dass sie die Bahnhofstüre erreicht hatte.

Erstaunt musterte der dicke Bauer das Mädchen von oben bis unten. »Ja, kennen wir uns denn?«, brummelte er schließlich neugierig zwischen den kaum geöffneten Lippen hervor. »Wer bist denn du, dass du weißt, wie ich heiße?«

»Ich bin die Maria, Maria Reingruber, und ich suche die Anna Margareta Reingruber. Können Sie mir bitte sagen, wo ich die finde?«, sprudelte es aus ihr hervor.

Der Bauer runzelte neuerlich die Stirn. »Reingruber? Anna Reingruber?« Er schüttelte nachdenklich den Kopf. »Nein, die gibt's nicht! Zumindest so nicht!«

Maria hatte nichts verstanden. Was sollte das denn nun wieder heißen. »Wie bitte?«

»Na, wie ich gesagt habe: Es gibt keine Anna *Reingruber* in Rothenburg!«

In Maria keimte Hoffnung auf. »Aber was für eine denn dann?«, fragte sie vorsichtig und sah dem Dicken gespannt ins Gesicht.

»Gar keine«, wand sich der Angesprochene säuerlich, dem es allem Anschein nach überhaupt nicht behagte, von einer einfachen Dienstmagd ausgefragt zu werden.

»Entschuldigung, Herr Dehner, bitte!« Tränen schossen ihr in die Augen. »Ich, ich …« Krampfhaft suchte sie nach den richtigen Worten. »Es ist nämlich so … Ich meine …« Jetzt nahm sie allen Mut zusammen und fasste sich ein Herz: »Die Anna Reingruber … Das ist nämlich meine Mutter!«

»Deine Mutter!« Der dicke Bauer trat erstaunt einen Schritt zurück. »Deine Mutter! Soll das heißen, dass die Anna …?« Abschätzend musterte er das vor ihm stehende Mädchen noch einmal ganz genau. Dann nickte er bedächtig. »Die Anna hat also eine erwachsene Tochter, so so! Ja, doch.« Er fasste sich nachdenklich an die Nase und schien in seiner Erinnerung zu kramen. »Das könnte schon sein. Mit dem Alter, das haut hin, und eine gewisse Ähnlichkeit ist, glaube ich, auch nicht von der Hand zu weisen!«

Maria war es in diesem Moment, als müsse ihr das Herz vor Freude aus der Brust hüpfen. Sie hatte ihre Mutter gefunden! »Sie lebt also?«

»Ja, wieso soll sie denn nicht mehr leben?«, knurrte der Bauer irritiert. »Nur heißt sie schon lange nicht mehr Reingruber, sondern Hammel. Sie hat den Knecht vom Frankenhof geheiratet, aber das ist schon lange her! Komisch nur, dass man von dir nie etwas gehört hat! Bist wohl ledig zur Welt gekommen, was?«

Das Gesicht des Mädchens färbte sich rosa. Verlegen senkte sie den Kopf. »Na ja, Herr Dehner! So ist es wohl gewesen. Jetzt aber würde ich gern meine Mutter besuchen! Wo finde ich denn den Frankenhof?«

Der Bauer kicherte in sich hinein. »Da wird der Hammel aber Augen machen, dass ihm da neben seiner Maria noch eine zweite Maria hereingeschneit kommt! Du liebe Güte, wird der blöd aus der Wäsche gucken!« Wieder lachte er schallend.

»Maria? Heißt so das Kind?«

»Genauso ist es!« Immer noch kicherte der Bauer belustigt. »Der Hammel und seine zwei Töchter! Na, wird der Augen machen! Da haben sich meine Knechte aber ganz schön was zu erzählen, wenn sie das erfahren! Die werden sich vielleicht die Mäuler zerreißen!« Er klatschte sich belustigt auf die Oberschenkel. »Dann mach dich mal auf den Weg, mein Kind!«

Doch Maria hatte sich bereits umgedreht und war davongelaufen. Sicherlich konnte sie den Weg zum Frankenhof auch bei jemand anderem erfragen, bei jemand Netterem als dem dicken Dehner, zum Beispiel bei dem freundlichen Knecht, der sie auf die richtige Fährte gebracht hatte.

Eine knappe Stunde später erreichte Maria müde und

erschöpft, doch getrieben voller Spannung und Vorfreude den Frankenhof, der außerhalb der Rothenburger Stadtmauer auf einer Ebene lag. Kaum war sie von der Straße auf den hier abzweigenden Feldweg gebogen, als eine müde und abgearbeitet wirkende große Frau hinter dem ersten Schuppen hervorkam. In der Hand trug sie einen Blecheimer, der bis an den Rand mit Wasser gefüllt war. »Hallo, Fräulein«, rief sie der Ankommenden mit rauer Stimme entgegen. »Was willst du denn da?«

»Ich … ich«, stammelte Maria undeutlich. Ärgerlich wurde ihr bewusst, dass sie sich auf diese Frage überhaupt nicht vorbereitet hatte. Und es war doch nur allzu natürlich gewesen, dass ihr genau diese Frage gestellt werden würde. Doch wie sollte man erklären, welchen Zweck der Besuch auf dem Frankenhof hatte? Konnte man denn wirklich gleich mit der Tür ins Haus fallen? Würde das ihrer Mutter gefallen? Wie würde sie wohl reagieren, wenn sie endlich, nach so langer Zeit, ihr Kind wieder zu Gesicht bekäme? Tausend Gedanken schossen ihr durch den Kopf, bis die ärgerlich krächzende Stimme der Frau ihre Überlegungen unterbrach.

»Ja, was denn jetzt? Was ist das denn für ein Gestammel, Fräulein? Kannst du denn auf eine klare Frage keine klare Antwort geben?« Missmutig starrte sie Maria ins Gesicht. »Jetzt sag schon! Ich hab nämlich noch mehr zu tun, als hier herumzustehen und mit mir selbst zu sprechen!«

Maria holte tief Atem und blickte entschlossen in die wässrig-blauen Augen der anderen. »Entschuldigung! Ich … äh … Also, ich bin auf der Suche nach der Anna Margareta Reingruber!«

Mit einem Schlag wich die Farbe aus dem Gesicht der müden Frau. »Wer? Was? Wen suchst du?«, murmelte sie leise und ließ sich auf einen der vor dem Schuppen liegenden Strohballen nieder, die bereits am Morgen von den Knechten herausgeholt worden waren und die man später beim Ausmisten der Ställe zum Neueinstreuen benötigen würde.

»Ich suche die Anna Reingruber!« Maria konnte sich das seltsame Verhalten der Frau nicht erklären.

Lange erhielt sie keine Antwort von der Magd, die auf dem Strohballen hockte und langsam den Kopf schüttelte. »Es gibt keine Anna Reingruber mehr! Schon lange nicht mehr!«

Ein jäher Schreck durchzuckte das Mädchen. »Aber, ich weiß doch ganz genau, dass ...« In diesem Moment fasste sie sich an die Stirn. »Ach so, Entschuldigung! Ja, natürlich: Sie hat ja in der Zwischenzeit geheiratet und heißt jetzt Hammel! Ich suche also die Anna Hammel, um genau zu sein!«

Augenblicklich schoss der Kopf der Frau in die Höhe. »Wieso? Woher weißt du das? Und woher kennst du mich denn überhaupt?«

Maria durchströmte eine warme Woge, und für den Bruchteil einer Sekunde schien es ihr, als würde die Woge über ihr zusammenschwappen und sie in einem Meer von Glückseligkeit versinken. Das also war sie! Die Frau, die da zusammengesunken vor ihr auf dem Strohballen hockte, das war ihre Mutter! Endlich, endlich lernte sie die eigene Mutter kennen!

»Mutter!« Mit einem Jubelschrei beugte sie sich zu der verständnislos zusammenzuckenden Frau hinunter und schlang die Arme um sie. »Mutter!« Dicke Freudentränen liefen über ihre Wangen. »Ich habe dich also endlich gefunden: Mutter!«

Grob schüttelte die Magd Marias Hände von den Schultern und stand mit einer abrupten Bewegung auf.

»Was soll denn das für ein Blödsinn werden?«, herrschte sie das immer noch vor Freude schluchzende Mädchen an. »Ich habe nur eine Tochter, und die ist erst zwölf!«

Mit tränenüberströmtem Gesicht sah Maria auf. »Mutter! Du hast doch noch eine Tochter! Ich bin's: die Maria! Die Maria vom Goschenhof bei Flinsberg!«

Wie ein Donnerschlag wirkten diese Worte auf die abgearbeitete Frau gegenüber. Sie fasste sich mit beiden Händen an die Stirn und schüttelte heftig den Kopf. »Nichts bist du! Gar nichts! Und schon gar nicht meine Tochter! Ich habe nur eine Tochter, und die heißt Maria und ist zwölf Jahre alt! Ein dummes Ding bist du, sonst gar nichts! Und nun schau zu, dass du vom Hof kommst, sonst lasse ich die Hunde los!« Immer mehr hatte sie sich in Rage geredet und die letzten Worte dem Mädchen mit drohend ausgestrecktem Zeigefinger förmlich ins Gesicht geschleudert. Sie beugte sich zu der entgeisterten Maria herab und zog sie im selben Moment unsanft in die Höhe. »Ich sage es dir kein zweites Mal: Hau ab, sonst garantiere ich für nichts!«

Ein heftiger Schubs ließ Maria vorwärts stolpern. »Und nimm gefälligst deinen Koffer mit!«, donnerte die Frau von Neuem los, während sie dem apathischen Mädchen mit einem energischen Griff den Koffer in die Hand drückte. »Und jetzt ab durch die Mitte!« Damit drehte sich die Frau um und schritt hastig auf das Hauptgebäude des Hofes zu, ohne sich noch um den vorher von ihr am Schuppen abgestellten Wassereimer zu kümmern.

Wie in Trance wankte Maria auf dem Weg zurück, auf dem sie vor kurzem gekommen war. Darauf war sie nicht gefasst gewesen! Zum ersten Mal in ihrem Leben hatte sie ihrer Mutter gegenübergestanden, und dann so etwas! Schockiert und zu keinem klaren Gedanken fähig, ließ sie ihren Tränen freien Lauf. Die überraschten Mienen der wenigen Leute, die ihr entgegenkamen, nahm sie nicht einmal wahr. Immer und immer wieder schloss sie die Augen und schüttelte fassungslos den Kopf: Sie konnte sich die zornige Reaktion der Mutter absolut nicht erklären! Was um alles in der Welt hatte sie denn falsch gemacht?

Müde und verzweifelt erreichte sie schließlich den Bahnhof. Dort war die Menschenmenge in der Zwischenzeit erheblich kleiner geworden, und die meisten Bauern hatten allem Anschein nach ihre künftigen Knechte und Mägde gefunden. Auch von der Schar derjenigen, die am Morgen den Zug verlassen hatten, um hier in Rothenburg eine neue Stellung zu finden, war kaum noch jemand übrig geblieben. Ganz allmählich kehrten klarere Gedanken in Marias Gehirn zurück. Irgendetwas musste sie nun unternehmen, aller Enttäuschung zum Trotz! Dabei hatte sie sich die Begegnung mit der Mutter doch so schön ausgemalt und dann ... Nein! Jetzt nicht, später! Mit einer entschiedenen Geste wischte sie die Erinnerung an die schockierenden letzten beiden Stunden aus dem Kopf, so gut das eben ging. Nun musste sie erst einmal an sich und ihre Zukunft denken, an eine Stellung, an eine Unterkunft, ein Bett zum Schlafen und etwas zu essen und zu trinken, später dann, später konnte sie dann weiter darüber nachdenken, was denn eigentlich geschehen war und weshalb ihre Mutter sie zum zweiten Mal in ihrem Leben verstoßen hatte. Wieder schoss ein schmerzhafter Stich mitten durch ihr Herz! Nein, jetzt nicht, jetzt erst schauen, ob noch etwas zu machen war, mit einer Stellung! Oder sollte sie ihren Entschluss rückgängig machen und doch wieder umkehren, zurück nach Dinkelsbühl, zurück zum »Goldenen Engel«, wo es ihr in den letzten fünf Jahren bei der Familie Hainlein ja schließlich so schlecht nicht ergangen war? Und außerdem ... Suchend schaute sie sich um und tat dann einen zögernden Schritt in Richtung Fahrkartenschalter. Wer weiß, fragte sie sich später in der Erinnerung immer wieder, wie ihr Leben wohl weiter verlaufen wäre, wenn nicht im selben Moment der Müller von der Ludleinsmühle aufgetaucht wäre, der sich durch den Deichselbruch der Kutsche so sehr verspätet hatte und kaum noch Hoffnung hegte, am heutigen Tag eine tüchtige Magd verpflichten zu können ...

»Brrr! Da sind wir!« Der Müller zog die Zügel an, und die Kutsche rollte langsam aus. Maria sah sich verwundert um. Auch beim zweiten Teil der Reise war sie so sehr in Gedanken versunken gewesen, dass sie erst jetzt, bei ihrer Ankunft, das große stattliche Mühlengebäude im Taubergrund wahrnahm, das schon seit einer guten halben Stunde im Blickfeld der beiden gelegen hatte. »Dass du mir das mit der Schlaferei am helllichten Tag aber nicht so weitertreibst!«, lachte der Müller amüsiert, als er das Erstaunen in Marias Gesicht bemerkte, die sich verwirrt die Augen rieb. »Willkommen in der Ludleinsmühle!« Wie schon bei ihrer Übereinkunft am Rothenburger Bahnhofsgebäude streckte der Mann noch einmal fröhlich die Rechte aus. »Da, schlag ein! Auf eine gute Zusammenarbeit!« Und damit ließ er seine dicken schwieligen Müllerpranken mit Inbrunst auf die zögerlich ausgestreckte Hand Marias donnern. »Komm mit, gehen wir hinein, damit ich dich mit den anderen bekannt machen kann!«

Zwanzig Mühlen sind es, die zwischen Gebsattel und Steinbach die Versorgung der einst nicht unbedeutenden Freien Reichsstadt Rothenburg ob der Tauber sichergestellt haben. Und was früher eine schiere Überlebensnotwendigkeit war – dass hier das Korn aus der ganzen Umgebung zu Mehl veredelt, aber auch Pulver, Gips und Stein gemahlen wurde – ist heute nostalgische Erinnerung an doch eigentlich gar nicht so lange vergangene Zeiten im romantischen Taubertal. Die meisten Mühlen haben ihre stolzeste Zeit längst hinter sich, das sieht man ihnen an. Wilhelm-Busch-Romantik aus der Ferne – der sichtbare wirtschaftliche Niedergang der einst so reichen Müllersfamilien mit Händen greifbar, wenn man sich nähert. Das Leben dort war für die Knechte und Mägde alles andere als romantisch, das wissen wir aus vielen Beschreibungen des Mühlenalltags ganz genau.

Dennoch scheint es Maria gut getroffen zu haben mit der Ludleinsmühle und ihren Besitzern. Die hätten sie immer gut behandelt, hat sie ein-, zweimal gesagt, und ihr einige Jahre später beim Start in ihr neues Leben sogar geholfen. Noch heute besteht deshalb eine lockere Verbindung zu den Nachfahren der Müller, die längst nicht mehr von der Mühle leben oder gar in ihr wohnen.

»Da kommst du ja endlich, Mann! Wo hast du dich denn die ganze Zeit herumgetrieben?« Ungehalten wandte sich die Müllerin um, als die beiden Neuankömmlinge die Küche betraten, wo die Frau zusammen mit einer weiteren Magd am Küchentisch stand und das Abendessen vorbereitete. »So lange kann es doch nicht dauern, bis man eine Magd findet! Du bist wohl mit den anderen noch in die Wirtschaft gegangen und hast mit ihnen wieder mal gebechert; und wir hier können die ganze Arbeit allein machen, während der Müller den Herrgott einen lieben Mann sein lässt! Komm, gib schon zu, dass es so war.« Die Müllersfrau trat mit energischem Schritt auf ihren Mann zu. »Hauch mich doch einfach mal an!«

»Jetzt mach aber mal einen Punkt!«, entrüstete sich der Müller lautstark. »Da ist man den ganzen Tag unterwegs und am Ende dann so was! Aber bitte, wenn du meinst …« Er nahm einen tiefen Atemzug und hauchte ihr ins Gesicht. »Und, glaubst du mir jetzt?«

Die Müllerin zuckte verlegen die Achseln. »Na ja. Hab ich halt ausnahmsweise einmal Unrecht …« Um von ihrer falschen Unterstellung abzulenken, suchte sie rasch den Blickkontakt zu Maria. »Aha, das soll also unsere neue Magd sein!« Abschätzend musterte die Frau ihre neue Angestellte von oben bis unten. Auch die zweite Magd hatte ihre Arbeit unterbrochen und betrachtete ihre neue Kollegin neugierig.

Maria, die immer noch unter dem Eindruck der Begegnung mit ihrer Mutter stand, schluckte trocken. Hoffentlich ging das alles nicht so weiter, wie es begonnen hatte. Die Müllerin sah eigentlich gar nicht so aus, als würde sie ihre Dienstboten schikanieren oder besonders streitsüchtig sein, sondern vermittelte mit ihrem zu einem strengen Knoten gesteckten grauen Haar und der schlichten schwarzen Kleidung mehr den Eindruck einer ernsthaft arbeitenden Frau, die freilich wusste, was sie wollte.

Die Müllersfrau nickte, offenbar war die Musterung zu ihrer Zufriedenheit ausgefallen. »Na, mein Kind, wie heißt du denn?« fragte sie freundlich.

Maria, deren Herz vor Aufregung heftig pochte, war froh, dass sie die Prüfung anscheinend bestanden hatte. Sie sah auf und schaute der neuen Herrin offen ins Gesicht. »Maria! Ich bin Maria!«

»Ha, noch eine Maria!«, lachte die Müllerin und klatschte belustigt in die Hände. »Das wird ja ein schönes Durcheinander geben, wenn ich euch rufe! Dann kommen womöglich immer gleich beide angerannt!«

»Oder gar keine!«, warf der Müller amüsiert dazwischen und stimmte in das Gelächter ein.

»Oder gar keine, genau! Das wäre natürlich auch möglich, nicht wahr?« Die Frau drehte sich zu der hinter ihr stehenden Magd um, die ebenfalls ein breites Grinsen aufgesetzt hatte und jetzt hinter der vorgehaltenen Hand ein glucksendes Kichern vernehmen ließ.

Die Verwirrung bei Maria war komplett – was war denn daran so lächerlich, wenn ein Mädchen Maria hieß? Warum wurde sie denn nun plötzlich auch noch ausgelacht?

Es war alles zu viel für sie heute; verzweifelt senkte sie den Kopf, und Tränen schossen ihr in die Augen. Sie konnte und wollte sie nicht mehr zurückhalten und hielt sich heftig schluchzend die Hände vor das Gesicht.

»Aber Kind! Was ist denn mit dir?« Erstaunt sah die Frau, welche Auswirkungen das Gelächter hervorgerufen hatte. Besorgt ergriff sie die Schultern des Mädchens, das von einem bitteren Weinkrampf geschüttelt wurde. Doch das Schluchzen wurde durch diese gut gemeinte Geste eher noch stärker. Verwundert suchte die Müllerin Blickkontakt mit ihrem Mann, doch der zuckte nur ratlos die Achseln.

»Weiß auch nicht, was mit ihr ist«, brummelte er leise, mehr zu sich selbst. »Na ja, auf der ganzen Fahrt schon war sie so schweigsam!« Er machte eine hilflose Handbewegung. »Ist vielleicht ein bisschen aufgeregt, so jung ganz allein in einer fremden Stadt und jetzt auch noch in einem fremden Haushalt. Und dann haben wir sie auch noch ausgelacht, das war dann wohl ein bisschen zu viel …«

»Ausgelacht! Aber du Dummerchen!« Die Müllerin drückte das weinende Mädchen nun eng an ihre Brust und streichelte ihr zärtlich das blonde Haar. »Kein Mensch hat dich doch auslachen wollen! Es ist doch nur so, dass deine Kollegin auch Maria heißt! Verstehst du?« Sachte umfasste sie Maria Gesicht und erhob es langsam, um mit gütigem Blick in die rot geweinten Augen zu sehen. »Da Kind, schau. Das da drüben, das ist Maria! Das ist unsere andere Magd! Wir haben gelacht, weil wir jetzt gleich zwei Marias auf der Mühle haben, aber doch nicht über dich!« Wieder streichelte sie sanft Marias Wange.

Wie durch einen watteweichen weißen Nebel begriff das verstörte Mädchen allmählich. Ein neuerliches, jetzt aber befreites Schluchzen drang aus ihrer Kehle und verlegen schniefend suchte sie nach einem Taschentuch. Die Magd, die bisher im Hintergrund gestanden hatte, tat einen raschen Schritt auf ihre neue Kollegin zu. »Da, nimm das!«, sagte sie und reichte ihr ein großes graues Taschentuch.

»Danke!«, murmelte Maria, nahm das Tuch dankbar und schnäuzte sich kräftig. Für eine Weile herrschte Stille. »Entschuldigung«, sagte Maria schließlich leise. »Das war wohl dumm von mir … ich … das wird …« Unsicher suchte sie nach den richtigen Worten.

»Schon gut, schon gut!« Die Müllerin gab ihr einen aufmunternden Klaps auf den Rücken. »Ist doch nichts passiert! Wir werden auch sicherlich gut miteinander auskommen! Also, Maria«, und damit wandte sie sich an die andere, »dann bring deine neue Kollegin doch erst einmal auf eure Kammer!«

»Gern«, nickte die, streckte den Arm aus und nahm Maria bei der Hand. »Komm, ich zeig dir, wo wir schlafen! Lass nur, deinen Koffer trage ich!« Schon hatte sie den Koffer in die andere Hand genommen und zog das Mädchen hinter sich her.

Gerade wollten sie die Küche verlassen, als ein junger Mann mit feuerrotem Haar eilig die Treppe des Hausflurs hinaufpolterte. An der Küchentür wären sie fast aufeinander geprallt. »Immer langsam mit den jungen Pferden, Johann!«, lachte die Magd und trat einen Schritt zurück. »Seit wann hast du es denn so eilig?«

»Schon immer, Schwesterherz«, knurrte der Rotschopf und aus seinen wasserblauen Augen glitzerte es belustigt. »Besonders dann, wenn ein hübsches Mädchen auf mich wartet!« Neugierig musterte er bei diesen Worten Maria, die vor Verlegenheit auf den Boden schaute. »Ja, wen haben wir denn da Neues?«, fragte er keck. Weil der junge Mann ein ganzes Stück kleiner war als Maria, konnte er trotz ihres gesenkten Kopfes direkt in Marias Augen schauen. »Und mit so dicken blonden Zöpfen und so schönen braunen Augen!«

Die andere stampfte jetzt ärgerlich mit dem Fuß auf. »Lass das doch, Johann! Du siehst doch, wie du Maria in Verlegenheit bringst!«

»So, so, Maria heißt sie also!« Johann lachte. »Also noch eine Maria in der Mühle! Na, das kann ja lustig werden, wenn man dann Maria ruft! Da darf man gespannt sein, welche …«

»Das haben wir grade schon gehabt!«, unterbrach nun der Müller die Überlegungen seines Knechtes. »Na, was gibt's denn? Du bist doch sicher nicht wegen unserer neuen Magd hierher gekommen!«

»Na ja! Wie man's nimmt!«, griente Johann. »Gelohnt hat es sich jedenfalls!« Wieder bedachte er das Mädchen, das am liebsten im Boden versunken wäre, mit einem belustigten Blick.

»Jetzt langt's aber, Johann!« Der Müller war drauf und dran, die Geduld zu verlieren. »Also, was willst du?«

Der Knecht hob entschuldigend die Hände und spreizte die Finger auseinander. »Schon gut, schon gut!«, er runzelte die Stirn und kratzte sich nachdenklich hinter dem Ohr. »Ich glaube, bei Judith ist es heute so weit …« Er machte eine Pause und wartete die Wirkung seiner Worte ab.

»Aber das wäre ja mindestens drei Wochen zu früh!« Der Müller schüttelte den Kopf. »Das glaube ich nicht …«

»Das hab ich auch gedacht, aber es ist ziemlich eindeutig, dass Judith ihr Fohlen noch heute Abend bekommt, und deshalb wollte ich Sie dazuholen.« Johann wandte sich der Tür zu und wollte die Küche wieder verlassen, als ihn der Müller zurückhielt.

»Warte mal, Johann! Meinst du, wir brauchen den Tierarzt? Soll ich ihn holen, was glaubst du?«

Johann drehte sich um und schüttelte den Kopf. »Das wäre ganz gut gewesen, aber ich glaube, das ist zu spät. Bis jetzt jemand von uns oben in der Stadt ist und der Tierarzt dann endlich hier unten ankommt, ist alles schon gelaufen, meine ich.« Er legte die Hand auf den Türgriff. »Ich geh dann schon mal vor in den Stall! Maria«, damit wandte er sich an die Magd, »sorgst du bitte dafür, dass wir nachher einen großen Kessel mit heißem Wasser haben?«

Die Magd nickte. »Klar, machen wir sofort! Komm Maria, lass uns schnell deinen Koffer in die Kammer bringen, und dann kannst du mir helfen!«

Es war kurz nach acht Uhr, als Maria zögernd das Stallgebäude betrat. Nachdem das Tagwerk geschafft und das Nachtessen eingenommen worden war, hatte sich Stille über die Ludleinsmühle gesenkt. Die Müllersleute und ihre Kinder hatten sich in der Stube vor dem warmen Ofen versammelt, während die Magd ihre gemeinsame Kammer aufgesucht hatte. Sie sei müde von dem anstrengenden Tag und würde sich gleich ins Bett legen, hatte sie noch gemeint. Schließlich müsse man ja in aller Herrgottsfrühe wieder auf den Beinen sein, denn morgen war Backtag, und das hieß, schon lange vor Anbruch der Tagesdämmerung den großen Holzbackofen anzuheizen, der in einem kleinen Backsteingebäude neben der Mühle untergebracht war.

Maria wollte am ersten Abend an ihrer neuen Arbeitsstelle noch nicht schlafen gehen, obwohl sie sich nach den Ereignissen dieses Tages ziemlich müde und erschöpft fühlte. Doch zu viel ging ihr noch im Kopf herum, und um sich von den trüben Gedanken ein wenig abzulenken, wäre es wohl das Beste, sich mit anderen Dingen zu beschäftigen. Und so hatte sie beschlossen, sich das neugeborene Fohlen anzuschauen.

Maria fröstelte und schlug den Kragen ihres Mantels hoch, als sie mit einem Windlicht in der Hand durch den vor Kälte knirschenden Schnee zu den Stallungen hinüberlief. Die Schweine wurden durch die quietschende Stalltür aufgeschreckt und grunzten aufgeregt. Leise schlüpfte das Mädchen in das stockdunkle Gebäude hinein und hob das Windlicht höher, um sich im trüben Schein der Petroleumlampe wenigstens einigermaßen orientieren zu können. Ganz hinten in der Stallecke sah sie Lichtschein und ging vorsichtig an den Pferdeboxen vorbei darauf zu, bis sie schließlich das andere Ende des Stalles erreicht hatte. Dort kauerte der kleine rotblonde Knecht im Stroh und streichelte behutsam das vor ihm liegende hellbraune Fohlen. Überrascht hob er den Kopf, als Maria vor ihm stand. Einen Moment lang blinzelte er unsicher und schien zu überlegen. Dann huschte ein Lächeln über sein Gesicht. »Aha, die neue Maria! Du willst wohl unser Fohlen begutachten, stimmt's?«

Maria lächelte zurück und nickte. Suchend schaute sie sich um, bis sie einen Haken gefunden hatte, an den sie das

Windlicht hängte. Dann ließ sie sich langsam auf die Knie nieder und warf einen zaghaften Blick erst auf das Tier und dann auf Johann. Zögernd streckte sie die Hand aus. »Darf ich?«

»Natürlich«, nickte der Knecht. »Das mag es gern!«

Vorsichtig streichelte Maria das warme, noch feuchte Fell des Fohlens, das erschöpft von der Geburt vor ihnen lag. »Das fühlt sich wunderbar an. So ein niedliches kleines Wesen!« Sie strahlte vor Freude. »Was ist es denn eigentlich? Ein Hengst oder eine Stute? Habt ihr ihm schon einen Namen gegeben?«

Johann lächelte. »Natürlich! Es ist ein Hengstfohlen, und der Müller hat es Julmond getauft, so hatte sein bester Hengst geheißen, der vor zwei Jahren gestorben ist. Hoffentlich wird es auch so ein tolles Pferd!« Anerkennend nickte der Knecht bei der Erinnerung an den alten Hengst. Dann strahlte er Maria breit grinsend an. »Wenn es ein Stutfohlen geworden wäre, hätten wir es Maria genannt! Das wäre doch lustig gewesen: zwei neue Marias an einem Tag!« Er kicherte. »Dann wäre das Durcheinander noch größer gewesen, wenn jemand Maria gerufen hätte! Was meinst du?«

Maria schoss verlegene Röte ins Gesicht, und hingebungsvoll streichelte sie das Fohlen. Unsicher hielt sie den Blick gesenkt und schwieg.

»Na ja! Ist ja nicht böse gemeint, Entschuldigung!« Der Knecht hatte bemerkt, dass er sie in Verlegenheit gebracht hatte. Er streckte die Hand aus und sah sie dabei offen und freundlich an. »War nicht so gemeint! Entschuldigung angenommen?« Maria nickte. Sie drückte die schwielige Hand des jungen Mannes. »Natürlich!« Eine Zeit lang herrschte Stille im Stall. Maria hatte den Kopf des Fohlens auf ihre Oberschenkel gelegt und streichelte weiter zärtlich das junge Pferd, das diese Zuwendung zu genießen schien. Johann hatte sich zurückgelehnt und betrachtete schweigend das friedliche Bild.

»Du kennst dich mit Pferden gut aus, nicht wahr?«, begann das Mädchen nach einer Weile den Gesprächsfaden wieder aufzunehmen.

»Wer sagt das?!« Überrascht hob Johann den Kopf.

»Maria, ich meine, deine Schwester«, fügte sie erklärend hinzu, »sie hat mir vorhin erzählt, wie du schon als kleiner Bub mit Pferden hast umgehen können. Das hat man, oder man hat es nicht, sagt sie.«

»So, so, Maria!«, brummelte der junge Mann. »Wenn sie meint …«

»Ich selbst verstehe davon leider überhaupt nichts.«

»Obwohl du doch von einem Bauernhof kommst?«

Maria nickte langsam. »So groß ist unser Hof halt nicht. Und so reich auch nicht. Wir hatten immer nur Kühe, zu mehr hat es nicht gelangt. Und so sind wir dann halt nur mit dem Kuhgespann aufs Feld gegangen!«

»Mmmh, verstehe,« Johann nickte bedächtig. »Ist natürlich eine schlimme Arbeit, viel anstrengender als mit Pferden. Und man schafft längst nicht so viel Fläche, wenn man nur eine Kuh angespannt hat!«

»Stimmt!« Sie dachte daran, wie erschöpft und abgekämpft ihr Vater und der Onkel Wilhelm immer von der Feldarbeit zurückgekommen waren und wie oft sie Gespräche mit angehört hatte, in denen die beiden Brüder diskutiert hatten, wie sie es anstellen konnten, irgendwann einmal ein oder noch besser zwei Pferde anzuschaffen. Gerade für das Pflügen hatten sie sich ein Pferd gewünscht, doch es war Wunschtraum geblieben, zumindest in der Zeit, als Maria auf dem Goschenhof gelebt hatte. Ein kurzer, schmerzhafter Stich durchzuckte ihre Brust: Heimweh! Mit einer energischen Handbewegung wischte sie die trüben Gedanken beiseite.

Johann schaute sie forschend an. »Ist was?«

»Nein, nein! Alles in Ordnung!« Sie erwiderte seinen Blick. »Ist halt ein bisschen Heimweh im Spiel«, lächelte sie verlegen.

»Verstehe. So ist es mir vor acht Jahren auch ergangen, als ich hier angefangen habe. Und damals war meine Schwester noch nicht dabei, die ist ja schließlich jünger als ich!«

»So lange bist du schon hier?« Maria staunte. »Und die ganze Zeit hast du hier verbracht?«

»Habe ich!« Der kleine junge Mann lächelte nachdenklich. Er machte eine Pause, während der er sich an die Jahre zurückzuerinnern schien. »Ist schon eine Menge Zeit verflossen! Manchmal kann ich's selbst kaum glauben!« Johann lehnte sich wieder zurück und schloss die Augen, während er langsam weitersprach. »Ja, ich war damals gerade vierzehn. Die Schulzeit war vorbei, und meine Eltern hatten mit dem Müller die Stellung hier in der Ludleinsmühle für mich ausgemacht. Obwohl ich gar nicht gewollt habe: Rotz und Wasser habe ich geheult, als mir der Vater gesagt hat, dass ich als Knecht in der Mühle arbeiten müsse!« Einen Augenblick lang spielte ein bitterer Zug um seinen Mund. Er öffnete die Augen und sah Maria nachdenklich an. »Nein, das war absolut nicht meine Wunschstellung, hier unten im Taubertal! Ich hatte so gern eine Maurerlehre machen wollen. Der Lehrer hat mich dabei unterstützt und den Eltern sogar noch gut zugeredet, dass sie mir das doch ermöglichen sollen, aber es war alles vergeblich. Obwohl ich ein guter Schüler war und sogar eine Lehrstelle in Rothenburg hätte bekommen können. Da hat man reden können, was man wollte! Und so bin ich schließlich hier in der Mühle gelandet. Na ja, schlecht ist es nicht, und die Müllersleute sind ja auch in Ordnung, Gott sei Dank!« Er drückte den Rücken durch und erhob sich mit einem plötzlichen energischen Ruck. Maria ergriff die ausgestreckte Rechte und tat es ihm nach.

»Komm jetzt! Schluss mit den trüben Gedanken!« Johann nahm die beiden rußig flackernden Petroleumlampen vom Haken und reichte eine davon weiter an das Mädchen. »Also, Gute Nacht, ihr Pferde! Höchste Zeit, dass wir ins Bett gehen! Morgen früh ist die Nacht vorbei!« Aufmunternd schnalzte er mit der Zunge und ging vor Maria her zur Stalltür. Eigentlich ein ganz netter Bursche, dachte sie bei sich. Und auch mit seiner Schwester Maria schien man gut auskommen zu können. Die Müllersleute waren nach allem, was sie bisher gehört und gesehen hatte, ebenfalls in Ordnung. Und so endete dieser erste Tag in Rothenburg, der so viele Aufregungen und bittere Enttäuschungen mit sich gebracht hatte, doch noch viel hoffnungsvoller, als sie zwischenzeitlich hatte befürchten müssen.

Januar 1926

»Du Johann, stimmt es, was ich da gehört habe?«

Der Müllersknecht, der gerade mit dem Ausmisten der Pferdeställe beschäftigt war, wandte sich überrascht um. »Was du wo gehört hast?«

»Na ja, Maria, also deine Schwester …«, begann Maria zögernd.

Johann unterbrach seine Arbeit und lehnte grinsend die Mistgabel an einen Pfosten. »Dass die Maria meine Schwester ist, weiß ich auch so schon! Da erzählst du mir nix Neues mehr!« Der kleine Mann musterte Maria erstaunt aus seinen wasserblauen Augen. »Also, das Herumdrucksen ist doch sonst nicht deine Art? Was gibt's denn?«

Maria wusste nicht recht, wie sie beginnen sollte. Schließlich aber gab sie sich einen Ruck und hob den Kopf. »Deine Schwester hat gesagt, dass du an Lichtmess gehen würdest und dir eine andere Stellung suchen wolltest. Stimmt das?« Forschend sah sie ihm ins Gesicht.

Verlegen sah Johann auf den Stallboden. »Und wenn es so wäre? Würde es denn eine Rolle spielen?«, murmelte er zwischen den kaum geöffneten Lippen hervor.

»Na, jetzt hör aber mal!« Entrüstet stemmte das Mädchen die Arme in die Hüften. »Als wenn das niemanden interessieren dürfte, wenn du uns im Stich lassen willst!«

»Im Stich lassen? Davon kann aber wirklich keine Rede sein!« Johann schüttelte heftig den Kopf. Dann machte er einen Schritt auf sie zu und legte seine Hände auf ihre

Schultern. Ernst erwiderte er Marias Blick. »Aber jetzt denk mal nach: Es werden jetzt zehn Jahre, die ich als Knecht hier in der Ludleinsmühle arbeite. Findest du nicht, dass es allmählich an der Zeit wäre zu wechseln, bevor ich hier noch zum Inventar gehöre?« Er machte eine Pause, während er sie weiterhin unverwandt fixierte. »Immerhin werde ich vierundzwanzig Jahre alt, und da muss ich langsam auch an meine Zukunft denken!« Er nahm die Arme von Marias Schultern und senkte den Blick. »Irgendwann will man ja vielleicht auch eine Frau und Kinder haben. Vielleicht kann ja auch ein Knecht ausnahmsweise mal eine Familie gründen, was schließlich schwer genug sein wird!«

Maria war es, als würde sich der Boden unter ihren Füßen bewegen. Ihr wurde schwindlig. Mit dem rechten Arm umklammerte sie einen der Holzpfosten. »Ach so, jetzt verstehe ich!«, murmelte sie leise. »Du hast eine Bekanntschaft gemacht und willst heiraten!«

Johann atmete tief durch. »Genau! Du hast es erraten!«

Er schien mit einem Schlag wie verwandelt: Die alte Fröhlichkeit und gute Laune war in ihn zurückgeströmt. »Wäre doch schön, oder? Das gönnst du mir doch sicher!«

Rasch drehte sie sich bei diesen Worten um: Er sollte nicht bemerken, dass ihr die Tränen in die Augen gestiegen waren. »Doch … natürlich! Ich gönne es dir von Herzen«, stammelte sie und wandte sich zum Gehen.

»Halt, halt! Wohin denn so eilig?« Der Knecht zupfte am Träger ihrer Schürze und hielt sie fest.

»Ich muss … ich kann nicht … ich«, Maria rang nach Worten und kämpfte gleichzeitig immer verzweifelter gegen die Traurigkeit an, die sich in ihr ausbreitete.

»Aber Maria!«, erschrocken hatte Johann jetzt die Verwandlung bemerkt, die innerhalb von Sekunden in ihr vorgegangen war. »Ich habe dich doch nicht kränken wollen, nein! Alles, nur das nicht!« Er breitete die Arme aus und versuchte, Maria an sich zu ziehen, doch die wehrte mit einer raschen Bewegung ab.

»Lass mich, bitte! Was würde denn sonst deine Verlobte dazu sagen!«

»Verlobte? Welche Verlobte denn?« Einen Augenblick lang schien Johann nicht zu begreifen. Überhaupt fand er das plötzlich so abweisende Verhalten von Maria reichlich merkwürdig. Doch dann tippte er sich an die Stirn: Jetzt war ihm ein Licht aufgegangen! »Ach so, das ist es also! Maria!« Noch einmal versuchte er, sie an den Schultern zu packen, und wieder schüttelte sie ihn ab.

Er rang die Hände. »Aber Maria, bitte! Du hast das alles falsch verstanden! Ganz falsch!«

»Wüsste nicht, was man dabei falsch verstehen kann …«

»Es ist nicht so, wie du denkst! Ich habe keine Verlobte!«

»Dann eben eine Freundin!« Trotz ihrer harschen Worte begann in Maria so etwas wie ein Hoffnungsfunke zu glimmen. Doch schon mit Johanns nächstem Satz war er schlagartig wieder erloschen.

»Stimmt«, gab er nachdenklich nickend zu. »Eine Freundin! Aber …«

»Also, dann habe ich ja doch Recht, und deshalb wünsche ich dir alles Gute!« Wieder drehte sie sich um, und wieder hielt er sie am Schürzenzipfel fest.

»Aber es ist eine Freundin, die anscheinend gar nichts davon weiß! Obwohl sie, zumindest glaube ich das«, fügte er mit gerunzelter Stirn hinzu, »mich auch ganz gern mag!«

»Wie kann sie das nicht wissen? Entweder ist sie deine Freundin oder nicht! So ein Blödsinn!«

»Ist es nicht«, wehrte Johann ab. »Und außerdem heißt sie Maria!«

»Noch eine Maria! Das wird ja richtig komisch allmählich!«

»Maria!« Er packte sie nun mit beiden Händen fest bei der Schulter und schüttelte sie entschieden. »Maria! Sieh mich an! Begreifst du denn gar nichts? Maria!«

Verwundert sah das Mädchen, dass es nun auch in Johanns Augen verdächtig funkelte. »Was soll ich denn begreifen!«

Sein durchdringender Blick traf sie mitten ins Herz. »Maria! Ich meine doch dich! Du bist es, die ich will – und sonst keine!«

Eine Woge der Glückseligkeit schlug über ihr zusammen. Das konnte einfach nicht sein – das wäre ja … Ihr Herz klopfte rasend. »Du willst damit sagen …« Jetzt nur keine Enttäuschung! Das würde sie nicht überleben!

»Endlich!« Johann atmete tief aus und wandte den Kopf zum Himmel. »Sie hat es begriffen! Maria! Das musst du doch schon lange gespürt haben: Du und ich, wir gehören zusammen! Das findest du doch auch, oder?« Plötzlich war die ganze Selbstsicherheit wieder aus Johanns Miene gewichen, und aus bangen Augen musterte er die junge Frau. Offenbar war ihm erst in diesem Moment in den Sinn gekommen, dass seine Zuneigung vielleicht nicht so selbstverständlich erwidert werden würde, wie er es schon seit einer ganzen Weile erhofft und vermutet hatte. »Maria! Du empfindest das doch auch, oder?« Wieder dieser ängstliche Blick, mit dem er auf Marias Antwort wartete.

Maria hätte die ganze Welt umarmen können und konnte ihr Glück fast nicht glauben. »Aber Johann, du Dummer!« Sie schüttelte tadelnd den Kopf. Ein breites Lächeln zog sich über ihr Gesicht.

»Heißt das ... meinst du ... habe ich also richtig ...«, stammelte der plötzlich so verunsichert dastehende junge Mann zaghaft.

»Aber ja! Natürlich!«

»Maria!« Selig lagen sich die beiden in den Armen. Johann drückte seine Liebste innig an sich und küsste sie wieder und wieder.

Lange standen sie eng umschlungen da, bis Maria sich zaghaft aus der Umarmung löste und mit unsicher tastenden Bewegungen ihr Haar ordnete. »Ich glaube, wir müssen langsam weiterarbeiten! Nicht dass der Müller oder die Müllerin vorbeikommen und uns ausschimpfen, wenn wir hier einfach nur rumstehen und dumme Sachen machen!«

Johann lachte befreit auf. »Dumme Sachen! Als wenn es nicht Dümmeres geben würde! Außerdem würde der Müller das schon verstehen!«

Maria runzelte die Stirn und betrachtete den jungen Knecht nachdenklich. »Nun sag einmal, Johann! Wie hast du das denn vorhin gemeint? Willst du wirklich weggehen?« Wieder schlug ihr Herz bis zum Hals: Würde er sie hier zurücklassen? Und dann?

Verlegen senkte Johann den Kopf und fingerte nervös an den Knöpfen seiner Jacke herum. »Nun ja, wenn du mich so direkt fragst«, begann er zögernd. »Gut, dann bin ich ehrlich zu dir!« Entschlossen sah er auf. »Ich hab halt mal ein bisschen auf den Busch geklopft, bei meiner Schwester. Irgendwie musste ich doch wissen, was du von mir hältst und wie wichtig ich dir bin. Und da hab ich ein paar Andeutungen gemacht, von wegen eine andere Stellung suchen und so weiter. Denn dass du von meinen angeblichen Absichten erfährst, war klar. So gut kenne ich meine Schwester schließlich! Und wenn du mich dann kommentarlos hättest gehen lassen, na ja, dann hätte ich gewusst, woran ich bin und wäre auch tatsächlich gegangen!« Er runzelte die Stirn und blickte sie mit ernsten Augen an. »Ich hätte das sonst nicht mehr ausgehalten – zusammen mit dir bei derselben Herrschaft zu arbeiten, wenn du mich nicht gewollt hättest!«

»Aber Johann!« Euphorisch drückte sie ihm einen Kuss auf die Wange. »Wie kannst du nur so etwas denken!«

»Weiß man es denn vorher?« Er zuckte die Achseln. »Und auf der anderen Seite frage ich mich manchmal, wie ich eine Familie ernähren kann – mit dem bisschen Lohn, den ich einmal im Jahr vom Müller bekomme. Und wo sollten wir wohnen, wenn wir eine Familie gründen wollten? Das alles ist weiß Gott nicht einfach!« Bekümmert starrte er an ihr vorbei auf die Stallwand.

»Ach Johann, das wird alles werden. Wir müssen nur fest an den Herrgott glauben und fleißig arbeiten, dann haben wir in ein paar Jahren genügend angespart. Und jung genug sind wir dann auch noch!« Voller Zuversicht legte sie die Hand auf Johanns Schulter.

»Also, du meinst ich solle hierbleiben und nicht eine Stellung suchen, wo ich eventuell ein paar Mark mehr verdiene?«

»Aber ja nicht! Du bleibst hier unten bei mir in der Mühle, und in ein paar Jahren sind wir dann so weit ...«

Ein fröhliches Kichern aus mehreren Kinderkehlen unterbrach sie mitten im Satz. »Wir haben euch gesehen, wir haben euch gesehen!«, tönte es laut von der Stalltür her.

Erschrocken fuhr sich Maria mit der Hand an den Mund. »Die Kinder! Oh Gott, wenn die uns jetzt verraten! Das will ich nicht! Komm, Johann«, und damit zog sie ihn rasch hinter sich her. »Wir müssen mit ihnen sprechen, bevor sie davonlaufen und es überall herumerzählen. Auf, schnell!« Mit hastigen Schritten eilten die beiden aus dem Stall.

10. Dezember 1926, Vormittag

Ein jämmerlicher, langgezogener Schrei quälte sich aus ihrem Mund. Schweißperlen standen auf der Stirn der Gebärenden, die mit vor Schmerz weit aufgerissenen Augen zur Decke starrte.

Mit wachsender Verzweiflung blickte die Müllerin zur Tür der Gesindekammer. »Wo bleibt denn nur die Hebamme? Das kann doch nicht so lange dauern! Weshalb hast du uns denn aber auch nicht rechtzeitig gesagt, dass du schwanger bist? Diese jungen Dinger«, ärgerlich schüttelte sie den Kopf. »Wollen unsereins ewig zum Narren halten, aber irgendwann …«

Ein neuerlicher Schrei unterbrach die Müllersfrau mitten in der Rede. Mitleidig beugte sie sich zu Maria hinunter und wischte ihr mit einem feuchten Tuch sanft über die heiße Stirn. Wieder sandte sie einen ungeduldigen Blick zur Tür, doch von der Hebamme war weit und breit nichts zu hören oder zu sehen. »Ich habe Johann doch schon vor einer guten Stunde losgeschickt«, murmelte sie mehr zu sich selbst als zu der leise vor sich hinstöhnenden Maria.

Mit sorgenvoller Miene betrachtete sie den Bauch der Schwangeren. »Wie hast du es denn bloß geschafft, die Schwangerschaft vor uns zu verstecken? Du musst dich ja regelrecht eingeschnürt haben! Das kann doch nicht gut tun, keinem von beiden!« Vorsichtig tastete sie mit beiden Händen den prall gespannten Bauch des Mädchens ab. »Und du sagst, du müsstest nach deiner Rechnung im neunten Monat sein?« Maria nickte schwach, die Augen nach wie vor an einen imaginären Punkt an der Decke gerichtet.

Die Müllersfrau betrachtete sie nachdenklich. »Dann wäre es zwar eine Frühgeburt, aber das müssten wir eigentlich schaffen, wenn das Kind gesund ist …« Wieder schüttelte sie missbilligend den Kopf. »Aber sich so lange so brutal einzuschnüren! Kind, Kind, Kind!«

Im selben Moment hörte sie hastige Schritte auf der Treppe, und im nächsten Moment stürmte eine große, stämmige Frau Ende vierzig in das Zimmer.

»Frau Klammer! Endlich! Ich hab schon gedacht, ich müsste das Kind allein auf die Welt holen!« Erleichtert atmete die Müllerin durch.

Die Hebamme schob sie zur Seite und warf einen prüfenden Blick auf die gequält stöhnende junge Frau. Dann stellte sie ihre Tasche auf den Boden, zog den Mantel aus, krempelte die Ärmel hoch und streichelte sanft den Bauch der Schwangeren. »Das wird schon! Ist ja nicht das erste Kind, das in Rothenburg auf die Welt kommt! Sie werden sehen, morgen ist die Welt schon fast wieder in Ordnung!« Sie blickte sich suchend in der Kammer um. »Sind heißes Wasser und Tücher schon vorbereitet? Nein?« Nach einem weiteren Blick auf Maria runzelte sie die Stirn. »Dann wird es aber höchste Zeit!« Sie riss die Tür auf, sodass der mit betretener Miene unschlüssig vor dem Zimmer stehende Johann vor Schreck heftig zusammenzuckte. »Und was hast du da so nichtsnutzig herumzustehen?«, fauchte sie den Knecht harsch an. »Auf, auf, schnell runter und Wasser geholt. Es dauert nämlich nicht mehr lange!«

10. Dezember 1926, nachmittags

»So, das hätten wir geschafft!« Befriedigt nickte die Hebamme, während sie sich in der Waschschüssel sorgfältig die Hände wusch. »Aber das nächste Mal sagt ihr mir eher Bescheid, haben wir uns verstanden?«

Die Müllersfrau zuckte hilflos mit den Schultern. »Ob Sie es glauben oder nicht: Bis vor ein paar Stunden habe ich ja noch nicht einmal geahnt, dass die Maria schwanger ist. Sie hat sich ganz streng eingewickelt, damit wir ja nichts davon merken, mein Mann und ich! Und Johann hat natürlich auch kein Sterbenswörtchen verlauten lassen!«

Die Hebamme schüttelte ärgerlich den Kopf und griff noch einmal zur Seife. »Johann, das ist der Vater. Stimmt's?«

»Ja, so ist es, mittlerweile bin ich auch darüber im Bilde. Das ist der, der Sie heute Morgen geholt hat!«

»Habe ich mir fast gedacht, so wie dem die Panik ins Gesicht geschrieben stand! Typisch werdender Vater, die sehen irgendwie immer alle gleich aus, besonders beim ersten Mal!« Sie drehte sich suchend um. »Ach ja, ich denke, wir können den Armen jetzt ruhig von seinen Qualen befreien! Was meinen Sie?«

»Stimmt! Den habe ich vor lauter Aufregung ganz vergessen! Aber sicher wird er noch draußen stehen und warten!« Damit öffnete die Müllerin die Kammertür und lächelte dem blassen Knecht aufmunternd zu. Sie streckte die Rechte aus: »Herzlichen Glückwunsch, Johann! Du hast einen Sohn!«

Der Knecht starrte sie ungläubig an und regte sich sekundenlang nicht vom Fleck. Erst als aus der Kammer das leise Weinen des Kindes zu hören war, kehrte das Leben in ihn zurück: Stürmisch drängte er hinein und beugte sich über das Bett. »Maria!« Es war mehr ein heiseres Krächzen, das aus seinem Mund drang.

Maria hatte die Augen geschlossen und lag mit blassem Gesicht regungslos da. An ihrer Seite lag das ganz in weiße Tücher gewickelte Kind, das jämmerlich zu weinen begonnen hatte. Mit sorgenvollem Blick drehte Johann sich um und sah die Hebamme an. »Keine Sorge!«, lächelte die beruhigend. »Maria muss sich nur ein bisschen von der Strapaze ausruhen, das war nämlich ganz schön kritisch vorher! Aber ansonsten geht es ihr gut! Und dein Junge«, wieder huschte ein Lächeln über ihre Miene, »der hat ja schon eine ganz schön laute Stimme! Er kann es später mal mit seinem Vater als Fuhrmann aufnehmen – bei dem Organ, das er jetzt schon hat!«

Johann seufzte erleichtert, allmählich fiel die Sorge von ihm ab. »Dann ist also alles in Ordnung? Alle sind gesund?«

»Genau so ist es!« Die Hebamme trocknete sich die Hände ab und nickte zufrieden. »Mutter und Kind sind wohlauf, wie man so schön sagt!«

Nochmals tief seufzend wischte sich Johann den Schweiß von der Stirn. »Gott sei Dank! Ich hatte schon die allerschlimmsten Befürchtungen!«

»Dazu gab es ja auch allen Grund«, mischte sich die Müllersfrau gereizt in das Gespräch ein. »Fast wäre es schief gegangen, und du hättest Maria samt eurem Kind verloren! Ist dir das eigentlich klar?« Sie funkelte den Knecht böse an.

»Ja! Das heißt: Nein!« stammelte er verlegen und wich dem strengen Blick unsicher aus. »Aber … aber«, er suchte krampfhaft nach Worten. »Was hätten wir denn tun sollen, wo uns und das Kind doch niemand hat haben wollen?« Hilflos hob er die Arme in die Höhe.

Die Hebamme lachte verständnislos. »Ja, habt ihr etwa gemeint, Maria könnte das Kind die nächsten zehn Jahre unter dem Rock verstecken? Es war doch klar, dass da bald nichts mehr zu verheimlichen sein würde, oder? Du heilige Einfalt, was seid ihr denn bloß für Dummköpfe!«

»Sie haben gut reden«, Johann hatte sich allmählich wieder gefangen. »Aber wir waren wirklich völlig ratlos, was wir machen sollten. Es ist doch so: Maria und ich sind uns ja einig, wir wollen heiraten. Aber Marias Vater ist streng dagegen und hat gesagt, dass er niemals einwilligt, dass seine Tochter, immerhin eine Bauerntochter, einen einfachen Knecht wie mich heiratet!« Hilflos starrte er die beiden Frauen an. »Maria hat ihm mit Engelszungen zugeredet, denn ihr Vater ist ihr sehr wichtig, wie sie immer wieder sagt. Aber obwohl sie selbst ja nur als Magd arbeitet, hat er die Heirat mit mir einfach abgelehnt. Und ohne die Zustimmung ihres Vaters zu heiraten, fällt Maria sehr schwer!« Er machte eine kurze Pause, bevor er fortfuhr. Mit einem liebevollen Blick streifte er die blasse junge Frau, die in einen erschöpften tiefen Schlaf gefallen war. »Und als Maria im Juni gemerkt hat, dass sie schwanger ist, haben wir dann trotzdem beschlossen zu heiraten, aber dann ist gleich darauf das Unglück passiert!«

Wieder hielt er inne, während sich die Müllersfrau die Hände vor das Gesicht hielt und sich dann müde die Stirne rieb. Die Hebamme nickte wissend und legte ihren Arm um die andere. »Du meinst, weil der Müller gestorben ist?«

»Ja, genau. Ich habe eigentlich kündigen wollen, aber dann ist der Herr ja so plötzlich gestorben. Und da habe ich es nicht über das Herz gebracht, den Siegfried mit seiner Mutter und den anderen Kindern einfach im Stich zu lassen! Außerdem«, er zog die Mundwinkel traurig nach unten, »haben auch meine Eltern von einer Heirat mit Maria nichts wissen wollen! Und unser großer Traum, ein eigener kleiner Bauernhof … ja, wie hätten wir den denn ohne irgendwelche Unterstützung verwirklichen können?« Ohne eine Antwort zu erwarten, schaute er die beiden Frauen Verständnis heischend an. Das Kind hatte zu weinen aufgehört und war nun neben der Mutter eingeschlafen. Johann ließ seinen Blick eine ganze Weile nachdenklich auf dem kleinen weißen Bündel ruhen, bevor er weitersprach. »Aber nun ist das Kind ja auf der Welt, jetzt werde ich zu Lichtmess gehen müssen. Ich suche mir eine Arbeit in der Stadt und Maria und das Kind, die …«

»… die lässt du so lange, wie es nötig ist, bei uns in der Mühle!«, fiel ihm die Müllersfrau rasch ins Wort.

»Aber dann wird auch so schnell wie möglich geheiratet, dass das klar ist!«, hob die Hebamme warnend den Zeigefinger. »Das ist ja kein Zustand so – für das arme, kleine Kind schon gar nicht. Na, wie ich unseren Pfarrer kenne«, sie lachte kurz und trocken auf, »der wird sich vielleicht freuen, wenn er das Kind taufen soll, bevor die Eltern verheiratet sind. Der wird wieder Sodom und Gomorrha auf Erden beschwören und euch eine furchtbare Gardinenpredigt halten, darauf könnt ihr euch schon einmal gefasst machen!« Sie sah das Kind einen Moment lang nachdenklich an. »Ach ja, wie soll der Kleine denn überhaupt heißen?«

Johann schoss die Röte ins Gesicht. Verlegen wandte er sich zur Seite. »Ich … ich … weiß noch nicht«, stotterte er leise. »Ich meine … das soll ja auch Maria mit entscheiden.

Ich habe mir noch gar keine Gedanken darüber gemacht, nach allem, was mir momentan im Kopf herumgeht! Das werde ich mit der Maria besprechen, wenn sie wieder bei Kräften ist!«

Im selben Moment schlug die junge Frau die Augen auf und lächelte ihm entgegen. »Und wie ich wieder bei Kräften sein werde, wenn ich dich und unser Kind vor mir sehe: Johann und sein Kind, Johann Alfred. Einverstanden?«

Ein breites, seliges Grinsen zog sich über Johanns Gesicht. »Natürlich! Einverstanden! Haben Sie gehört, Frau Klammer? Johann Alfred heißt das Kind, dem Sie gerade auf die Welt geholfen haben!«

Das ist die allererste wirklich fassbare Urkunde aus dem Leben meiner Großmutter: das Familienbuch mit dem Auszug aus dem Geburtsregister 151 des Jahres 1926. Hierin ist für den 10. Dezember 1926 die Geburt des Kindes Johann Alfred Staudacher beurkundet. Und in diesem Familienbuch sind nun auch all die anderen Daten aufgelistet: Geburtsjahr der Eheleute, Heirat, Kinder … Trockene Zahlen und amtliche Stempel, aber eben zum ersten Mal konkrete Fakten, die beweisen, dass die Geschichten tatsächlich mit Zahlen nachgewiesen und untermauert werden können! Eine geradezu elektrisierende Erfahrung für mich!

Und – die verschiedenen Handlungsstränge passen zusammen: Sie hat wirklich erst das Kind bekommen und danach erst geheiratet! Der Eintrag der kirchlichen Heirat datiert vom 8. Oktober 1927, Standesamt am 8. November 1927. Das Kind war also fast ein Jahr alt, bevor sie geheiratet haben.

Wieder ein unehelich geborenes Kind!

Weshalb sie so spät geheiratet haben? Der Vater, Leonhard Ohr, sei gegen die Heirat gewesen, hat sie erzählt. Und sie hat sich doch so sehr gewünscht, den Segen des Vaters zu erhalten, mit dem sie längst wieder Kontakt aufgenommen hatte! Doch der Vater weigerte sich, kam auch nicht zur Hochzeit.

Februar 1927

»Also dann«, Johann drehte verlegen seine Mütze in den Händen und streckte schließlich zögernd den Arm aus. »Nochmals auf Wiedersehen und vielen Dank für alles!«

Die Müllersfrau wischte sich verstohlen eine Träne aus dem Auge und schniefte bekümmert. »Ja, gut! Dann wollt ihr uns also wirklich verlassen!«

Maria legte den Arm um die Schultern der Frau und drückte sie an sich. »Einmal in der Woche werde ich auf jeden Fall vorbeikommen und Sie besuchen. Und sicherlich kann ich dann auch wieder ein bisschen mithelfen – wenn Sie mich brauchen!«

»Das wäre schön! Also«, damit schob sie ihre ehemalige Dienstmagd sanft von sich, »dann geht schon, ihr beiden. Der Siegfried wartet ja schon ganz ungeduldig auf seiner Kutsche!«

»Es wäre wirklich nicht nötig gewesen, uns mit der Kutsche in die Stadt zu fahren. Wir hätten ja auch laufen können!«

»Halte keine Volksreden, Johann, steig endlich auf!« Der junge Müller ließ die Peitsche knallen und lachte. »Wäre ja noch mal schöner, wenn wir euch zu Fuß wegschicken würden wie hergelaufenes Gesindel!«

»Gut!« Johann nickte und setzte seine Mütze auf. Dann kletterte er flink auf den Kutschbock und streckte die Arme aus, um von Maria das Kind in Empfang zu nehmen, das trotz der eisigen Kälte, die der Februar mit sich gebracht hatte, keinen Ton von sich gab. Selig schlief der kleine Johann Alfred, tief vergraben in den dicken Baumwolllaken, mit denen die Müllerin ihre ehemalige Magd noch ausstaffiert hatte. Maria gab das Kind in Johanns Obhut, drückte rasch einen hastigen Kuss auf die Wange der traurigen Frau und umarmte zum Abschied auch noch Maria, ihre Zimmernachbarin, die sich heftig schnäuzte, dann aber ihre ehemalige Kollegin entschieden von sich schob. »So! Genug geheult für heute! Jetzt wird's langsam Zeit, dass wieder etwas geschafft wird, sonst kommen wir heute gar nicht mehr rum!« Damit wandte sie sich um und ging, ohne sich noch einmal umzudrehen, mit raschen Schitten zum Hauptgebäude der Mühle zurück.

»Ja, also dann ...«, zögernd fasste sich Maria an den Kopf, um die dicken blonden Zöpfe zurechtzustreichen.

»Auf jetzt, Schluss!« Der junge Müller verdrehte in gespielter Verzweiflung die Augen und machte eine energische Kinnbewegung in Richtung Kutsche. »Du hast doch gehört, was Maria gesagt hat! Zeit zum Abmarsch!« Er streckte die Hand aus und zog Maria mit festem Griff zu sich und Johann hinauf auf den Kutschbock. Wieder ließ er die Peitsche knallen und schnalzte mit der Zunge. »Hü, altes Haus! Setz dich in Trab, damit wir vorwärtskommen!«

Schweigend und in Gedanken versunken absolvierten die drei auf der Kutsche die erste Hälfte des Wegs. Das Kinn tief auf die Brust gesenkt, hatten sie die Mantelkragen hochgeschlagen, um sich wenigstens einigermaßen vor der schneidenden Kälte zu schützen, die ihnen dennoch durch Mark und Bein ging. Maria warf einen besorgten Blick auf ihr Kind, das Johann mit beiden Armen fest an sich gedrückt hielt. »Ist es ihm auch wirklich nicht zu kalt?«

Der Knecht sah auf und schüttelte beruhigend den

Kopf. »Ach wo! So dick, wie er eingemummelt ist! Und wenn, dann hätte er sich doch schon lange zu Wort gemeldet! Sieh doch nur, wie friedlich er schläft!« Ein seliges Lächeln umspielte Johanns Mundwinkel. »Aber komm, du bist die Mutter! Nimm du ihn jetzt ruhig, bevor sich die Leute noch das Maul zerreißen, wenn sie mich mit dem Kind in den Armen so sitzen sehen!« Damit hob er das weiße Bündel sachte hoch und legte das Kind in den Schoß seiner Mutter, die sanft die Arme um ihren Sohn schloss.

»Na, so schön würde ich's jetzt auch gern haben!«, brummelte der Müller mit einem Seitenblick auf den Vater und sein Kind. »Also, wenn's so nicht warm ist, dann weiß ich auch nicht! Aber sag mal«, damit drehte er sich fröstelnd in Marias Richtung. »Hast du nicht ein bisschen Mores davor, jetzt zu Johanns Eltern zu ziehen?«

Maria überlegte kurz, dann zuckte sie nachdenklich die Achseln. »Nein, das heißt: Ich weiß nicht! Aber es nützt auch alles nichts, wir müssen da hin. Wo sollten wir denn sonst bleiben? Es wird schon alles gut gehen!« Mit unsicherem Lächeln blickte sie dem jungen Mann in die Augen.

»Na hoffentlich! Aber dennoch: Ihr hättet ruhig noch eine Weile bei uns bleiben können, das wisst ihr ja, denke ich! Also, falls es nicht gut geht, könnt ihr jederzeit zu uns zurückkommen. Sind wir uns da einig?«

»Natürlich!« Maria bedachte den Müller mit einem dankbaren Blick. »Aber hoffen wir mal, dass alles klappt!«

»Freilich wird es das«, meldete sich nun auch Johann zu Wort, der das Gespräch bis dahin schweigend verfolgt hatte. »Meine Eltern sind ja schließlich keine Menschenfresser! Und es ist ja nur bis Oktober, dann sind wir allein im Haus. Du weißt ja auch, Siegfried, dass ich von der Mühle hoch nach Rothenburg viel zu viel Zeit gebraucht hätte, bis ich zur Arbeit gekommen wäre. Außerdem«, ein bittersüßes Lächeln huschte für einen Augenblick über seine Miene, »braucht ihr die Zimmer ja schließlich für das neue Personal! Da wäre doch für uns gar kein Platz mehr!«

»Wenn man will, ist überall Platz! Dann rückt man halt ein bisschen zusammen«, fiel ihm der junge Müller ins Wort. »Aber es ist schon besser, wenn die Familie zusammen ist, da gebe ich dir Recht! Übrigens«, damit übergab er die Zügel an Johann, »halt mal kurz. Jetzt ist es an der Zeit, noch etwas zu erledigen!« Er zog den Handschuh an seiner Rechten aus, knöpfte den Mantel auf und kramte kurz in der Innentasche. »Ah! Da ist es ja!« Siegfried zog eine kleine schwarze Geldbörse hervor und hielt sie Johann vor die Augen. »So, ihr beiden! Das ist mein Abschiedsgeschenk an euch!«

Verwirrt schüttelte Johann den Kopf. »Abschiedsgeschenk? Wir haben doch unseren Lohn längst erhalten! Ihr seid uns doch nichts mehr schuldig!«

»Nein, das wohl nicht! Aber das hier soll euch helfen, euren kleinen Traum auch tatsächlich verwirklichen zu können!« Damit deutete er mit dem Zeigefinger auf den Geldbeutel. »Das ist ein bisschen Geld von mir, das ihr jetzt einsetzen könnt, wenn ihr das Haus von deinen Eltern kauft! Nicht, dass euch sonst die Schuldzinsen noch auffressen! Du hast ja auch schon gehört, wie schnell so etwas geht! Also komm, nimm schon!«

Wieder schüttelte Johann den Kopf, dieses Mal energisch. »Kommt nicht in Frage! Wir schaffen das schon!«

»Aber Johann! Jetzt lasst euch doch helfen! Glaubst du denn im Ernst, dass du beim Kohlenhändler und im Steinbruch so viel verdienen kannst, dass es euch wirklich zum Leben reicht, wenn ihr daneben auch noch das Haus abbezahlen müsst?«

»Das wird schon gehen! Ich habe schließlich zwei kräftige Hände, die das Arbeiten gewohnt sind! Nein, danke«, wieder schüttelte der Knecht den Kopf. »Wir brauchen keine Almosen!« Johanns Miene war hart geworden, kerzengerade blickte er auf einen imaginären Punkt nach vorn.

»Jetzt ist's aber genug!« Auch in Siegfried stieg der Ärger hoch. »Jetzt werd bloß nicht stur, das sag ich dir! Das ist kein Almosen, sondern ein Kredit! Das sind die tausend Mark, die euch noch zu den dreitausend fehlen, die das Haus kosten soll. Ihr sollt mir das Geld schon zurückzahlen, aber eben erst, wenn ihr das könnt und nicht, wenn es die Bank will! Ich lasse euch damit doch nur etwas mehr Spielraum, versteh das doch! Und wenn du es nicht nimmst, dann nimmt es halt Maria!« Damit wandte er sich an die neben ihm auf dem Kutschbock sitzende Maria. »Du verstehst mich doch, oder?«

Die junge Frau nickte bedächtig. Dann hob sie den Kopf und blickte ernst in die Augen des Müllers. »Ja, ich verstehe. Und es ist wirklich eine große Hilfe für uns. Das hat auch wirklich nichts mit einem Almosen zu tun, Johann. Das ist ein Kredit, und den werden wir zurückzahlen, auf Heller und Pfennig! So wahr ich mit meinem Kind hier sitze!«

»Eben! Das weiß ich auch! So – und jetzt gibst du mir wieder die Zügel und nimmst gefälligst das Geld! Ende der Diskussion!« Ohne weitere Widerrede abzuwarten griff Siegfried nach den Zügeln und steckte die Geldbörse in die Manteltasche seines ehemaligen Knechtes.

Maria drückte ihr Kind eng an sich und schloss erleichtert die Augen. Jetzt würde es vielleicht doch ein bisschen leichter werden für sie und Johann! Schließlich hatte Siegfried ja Recht: Die Arbeit beim Kohlenhändler und als Tagelöhner im Steinbruch war nicht nur schwer, sondern auch unsicher. Wer konnte denn in diesen wirtschaftlich so unsicheren Zeit sagen, wie lange der eine oder andere tatsächlich einen Arbeiter brauchte, oder vielmehr bezahlen konnte. Und bei den miserablen Löhnen für diese Tätigkeiten waren schon zwei, drei Tage ohne Arbeit kritisch genug. Davon konnte man sich gerade mal mehr schlecht als recht sein täglich Brot verdienen, mehr aber nicht. Und dann eine Familie zu ernähren *und* die Kredite für ein Haus abbezahlen: Wie sollte das gehen? Deshalb war die großzügige Geste des jungen Müllers tatsächlich so etwas wie ein Geschenk des Himmels. Und selbstverständlich, das stand für Maria felsenfest, würde sie das Geld zurückzahlen. Sobald es ihr wieder möglich war, die eine oder andere Arbeit in Rothenburg anzunehmen, wenn das Kind abgestillt war.

Sie lockerte den Griff um ihren Sohn und tastete mit der linken Hand in der Manteltasche nach einem kleinen, hölzernen Gegenstand – ihrer Holzpuppe, die sie nach wie vor auf all ihren Lebensstationen begleitete. Die mittlerweile vom vielen Anfassen matt glänzende, dunkle Puppe, die ihr Onkel Wilhelm geschnitzt hatte, ihr Glücksbringer, der die Erinnerung an den Onkel und an den Goschenhof immer wach hielt.

Beim Gedanken an den Hof durchzuckte Maria ein Stich. Der Goschenhof! Wie ging es wohl ihren Geschwistern und ihrem Vater? Es schmerzte sie sehr, dass er bisher nicht ein einziges Mal nach Rothenburg gekommen war und auch nach wie vor jede Verbindung zu ihr und Johann strikt ablehnte, ja noch nicht einmal bereit war, den kleinen Johann Alfred zu besuchen: seinen ersten Enkel! Der letzte Brief, den sie ihm geschrieben hatte, war bis heute unbeantwortet geblieben. Noch einmal umklammerte sie die kleine Holzpuppe mit festem Griff: Es würde schon alles gut werden, und wenn nicht heute, dann eben morgen!

Ein tiefer Seufzer entrang sich Marias Kehle, tief und langsam sog sie die eiskalte Luft in den Mund. Die beiden Männer, die ein ganzes Wegstück lang schweigend nebeneinander gesessen hatten, musterten besorgt die junge Frau. »Alles in Ordnung mit dir, Maria?« Forschend sah Johann ihr in die Augen.

Maria nickte und bedachte ihn mit einem Lächeln. »Alles in Ordnung! Mach dir nur keine Sorgen um mich!«

Das Fuhrwerk erreichte nun die Stadtmauer von Rothenburg. Mit ehrfürchtigem Staunen betrachtete Maria im Vorbeifahren die imposanten mittelalterlichen Befestigungsanlagen mit ihren Türmen, Schießscharten und Toren. Kaum zu glauben, dass jemals ein Angreifer diese Mauern hatte überwinden können! Und dann die Furcht einflößenden Pechmasken, die den Betrachter böse anglotzten und aus deren weit geöffneten Mäulern früher das siedendheiße Pech auf die Feinde hinuntergegossen worden war. Eine Gänsehaut lief über ihren Rücken, und sie zog den Kragen des Mantels enger an den Hals. Laut hallte der Hufschlag ihres Pferdes von den Wänden wider, als sie auf der gepflasterten Straße durch den Torturm hindurch in die Innenstadt einbogen. Hier also würde sie in den nächsten Jahren zu Hause sein! Hier konnte, nein – hier musste – ihr Leben in neue Bahnen kommen!

Ob sich der Pfarrer nun endlich dazu bereit erklären würde, ihr Kind zu taufen, wenn sie im Haus von Johanns Eltern zusammen wohnen würden? Sicher nicht! Maria schüttelte kaum merklich den Kopf und versank wieder in die Gedanken, die sie schon seit Wochen umtrieben. Der Pfarrer Schick von St. Jakob hatte sich bisher so streng und unnachgiebig gezeigt, dass es der schockierten Maria fast den Atem genommen hatte. Der wollte ein christlicher Pfarrer sein, der den Gemeindemitgliedern Sonntag für Sonntag von der Gnade und Barmherzigkeit des Erlösers predigte? Und derselbe Pfarrer hatte sie bei ihrem Besuch mit Johann im Pfarramt so wütend angefaucht, was sie sich eigentlich erdreiste, als unehelich geborene Dienstmagd daherzukommen und, ohne den Segen ihres Vaters zu der Verbindung, von ihm eine Taufe für ihr nun ebenfalls unehelich geborenes Kind zu verlangen? Ob sie denn noch bei Sinnen sei?

Kein Hinweis auf christliche Nächstenliebe hatte gefruchtet, kein Bitten und Flehen der jungen Mutter. Zuerst sollten sie gefälligst heiraten, hatte der Pfarrer böse gezischt, einfach so in ungeordneten Verhältnissen ein gottloses Leben zu führen, dessen üble Auswüchse ausgerechnet er dann auch noch segnen solle, nein, das sei wahrlich zu viel verlangt. Obwohl nun auch Johann, der die Unterhaltung bis dahin verlegen schweigend verfolgt hatte, in die Diskussion eingriff, war alles vergeblich. Der Hinweis, dass man ohne eigenen Hausstand nicht heiraten könne, es aber für den Herbst vorgesehen sei, wenn Johanns Eltern aus dem alten Haus ausgezogen und in ihr neues gegangen seien – nichts hatte den Pfarrer von seiner Linie abbringen können, und deshalb war Johann Alfred bis auf den heutigen Tag nicht getauft worden.

Maria war durch dieses Erlebnis bis in die Grundfesten ihres Glaubens erschüttert und hatte in ihren schlimmsten Träumen nicht erwartet, was ihr da an Hass und Abneigung von einem christlichen Priester entgegengeschleudert worden war.

»Brrr!« Der Müller zog die Zügel an, und die Kutsche kam vor einem winzigen gelben Haus zum Stehen. Maria schreckte aus ihren traurigen Gedanken auf und sah sich einen Augenblick lang orientierungslos um, bis sie erkannte, wo sie sich befanden: auf dem kleinen Platz vor dem windschiefen Häuschen, das von nun an ihre Heimat sein sollte. Es gehörte Johanns Eltern. Hier im Alten Keller – so hieß die enge Straße – war er aufgewachsen, bis er dann im Alter von vierzehn Jahren als Knecht in die Ludleinsmühle gegangen war.

»Du meine Güte, in dieser Ecke von Rothenburg war ich ja noch nie!« Staunend sah Siegfried sich um und blickte belustigt vom Haus auf Johann und wieder zurück. »Jetzt ist mir auch klar, weshalb du so kurz gewachsen bist! Also, wenn ich da drin aufgewachsen wäre, hätte ich wahrscheinlich schon längst eine Hornhaut an der Stirn, so oft hätte ich mir den Kopf angestoßen!«

Johann senkte den Kopf. »Na ja, klein aber mein, sagt mein Vater immer, und daran ist ja auch etwas Wahres«, brummelte er leise vor sich hin.

»Ach komm, so habe ich es doch nicht gemeint!« Der junge Müller, dem die Verlegenheit seines ehemaligen Knechtes nicht entgangen war, breitete schuldbewusst die Arme aus und ließ anschließend seine Rechte kumpelhaft auf Johanns Schulter fallen. »War nicht böse gemeint! Aber schau mal, bei meiner Größe«, damit deutete er mit dem Zeigefinger von sich hinüber auf das winzige Haus. »Wenn du mir einen Malerkübel hinstellen würdest, dann bräuchte ich bloß den Kopf in die Farbe zu tunken und könnte die Zimmerdecke mit meinen Haaren streichen!« Er lachte dröhnend und zog sich dabei die Mütze vom Kopf.

»Immerhin ist es eines der ältesten Häuser von ganz Rothenburg«, ließ sich eine verdrießliche Männerstimme vernehmen. Kurz danach trat ein kleiner, grauhaariger Mann in einem abgewetzten alten Anzug aus der Tür und musterte die Neuankömmlinge scharf. »Johann, was soll das? Ich denke, ihr wollt das Haus von uns kaufen und es nicht schlecht machen, noch bevor ihr überhaupt eingezogen seid!« Missmutig verzog der Alte die Mundwinkel.

»Nein, nein, Herr Staudacher! Es ist nicht so, wie Sie denken!« Siegfried reagierte als Erster und versuchte, die Situation zu entkrampfen. »Ich habe nur gemeint, dass ich, bei meiner Größe ... vielleicht ...« Er suchte nach den rechten Worten, doch der andere ließ sich nicht so leicht besänftigen. »Es ist halt nicht jedem das Glück beschieden, in einem großen, hohen Haus aufzuwachsen und als reicher Müllerssohn durch die Weltgeschichte zu wandeln«, antwortete er scharf.

»Vater! Es langt!« Auch Johann hatte sich allmählich vom ersten Schreck erholt und tat einen Schritt auf seinen Vater zu. »Siegfried hat es doch gar nicht so gemeint und ich schon gleich zweimal nicht! Schließlich will ich ja mit der Maria hier einziehen!« Immer noch schien der alte Staudacher in seiner ablehnenden Haltung verharren zu wollen. Deshalb griff Johann zu seinem letzten Mittel: Er zog den Geldbeutel aus der Tasche, den Siegfried ihm vorhin trotz seiner Gegenrede zugesteckt hatte, und hielt ihn direkt vor das abweisende Gesicht seines Vaters. »Hier Vater, und das ist schon die Anzahlung, den Rest werde ich dir dann in drei Monaten bezahlen. Damit kannst du zusammen mit der Mutter jetzt das Haus am Stadtgraben kaufen!«

Überrascht sah der Alte auf. »Eine Anzahlung auf das Haus, jetzt schon? Ist das wirklich dein Geld? Hast du so viel da unten in der Mühle verdient?«

Johann sah verlegen zu Boden – was sollte er auf diese Frage antworten. Doch bevor er die richtige Formulierung gefunden hatte, ergriff Maria das Wort. »Ach wissen Sie,

Herr Staudacher! Ich bin ja gestern auch ausbezahlt worden, und dann ist doch mehr zusammengekommen, als wir zunächst ausgerechnet hatten! Aber das ist ja wohl umso besser für uns, was sagen Sie?«

»Na ja!« Er kratzte sich nachdenklich am Hals. »Rechnen sollte man als erwachsene Person ja eigentlich schon können! Andererseits«, und damit griff er nach dem schwarzen Lederbeutel, »können wir damit tatsächlich schneller das neue Haus beziehen, und ihr seid uns hier auch viel eher los als geplant. Ich hoffe ja«, ein strenger Blick aus den stahlblauen Augen streifte Maria, »dass wir uns bis zum Spätsommer vertragen und ihr euch dementsprechend benehmt! Es ist ja Schande genug, den eigenen Sohn mit einem unehelichen Kind und einer ledigen Dienstmagd bei sich aufnehmen zu müssen, da brauchen wir dann keine weitere Aufregung, nur dass das klar ist!« Ohne eine Antwort abzuwarten, drehte er sich auf dem Absatz um und schlurfte in das kleine Haus zurück.

Maria atmete tief durch. Jetzt bloß nicht die Ruhe verlieren! Sicherlich würde sich die Situation rasch entspannen und alle Unsicherheit im Umgang miteinander der Normalität des Alltags weichen. Hoffentlich! Sie warf einen unsicheren Blick auf Johann, der mit beschämt gesenktem Kopf vor der Kutsche stand und nervös an der Krempe seiner Mütze herumfingerte. »Komm, Johann, das wird schon werden, wenn sich die jungen Pferde erst mal beruhigt haben!« Der junge Müller legte den Arm um den kleinen, bekümmerten Mann und drückte ihn aufmunternd. »Auf, los jetzt! Hilf mir lieber mal abladen, dass ich noch beizeiten wieder nach Hause komme!«

»Hast ja Recht!« Johann schlug sich energisch auf die Oberschenkel und streckte die Arme aus, um ihre spärliche Habe, die aus zwei kleinen braunen Lederkoffern bestand, von Siegfried in Empfang zu nehmen. Allmählich schienen die Lebensgeister in ihn zurückzuströmen. »Und außerdem«, damit nickte er bedeutungsvoll in Marias Richtung, »wenn wir dann schon im Herbst allein im Haus wohnen können, hat das ja auch seine Vorteile: Wir können endlich heiraten, den Jungen taufen lassen und eine richtige Familie sein!« Er schnalzte vor Begeisterung mit der Zunge. Als wäre dies das Signal gewesen, machte sich das Kind in Marias Armen mit einem lauten Gähnen bemerkbar. Die drei Erwachsenen konnten nicht anders: Belustigt schauten sie sich in die Augen, und ein befreites Lachen bahnte sich nach all der Anspannung seinen Weg.

Dieses kleine Haus! Ich habe mich als Kind geschämt, dass meine Großeltern in solch einer winzigen schiefen Hütte hausten. Und überhaupt: die zwei, drei Mal, in die ich in meinen ersten zehn Lebensjahren nach Rothenburg habe mitreisen müssen ... Nein, schön fand ich das nie. Mir war schon auf der Fahrt übel von der unendlichen Kurverei durch das rückständige Hohenlohe. Die Benzinausdünstungen im VW-Käfer ließen den Magen rebellieren.

Dann diese uralte Stadt: Die haben ja noch nicht einmal geteerte Straßen, schoss es mir durch den Kopf. Das kleine Haus im Alten Keller, irgendeinem vergessenen Winkel von Rothenburg, der Treppenaufgang mit den ausgetretenen Holzstufen. Ein Seil an der Wand anstelle eines Treppengeländers. Der Patenonkel Willi, der dann später dieses Gedicht über das alte Haus geschrieben hat, dieses Mundartgedicht, das ich erst heute verstehe (oder verstehen will). Worin vom Staunen der Menschen die Rede ist, vom Staunen darüber, dass in solch einem winzigen Haus die Eltern gelebt haben, samt acht Kindern.

Die rundliche, immer freundlich lächelnde alte Frau mit

dem grausträhnigen Haarknoten. Der kleine, rotgesichtige Mann mit den feuerroten Haaren. Und dieser Dialekt, den ich nie verstanden habe!

Dann das ewig gleiche Festtagsessen in dem niedrigen windschiefen Wohnzimmer für die schwäbischen Gäste: fränkischer Sauerbraten mit rohen (!) Kartoffelknödeln. Keinen Bissen habe ich davon herunterbekommen.

Merkwürdig: Heute spüre ich zwar noch die Gänsehaut von damals – aber ich sehe alles mit ganz anderen Augen.

Dieses kleine Haus: Es war ein Quantensprung für meine Großeltern, der Beginn eines langen und harten Weges. Aber eben ein Beginn …

8. November 1927

»Und damit erkläre ich Sie zu Mann und Frau.« Der Standesbeamte blickte den beiden jungen Leuten feierlich in die Augen. Ein leises Lächeln huschte über sein Gesicht, als er den verlegen vor ihm stehenden kleinen, rotgesichtigen Mann mit den rotblonden Haaren ins Visier nahm. »Sie dürfen die Braut jetzt küssen!«

Johann Staudacher, dem man anmerkte, dass er bei diesen Worten am liebsten in den Boden versunken wäre, warf einen Hilfe suchenden Blick auf seine Braut. Maria, die das Gefühl, plötzlich im Mittelpunkt des Interesses zu stehen, selbst alles andere als angenehm empfand, zuckte hilflos die Achseln. In diesem Moment ertönte aus der Stuhlreihe hinter ihnen der unwirsche Laut eines kleinen Kindes. »Nein, Alfred, du kannst jetzt nicht zur Mama«, zischte die ältere Frau, auf deren Schoß das Kind saß, leise. Doch genau diese Worte und der feste Griff, mit dem die Frau den Kleinen daran hinderte, ihr aus der Hand auf den Boden zu gleiten, machten alles nur noch schlimmer. Johann Alfred begann von einer Sekunde auf die andere mit einem herzzerreißenden Geschrei, das den Standesbeamten irritiert in die Runde blicken ließ. Johann, durch den Lärm seines Sohnes schlagartig aus seiner Verlegenheit befreit, atmete tief durch, während Maria sich umdrehte und die Hände nach dem Kind ausstreckte.

»Komm, Alfred, komm zu mir! Du musst nicht weinen, alles ist doch gut! Jetzt sind wir endlich eine richtige Familie!« Selig drückte sie ihr Kind an sich, das sofort zu weinen aufgehört hatte, als es in den Armen seiner Mutter lag. »Na, siehst du, jetzt ist es wieder gut!«

»Eben!« Der Standesbeamte drückte den Stempel seiner Behörde auf die Heiratsurkunde und sah die frisch Vermählten bedeutungsvoll an. »Jetzt haben Sie es hier mit Brief und Siegel. Maria Staudacher, geborene Reingruber, und Johann Staudacher, Sie sind nun auch vor dem Gesetz ein Paar!« Damit erhob er sich wieder und streckte zuerst Maria, dann Johann den rechten Arm entgegen. »Herzlichen Glückwunsch und alles Gute auf Ihrem weiteren Lebensweg.«

»Vielen Dank, Herr Wirsching.« Maria wischte die vor Aufregung schweißnasse Handfläche an ihrem Rock trocken, ehe sie einschlug.

Und auch Johann schluckte erst einmal trocken, bevor er sich heiser für die Glückwünsche des Standesbeamten bedankte. »Ja, vielen Dank auch.«

»Schon gut, schon gut!« Der Mann hinter dem Schreibtisch wandte sich wieder dem Familienbuch zu, in dem er gerade den Vermerk für die standesamtliche Trauung eingetragen hatte. »Dann könnten Sie ja jetzt wohl auch Ihr Kind taufen lassen, nachdem nun die Verhältnisse bei Ihnen geordnet sind: eigener Hausstand, Arbeit und ordnungsgemäße Eheschließung, standesamtlich und kirchlich. Was soll da der Pfarrer noch dagegen haben! – Es sei denn«, und dabei warf er einen bedeutungsvollen Blick auf Marias Bauch, »Sie wollen warten, bis das zweite Kind auf der Welt ist, dann geht's in einem Aufwasch. Denn wie ich sehe, wird das ja wohl nicht mehr allzu lange auf sich warten lassen!«

Während Johann vor Scham am liebsten im Erdboden versunken wäre, schüttelte Maria energisch den Kopf und sah dem Standesbeamten ernst in die Augen: »Nein, das dauert schon noch eine Weile. Ich bin nämlich erst im sechsten Monat. Und den Johann Alfred, den möchten wir nun so schnell wie möglich taufen lassen, denn jetzt hat auch der Pfarrer keine Möglichkeit mehr, unserem Kind die Taufe zu verweigern.«

Wirsching nickte nachdenklich. »Ja, Frau Staudacher. Das finde ich richtig so: Lassen Sie Ihr Kind nur taufen, auch wenn der Pfarrer sich so merkwürdig angestellt hat. Das macht der ja immer so, der Pfarrer Schick. Nur wenn ein Ehepaar rechtskräftig getraut ist und natürlich kirchlich, das ist dem noch viel wichtiger, nur dann ist unser barmherziger Herr Pfarrer bereit, das Kind auch zu taufen!«

Überrascht blickte Maria auf. Eine solche Äußerung, der es nicht gerade an Deutlichkeit mangelte, hätte sie von dem Standesbeamten nicht erwartet. »In zwei Wochen, hat der Pfarrer gesagt, da wäre es möglich. Am 22. November, da wird der Alfred dann in der Jakobskirche getauft.«

Die Miene des Beamten hellte sich auf. »Na, dann ist doch alles wunderbar. Dann steht Ihrem Glück nun wirklich nichts mehr im Wege.«

28. Dezember 1965

»Vater! Wo steckst du denn? Vater?« Suchend schaute sich der junge Mann, kaum dass er den Flur des winzigen Hauses betreten hatte, mit vor Kälte und Aufregung geröteten Wangen um. »Vater, bist du da oben?«

Ohne eine Antwort abzuwarten, stürmte Willi Staudacher auf der engen Treppe nach oben, drückte die Klinke der Wohnzimmertür herunter und trat in den niedrigen Raum. Suchend schaute er sich um. Ja, dort, ganz hinten in der Ecke, entdeckte er schließlich seinen Vater auf dem Sofa. Trotz der Euphorie, mit der er durch die Gassen von Rothenburg zu seinem Elternhaus gelaufen war, erkannte er sofort: Der Mann, der da jammervoll zu ihm aufblickte, war in den letzten beiden Tagen um Jahre gealtert. Alle Lebenskraft, alle Energie schien von ihm gewichen zu sein.

»Vater, ich habe gute Nachrichten!« Es brach ihm beinahe das Herz, als er sah, wie teilnahmslos der alte Mann auf dem Sofa hockte. Willi kauerte sich auf die Knie und legte seine Hände auf die Schultern des Vaters. »Vater, bitte! Hör mir zu!« Er schüttelte ihn sachte. »Vater, ich habe gute Nachrichten!«

»Gute Nachrichten!« Ein kaum hörbares Krächzen drang aus dem Mund des Vaters. Langsam wandte er den Kopf und betrachtete seinen Sohn mit einem hoffnungslosen Blick. »Es gibt keine guten Nachrichten mehr.«

»Doch, die gibt es!« Wieder rüttelte Willi die Schultern seines Vaters. »Mich hat vorhin ein Bekannter angerufen.

Ich hatte gestern gleich mit ihm telefoniert und ihm erzählt, was mit unserer Mutter passiert ist. Ein Freund von ihm ist Arzt in Würzburg, und der hat ihm versprochen, dass er sich um die Mutter kümmern wird. Wir sollen sie so schnell wie möglich nach Würzburg bringen lassen, die Ärzte dort in der Universitätsklinik sind spezialisiert auf solche Fälle. Ich gehe jetzt gleich ins Krankenhaus und rede mit dem Oberarzt, dass wir dann einen Krankenwagen bekommen, mit dem sie die Mutter morgen schon nach Würzburg bringen – oder vielleicht noch heute Abend. Jeder Tag ist kostbar, haben sie gesagt. Noch ist nichts verloren. Ist das nicht eine wunderbare Nachricht?«

Doch von Johann Staudacher kam lange keine Antwort. Regungslos saß er auf dem Sofa und starrte vor sich hin. Schließlich schüttelte er langsam den Kopf. »Ach, Willi«, murmelte er, »ich glaube, ich habe schon viel zu viel erlebt, um noch an Wunder glauben zu können. So, wie die Mutter da im Bett gelegen hat – nein, das wird nichts mehr!«

Unwirsch sprang Willi auf. »Ach, hör doch auf mit deinen düsteren Prophezeiungen! Vom Herumsitzen und Dunkle-Gedanken-Wälzen ist tatsächlich noch nie jemand wieder gesund geworden. Aber mein Freund hat es mir versichert: In Würzburg, da kennen sie sich aus, da hat die Mutter noch eine Chance. Und so wahr ich hier vor dir stehe: Ich lasse sie zu den Spezialisten nach Würzburg bringen. Wir haben noch eine Chance dort, und wenn sie noch so winzig sein sollte! Ich lasse unsere Mutter nicht so einfach in Rothenburg sterben.«

13. November 1927

»Johann, um Gottes willen, Johann!« Die hemmungslos schluchzende Frau kniete auf dem Boden neben dem Sofa des kleinen Wohnzimmers und blickte verzweifelt ihren Mann an.

»Aber Maria, was um alles in der Welt ist denn passiert?« Mit einem Schlag war die Freude wie weggewischt, die Johann empfunden hatte, als er nach einem langen Arbeitstag beim Kohlenhändler rußverschmiert heimgekommen war. Doch die Frage, die er gestellt hatte, war im Grunde sinnlos, und er spürte das auch genau. Mit einem raschen Blick registrierte er das Drama, das sich hier im Wohnzimmer abgespielt hatte.

Auf dem Sofa lag sein kleiner Sohn Johann Alfred, aus dessen Gesicht alle Farbe gewichen war. Die Haut hatte einen gelblich-wächsernen Ton angenommen, er hatte die Augen geschlossen, die Lippen waren leicht geöffnet, doch aus dem Mund des Jungen kam kein Atemzug mehr! Johann Alfred, sein Sohn Alfred war tot! Tot! Endgültig! Unwiderruflich!

Lange Zeit fiel kein Wort in der Stube. Über beide Eltern war eine Woge aus Trauer und Verzweiflung zusammengeschlagen. Ausgerechnet jetzt, wo sie beide ein Zuhause hatten, wo er, Johann, als Tagelöhner endlich eine Arbeit gefunden hatte, sodass sie einigermaßen überleben konnten, jetzt, wo sie verheiratet waren – nächste Woche hätte Johann Alfred getauft werden sollen – endlich …

»Alfred. Mein kleiner Alfred.« Immer wieder murmelte Johann den Namen seines toten Sohnes. »Aber wie ist das gekommen? Heute Morgen hat er zwar Fieber gehabt, aber doch nicht so schlimm.« Er wartete auf eine Antwort, doch lange schien es, als habe Maria seine Frage gar nicht wahrgenommen. Schließlich sah sie auf. »Johann«, sagte sie. War es wirklich die Stimme seiner Frau, die da wie von ferne an sein Ohr drang? »Es ist alles so schnell gegangen.« Sie machte eine Pause. »Das Fieber ist plötzlich, kaum warst du weg, immer schlimmer geworden. Er hat geglüht vor Fieber, er war heiß, ganz heiß. Und sein Oberarm war rot wie Feuer.« Erbarmungslos bahnte sich die Erinnerung an die letzten schrecklichen Stunden ihren Weg. »Ich habe schließlich nicht mehr gewusst, was ich tun soll, und Frau Vogel gerufen, und die hat gemeint, das könne nur mit der Pockenimpfung zusammenhängen. Sie hat dann sofort den Arzt alarmiert. Doch als der dann endlich gekommen ist«, Maria senkte den Kopf, »da war es schon zu spät.« Ein heftiges Schluchzen ließ die junge Frau erbeben, doch Johann war vor Schmerz und Trauer unfähig, sie in die Arme zu nehmen und zu trösten, gerade jetzt, wo er selbst Trost und Beistand so nötig hatte wie noch nie zuvor in seinem Leben.

»Und nachher werden sie ihn aufbahren.« Das war der letzte Satz, den Johann in den Tagen bis zur Beerdigung ihres Kindes von Maria hörte.

Das Haus ist heute wahrscheinlich immer noch das kleinste Haus von ganz Rothenburg. Wunderschön renoviert, Geranien an den Fenstern, Idylle pur, so wie sie es früher nie gegeben hat, so rein, so bunt, so … perfekt? Fast so wie Rothenburg selbst mit seinen hunderttausenden von Touristen, unaufhörlich filmenden Japanern in großen Gruppen, Kaugummi kauenden Amerikanern: Sie alle kommen hierher und bestaunen das deutsche Mittelalter, das es so doch nie und nimmer gegeben hat. Aber Hauptsache Romantik und »gute alte Zeit«, ein bisschen Weihnachtsmarkt (365 Tage im Jahr mittlerweile), schöne Fassaden, gruselige Geschichten. Und auf dem Marktplatz tobt der Bär …

Keine dreihundert Meter entfernt von diesen Hauptachsen, in einer kleinen, unbedeutenden Gasse, steht es, dieses winzige Haus. Nur zufällig verirrt sich einmal ein Tourist in den Alten Keller an dem kleinen Platz, auf dem früher die Nachbarskinder gespielt haben. Bleibt – vielleicht – einen Augenblick stehen, zückt den Fotoapparat, lächelt, schüttelt den Kopf und denkt sich: Was für ein kleines Haus! Um schnellen Schrittes davonzueilen, wieder hinein ins pralle Touristenleben, zum Kriminalmuseum, zu »Käthe Wohlfahrts altdeutschem Weihnachtsmarkt«, zum Renaissancerathaus, zum »Eisenhut« …

Hier wurde am 16. März 1928 Friedrich Wilhelm Alfred Staudacher geboren, steht mittlerweile auf einer steinernen Gedenktafel über der Haustür zu lesen, Willi Staudacher, der fränkische Mundartdichter, mein Patenonkel. Auch dessen Gedichte habe ich – damals – nie verstanden.

Bis zu meiner Recherche auf den Spuren der Großmutter hatte ich immer gedacht, er sei das erstgeborene Kind gewesen. Bis ich auf den Eintrag im Familienbuch stieß und auf die Erklärung meiner Mutter, dass es da vorher noch Alfred gegeben habe. Den ersten Sohn, den Maria nicht taufen lassen durfte. Das Kind, das an den Folgen einer Impfung gestorben war.

16. März 1928

»Friedrich Wilhelm Alfred«, flüsterte die erschöpfte Frau mit matter Stimme und warf ihrem Mann, der gerade das Schlafzimmer betreten hatte, einen unsicheren Blick entgegen. »Du bist doch einverstanden, Johann? So soll unser Kind heißen: Friedrich, nach deinem zweiten Vornamen, Wilhelm, nach meinem Patenonkel und Alfred«, sie stockte, »Alfred, wie unser erstes Kind.«

Johann nickte wortlos. Er wandte sich zur Seite und wischte sich verstohlen die Tränen von der Wange, die er in diesem Moment nicht zurückhalten konnte. Für einen einfachen Menschen wie ihn war es aber auch alles zu viel gewesen, was in den letzten Monaten auf ihn eingestürmt war. Erst die Heirat, dann das Versprechen des Pfarrers, jetzt endlich den kleinen Alfred zu taufen, der plötzliche Tod des Kindes und nun, gerade einmal vier Monate später, die Geburt des zweiten Sohns. Er traute sich gar nicht, das Kind zu betrachten, denn wenn es so aussehen würde wie ihr verstorbener kleiner Liebling, nein, dann würde er sich wahrscheinlich nicht mehr beherrschen können.

»Na, sag einmal, Herr Staudacher, jetzt werden Sie doch wohl wenigstens Ihr Kind in Augenschein nehmen und sich nicht so einfach wegdrehen.« Frau Klammer, die Hebamme, hatte mit ihrem feinen Gespür für Stimmungen bereits gemerkt, was den Mann in dieser Minute umtrieb und quälte. Und so hatte sie sich entschlossen, mit einem energischen

Auftreten der Sentimentalität Einhalt zu gebieten. Johann registrierte dies dankbar und nickte verlegen. Dann beugte er sich langsam über das Bett zu seiner Frau hinunter und streichelte mit dem Handrücken zärtlich ihre Wange.

21. April 1932

Das Wickelkind schrie heftig und ausdauernd, die Konfirmanden auf den Kirchenbänken in der ersten Reihe der Jakobskirche grinsten. »Und somit taufe ich dich auf den Namen Anna Gretchen Staudacher!« Kichernd tuschelten die Kinder den Namen des Kindes: »Gretchen! Habt ihr gehört? Wie niedlich!« – »Gretchen! Das habe ich ja noch nie gehört!« Der kleine vierjährige Junge, der zusammen mit seinen Eltern vorn am Taufbecken stand, hatte das Kichern vernommen und drehte sich zornig zu den Konfirmanden um. »Na und? Ist doch ein schöner Name, oder?« Doch als das Tuscheln nach diesen Worten eher noch zunahm, verlor der Junge endgültig die Beherrschung. »Ihr wollt wohl eine Tracht Prügel von mir!«, rief er den Jugendlichen wütend entgegen.

»Aber Willi!« Streng fixierte der Vater seinen Sohn und packte ihn am Kragen. »Wir sind hier in einer Kirche und nicht draußen auf der Gasse! Benimm dich gefälligst!« Darauf zog er den Kleinen heftig am Ohr, sodass der vor Schmerzen aufjaulte.

Das Kichern aus der ersten Bankreihe hatte sich dadurch natürlich noch verstärkt, während Johann Staudacher vor Scham am liebsten in den Erdboden versunken wäre. Auch die anderen Gottesdienstbesucher hatten allmählich etwas von der Unruhe mitbekommen, die dort vorn herrschte, und reckten neugierig die Hälse. »Johann! Mach dir doch nichts daraus!« Die junge Frau drehte sich mit dem gerade getauften Kind auf den Armen zu ihrem Schwager hinüber: »Da, schau mal: dein Kind! Ist es nicht niedlich, wie es so friedlich in meinen Armen schläft und nichts von dem mitkriegt, was in der Welt draußen los ist?« Ein seliges Lächeln aus Linas Augen streifte den kleinen, verlegenen Mann.

Johann betrachtete sein Kind einen Moment lang nachdenklich, dann nickte er leise. »Du hast ja Recht, Lina. Was kümmern uns die anderen! Sollen sie doch alle tuscheln und reden. Wichtig sind wir, und wichtig ist, dass unsere Familie zusammenhält. Schön, dass wenigstens du gekommen bist und dass du die Patin für unser Gretchen machst.«

»War doch selbstverständlich«, gab die Frau zurück. »Nur schade, dass sich der Vater nicht zum Mitkommen hat aufraffen können!«

»Herzlichen Glückwunsch zu Ihrem kleinen Mädchen und alles Gute für die Zukunft, Herr Staudacher«, ließ sich in diesem Moment der Pfarrer vernehmen, der in der Zwischenzeit die Taufutensilien zurückgestellt und sich die Hände mit einem kleinen Leinenhandtuch trocken gewischt hatte.

»Vielen Dank, Herr Pfarrer. Sie kommen doch nachher noch zu uns zum Mittagessen?«

Der Pfarrer wiegte zögernd den Kopf. »Ach, ich weiß nicht. Schauen Sie doch erst einmal nach Ihrer Familie und den Gästen, da müssen Sie nicht auch noch mich einladen …« Er schien sich unschlüssig zu sein, wie er sein Fernbleiben entschuldigen sollte, ohne den jungen Staudachers zu nahe zu treten.

»Aber nein, Herr Pfarrer, das kommt ja gar nicht in Frage!« Maria hatte die Unsicherheit in der Stimme des Pfarrers bemerkt. »Sie müssen sich keine Gedanken machen wegen uns. Wir sind zwar arm und leben bescheiden, aber ein Mittagessen nach der Taufe unseres Kindes, das können wir uns immer noch leisten. Kommen Sie ruhig mit, es reicht für alle! Und es wäre eine Ehre für uns, Sie bei uns zu Gast zu haben. Wo wir doch so froh sind, dass Sie die Pfarrstelle übernommen haben.«

»Maria!« Ihr Mann zupfte sie am Ärmel. »Sag doch so was nicht! Der Herr Pfarrer denkt sonst vielleicht noch, wir wollten uns anmaßen …«

»Nein, nein, lassen Sie nur, Herr Staudacher!« Der Pfarrer hatte abwehrend die Hände gehoben. »Ich glaube, ich verstehe Ihre Frau schon richtig: nach allem, was sie unter meinem Vorgänger hat durchmachen müssen. Also, sehr christlich hat sich der Kollege Schick damals wirklich nicht verhalten, und dafür muss ich mich wohl auch im Namen der evangelischen Kirche bei Ihnen entschuldigen!«

Johann sah überrascht auf. Die Kirche! Bei ihnen, den kleinen Leuten, dem Tagelöhner und seiner Frau, der ehemaligen Dienstmagd, entschuldigen! Maria hatte es lange nicht verwunden, was ihnen der Vorgänger des jetzigen Pfarrers angetan hatte, wie sie wieder und wieder sagte. Erst war ihr Kind nicht getauft worden, weil sie nicht verheiratet waren, und dann, kurz bevor sich der unbarmherzige Priester zur Taufe bereit erklärt hatte (es zusammen mit der kirchlichen Trauung vorzunehmen, hatte er genauso abgelehnt), war das Kind an den Folgen der Pockenimpfung gestorben und musste ungetauft beerdigt werden. Maria, die bis dahin immer wieder Trost in ihrem starken Glauben gefunden hatte, war durch den Tod des Kindes und die Gnadenlosigkeit des Pfarrers schwer getroffen gewesen, und es hatte einiger Überredungskunst bedurft, dass sie in die Taufe von Willi, dem Zweitgeborenen, eingewilligt hatte. Doch dann schien es im Laufe der Jahre, als habe die Zeit die gröbsten Wunden in der Seele geheilt und alles sei wieder ins Lot gekommen, der Pfarrer hatte gewechselt, und ein jüngerer, verständnisvollerer Geistlicher war nach St. Jakob gekommen. Und der entschuldigte sich jetzt auch noch im Namen der Kirche für das Verhalten seines Vorgängers? Unglaublich! Er ergriff die Hand des Pfarrers und schüttelte sie. »Dann«, sagte er, »ist es ja doppelt gut, wenn Sie uns die Ehre geben und beim Mittagessen unser Gast sein wollen.«

Mein Onkel Willi, der Patenonkel und fränkische Mundartdichter, den ich früher genauso wenig verstanden habe wie all die anderen seiner rothaarigen Geschwister, hat mir einmal erzählt, als Kinder hätten sie immer dann, wenn der Geruch von Sagrotan durch das kleine Haus zog, gewusst, dass ein neues Geschwisterchen auf die Welt gekommen war. Die Hebamme hieß – immer – Frau Klammer, der Standesbeamte laut Familienbuch immer Wirsching, der Pfarrer Felden, bis sie ihn in den Zweiten Weltkrieg geschickt haben.

Auch das alles hat mich damals nicht sonderlich berührt. Und die Geschichte vom Festtagsessen: immer Sauerbraten, immer (rohe) Kartoffelknödel, immer danach Rothenburger Schneeballen. Aber die echten, die ohne den Touristenschnickschnack heutiger Tage mit Schokolade, Kokosflocken oder Zuckerglasur. Einem echten Rothenburger dreht es nämlich beim Anblick der »Touristenschneeballen« den Magen um.

»Frau Staudacher, das war wirklich köstlich!« Zufrieden lehnte sich der Pfarrer zurück und ließ seinen Blick über die in der kleinen Stube versammelte Taufgesellschaft schweifen. Da war Johann, der kleine Mann mit dem rotblonden Haarschopf, der für sein Alter, knappe dreißig Jahre, schon so schwielige, abgearbeitete Hände hatte. Dann Maria, die junge Mutter, die selig in die Runde lächelte, trotz all des Leids und Elends, das ihr in den letzten Jahren widerfahren war. Dann Willi, der vierjährige Sohn mit ebenfalls rotblonden Haaren, der voller Stolz neben dem Wickelkind auf dem abgewetzten Sofa kauerte und seiner kleinen Schwester vorsichtig die Wange streichelte. Die alten Staudachers, die Eltern von Johann, die ja seit einigen Jahren in dem neuen Haus am Stadtgraben wohnten und ihr winziges Haus im Alten Keller an ihren Sohn verkauft hatten. Frau Klammer, die Hebamme, die es sich nicht hatte nehmen lassen, schon vor und auch noch nach dem Gottesdienst in der Küche bei den Essensvorbereitungen zu helfen, und schließlich die Taufpatin, Lina Ohr, Marias Stiefschwester, die den weiten Weg vom Goschenhof nach Rothenburg auf sich genommen hatte.

»Das war doch nicht der Rede wert, Herr Pfarrer«, antwortete Maria verlegen.

»Na, dann komme ich öfter hierher, wenn es bei Ihnen Sauerbraten gibt. Das war nämlich der beste in ganz Rothenburg.«

»Kommen Sie erst mal zu mir, bevor Sie solche Dinge sagen!« Die Tür war aufgegangen, und eine kleine Frau, die ihr dichtes braunes Haar zu einem Knoten zusammengebunden hatte, trat schnaufend in die Stube. In den Händen hielt sie ein Tablett, auf dem stapelweise Schneeballen, die Rothenburger Backspezialität aus Mürbeteig, die, zu einer Kugel geformt und mit Puderzucker bestreut, tatsächlich aussah wie ein Schneeball im Winter. »Sie haben meinen Sauerbraten nämlich noch nicht probiert. Altes Familienrezept, kann ich Ihnen sagen. Und die Schneeballen hier, die sind auch nicht zu verachten.« Nach dieser Ankündigung stellte sie das Tablett mit dem Backwerk auf den Tisch. »So, das hätten wir!« Zufrieden richtete die Nachbarin sich wieder auf und klatschte die Handflächen aneinander, um sie vom Puderzucker zu säubern.

»Frau Ehrmann! Das ist aber eine Überraschung!« Maria war aufgestanden und bot der Nachbarin mit einer einladenden Handbewegung ihren Stuhl an. »Und richtige Schneeballen. Da, schau, Willi, das ist doch dein Lieblingsgebäck.«

Der kleine Willi war mit einem Jubelschrei vom Sofa gehüpft und griff mit ausgestrecktem Arm über die Tischplatte. Sein Gesicht leuchtete, als er nach dem obersten Teigballen griff.

»Willi! Lass das!« Johann war aufgesprungen und hatte den Arm des Jungen gepackt. »Du wartest gefälligst, bis die Erwachsenen sich ein Stück genommen haben und bis du von mir etwas bekommst! Ist das klar?« Streng blickte der Vater seinen Sohn an und zog ihn am Ohr. »Ob du verstanden hast, will ich wissen!«

Das verstörte Kind schluckte heftig. »Ja, Vater«, stammelte der Junge schließlich. »Ich habe verstanden.«

»Dann ist es ja gut.« Johann setzte sich wieder auf den Stuhl. »Entschuldigung, aber das musste sein.«

»Jetzt seien Sie doch nicht so furchtbar streng, Herr Staudacher«, sagte die Hebamme. »Der Willi hat es doch nicht böse gemeint. Der hat sich doch nur gefreut über die Schneeballen.«

»Natürlich hat er das! Aber dennoch: So etwas darf erst gar nicht einreißen! Wir sind zwar arme Leute, aber gesittet geht es trotzdem bei uns zu, das habe ich so schon bei meinen Eltern gelernt, nicht wahr, Vater?«

Der alte Staudacher nickte. »Erst die Erwachsenen,

dann die Kinder. So war es schon immer, und je früher sie das lernen, desto besser ist es.«

Die Hebamme und Frau Ehrmann warfen sich vieldeutige Blicke zu. Bevor sich eine unbehagliche Stille in der Stube auszubreiten begann, rief Maria:. »Dann greift halt alle rasch zu, damit auch unser Will zum Zug kommt! Bitte schön, Herr Pfarrer, fangen Sie an!«

In diesem Moment ertönte ein zartes Stimmchen vom Sofa her. »Aha, mein Patenkind.« Lina erhob sich und musterte das gerade erst drei Wochen alte Mädchen liebevoll. »Das Anna Gretchen.« Sie warf Johann einen belustigten Blick zu. »Also, das muss ich schon sagen: Da habt ihr aber einen lustigen Namen ausgesucht. Und lang ist er noch dazu. Da ist ja der halbe Tag schon rum, bis du dein Kind später mal gerufen hast. Oder habt ihr euch einen Rufnamen überlegt?«

»Na ja, eine Gretel wird sie ja wohl von ganz allein«, brummte Johann, der sich etwas unbehaglich fühlte, denn auch er hatte mehrfach seine Einwände gegen den Namen vorgebracht. Doch in diesem Punkt hatte sich die sonst so nachgiebige Maria hartnäckig durchgesetzt. »Wir haben schließlich Willi gefragt, wie sein Schwesterchen heißen soll, außer Anna, und da hat er nun mal Gretchen gesagt. Du kannst nicht einem Kind vorspielen, dass es etwas entscheiden darf, und nachher hältst du dich nicht an die Regeln. Das geht nicht.« Erstaunt hatte Johann in diesem Moment die Entschlossenheit in den Augen seiner Frau wahrgenommen. Vorher erst noch dieser traurige Blick in ihren Augen, als sie den Wunsch geäußert hatte, das Mädchen solle mit erstem Namen Anna heißen, nach ihrer Mutter Anna Margareta, und dann dieser Nachdruck, als sie Willis Namenswahl verteidigte. Ohne weitere Gegenrede hatte sich Johann daraufhin gefügt.

»Also dann, meine kleine Gretel, dann komm einmal!« Maria nahm das Kind hoch und drückte es liebevoll an sich. »Sie wird allmählich Hunger haben, und man wird sie wohl auch sauber machen müssen. Ich gehe dann mal nach oben. Oder vielleicht möchte ja die Lina …«

Weiter kam sie nicht. Lina sprang auf und fiel ihr ins Wort. »Aber natürlich. Gern komme ich mit. Es schadet ja schließlich nicht, rechtzeitig Bescheid zu wissen, wie man das alles macht.« Mit einem fröhlichen Lachen begleitete sie ihre Stiefschwester hinauf in das Schlafzimmer.

»Eine nette Frau, Ihre Schwägerin«, sagte der Pfarrer anerkennend zu Johann. »Nur schade, dass der Vater nicht mitgekommen ist. Seine Frau ist krank, habe ich gehört?«

»Ach die!« Johann runzelte die Stirn. »Die ist doch schon seit einem Vierteljahrhundert krank. Entschuldigung«, fügte er hinzu, als er den erstaunten Blick des Pfarrers bemerkte, »aber es ist leider so. Maria hat in der Zeit, die sie auf dem Hof bei ihrer Stiefmutter verbringen musste, nichts Schönes gehabt. Die Frau hat sich fast den ganzen Tag ins Bett gelegt und Maria für sich schuften lassen. Nur die Geschwister, die haben immer zusammengehalten: vor allem auch Lina und Maria …« Er machte eine kurze, nachdenkliche Pause. »Und auch mit ihrem Vater ist sie immer gut ausgekommen, nur war der selbst lange im Krieg, und dann hing die gesamte Arbeit auf dem Hof an ihm, einen Knecht konnten sie sich damals nicht leisten.«

Wieder schwieg er gedankenverloren. Schließlich fragte Frau Klammer nach: »Aber – entschuldigen Sie die Frage – wieso ist der Vater denn dann heute nicht mitgekommen, wenn das mit der Krankheit ganz alltäglich ist?«

»Ja, wissen Sie«, begann Johann zögernd. »Was da letzten Endes den Ausschlag gegeben hat, das wissen wir selbst nicht. Er hat ja nie gewollt, dass wir heiraten, und deshalb ist er auch nicht bei unserer Hochzeit erschienen. Auch zu Willis Taufe war er nicht da. Maria hat ihn selbst schon lange nicht mehr gesehen, aber geschrieben hat sie ihm. Gerade in den letzten Monaten. Er hat zwar nie geantwortet, aber Lina, meine Schwägerin, die ja noch auf dem Goschenhof wohnt, hat uns berichtet, wie sehr sich ihr Vater über jeden ihrer Briefe gefreut hat. Nur ist es wahrscheinlich so, dass er die Auseinandersetzung mit seiner Frau fürchtet, die es gegeben hätte, wenn er zu uns gekommen wäre. Immer dann nämlich, wenn sich die beiden in der Vergangenheit gestritten haben, hat sich die Frau ins Bett gelegt und von einem schweren Rückfall fabuliert. Und diesem Einfluss scheint mein Schwiegervater leider verfallen zu sein.« Johann schüttelte den Kopf. »Es ist kaum zu glauben, ich habe es Maria selbst lange Zeit nicht geglaubt, aber Lina hat es uns jetzt wieder bestätigt. Mein Schwiegervater steht voll und ganz unter dem Einfluss dieser Frau, und er ist allem Anschein nach zu schwach, um sich daraus zu befreien.«

Eine Zeit lang herrschte nachdenkliches Schweigen am Tisch. »Du, Vater«, ließ sich mit einem Mal eine leise Stimme vernehmen. »Haben denn jetzt alle Erwachsenen ihren Schneeballen gegessen?« Ängstlich fragend schaute der kleine Junge von seinem Vater zum Tablett mit dem Backwerk und wieder zurück.

Ein befreiendes Lachen vertrieb die trübe Stimmung aus dem Raum. »Aber natürlich, Willi! Da, jetzt bekommst du endlich auch deinen Schneeballen. Den schönsten natürlich.« Johann griff grinsend über den Tisch und reichte seinem glücklich strahlenden Sohn die mit weißem Puderzucker bestreute Köstlichkeit.

Irgendwie hat sie sich – glaube ich – immer ein bisschen wegen ihres Vornamens geschämt, meine Mutter. Anna Gretchen heißt sie in Wirklichkeit, nicht Gretel, wie alle sie nennen. Einmal, ein einziges Mal habe ich es gewagt, sie zu fragen, weshalb sie denn so heiße.

Das habe Willi, ihr großer Bruder, damals entscheiden dürfen, hat sie geantwortet. Der Vater wollte eine Gretel, die Mutter eine Anna (klar!), und Willi habe dann den goldenen Mittelweg gefunden: den Namen seiner ersten Schwester.

Und mit ihren blonden Zöpfen habe sie durchaus auch als kleines, deutsches Gretchen auftreten können, seinerzeit in den dreißiger Jahren. Kein Wunder, dass sie dem amerikanischen Ehepaar aufgefallen ist. Das deutsche Mädchen: blonde Zöpfe, blauäugig, groß gewachsen, das originalgetreue Abbild des weit verbreiteten Klischees.

Voller Stolz hat meine Mutter immer wieder davon erzählt, dass sogar zweimal gefragt worden ist, ob die Großmutter sie nicht (für gutes Geld) nach Amerika zur Adoption geben wolle. Abends im Bett habe ich mich dann immer gefragt, was dann wohl aus mir geworden wäre. Ob es mich überhaupt gäbe, und wenn ja, in welchen Verhältnissen?

Mit dem Onkel Erich bin ich in Rothenburg einmal auf der Stadtmauer um seine Heimatstadt gelaufen. Irgendwo in der Nähe des Burggartens habe ich den Arm ausgestreckt und auf den steilen Hang unter uns gedeutet. »Da, Erich, schau! Hier habe ich die Szene angesiedelt, wie deine Schwester Gretel beinahe adoptiert worden wäre!«

Ich war gespannt auf die Antwort. Denn auch hier war ja nur sicher, dass es dieses Ansinnen gegeben hatte, auch die Situation war bekannt, mehr jedoch nicht.

Erich richtete sich kerzengerade auf und sah mir ernst (und irgendwie verwundert) in die Augen: »Ja genau! Das ist die Stelle. Die Mutter hat es mir oft genug erzählt.«

Ende März 1935

»Excuse me, madam!« Der gut gekleidete, hoch gewachsene Mann lächelte Maria freundlich ins Gesicht, als er den Hut vom Kopf zog.

Maria hatte nichts verstanden. Irritiert blickte sie hinter sich, der vornehme Mann mit seiner modisch eleganten Begleiterin konnte doch nicht sie meinen und vor ihr, der einfachen, armen Frau, sogar den Hut ziehen. Das hatte sie ja noch nie erlebt. Doch hinter ihr war niemand. Mit der linken Hand deutete sie auf ihren Oberkörper. »Entschuldigung, meinen Sie mich?« Was konnten diese Herrschaften denn von ihr bloß wollen?

»Sure!« Der Mann grinste verlegen und schien krampfhaft nach Worten zu suchen. »Nun, meine Dame, die Sache ist die«, begann er stockend mit starkem Akzent. »Also, meine Frau und ich, wir haben Sie nämlich schon eine ganze Weile … wie sagt man … beobachtet.«

Maria zuckte zusammen. Wieso um alles in der Welt hatten die beiden fremden Leute denn sie mit ihrem Kind beobachtet? War sie den Nazis irgendwie unangenehm aufgefallen, hatte da mal wieder einer gemeint, er müsse jemanden denunzieren? Nein, im selben Augenblick verwarf sie diesen Gedanken: Das konnte eigentlich nicht sein, denn der Mann vor ihr war eindeutig kein Deutscher, sondern ein Engländer oder Amerikaner. Der Herr machte eine Pause und zuckte hilflos mit den Schultern. Nach wie vor schienen ihm die richtigen Worte zu fehlen. Maria wartete schweigend ab und drückte fest die Hand ihres kleinen Mädchens, das sie auf dem Weg von ihrer Arbeit in der Mühle zurück nach Hause begleitet hatte.

»Well, es ist so: Meine Frau und ich, wir sind aus Amerika und zu Besuch in Deutschland und in Ihrer wunderbaren Stadt.« Wieder hielt er inne, um den nächsten Satz in Gedanken zu formulieren. Ja, seit einigen Jahren kamen immer mehr Fremde, sogar Ausländer wie diese Amerikaner hier, in die ehemalige Freie Reichsstadt an der Tauber und erklärten den Bewohnern von Rothenburg, wie schön es in ihrer Stadt doch sei. Das wäre ja gerade so, als befände man sich noch im romantischen deutschen Mittelalter, nein, so etwas gebe es weder in Hamburg noch in Amerika, das sei Romantik pur. Das anfängliche Kopfschütteln der Rothenburger war inzwischen bei manchen Gastwirten einem stolzen Nicken gewichen, seit sie bemerkt hatten, dass die Fremden, die die Stadt besuchten, meist gut betuchte Leute waren und auch nicht sonderlich um die Beherbergungspreise feilschten, sondern gutes Geld mit in die Stadt brachten. Fremdenverkehr: eine neue Verdienstquelle in der seit Jahrzehnten immer mehr verarmenden Stadt, die eine so stolze Geschichte hatte.

Bei den beiden Amerikanern vor ihr schien es sich um diese Art von Besuchern zu handeln. Auch waren es ganz eindeutig Leute mit Geld, das konnte man am Schmuck der Dame genauso erkennen wie am feinen Stoff, aus dem der Anzug des Herrn geschneidert war.

»Also, was ich meine«, sprach der Fremde stockend weiter, während sich seine Frau niederkniete und der kleinen Gretel, die ängstlich hinter den Rock ihrer Mutter zurückwich, sachte über die weißblonden Locken strich, »meine Frau und ich, wir haben Sie schon gestern und vorgestern gesehen mit Ihrem Kind und heute wieder. Und wir haben uns Gedanken gemacht, Gedanken über Ihr Leben ...« Hilflos hob er die Arme. »Ich weiß nicht, wie ich es ausdrücken soll ...«

Maria schüttelte verwirrt den Kopf. »Wieso machen Sie sich denn Gedanken über mein Leben? Sie kennen mich doch gar nicht.«

»Also, es geht darum: Meine Frau und ich, wir können kein Kind bekommen, und wir haben uns so sehr in Ihr kleines Mädchen verliebt, wir ... wir ...« Wieder sandte er einen Hilfe suchenden Blick aus, bis es aus ihm förmlich heraussprudelte: »Wir würden Ihnen gern helfen!«

»Helfen? Mir?« Maria konnte sich die merkwürdige Begegnung noch immer nicht erklären.

»Ja, helfen. Schauen Sie«, der Amerikaner deutete mit dem Kinn auf Marias Bauch. »Sie sind doch hochschwanger, das sieht man. Und Ihr Kind hier, es ist wohl gerade mal drei Jahre alt. Richtig?«

»Das stimmt. Aber wieso ...«

»Ganz einfach«, unterbrach er sie. »Entschuldigung, ich möchte Ihnen nicht zu nahe treten, aber ... aber man sieht es Ihnen an, dass Sie – wie sagt man im Deutschen? – dass Sie finanziell nicht gerade auf Rosen gebettet sind, nicht wahr?«

»Das stimmt schon. Aber Armut ist keine Schande.« Maria warf den Kopf in den Nacken. »Wir haben unser Leben bisher gemeistert, und wir werden es auch weiter meistern, meine Familie und ich. Im Übrigen muss ich jetzt weiter, weil zu Hause ...«

»Bitte!« Der Mann hob abwehrend die Hände. »Ich wollte Ihnen wirklich nicht zu nahe treten, das dürfen Sie mir glauben. Well. Aber meine Frau und ich, wie schon gesagt, wir träumen von Ihrem kleinen Mädchen Tag und Nacht, seit wir Sie zum ersten Mal gesehen haben. Wir wollen nur ... wäre es denn vielleicht möglich ... dürfen wir denn dem Kind ein kleines Geschenk kaufen? Wäre das möglich?«

Maria schüttelte energisch den Kopf. »Nein, ich glaube nicht, dass das so eine gute Idee wäre. Ich habe schließlich noch ein Kind, und das wäre meinem Sohn gegenüber wirklich nicht gerecht …«

»Aber vielleicht etwas zu essen!«, unterbrach der Amerikaner sie temperamentvoll. »Kommen Sie, dann hat doch jeder etwas davon. Lassen Sie uns für die Familie etwas zu essen kaufen, bitte!«

»Wir nehmen keine Almosen, wir sind doch keine Bettler.«

»Bitte, nicht als Almosen, sondern für Sie und Ihre Familie.« Der Blick des Mannes wurde flehentlich.

»Wie heißt es denn überhaupt, Ihr schönes Mädchen?«, fragte die Dame.

»Gretel. Das ist die Gretel.«

»Was für ein schöner Name. Du bist also die Gretel. Wie schön. Beautiful!« Ein seliges Lächeln huschte über das Gesicht der Frau, die sich nun wieder erhob und Maria aus tränenfeuchten Augen anblickte. »Bitte lassen Sie uns wenigstens mit Ihnen nach Hause gehen. Mein Mann kann Ihnen ja auch den schweren Korb abnehmen, in Ihrem Zustand. Sie müssten doch bald Geburtstermin haben, oder irre ich mich?«

»Sie haben schon Recht.« Maria nickte. »Spätestens Anfang April, hat die Hebamme gesagt.«

»Oh my god! Und da gehen Sie noch zur Arbeit in die Mühle!« Die Frau schlug die Hände über dem Kopf zusammen. Energisch packte sie danach die Hand der Schwangeren und marschierte los. »So ein bisschen Hilfe dürfen Sie uns nicht abschlagen, kommen Sie! Bloß mit dem Kind bis nach Hause!«

Wenig später erreichten sie das winzige Haus im Alten Keller. Grete, die allmählich ihre Scheu vor den beiden seltsam sprechenden Fremden abgelegt hatte, lief fröhlich voraus und zeigte auf die Haustür. »Da, guck mal, Tante, da wohnen wir!«

Die Amerikanerin musterte das Haus nachdenklich. »Ihr alle, hier drinnen? Unbelievable!«

»Ja, alle hier drinnen! Komm, Tante, ich zeig dir mal, wo ich schlafe.«

Die Frau warf einen fragenden Blick zu Maria hinüber, die sich, vor Anstrengung schnaufend, mit dem Handrücken den Schweiß von der Stirn wischte. Lange konnte es nicht mehr dauern mit ihrer Niederkunft, das spürte sie: Jeder Schritt war mittlerweile mühsam und anstrengend. Und der Bauch war diesmal so dick wie noch nie zuvor bei einer ihrer Schwangerschaften. Also wohl doch Zwillinge, so wie es Frau Klammer, die Hebamme, prophezeite. Maria lächelte. »Aber bitte sehr. Jetzt, wo Sie mich ja den ganzen Weg hierher begleitet haben und wo mir Ihr Mann den schweren Korb getragen hat, jetzt kommen Sie ruhig noch eine Weile herein zu uns.«

»Da, guck mal, Tante, unsere Ziegen, unsere Schweine und die Hasen. Einer davon gehört mir.« Gretel hatte die Haustür geöffnet und war als Erste in den Flur getreten.

»O Jesus!«, rief die Amerikanerin erschrocken. Das hatte sie nicht erwartet! Zwei Ziegen und zwei Schweine standen da erschrocken meckernd und quiekend auf dem strohbedeckten Boden. In den roh zusammengezimmerten Ställen an der Wand zählte sie fünf Hasen. »Aber das ist ja …«

»Das sind Ziegen, Schweine und Hasen«, sagte der Mann. »So ist das eben in einer kleinen Stadt.«

»Tante! Hier bin ich!« Gretel war schon wieder ein

Stück vorausgeeilt und lugte vom Ende der ausgetretenen braunen Holztreppe hinunter zu Haustür. »Da oben ist unser Wohnzimmer.«

Verstohlen hielt sich die Frau das Taschentuch an die Nase, als sie durch den Flur zur Treppe ging. Anstelle eines Geländers hing dort auf der Wandseite ein dickes Seil. Langsam und vorsichtig nahm sie eine Stufe nach der anderen, wobei sie den Kopf einziehen musste, so niedrig war die windschiefe Decke des Hauses.

»Maria, seid ihr da?« Johann trat aus der Stubentür und blinzelte forschend in das dunkle Treppenhaus hinunter.

»Ja, ich komme. Und Besuch ist auch noch dabei.«

Wenig später saßen sie am Tisch in der Stube, während sich Gretel fröhlich lachend ein Bonbon in den Mund steckte. »Das andere ist aber für deinen Bruder, verstanden?«

Gretel nickte. »Der ist aber noch drüben bei Frau Schmidt, der kommt erst nachher. Ich hebe es ihm aber auf.«

»Gut.« Die Frau lehnte sich zufrieden zurück und warf Maria ein anerkennendes Lächeln zu. »Da haben Sie aber wirklich ein artiges Kind und ein wunderhübsches dazu.«

»Es sieht aus wie Shirley Temple, ich weiß nicht, ob Sie die kennen.« Der Amerikaner drehte sich fragend zu Johann hinüber. »Nein? Na, Shirley Temple ist in Amerika der absolute Kinderstar. Die kennt bei uns da drüben jeder – und ihre süße, kleine Tochter, well, die sieht genauso aus.«

»Aha!« Johann verstand immer noch nicht, weshalb Maria die beiden Fremden mitgebracht hatte.

»Nun, wissen Sie, ich habe es vorhin schon Ihrer Frau gegenüber angedeutet: Wir würden Ihnen gern helfen«, begann der Mann schließlich sein Anliegen vorzutragen.

»Helfen? Wie?« Johann schaute verständnislos auf. »Haben Sie etwa Arbeit für mich?«

Der andere schüttelte den Kopf. »Nein, das nicht gerade. Aber ich habe drüben einen guten Job, der mir gutes Geld einbringt. Wir haben ein Haus und sind glücklich verheiratet, meine Frau und ich. Nur: Etwas fehlt uns zu unserem Glück – ein Kind. Die Ärzte sagen definitiv, wir können keines bekommen, und deshalb haben wir beschlossen, ein Kind zu adoptieren …« Er machte eine kurze, bedeutungsvolle Pause, bevor er weitersprach. »Well, und als wir Ihre Frau mit dem hübschen blonden Kind gesehen haben … da dachten wir …« Er holte tief Luft, und dann war der entscheidende Satz heraus: »Wir würden Ihr kleines Mädchen gern adoptieren und mit uns in die Staaten nehmen.«

»Adoptieren?« Johann fuhr aus seinem Stuhl hoch. »Die Gretel mitnehmen?«

»Sie hat es auch wirklich gut bei uns, das können Sie mir glauben«, mischte sich nun auch die Frau wieder in das Gespräch.

»Unsere Gretel? Mitnehmen nach Amerika?« Maria stemmte die Ellbogen auf den Tisch und beugte sich vor, um den beiden Besuchern direkt ins Gesicht zu blicken. »Auf gar keinen Fall!«

»Wir würden Ihnen aber einen ordentlichen Geldbetrag dafür geben«, versuchte der Mann es erneut, »und Sie könnten sich bei uns ja auch immer erkundigen …«

»Niemals!« Johann hieb mit der Faust energisch auf den Tisch. »Und wenn wir noch so arm sind: Unsere Kinder verkaufen wir nicht! Nie und nimmer!«

»Aber …« begann die Amerikanerin noch einmal zaghaft, doch Johann schnitt ihr mit einer unwirschen Handbewegung den Satz ab.

»Niemals! Unsere Arbeit kann man uns nehmen, und es kann noch eine ganze Zeit lang so weitergehen, dass wir uns mehr recht als schlecht herumschlagen, aber unseren Stolz und unsere Kinder, die kann uns keiner abkaufen. Auf gar keinen Fall!«

In diesem Moment ging die Tür auf, und Willi platzte fröhlich herein. »Wer soll wem was abkaufen?«

»Du mir mein Bonbon. Da schau mal!« Gretel plapperte munter drauf los: Sie hatte den Sinn der ernsten Debatte zwischen den Erwachsenen nicht mitbekommen. »Da, das ist für dich, und abkaufen musst du es auch nicht: Das hat die Tante uns geschenkt.«

»Toll! Und vielen Dank auch!« Freudestrahlend steckte sich der Junge das Bonbon in den Mund.

Marias Züge entspannten sich wieder. Ihr Willi war gerade zum rechten Zeitpunkt hereinmarschiert. »Das hast du aber gut gemacht, dass du dich gleich bedankt hast. Siehst du, Johann, deine Erziehung hat also doch etwas gefruchtet!«

»Ja, also«, der Amerikaner war aufgestanden und trommelte nervös mit den Fingern auf die Stuhllehne. »Ich … wir … wollten Ihnen nicht zu nahe treten, tut mir Leid!«

»Ist schon gut.« Auch Maria erhob sich und streckte die Hand aus. »Sie werden sehen: Sie finden sicher ein armes Kind in einem Waisenhaus, davon gibt es ja so viele …«

»Aber …«, begann der Mann zögernd. »Dürfen wir denn morgen noch einmal herkommen und uns verabschieden? Wir reisen nämlich morgen Vormittag ab. Wäre das möglich?«

»Sicherlich. Das dürfen Sie«, sagte Maria und sah anschließend die beiden Kinder auffordernd an. »So, und jetzt gebt ihr dem Onkel und der Tante schön die Hand zum Abschied und bedankt euch noch mal für die Bonbons!«

»Wir bringen Sie noch hinunter an die Haustüre«, rief Willi voller Enthusiasmus und sprang polternd die Holztreppe hinunter, gefolgt von Gretel und den Besuchern.

Kaum war die Tür wieder geschlossen, setzte sich Johann mit einem tiefen Seufzer auf das Sofa. Ernst musterte er seine Frau, die schon ahnte, was er ihr gleich sagen würde. »Also, ich hab heute wieder vergeblich bei der Stadt nachgefragt, ob sie mich nicht doch als Tagelöhner behalten wollen, aber sie haben abgelehnt. So gesehen, hätten wir das Geld gut gebrauchen können.«

»Johann!«, rief Maria entrüstet. »Das ist doch wohl nicht dein Ernst!«

»Nein, natürlich nicht. Ich meine nur, dass unsere finanzielle Lage wirklich alles andere als rosig ist. Du kannst dem Siegfried von der Ludleinsmühle sein Geld immer noch nicht zurückzahlen, ich brauche das, was du sparst, voll und ganz für die Raten, die ich noch an meine Eltern zahlen muss, und außerdem: Ich weiß nicht, ob ich das Pachtgeld für unseren Acker dieses Jahr überhaupt zusammenbekomme. Da müssen wir wahrscheinlich eines von den Schweinen dafür verkaufen, denn ohne Acker, da geht es gleich gar nicht. Woher sollen wir sonst das Geld für die Kartoffeln im Winter nehmen, wenn wir sie nicht mehr selber anbauen können? Es ist zum Verrücktwerden.« Müde und hoffnungslos fuhr er sich mit der Hand über das Gesicht.

»Ach, Johann, das wird schon wieder werden.« Maria setzte sich vorsichtig neben ihren Mann auf das Sofa und legte fürsorglich den Arm um ihn. »Wir dürfen nur den Glauben an uns und an unsere Familie nicht aufgeben. Schau mal, jetzt haben wir schon zwei so nette Kinder, und bald kommt noch eines – womöglich gar zwei!«

»Eben, das ist es ja gerade!« Johann schüttelte den Kopf. »Wie soll ich euch alle nur ernähren?«

»Dann gehst du halt morgen noch mal zur Stadt und fragst nach. Da muss es doch Arbeit geben für einen tüchtigen Mann wie dich.«

Johann verzog skeptisch die Mundwinkel. »Das glaube ich ganz allmählich nicht mehr. Weißt du, wenn man da so mit den Leuten spricht, dann wird einem schnell klar, dass die alle mit den Wölfen heulen.« Er machte eine Pause und holte tief Luft. »Das heißt im Klartext: Die Nazis haben jetzt überall das Sagen, und die nehmen nur noch ihresgleichen auf, die anderen können schauen, wo sie bleiben.«

»Aber das ist doch … das kann doch nicht wahr sein! Ein Arbeiter, der die Straße fegt, das ist doch kein politisches Amt, da ist es doch gleich, ob einer Nationalsozialist ist oder nicht.« Maria schüttelte heftig den Kopf. »Das gibt es doch gar nicht!«

»Anscheinend doch – leider. Gut, ich werde es morgen noch einmal versuchen, aber ich verspreche mir nicht viel davon. Aufgeben tun wir jedenfalls nicht. Dann muss ich halt wieder ein paar Tage unten bei den Mühlen aushelfen und beim einen oder anderen Bauern, vielleicht hat ja auch einer neue Pferde, mit denen er nicht umgehen kann. Du hast Recht: Das wird schon wieder werden. Auf jeden Fall werden die Kinder nicht verkauft, das wäre ja noch schöner!«

»Gut so. So kenne ich dich wieder. Wir lassen uns nicht unterkriegen.« Maria hielt kurz inne, um ihrem Mann einen Kuss zu geben. Dann deutete sie auf ihren Bauch. »So – und jetzt schlüpf aber schnell in die Schuhe und hol die Frau Klammer! Ich spüre es schon ganz deutlich: Das sind die Wehen!«

Selbst mein Onkel Fritz, der im August 1943 geboren worden ist, sah erstaunt auf. Gut, eigentlich konnte er es ja nicht wissen, er war damals noch gar nicht auf der Welt, als sich die Szene ereignete, die mich mit einem Schlag so stolz gemacht hat. Stolz auf meinen Großvater, diesen einfachen, kleinen Mann, dem es im Leben – finanziell – nie wirklich gut gegangen ist. Einer, der einfach »Nein« gesagt hat bei den Nazis. Donnerwetter! Doch: Darauf bin ich stolz. Wenn er das wüsste, ich glaube, er würde seinerseits nur verlegen mit den Schultern zucken.

Nur weil er keiner von denen war, die sich angepasst haben und immer dem Wind hinterhergeflattert sind, so wie es die meisten, die allermeisten gemacht haben – und immer noch machen. Dass er auch hinterher nicht damit angegeben hat, sich nicht als Widerstandskämpfer stolz hat feiern lassen wie so viele, sondern einfach fest auf dem Boden gestanden hat.

Selbst die eigenen Kinder haben das nicht alle gewusst. Es war nicht wichtig. Weshalb nicht? Allmählich begriff ich die Gedankenwelt dieser einfachen Menschen – meiner Vorfahren. Die Antwort ist klar und einfach: weil diese Art des Verhaltens schlicht und einfach selbstverständlich war. Und ein Gedanke würde ihm vielleicht durch den Kopf gehen, ein Gedanke, den er nie und nimmer so klar formulieren könnte, den er aber dennoch denken würde: Abstammung ist kein Verdienst, sondern eine Tatsache. So viel andererseits zum Thema Stolz.

10. April 1935

»Ich sage Ihnen, Herr Pfarrer, das ist vielleicht ein Gefühl, wenn Sie als Arbeitsloser heimkommen, den ganzen Tag auf der Suche nach Arbeit waren und nichts bekommen haben, und dann werden Sie abends von hungrigen Augen angeguckt.« Johann schüttelte bei der Erinnerung an den 29. März den Kopf. Zwei Wochen war es jetzt her, dass er wiederum vergeblich bei der Stadt um eine Anstellung als Arbeiter nachgesucht hatte. Zum Glück war er letzte Woche an einen Bauern geraten, dem er beim Umgang mit dem Pferdegespann helfen konnte, und auch in der Ludleinsmühle im Taubergrund hatte ihm der junge Müller ein paar Arbeiten zuweisen können, die sie finanziell einigermaßen über die nächsten Wochen bringen würden.

Der Pfarrer nickte. »Ich verstehe Sie, Herr Staudacher. Die Zeiten sind härter geworden, besonders für aufrechte Leute wie Sie. Wir sind mittlerweile ja umgeben von Duckmäusern und Jasagern, das kann auf Dauer nicht gut gehen.«

»So ist es, aber das können Sie mir glauben, dass man ins Schwanken kommt, wenn man zu Hause plötzlich vier Kinder ernähren soll und keine Arbeit hat. Da ist man dann schon versucht, seine Seele zu verkaufen und in die Partei einzutreten.«

»Was habt ihr bloß immer mit der Partei? Mein Mann sagt, so viele Aufträge, wie er als Schreiner zur Zeit bekommt, hat er schon lange nicht mehr gehabt. Es geht aufwärts mit Deutschland, und zwar richtig!«

»Frau Vogel, Frau Vogel.« Missbilligend schüttelte der Pfarrer den Kopf. »Wenn es nur so einfach wäre mit der Politik. Meiner Meinung nach entsteht da nichts Gutes und …«

»Aber die Juden sind doch schuld daran, dass wir den Krieg verloren haben!«, fiel ihm die Frau ins Wort.

»Sehen Sie, da haben wir es.« Der Pfarrer schlug die Hände vor dem Gesicht zusammen. »Das haben die mit ihrer Propaganda erreicht: sich irgendeinen herauszupicken und zum Sündenbock abzustempeln! Nein, Frau Vogel, so einfach funktioniert die Welt nicht. Wenn Sie einmal zurückdenken, damals, als …«

Wieder wurde der Pfarrer unterbrochen, diesmal von der sich öffnenden Stubentür, durch die Anna Ehrmann hereinkam, ein Tablett mit Schneeballen vor sich her balancierend. »Grüß Gott alle miteinander! Ihr habt doch sicher schon alle auf die Schneeballen zur Taufe gewartet, oder?« Amüsiert sah sie sich in der Runde um und stemmte mit gespieltem Ernst die Hände in die Hüften. »Dass mir jetzt ja keiner etwas Falsches sagt!«

Jubelnd stürzten sich die Kinder auf die Schneeballen, nur Gretel warf zunächst einen fragenden Blick zu ihrem Vater hinüber. Johann lächelte zufrieden, als er bestätigend die Augenlider schloss. »Ist schon gut, mein Kind. Die anderen sind dir ja wohl zuvorgekommen.«

»Du meine Güte, ist das aber ein Leben hier in der Stube. Das ist ja wie im Kindergarten.« Frau Vogel verzog die Mundwinkel. »Man versteht ja fast sein eigenes Wort nicht mehr. Also nein, das wäre nichts für meine Nerven.«

»Aber Frau Vogel! Warten Sie nur, bis es bei Ihnen auch einmal klappt mit dem Kinderkriegen, dann sieht alles ganz anders aus.« Die Hebamme warf der Frau des Schreiners einen vorwurfsvollen Blick zu.

»Ja, da hört sich doch alles auf! Was wollen Sie denn damit sagen? Nur weil mein Mann und ich nicht gleich Kinder kriegen wie die Karnickel! Nein, das muss ich mir nicht bieten lassen!« Die Frau erhob sich entrüstet und griff nach ihrem Mantel, den sie hinter sich über die Stuhllehne gelegt hatte. »Johann, ich gehe. Vielen Dank für die Einladung, aber es ist Zeit für mich, das Abendessen vorzubereiten.«

Verlegen erhob sich Johann Staudacher, dem die Auseinandersetzung peinlich war. Wo doch jeder in der Gasse wusste, wie sehnsüchtig sich die Vogels ein Kind wünschten. Da hätte die Hebamme aber wirklich etwas zurückhaltender sein können. »Willst du nicht doch noch eine Weile bleiben?« Er breitete die Hände aus. »Komm, lass dir wengistens noch Zeit für einen Schneeballen.«

Doch die Frau ließ sich nicht mehr umstimmen. »Schon gut, gib dir keine Mühe. Ich muss wirklich gehen. Könntest du mir vielleicht mit ein paar Kartoffeln aushelfen, Maria? Mir sind sie nämlich ausgegangen, und ich habe neulich gesehen, dass ihr noch so schöne im Keller habt. Einen Topf habe ich vorhin schon mitgebracht.«

»Aber natürlich.« Maria erhob sich. »Warte nur, ich gehe rasch mit dir in den Keller.«

»Lass nur, das übernehme ich.« Johann, der die Stirn missmutig in Falten gelegt hatte, gebot seiner Frau Einhalt. »Setz du dich ruhig wieder hin und ruhe dich noch aus! Ich gehe mit runter und hole die Kartoffeln.« Er öffnete die Stubentür und ging zur Treppe.

»Die sollte sich Gräfin Nassau nennen!« Kaum hatte die Schreinersfrau die Stube verlassen, hieb die Nachbarin, die vorhin die Schneeballen mitgebracht hatte, ärgerlich auf die Tischplatte. »Die kommt doch fast jeden Tag zu euch und schwatzt dir irgendetwas ab. Dabei haben die doch viel mehr Geld als ihr, der Vogel ist schließlich Schreiner, und Johann hat keine Arbeit und muss jetzt für den Lebensunterhalt von vier Kindern sorgen. Die sollte *dir* jedes Mal etwas bringen und dich nicht noch aussaugen wie ein Schmarotzer. Dass du das aber auch mitmachst, Marie!«

Maria legte die Hände in den Schoß und blickte ihre Nachbarin einen Moment lang lächelnd an. »Ach, Anna. Das haben wir doch schon ein paarmal gehabt, dieses Thema. Geben ist seliger denn nehmen, nicht wahr, Herr Pfarrer? Und ab und zu zimmert uns der Schreiner ja dann auch mal was umsonst, das ist also schon in Ordnung so.«

In gespielter Verzweiflung faltete Anna Ehrmann die Hände und richtete den Blick zum Himmel. »O heilige Einfalt! Was du denen schon alles gegeben hast – ob Wurst, Fleisch, Kartoffeln oder Blumen – also ich sage dir, da hättest du den Apotheker anstellen können, um den Schrank zu reparieren, und selbst dann wäre es noch billiger gekommen, wenn du das, was du denen schon hergegeben hast, mit hineinrechnen würdest. Das muss doch nicht sein, Herr Pfarrer, dass man alles herschenkt, obwohl man selbst nichts hat, oder?« Der Geistliche hatte das Gespräch bisher stumm verfolgt und suchte nun verlegen nach den richtigen Worten.

»So war die Maria doch schon immer«, sprang da Lina in die Bresche. »Darüber haben wir uns auf dem Goschenhof schon lange nicht mehr gewundert. Es war wirklich schon damals so, dass sie als die Größte von uns Kindern am wenigsten für sich selbst hatte und das bisschen dann auch noch hergegeben hat. Wir haben das natürlich gern genommen, denn wir haben uns darüber gar keine Gedanken gemacht. Erst neulich, als du mir erzählt hast, wie das mit den Kartoffeln für die Schweine gewesen ist, da habe ich mich ehrlich gesagt sogar geschämt für meine Mutter.«

»Ach, lass doch!« Maria war rot geworden und sah unsicher zu Boden. »Das ist doch schon lange vorbei und interessiert auch niemanden.«

»Doch, mich schon!« Neugierig geworden, wartete die Nachbarin auf die Erklärung der Geschichte.

»Na, sie hat für sich selbst oft nichts mehr zu essen gehabt und hat dann im Stall vor lauter Hunger die Kartoffeln gegessen, die an die Schweine verfüttert wurden. Wenn ich das damals geahnt hätte …«

»Das glaube ich gleich. Unverwechselbar unsere Marie!« Kopfschüttelnd sah Anna Ehrmann in die Runde.

Maria erhob sich entschieden. »Also, jetzt haben wir aber genug über die Vergangenheit geredet, ich denke, das reicht! Und wenn Frau Vogel keine Kartoffeln hat und ich habe welche, dann gebe ich ihr ein paar, das ist doch nicht weiter tragisch.« Dann wandte sie sich an ihre Stiefschwester: »Jetzt sag aber mal, Lina, wie geht es dir denn so frisch verheiratet?«

»Kaum verheiratet und schon drei halb erwachsene Kinder«, lachte die Nachbarin glucksend. »Also, ich muss schon sagen, das ist ein richtiges Wunder.«

»Aber Anna!« Maria drehte sich kopfschüttelnd um. »Was ist denn daran so komisch, wenn meine Schwester einen Witwer mit drei Kindern geheiratet hat?«

»Und jetzt allem Anschein nach schon wieder schwanger ist …« Anna betrachtete Linas Bauch mit Kennermiene.

»Na ja«, begann die Schwangere. »Ihr könnt euch vorstellen, dass der Vater natürlich zunächst ganz und gar nicht begeistert war, als er mitbekommen hat, wen ich da heiraten will. Dass es ein Bauer ist, der einen ganz ordentlichen Hof beisammen hat, das war ihm schon recht. Bloß das mit den Kindern ...« Nachdenklich betrachtete sie die drei Kinder im Alter zwischen drei und sieben Jahren, die sie zur Taufe mitgebracht hatte. »Aber andererseits: Die Kinder brauchen ja schließlich auch eine Mutter ...«

»Noch eine barmherzige Samariterin! Wenn das so weitergeht, dann können wir die ganze Heilige Schrift gleich hier in Rothenburg nachspielen, was meinen Sie, Herr Pfarrer?«

»Aber Frau Ehrmann, ich bitte Sie!«, rief der Pfarrer entrüstet. »Ich finde es in Wirklichkeit schon anerkennenswert, wie diese Frau den armen Kindern eine Mutter ist. Darüber sollten wir auch gar nicht spotten, im Gegenteil. Was würden wir tun, wenn es solche Leute nicht gäbe?«

Verlegen senkte Anna Ehrmann den Blick. »War doch nicht so gemeint, wie es vielleicht geklungen hat. Entschuldigung, aber ich wollte eigentlich niemandem zu nahe treten. Ihr wisst ja, manchmal habe ich halt ein etwas schnelles Mundwerk.«

»Ist schon gut, Anna!« Versöhnlich legte ihr Maria die Hand auf den Arm. »Wir haben dich schon richtig verstanden.« Sie holte tief Luft und sah anschließend die Stiefschwester nachdenklich an. »Was meinst du, Lina? Ich habe ja schon lange Heimweh nach dem Goschenhof. Glaubst du, der Vater würde sich freuen, wenn ich einmal vorbeikommen würde mit den Kindern? In zwei, drei Monaten bin ich mit den Zwillingen aus dem Gröbsten raus, dann könnte ich ja vielleicht einmal ...«

Lina nickte. »Das ist eine prima Idee! Der Vater würde sich mit Sicherheit sehr darüber freuen. Du weißt ja, dass er unter der Situation leidet, aber unsere Mutter, was soll ich da schon sagen ...« Bekümmert hielt sie inne, und bevor sie weitersprechen konnte, öffnete sich die Tür, und ein kleiner Junge mit brauner Uniform trat herein.

»Da, guckt mal, was ich heute anziehen durfte!«, verkündete er stolz.

»Willi! Was soll das denn?« Maria starrte ihren Sohn verwundert an. »Wo hast du das denn her?«

»Das haben mir die Leute bei der Hitlerjugend gegeben! So eine Uniform soll ich bekommen, extra für mich!«

»Willi!« Hinter dem Jungen hatte nun auch Johann die Stube betreten. »Ich glaube, ich sehe nicht richtig.« Seine Stimme bebte vor Entrüstung. »Du ziehst den braunen Dreck sofort wieder aus!«

»Aber Vater!« Der Siebenjährige schüttelte heftig den Kopf. »Das soll meine neue Uniform …«

Weiter kam er nicht. »Du ziehst das aus! Auf der Stelle!«, donnerte er. »Mach, dass du rauskommst! Ich will dich nie wieder so sehen, dass das klar ist! Ein für alle Mal!«

Der Junge versuchte es ein zweites Mal. »Aber Vater! Das ist …«

»Das ist braune Scheiße, sonst gar nichts! Raus, bevor ich mich vergesse!« Er hob drohend den rechten Arm und funkelte seinen Sohn wütend an. Mit gesenktem Kopf verließ der Junge das Zimmer.

Johann machte eine unwirsche Handbewegung und lief aufgeregt in der Stube auf und ab. »Jetzt wollen sie schon bei den Kleinen anfangen und die gezielt schulen, damit auch ja jeder hinterher so funktioniert, wie sie das brauchen können.« Mit einem ratlosen Achselzucken wandte er sich an den Pfarrer. »Herr Pfarrer, ist gegen die denn gar kein Kraut gewachsen? Wieso sagt denn die Kirche nicht deutlich, was sie von dem braunen Lumpenpack hält?«

Doch der Pfarrer sah ihn nur wortlos an und nickte betrübt.

Mai 1935

Mit müden Schritten schleppte sich Johann die Stiege hoch. Verschwitzt und abgearbeitet ließ er sich auf den Schemel neben dem Herd sinken. Maria musterte ihren Mann sorgenvoll. »Geht's dir nicht gut, Johann?« »Nein, nein! Ist schon alles in Ordnung!« Der kleine Mann streckte die Füße aus und atmete langsam durch. »Es war bloß ein bisschen viel heute! Erst beim Müller unten in der Mühle die schweren Säcke auf den Wagen laden, dann ausfahren und vorher noch beim Schwedler draußen, dem hab ich noch die Kartoffeln hergerichtet und mit verladen, dass er morgen mit dem Kartoffelstecken beginnen kann! Zum Lohn hat er mir den Rest von den Saatkartoffeln gegeben, die er nicht mehr braucht! Die haben vielleicht ein Gewicht, sag ich dir, wenn man die durch die ganze Stadt schleppen muss! Aber immerhin, am Samstag könnten wir dann stecken! Ist das gut für dich, kannst du da mit den Zwillingen schon mitkommen?«

Maria nickte. »Aber sicher! Es geht schon ganz gut mit uns dreien! Und Gretel, die hilft mir sogar schon richtig toll. Der Willi ist ja mit seinen sieben Jahren jetzt auch ein richtig selbstständiger Junge, der kann auf dem Acker auch schon mithelfen. Also, das Gröbste haben wir bald hinter uns, und du siehst ja, irgendwie kommen wir schon durch!«

»Gut!« Johann legte den Kopf in den Nacken und schloss für einen Moment die Augen. »Auch wenn es besser sein könnte! Übrigens«, er erhob sich und streckte die

Hand aus, um Maria an sich zu ziehen, »draußen beim Bauern habe ich heute erfahren, dass der Hammel gestorben ist.« Er hielt inne und wartete auf eine Reaktion seiner Frau. Die verstand erst nicht, worauf er hinauswollte, dann jedoch sah sie überrascht auf. »Du meinst den Knecht Hammel, den meine Mutter geheiratet hat?«

»Genau den! Der hat es anscheinend schon eine ganze Weile auf der Lunge gehabt, und es ist nicht besser geworden! Und vorgestern ist er gestorben! Ich kann mir nicht vorstellen, dass deine Mutter sehr traurig darüber gewesen ist!«

»Johann! So etwas darfst du nicht sagen!« Missbilligend verzog Maria die Mundwinkel. »Ist doch aber so! Das war ein ganz schöner Wüterich, wenn es stimmt, was man so hört! Und die zwei-, dreimal, wo ich ihm begegnet bin, da muss ich schon sagen, dass wir sicher nie und nimmer große Freunde geworden wären! Na ja, wie auch immer«, er hieb sich mit der Linken auf den Oberschenkel und sah auf. »Jetzt, wo er tot ist, stellt sich diese Frage ja nicht mehr!«

Maria nickte nachdenklich. Seit jener unseligen Begegnung an Lichtmess 1924 war sie ihrer Mutter nicht mehr begegnet, und wie immer in solchen Momenten durchzuckte ein bitterer Schmerz ihren Körper. Sie überlegte. Ob jetzt vielleicht der richtige Augenblick gekommen war, es noch einmal zu versuchen? Entschlossen zog Maria die Schlaufe ihrer Schürze auf. »Weißt du was, Johann? Ich gehe zu ihr!«

Johann runzelte irritiert die Stirn. »Wie? Was soll das heißen? Du willst doch nicht etwa jetzt hinaus zu ihr!«

»Doch, das will ich!« Marias Entschluss stand fest. Sie wischte sich eine Haarsträhne aus dem Gesicht und hängte die Schürze an den Haken.

»Aber du kennst sie doch so gut wie gar nicht, und sie hat sich doch die ganze Zeit nie um uns gekümmert! Was willst du denn jetzt von ihr?« Johann verstand die Welt nicht mehr.

»Ich will gar nichts von ihr! Aber vielleicht braucht sie jetzt ja jemanden!«

»Und was ist mit den Kindern? Was mache ich, wenn die Zwillinge Hunger kriegen?«

Maria schüttelte den Kopf. »Ich habe sie vor einer halben Stunde erst gestillt. Frisch gewickelt sind sie auch. Die schlafen jetzt eine ganze Weile, mach dir keine Sorgen! Und in zwei, drei Stunden bin ich wieder zurück!«

»Dann schau wenigstens zu, dass du wieder hier bist, bevor es dunkel wird. Ich sehe schon«, damit hob Johann hilflos die Achseln, »aufhalten kann ich dich ja sowieso nicht!«

»Eben!« Maria drückte einen Kuss auf die Wange ihres Mannes und eilte anschließend die enge Holztreppe hinunter. »Diese Frau! Verstehe sie, wer will!« Seufzend erhob er sich und rieb die von der Arbeit immer noch schmerzenden Unterarme.

»Du meine Güte, wie soll ein normaler Mensch denn da schlafen – auch wenn man noch so müde ist!« Ärgerlich setzte sich Johann im Bett auf und spähte durch das kleine Fenster nach draußen. Es war stockdunkel, die Lichter in den Häusern waren erloschen. »Sicherlich grade mal Mitternacht! Und morgen früh soll ich wieder um fünf Uhr auf den Beinen sein! Wie soll das gehen?«

»Was ist denn, Johann, kannst du nicht schlafen?« Maria drehte sich zu ihrem Mann herüber.

»Bei dem Geschnarche!« Ganz deutlich drangen regelmäßige Laute durch das geöffnete Fenster. »Das ist ja, als würde man mitten im Schweinestall übernachten! So ein fürchterliches Gegrunze!«

Maria kicherte leise. »Das ist sicher wieder der Herr Dittmar! Oder seine Frau!«

»Wahrscheinlich beide, so gut, wie die beieinander sind!«, brummelte Johann unzufrieden. »Man müsste ihnen den Mund zubinden!«

»Dann mach halt einfach das Fenster zu, dann hast du deine Ruhe!«

»Bei der Hitze hier drinnen, da gehen wir ja ein! Nein! Ich versuche mir halt die Ohren zuzuhalten, vielleicht klappt's ja!«

»So etwas gibt es auch nur in der Stadt, dass man die Nachbarn beim Schnarchen hört!« Maria hatte sich nun ebenfalls im Bett aufgesetzt. »Andererseits habe ich sowieso nicht schlafen können bei all dem, was mir durch den Kopf geht!«

»Hab ich mir schon gedacht, so nachdenklich, wie du ausgesehen hast, als du von deiner Mutter zurückgekommen bist!«

»Als wenn sie auf mich gewartet hätte, so kam es mir vor, als sie die Kammertür aufgemacht und mich gesehen hat. Und immerhin sind ja mehr als zehn Jahre vergangen – aber sie hat sofort gewusst, wer da vor ihr steht!«

Johann ließ sich auf sein Kissen zurücksinken. »Wäre wohl besser gewesen, wenn sie schon vorher mal ein Lebenszeichen von sich gegeben hätte …«

»Ja, aber wie denn? Ich habe dir doch erzählt, dass sie ihrem Mann immer verschwiegen hat, dass sie schon ein Kind hatte, bevor sie ihn kennen gelernt hat. Der hat überhaupt nicht gewusst, dass es mich gibt! Der hat das nicht wissen dürfen!«

»Das verstehe ich nicht! Das kommt doch sozusagen

ständig vor, dass ein uneheliches Kind auf die Welt kommt. Das ist doch nichts Neues! Und außerdem: Sie hat dich ja gar nicht bei sich behalten!«

»Trotzdem! Der scheint so eifersüchtig gewesen zu sein ... Sie hat es ihm ja anscheinend sagen wollen, sich aber dann doch nicht getraut ... ja, und irgendwann war es zu spät dafür ...« Nachdenklich starrte Maria in die dunkle Nacht hinaus. »Was diese Frau für Seelenqualen hat aushalten müssen! Erst ich, das uneheliche Kind, das sie hat weggeben müssen, weil sein Vater sie nicht heiraten darf und sie das Kind nicht behalten kann. Dann die Heirat mit dem Mann, der nichts von mir wissen soll ...« Mit dem Handrücken fuhr sie sich über die Nase und schniefte leise. »Sie hat das Kind auch Maria genannt, genau wie mich. Das sagt eigentlich alles ...!« Maria hielt inne und holte tief Atem. »Jetzt verstehe ich auch ihre Reaktion, als ich damals vor ihr stand. Sie hat ganz einfach Angst gehabt, dass nun alles ans Tageslicht kommen würde ... und da hat sie mich dann ein zweites Mal verlassen! Aber«, sie tastete nach der Hand ihres Mannes und drückte sie innig, »glaub mir, es hat sie fast zerrissen damals. Und wie ich sie heute Abend so vor mir gesehen habe! Sie ist eine gebrochene Frau!«

Lange noch saß Maria so im Bett und blickte gedankenverloren zum Fenster hinaus. Mit den Fingern streichelte sie zärtlich über ihre kleine Holzpuppe, die sie vorher verstohlen aus der Schublade ihres Nachttisches geholt hatte. Der Kreis hatte sich geschlossen!

Juli 1935

»Der Vater schreibt, er würde sich freuen, wenn auch du mitkommen würdest auf den Goschenhof. Der Zeitpunkt ist gerade günstig, die Heuernte ist vorbei, das Getreide braucht noch eine Weile und«, Maria legte den Arm um ihren traurig und mit gesenktem Kopf in der Küche stehenden Mann, »es tut uns auch einmal gut, zwei oder drei Tage etwas anderes zu sehen als die Stadt hier! Komm doch einfach mit!«

»Einfach ist gut!«, seufzte Johann. »Nichts ist einfach! Bleibe ich hier, bekomme ich keine Arbeit, bin ich weg, hätte ich hier vielleicht Arbeit bekommen! Also ehrlich«, er breitete die Arme aus und schickte einen verzweifelten Blick zum Himmel, »ich weiß manchmal wirklich nicht mehr, wie es weitergehen soll!«

»Ach Johann, hab halt ein bisschen mehr Gottvertrauen, dann schaffen wir das schon, du wirst sehen!« Sie schmiegte sich an ihn. »Immer dann, wenn man meint, dass es nicht mehr geht, öffnet sich irgendwo wieder ein kleines Türchen!«

»Deinen Glauben möchte ich haben!« Er steckte die Hände in die Hosentaschen und zog das Innenfutter heraus. »Da, schau, keine müde Mark in der Tasche und meinen Eltern müssen wir trotzdem jeden Monat die Rate für das Haus zahlen, denn sonst sitzen die auf dem Trockenen. Das ist ein Spiel ohne Ende …«

»Aber wenn ich im nächsten Monat wieder in der

Brauerei arbeiten kann, geht es doch auch schon wieder ein Stückchen besser!«

Johann lachte gequält. »In der Brauerei arbeiten! Überleg mal: du als Mutter mit vier Kindern! Wie sollst du das denn durchstehen! Das wird doch nie etwas!«

Maria hob die Hand und unterbrach ihn. Ernst sah sie ihm direkt in die Augen. »Es geht, wenn wir nur wollen, Johann! Ich bin so stolz auf dich, dass du denen nicht nachgegeben hast! Aber die Konsequenzen daraus müssen wir gemeinsam tragen, so gut wir das eben können!« Die Stirn des Mannes legte sich in tiefe Falten, und er starrte nachdenklich zu Boden. »Ich sage dir ganz ehrlich: Manchmal bereue ich schon, dass ich abgelehnt habe. Es wäre ganz einfach gewesen – ich hätte bloß in die Partei eintreten brauchen und gleich wieder Arbeit gehabt! Diese Schweine!« Er ballte die Faust. »Und was sie dem Hans angedroht haben: Wenn der nicht sofort aus der Kommunistischen Partei austritt, stecken sie ihn ins Konzentrationslager! Diese Drecksäue!«

»Johann!« Beschwichtigend hob Maria die Arme. »Es war richtig, nicht nachzugeben!«

»Sicher! Ich hoffe nur, dass sie es uns nicht noch mehr spüren lassen! Aber andererseits – es liegt nichts Gutes in ihren Absichten, das spüre und das sehe ich! Was sie da mit den Juden machen und wie sie versuchen, uns allmählich aufzuhetzen – gegen die Franzosen, gegen die Engländer und gegen die Tschechen – oder Polen, das führt in die Katastrophe, ganz gewiss! Da darf man nicht mitmachen! Aber was soll man als kleiner arbeitsloser Tagelöhner tun? Es ist zum Verzweifeln!« Traurig senkte er den Kopf und hing seinen trüben Gedanken nach.

»Du hast ja Recht!« Maria drückte ihren regungslos dastehenden Mann innig. »Wir geben nicht nach, und wir werden es irgendwie auch schaffen. Und dieser ganze Spuk wird irgendwann vorbei sein, und wir können wieder frei atmen, du wirst schon sehen! Aber jetzt packen wir erst einmal unsere Sachen und besuchen den Vater!«

»Da ist es, Kinder!« Maria blieb stehen, als sie aus dem Wald traten und zeigte mit ausgestrecktem Arm nach vorn. Dort lag, ungefähr zwei Kilometer von ihnen entfernt, ein kleiner Bauernhof, flankiert von zwei Weihern, in deren glitzerndem Wasser sich die Mittagssonne spiegelte. Sie bückte sich, um die kleine Gretel aus dem Leiterwagen zu heben. »Da, schau, mein Mädchen, das ist meine Heimat! Da bin ich aufgewachsen!«

Auch Johann verharrte und blinzelte angestrengt gegen das grelle Sonnenlicht zu dem Hof hinüber. »Nicht schlecht, so ein Anwesen, das muss man schon sagen«, murmelte er anerkennend, nachdem er mit Kennerblick die Felder und Wiesen des Goschenhofes betrachtet hatte. »Ich bin mal gespannt, wie dein Vater reagieren wird, wenn wir alle auf einmal vor ihm stehen!«

Mit gespieltem Ärger boxte Maria ihren Mann in die Seite. »Nun hör schon endlich auf zu unken! Freuen wird er sich, sonst gar nichts! Ich bin ja gespannt, wie er sich verändert hat! Schließlich habe ich ihn jetzt«, sie überlegte kurz und zählte in Gedanken noch einmal die Jahre, »wohl an die zwölf Jahre nicht mehr gesehen! Unglaublich eigentlich!« Die immer noch jugendlich wirkende Frau schüttelte ihren Kopf und lachte ihre Kinder fröhlich an. »Aber bevor wir jetzt in Trübsal versinken, freue ich mich lieber darauf, euch endlich eurem Großvater präsentieren zu können! Also«, aufmunternd hob sie das Kinn zu Willi hinüber, »wie wäre es mit einem kleinen Wettrennen? Wer als Erster da drüben am Markstein ist! Einverstanden?«

»Einverstanden!«, jubelte der Junge. »Auf die Plätze, fertig, los!« Und schon rannte er so schnell er konnte davon, gefolgt von der fröhlich lachenden Maria, die ihrem verdutzten Mann vorher schnell noch das kleine Mädchen in die Arme gedrückt hatte.

»So eine Frau aber auch! Unglaublich, nicht wahr, Gretel?«, grinste er und sah den beiden kopfschüttelnd hinterher.

Wenig später war die Familie an der Abzweigung angelangt, wo der Weg zum Hauptgebäude des Hofes abbog. »Das gibt aber ganz ordentlich Birnen in diesem Jahr!« Johann staunte nicht schlecht, als er den Fruchtansatz des großen Birnbaumes neben dem Himmelfahrtsweiher inspizierte.

»Das ist jedes Jahr so«, lachte Maria fröhlich. »Seit ich mich erinnern kann, biegt sich der Baum im Herbst regelrecht vor Birnen! Aber leider sind sie nicht lange haltbar. Deshalb haben wir Kinder immer tagelang dagesessen und Birnenschnitze schälen und dann über dem Ofen trocknen müssen, bis sie uns fast zu den Ohren herausgekommen sind!« Forschend sah sie sich um. »Sag mal, wo stecken die denn eigentlich alle? Ist ja wie ausgestorben hier!«

Kaum hatte sie ausgesprochen, öffnete sich quietschend die Stalltür und ein nicht mehr ganz junger großer Mann in bäuerlicher Kleidung trat heraus. »Wo ist jemand gestorben?«, fragte er breit grinsend und breitete die Arme aus. »Also ich für meinen Teil zumindest bin noch quicklebendig! Und du ja ganz offensichtlich auch, geliebtes Schwesterherz!«

»Fritz!« Mit einem Freudenschrei fiel Maria ihrem Stiefbruder in die Arme. »Fritz! Dass wir uns endlich wiedersehen!«

In den Augen von Fritz glitzerte es wässrig, als er seine Stiefschwester nach einer Weile wieder sachte von sich schob. »Und das also ist deine Familie! Donnerwetter«, nickte er nach einem forschenden Blick auf Johann und die Kinder anerkennend. »Da wart ihr aber fleißig!«

Johann schoss bei dieser Bemerkung das Blut ins Gesicht. Am liebsten wäre er vor Scham im Erdboden versunken. »Na ja, man tut halt, was man kann«, murmelte er verlegen.

»Schon gut, war nicht so gemeint, wie es vielleicht geklungen hat!« Fröhlich lächelnd streckte der andere die Hand aus. »Ich bin der Fritz! Und du bist also der Johann!« Wohlwollend musterte er den Schwager von oben bis unten, dann nickte er anerkennend. »Da hast du, glaube ich, nicht die schlechteste Wahl getroffen, Schwesterherz! Gratuliere!«

»Da bist du aber früh dran, nach neun Jahren!« In gespielter Verwirrung tippte sich Maria an die Stirn. »Und wo sind denn die anderen?«

»Der Vater ist im Haus. Den hättest du in den letzten beiden Tagen mal sehen sollen. Wie von den Flöhen gebissen ist er auf und ab gewandert, weil er es kaum ausgehalten hat, bis ihr endlich auftaucht! Aber jetzt seid ihr ja da! Nochmals also: Herzlich willkommen!« Damit hieb er Johann mit seiner großen, derben Hand freundschaftlich auf die Schulter, dass der leicht in die Knie ging. »Nichts für ungut!«, grinste Fritz. »Hart, aber herzlich, das ist unsere Devise!«

»Na, dann ist ja alles in Ordnung«, lachte Johann zurück. Innerlich atmete er befreit auf. Der Besuch in Marias Heimat schien sich ja erfreulicher zu gestalten, als er zunächst befürchtet hatte.

Nach der stürmisch verlaufenen Begrüßung saßen die Bewohner des Goschenhofes und ihre Besucher in angeregter Unterhaltung am Küchentisch, als langsam die Tür geöffnet wurde und eine alte, grauhaarige Frau im Nachthemd, über das sie nachlässig einen Bademantel gezogen hatte, erschien. Missmutig blieb sie in der Tür stehen und musterte die Szenerie aus stechenden, tief in den Höhlen liegenden Augen, bevor sie zum Spülstein schlurfte und sich mit ihren dünnen, langen Fingern unsicher daran festhielt. »So, so, bist du also doch gekommen«, krächzte sie mit dünner Fistelstimme. »Und so viele Kinder!«, schüttelte sie den Kopf.

»Grüß Gott, Tante Hedwig!« Maria erhob sich und ging mit ausgestrecktem Arm auf die ausgemergelte Frau zu. »Ja, ich bin endlich einmal wieder zurück in der Heimat und freue mich sehr darüber!«

»Heimat!«, die Frau verzog säuerlich das Gesicht, ohne die zum Gruß ausgestreckte Hand zu beachten. »Was heißt schon Heimat, wenn man so lange fort ist!« Unsicher lächelnd zog Maria die Hand zurück. »Na ja, dort, wo man aufgewachsen ist, ist doch die Heimat! Und deshalb freue ich mich so sehr!«

»Aber glaub bloß nicht, dass du dir jetzt den Wagen voll laden kannst mit Essen und Vorräten, so viel gibt's bei uns nämlich nicht zu holen, nur dass das klar ist!« Die Bäuerin verschränkte die Arme und sah streng in die Runde. »Hedwig!« Leonhard Ohr war aufgesprungen und trat seiner Frau mit hochrotem Kopf entgegen. »Hedwig! Was soll das?!«

»Was das soll?« Die Frau lachte zynisch. »Ich will nur gleich von vornherein klarstellen, wo es langgeht. Nassauer können wir nämlich keine brauchen auf dem Hof. Uns geht es selbst bescheiden genug, da kommen ein paar ausgehungerte Städter gerade recht!«

»Hedwig, ich bitte dich!« Mit vor Erregung zitternder Stimme hieb Leonhard die Faust auf die Tischplatte. »Hast du nichts anderes im Sinn, als solche Tiraden ...«

»Tiraden«, keifte die Bäuerin zurück, »so nennst du das, wenn ich versuche, unsere Siebensachen zusammenzuhalten? Tiraden? Das ist der Dank für all die Arbeit und für meine Gesundheit, die ich für diesen Hof geopfert habe? Kein Wunder, dass ich nicht zu Kräften komme – wenn man so behandelt wird!« Ohne einen weiteren Kommentar der anderen abzuwarten, drehte sich die Frau um und schlurfte grußlos zurück in das Schlafzimmer.

Betretene Stille breitete sich aus. Verlegen blickten die Bewohner des Goschenhofes zu Boden, während Johann krampfhaft überlegte, wie er die Situation am besten entspannen konnte. In diesem Augenblick begann einer der Zwillinge zu weinen, die sie draußen vor der Tür im Leiterwagen schlafend zurückgelassen hatten. Johann atmete auf – das war die beste Ablenkung. »Lass nur, Maria«, wehrte er ab, als er sah, dass auch seine Frau Anstalten machte, nach den beiden zu schauen. »Ich geh schon. Bleib du ruhig hier drin bei deinen Leuten!« Und damit eilte er durch den dunklen Flur des Bauernhauses hinaus ins Freie.

»Also, so schön es auf dem Land ist, noch schöner ist es doch, wieder zu Hause zu sein, meinst du nicht auch?« Auf ihrem Marsch zurück vom Bahnhof bis in den Alten Keller waren sie in einen heftigen Gewitterregen geraten und allesamt klatschnass geworden. Johann nahm die Mütze vom Kopf und schlug sie gegen seinen Oberschenkel, dass das Wasser spritzte. Dann drückte er die Klinke der Haustür herunter und trat in den Flur ihres Hauses, wo er mit aufgeregtem Gemecker und Gequieke ihrer Haustiere empfangen wurde.

Maria hob die Zwillinge aus dem Leiterwagen und reichte sie zu Johann hinüber. »Komm, Willi, auf geht's, Gretel, sonst holt ihr euch noch eine Lungenentzündung!« Sie zog den Wagen näher an die Tür heran, hievte die beiden abgewetzten dunklen Koffer heraus und stellte sie in den Flur. »So, das wäre geschafft!« Aufatmend lehnte sie sich an die Wand und schloss kurz die Augen. »Aber schön war es trotzdem, meinen Vater endlich mal wiederzusehen!«

Johann, der nach wie vor die Zwillinge Erich und Wilma im Arm hielt, wiegte bedenklich den Kopf. »Also, manchmal bist du mir ein echtes Rätsel! Wenn es mir so ergangen wäre wie dir … die Szene mit deiner Stiefmutter meine ich, also ich hätte auf dem Absatz kehrtgemacht und wäre gegangen!«

»Aber was kann denn mein Vater dafür, dass sie so geworden ist!« Maria zuckte die Achseln. »Das wäre dann ja doppelt schlimm für ihn gewesen!«

»Geworden ist gut! So wie ich bisher gehört habe, war die doch schon immer so! Ich bin ja nur froh, dass ich am Morgen nicht mit einem Messer in der Brust aufgewacht bin«, brummelte Johann missmutig. »Also, der traue ich alles zu, nur nichts Gutes!«

»Johann, bitte! Also wirklich!« Milde lächelnd schüttelte Maria den Kopf. »So ist es ja dann auch wieder nicht. Wer weiß, was sie wegen ihrer Krankheit mitmacht, vielleicht wird man im Lauf der Zeit so verbittert! Sei froh, dass es uns allen gut geht und wir nicht krank sind!«

»O Kinder, eure Mutter!« Seufzend betrachtete der Mann die Zwillinge auf seinen Armen. Dann wandte er sich um und ging mit ihnen langsam die Treppe hoch. Die junge Frau lachte. »Denk du, was du willst! Mich hat es jedenfalls gefreut, den Vater wiederzusehen und erst recht, dass er mir versprochen hat, uns hier einmal zu besuchen! Kommt, Willi und Gretel, jetzt müssen wir erst mal die nassen Sachen ausziehen!« Damit schob sie die beiden Kinder vor sich die Treppe hinauf.

April 1936

»Aber das kannst du doch nicht machen! Ihr habt doch selbst kaum etwas zu essen und außerdem vier Kinder zu versorgen! Wie willst du da noch einen hungrigen Magen bei dir aufnehmen!« Die schwarz gekleidete ältere Frau schüttelte fassungslos den Kopf. »Johann, sag du doch einmal etwas dazu!«, wandte sie sich an ihren Sohn, als sie bemerkte, dass sie mit ihren Argumenten bei Maria auf Granit stieß.

Doch Johann wich dem Blick seiner Mutter aus und stierte verlegen auf das Muster des Tischtuchs in der Stube. »Das ist Marias Entscheidung gewesen! Und wenn sie meint, es sei besser für den Jungen, wenn er in einer Familie Anschluss bekommt, dann ...«, Johann schluckte trocken, bevor er weitersprach. Es fiel ihm nicht leicht, seiner Mutter zu widersprechen, doch in diesem Fall hatte sie ihn ja dazu gezwungen, eindeutig Stellung zu beziehen. »Maria weiß schon, was sie tut, und ich unterstütze sie dabei!« Bei diesen Worten drückte er das Rückgrat durch und setzte sich kerzengerade auf, ohne seiner Mutter jedoch in die Augen zu schauen.

»Also, wenn das so ist, dann habe ich hier ja nichts mehr zu melden!« Die Mutter erhob sich mit einer ruckartigen Bewegung. »Dann gehe ich jetzt also! Sage aber keiner, ich hätte euch nicht anders geraten!« Ohne ein weiteres Wort verließ sie die Stube.

Johann blieb reglos sitzen und hörte, wie eilige Schritte

die Treppe hinunterklapperten und kurz darauf die Tür energisch ins Schloss geworfen wurde. Einen Moment lang herrschte ungewohnte Stille im Haus, dann öffnete sich die Stubentür und ein blonder, vierzehnjähriger Junge, der nervös immer wieder den Schirm seiner Mütze mit der Hand vor- und zurückbog, wurde von Maria in das Zimmer geschoben.

»Na, überstanden?«, lächelte sie milde. »War's denn arg schlimm?« Johann zuckte die Achseln. »Schlimm? Ich weiß nicht! Was sollte ich schon groß sagen? Im Grunde genommen hast du doch Recht: Ob wir nun sechs Esser sind am Tisch oder sieben, darauf kommt es nun wirklich nicht mehr an!«

Maria nickte zufrieden. »Ich freue mich, dass du das auch so siehst! Also Willi, es ist alles in Ordnung. Du kannst bleiben und teilst dir das Zimmer mit dem kleinen Willi!«

»Ist das wirklich wahr?« Ein Anflug von Hoffnung huschte über das Gesicht des Jungen. »Darf ich wirklich bei Ihnen bleiben?«

»Aber ja! Du hast es doch gehört!« Maria breitete die Arme aus und zog ihn sachte an sich. »Jetzt hast du ein Zuhause, und du sollst wissen, dass du so lange bei uns bleiben kannst, wie du willst! Du bist jetzt sozusagen«, lächelnd schob sie ihn ein Stückchen von sich weg und nickte ihm aufmunternd zu, »unser fünftes Kind! Herzlich willkommen!«

Gerade, als sie ihn wieder an sich drückte, klopfte es an der Tür, und Anna Schmidt, die Nachbarin vom Nebenhaus, trat ein. »Na, was sehe ich denn da? Noch ein Kind etwa?«, fragte sie mit spöttischer Miene.

»Ganz recht, Anna! Noch ein Kind! Unser fünftes!«, bestätigte Maria.

»Wie? Noch ein Kind?« Verdutzt sah die Nachbarin den Jungen an. »Na ganz einfach, noch ein Kind eben«, lachte Johann. »Eins, zwei, drei, vier, fünf – so geht das halt bei uns!«

»Jetzt haltet mich nicht zum Narren!« Unwirsch schnippte sich die Frau ein Staubkorn vom Ärmel.

»Erkläre du es ihr, Johann! Ich will ihm nämlich jetzt erst mal sein Zimmer zeigen!« Maria fuhr dem Jungen zärtlich über das Haar und nahm ihn dann mit sich. Kopfschüttelnd sah die Nachbarin den beiden hinterher.

»Also, Anna, komm, setz dich!« Johann beugte sich vor und zog einen Stuhl vom Tisch weg. »Hier bitte«, machte er eine einladende Handbewegung.

»Also irgendwie habe ich gar nichts verstanden! Habt ihr den Jungen da etwa adoptiert?« Johann wiegte den Kopf. »Ja und nein! Wie man's nimmt!«

»Ja und nein!« Anna Schmidt schüttelte ärgerlich den Kopf. »Was soll denn das heißen?«

»Das heißt, dass wir den Willi zwar bei uns aufgenommen, aber nicht adoptiert haben!« Johann machte eine kurze Pause. »Du kannst dich doch noch an die Familie Flohr erinnern, oder?«

»Flohr, Flohr ...« Nachdenklich rieb sich Anna die Nase. »Waren das die jungen Leute aus der Judengasse ...?«

»Ja, genau! Die sind doch vor zehn, das heißt, sogar schon vor zwölf Jahren mit ihrem Fuhrwerk tödlich verunglückt, als das Pferd gescheut hat und dann mit ihnen den Abhang hinuntergestürzt ist! Damals hat nur ihr kleiner Sohn, der Willi, überlebt ...«

»Richtig, jetzt erinnere ich mich wieder!« Die Frau nickte und rieb sich fröstelnd die Oberarme. »Eine schauderhafte Sache war das! Das arme Kind, von heute auf morgen Vollwaise – und keine Angehörigen weit und breit.«

»Eben! So war es! Der Willi ist deshalb damals in ein Waisenhaus gekommen. Und jetzt macht er eine Lehre bei der Eisenbahn! Es ist allerdings so: Die im Waisenhaus brauchen jeden verfügbaren Platz, und man hat ihm gesagt, er müsse jetzt gehen und irgendwo eine Unterkunft finden, denn wenn er alt genug für eine Lehre ist, dann ist er auch alt genug, irgendwo unterzukommen …« Wieder machte Johann eine Pause, bevor er fortfuhr. »Ja, und so hat der Willi wirklich von einem Tag auf den anderen auf der Straße gestanden, mutterseelenallein. Verwandte oder Leute, die ihn aufnehmen wollten, hat er keine gefunden. Als die Maria das hörte, hat sie nicht lange gefackelt, den armen Kerl an der Hand genommen und hierher mitgenommen! Was glaubst du, wie glücklich der war! Seine Augen hättest du sehen sollen, ich sage dir, Anna, einen solchen Blick, wenn jemand aus tiefer Verzweiflung heraus plötzlich wieder Hoffnung schöpft, vergisst du dein ganzes Leben lang nicht mehr!« Johann nickte und biss sich gedankenverloren auf die Unterlippe. Falls er je Zweifel an Marias Entscheidung gehegt hatte, das Waisenkind aufzunehmen, waren sie in dem Moment, als er die aufkeimende Hoffnung in dem Jungen erlebt hatte, wie weggewischt gewesen.

»Also, so ist das mit dem fünften Kind! Jetzt habt ihr also gleich zwei Willis unter einem Dach!« Anna Schmidt lehnte sich zurück und betrachtete ihren Nachbarn sorgenvoll. »Hoffentlich kommt ihr über die Runden! Ist ja schon komisch, oder«, sie kratzte sich nachdenklich am Hals, »die einen haben fünf Kinder, vier eigene und ein angenommenes, die anderen haben gar keins!«

»Das wird schon noch klappen bei euch! Warte es nur

ab, eines Tages bekommt auch ihr euren Nachwuchs, ganz bestimmt!« Johann nickte wie zur Bestätigung seiner Worte. »Und das mit der Arbeit, das geht schon – irgendwie! Jetzt, wo die Maria halbtags auch wieder in der Brauerei und bei den Bauern aushelfen kann!«

März 1938

»Und da ist wirklich nichts zu machen?« Ernst musterte der Lehrer hinter dem Schreibpult den kleinen Mann, der da auf einer der Schulbänke vor ihm saß und sich unbehaglich im Klassenzimmer umblickte. »Nein, auf keinen Fall!«, brummelte er leise die kaum hörbare Antwort. »Leider!«

»Auch wenn ich Ihnen sage, dass Ihr Sohn der begabteste von allen meinen Schülern ist?« Wie zur Bestätigung seiner Worte klopfte der Lehrer mit dem Rohrstock auf die Tischplatte.

»Auch dann!« Der rotgesichtige blonde Mann verzog die Mundwinkel und schnaufte hörbar aus. »Glauben Sie mir, Herr Lehrer, ich mache das nicht aus einer Laune heraus! Mir wäre es selbst viel lieber, wenn ich unseren Willi aufs Gymnasium schicken könnte! Aber«, er machte eine hilflose Geste, »wovon sollen wir denn das Schulgeld bezahlen, wo unser Geld doch hinten und vorne zu nichts anderem reicht als mit knapper Not für das tägliche Brot!«

Der Mann hinter dem Pult nickte ernst. »Ich verstehe! Leider! Dann aber müssen Sie mir versprechen, dass wir Ihren Sohn nach seiner Schulzeit auf jeden Fall zur Lehre in die Stadtverwaltung schicken, da kann er sich dann vielleicht später selbst noch fortbilden! Einverstanden?«

Johann zuckte die Schultern. »Dagegen habe ich nichts! Wenn man ihn bei der Stadtverwaltung haben will …«

»Da machen Sie sich mal keine Sorgen!«, unterbrach ihn der Lehrer. »Ich habe da einige Bekannte, und wenn ich denen schildere, was für Fähigkeiten der Willi in sich birgt, dann sind die mir sogar dankbar, wenn sie ausnahmsweise mal wieder einen intelligenten Jungen und nicht nur irgend so einen Parteisoldaten unter ihre Fittiche bekommen!«

Johann hob überrascht den Kopf. Er hätte nicht erwartet, ausgerechnet vom Lehrer in der Rothenburger Volksschule eine so eindeutige Stellungnahme gegen die herrschenden Umstände zu hören. »Wem sagen Sie das! Also gut«, er streckte offen die Hand aus. »Einverstanden! Sagen wir so: Nach der Schulzeit soll der Willi selbst entscheiden, was er machen will. Wissen Sie«, schob er zur Erklärung nach, »ich wäre gern Maurer geworden und hatte auch schon eine Lehrstelle in Aussicht. Aber meine Eltern haben anders entschieden und mich damals gegen meinen Willen als landwirtschaftlichen Dienstknecht in die Mühle gesteckt. Und auch meine Träume später, irgendwann einmal einen kleinen Bauernhof zu besitzen, haben sich nie erfüllt und werden wohl auch nicht mehr in Erfüllung gehen. Deshalb möchte ich es meinem Jungen schon selbst überlassen, zu entscheiden, wo er später einmal hingehen will. Sofern wir das bezahlen können«, fügte er noch rasch hinzu.

»Gut!« Der Lehrer nickte zufrieden. »Dann besiegeln wir unseren kleinen Pakt mit einem kräftigen Handschlag!« Er schüttelte die Hand seines Gegenübers kräftig. »Auf die Zukunft, Herr Staudacher! Möge sie heller erscheinen als das, was da gerade so düster am Himmel heraufdämmert!«

Juli 1938

»Ja schau an, die Marie! Wie geht's dir denn?« Freundlich lächelnd musterte die Besitzerin des kleinen Kolonialwarenladens die hochschwangere Maria eingehend. »Na, wann ist es denn so weit?«

»Anfang bis Mitte September, hat die Hebamme gemeint! Ich habe also noch ein paar Wochen vor mir!«

»Ausgerechnet jetzt in der warmen Jahreszeit! Da ist ein so dicker Bauch besonders beschwerlich!« Mitfühlend nickte die Frau. »Wenn man selbst zwei Kinder in dieser Zeit geboren hat, dann weiß man, wovon man spricht!«

»Ja – aber ich will mich gar nicht beklagen! Wenn man sieht, wie gerne andere Frauen ein Kind bekommen würden und es nicht klappt!«

»Recht hast du! Aber du weißt ja, Marie, wenn man nichts zu jammern hat, dann scheint es einem nicht gut zu gehen! So, genug damit«, sie klatschte energisch in die Hände. »Womit kann ich dir behilflich sein?«

»Eigentlich mit gar nichts!« Verlegen nestelte Maria am Henkel ihrer abgewetzten dunklen Einkaufstasche herum. »Es ist wegen dem Siegfried ...«

»Der Siegfried!« Ein bitterer Zug spielte um die Mundwinkel der Verkäuferin. »Einfach so umgefallen vor einem halben Jahr! Herzinfarkt! Sekundentod, hat der Arzt gesagt! Man möchte es kaum glauben, und eigentlich kann ich es auch immer noch nicht fassen!« Müde und traurig fuhr sich die Frau mit der Hand über die Stirn, als ob sie die düsteren Gedanken damit beiseite wischen könnte. »Und unsere Mutter erst. Die hat sich davon auch nie erholt! Erst die Geschichte mit dem Vater, von einem Moment auf den anderen, und dann der Schock mit dem Siegfried!« Sie deutete hinter sich auf die Tür an der Wand des Verkaufsraums. »Da sitzt sie seitdem und gibt keine Reaktion mehr von sich! Auch der Doktor ist sich nicht sicher, ob sich das noch einmal ändern lässt. Er stehe vor einem Rätsel, hat er mir erst neulich wieder erklärt! Mit Mühe und Not schaffe ich es, ihr ab und zu ein paar Löffel Suppe einzuflößen! Mehr aber auch nicht! Du kannst dir denken, wie das enden wird!« Die Augen der Frau füllten sich mit Tränen. Sie schluckte trocken.

»Ja, also wegen dem Siegfried bin ich gekommen!« Maria zog einen Umschlag aus der Einkaufstasche und legte ihn auf die Ladentheke.

»Was ist das?« Die andere starrte verdutzt auf das kleine Päckchen, das vor ihr lag.

»Das ist das Geld, das der Siegfried mir und Johann damals geliehen hat, als wir das Haus im Alten Keller gekauft haben! Und das möchte ich dir jetzt zurückzahlen!« Maria nahm den Umschlag noch einmal in die Hand und entnahm ihm ein Bündel Geldscheine. »Da, das sind tausend Mark. So viel hat uns dein Bruder geliehen, als wir vor gut zehn Jahren von der Mühle weggezogen sind!«

»Aber davon hat er nie etwas erzählt! Auch in seinem Nachlass war nirgendwo ein Hinweis darauf verzeichnet, dass er euch das Geld geliehen hätte!«

»Es war aber so! Eintausend Mark, Zinsen hat er keine dafür gewollt, ich habe ihm aber von Anfang an gesagt, dass ich das Geld eines Tages auf Heller und Pfennig zurückzahlen würde – und heute ist es so weit!« Stolz steckte

Maria das Geld in den Umschlag zurück und legte ihn wieder auf die Theke.

»Marie, das brauchst du doch aber jetzt nicht mehr! Kein Mensch hat das überhaupt gewusst mit dem Geld! Und nun, wo der Siegfried tot ist, kommst du zu mir und willst mir das Geld zurückzahlen!«

»So ist es! Ich habe es versprochen und in den letzten Jahren jeden Pfennig, den ich nebenher verdient habe und den ich gerade noch entbehren konnte, auf die Seite gelegt. Und gestern nach der Arbeit in der Brauerei, da war das Geld dann vollständig zusammen!« Stolz tippte Maria mit der Hand auf den Umschlag. »Schade nur, ich hätte es dem Siegfried schon gern noch selbst gegeben ...« Traurig blickte sie zu Boden.

»Aber Marie! So etwas habe ich noch nie gehört! Wirklich, kein Mensch in der ganzen Verwandtschaft hat jemals etwas von diesen tausend Mark erwähnt. Siegfried hat mit niemandem darüber gesprochen. Und nach seinem Tod willst du mir das Geld zurückzahlen, wo du es doch selbst bitter nötig hast!« Verwundert sah die Ladenbesitzerin Maria an.

»Versprochen ist versprochen! Und was man abgemacht hat, das soll man auch halten! Das Geld gehört jetzt, nachdem Siegfried gestorben ist, schließlich dir und deiner Familie. Und nur, weil man arm ist, muss man noch lange keine Wortbrecherin sein. Armut ist keine Schande! Im Gegenteil: Weißt du, ich bin stolz, dass ich es geschafft habe und das Geld zusammensparen konnte! Und nun nimm es und mach damit, was du für richtig hältst! Ich wünsche dir noch einen schönen Nachmittag!« Herzlich schüttelte Maria die Hand der immer noch staunenden Frau und verließ den Laden mit einem zufriedenen Lächeln auf den Lippen.

3. September 1938

»Herr Staudacher, Herr Staudacher!« Der Standesbeamte schüttelte den Kopf, lächelte den vor ihm stehenden kleinen Mann aber dennoch freundlich an. »Wie soll das nur weitergehen bei Ihnen? Jetzt ist das schon das sechste Kind, das ich in Ihr Familienbuch eintrage. Also wissen Sie, allmählich gehen mir die Seiten aus!«

Johann Staudacher, dem die Anspannung dieser Nacht noch in den Knochen saß, denn die Geburt seiner Tochter hatte sich vom späten Nachmittag bis heute Morgen hingezogen, war von diesen Worten peinlich berührt, und dunkle Röte überzog in Sekundenschnelle sein Gesicht. Schweißperlen traten auf seine Stirn, als er verzweifelt nach passenden Worten suchte.

Der Beamte bemerkte die Wirkung seiner Worte und hob die Hände. »Entschuldigung, Herr Staudacher! Ich hab's nicht böse gemeint! Bitte verzeihen Sie mir, falls ich Sie in Verlegenheit gebracht habe! Das war nicht meine Absicht!«

»Schon gut, Herr Wirsching! Es war nur eine wirklich schwierige Geburt, und die Frau Klammer, unsere Hebamme, die hat heute Nacht ganz schön geschwitzt, bis das Kind gesund auf der Welt war, und meiner Frau hat die Geburt ziemlich zugesetzt. Sie wissen ja, wie das ist. Man selbst steht eigentlich nur hilflos herum und weiß nicht, was man tun soll. Denn helfen kann unsereiner da ja leider nicht!«

Der Standesbeamte nickte wissend. »Verstehe! Das ist schon eine üble Situation! Aber es ist ja alles gut gegangen, Gott sei Dank! So«, damit griff er zum Füllfederhalter und schraubte die Kappe herunter. »Wie heißt denn nun Ihr Kind? Welchen Namen soll ich denn eintragen?«

Johann holte tief Luft. »Frieda!«

»Aha! Frieda! Ein schöner Name!« Wirsching musterte den anderen abwartend. »Ja – und wie noch? Was soll ich noch eintragen?«

»Wie noch?« Johann schickte einen ratlosen Blick zurück und kratzte sich nachdenklich am Hinterkopf. Ein breites Grinsen breitete sich auf der Miene des Beamten aus. »So allmählich gehen Ihnen die Namen aus, nicht wahr?«

»Na ja, das heißt nein, eigentlich nicht!« Johann suchte nach Worten. »Es ist nur so, dass ich es fast vergessen hätte. Frieda soll schließlich ihr Rufname werden. Der andere Name aber ist Luise …«

»Luise, gut!« Der Standesbeamte nickte und strich mit einer raschen Handbewegung die noch leere Seite des vor ihm liegenden, aufgeklappten Familienbuches glatt. »Also, dann wollen wir mal: Frieda Luise …«

»Nein, nein, andersherum!«, unterbrach ihn Johann rasch. »Erst Luise und dann Frieda … so haben wir uns das vorgestellt …«

»Ah!« Wirsching runzelte die Stirn, schluckte seine Entgegnung dann jedoch hinunter. »Auch gut. Also erst Luise und dann Frieda, Luise Frieda Staudacher, geboren am 3. September 1938!« Mit geübter Hand trug er den Namen in das Formular ein, drückte anschließend den amtlichen Stempel auf das Blatt und sah dann mit feierlicher Miene vom Schreibtisch auf: »Gut, das hätten wir also, Herr Staudacher! Glückwunsch zu Ihrer Tochter und viele Grüße auch an Ihre Frau!« Er streckte die Hand aus und gratulierte dem frisch gebackenen Vater herzlich.

»Ach ja, was ich noch fragen wollte, Herr Staudacher«, nachdenklich fasste sich Wirsching an die Nase und bedachte Johann mit einem forschenden Blick. »Ich weiß ja ein bisschen um Ihre Situation«, begann er vorsichtig. »Sie haben keine richtige Arbeit, weil Sie nicht in die Partei eintreten wollen ...«

Johann straffte den Rücken und runzelte die Stirn. »Ja – und?« Worauf wollte der andere hinaus? Kam jetzt etwa gleich wieder eines dieser Angebote, man brauche doch nur zu unterschreiben und dann sei alles gut? Der Druck wurde immer schlimmer und jetzt selbst schon von Leuten ausgeübt, die er früher niemals als Nazis oder bloße Mitläufer eingeschätzt hätte. Er holte tief Luft, um mit dem nötigen Nachdruck in der Stimme widersprechen zu können.

»Ja wissen Sie, es ist nämlich so«, der Standesbeamte sprach zögernd weiter. »Es gibt genügend vernünftige Menschen in unserer Stadt – immer noch! Zu denen gehört ja auch unser Pfarrer Felden, Gott sei Dank! Obwohl es andererseits in der Kirche genügend Verräter und Jasager gibt, die mittlerweile auch solch einem Mann das Leben schwer machen. Man sollte nicht glauben, wie viele Menschen vom Typ Judas Ischariot selbst unter den angeblich so frommen Mitgliedern der Kirchengemeinde zu finden sind!« Er hielt inne und ließ den Inhalt seiner Worte auf Johann wirken. Der nickte unbehaglich. Noch immer war ihm nicht ganz klar, was Wirsching eigentlich von ihm wollte. »Ja, da mögen Sie Recht haben«, brummelte er undeutlich.

»Also, auf jeden Fall: Wir haben da über die Kirchengemeinde einen Zirkel eingerichtet, in dem wir uns regelmäßig treffen. Und da haben wir neulich auch über Ihre Situation gesprochen und wie schwer es für Sie sein muss, den Versuchungen zu widerstehen, in die NSDAP einzutreten, wo man Ihnen doch für diesen Fall mit einer Anstellung bei der Stadt winkt. Also, wie auch immer: Es gibt da eine Möglichkeit zur Arbeit, nicht gerade allzu viel, aber wenigstens ist das ein kleines Zubrot. Ich denke ja, Sie können alles gebrauchen, oder?« Offen sah er Johann ins Gesicht.

Der nickte, gespannt darauf, was man ihm anbieten wollte.

»Also, das mit der Arbeit geht über das Landratsamt, und zwar am einfachsten über Ihre Kinder. Es handelt sich um die Straße vor dem Landratsamt, die ist nicht gerade im besten Zustand, was der Landrat ja auch schon heftig kritisiert hat. Der ist zwar alles andere als auf unserer Seite, aber da könnten wir Ihnen und vor allem Ihren Kindern – das ist unverdächtiger – über unseren Mittelsmann im Landratsamt schon den Auftrag geben, das Gras, das zwischen den Pflastersteinen gewachsen ist, zu entfernen. Und anschließend könnten Sie dann ja auch zweimal die Woche die Straße kehren und im Winter den Schnee wegräumen! Aber bitte immer mit den Kindern – zumindest mit einem! Wäre das etwas?«

Johanns Miene hellte sich auf. »Aber natürlich, Herr Wirsching!« Er breitete die Arme aus. »Sie wissen ja, ich nehme jede Arbeit an. Daran soll es wirklich nicht liegen! Von mir aus kann ich gleich nachher anfangen!«

Wirsching nickte zufrieden und lächelte sein Gegenüber freundlich an. »Na, ganz so schnell geht es leider auch wieder nicht. Aber heute Abend treffe ich mich wieder mit den anderen und sage Bescheid, dass Sie unser Angebot angenommen haben. Dann können Sie morgen früh beginnen! Einverstanden?« Wieder streckte er die Hand aus, die Johann freudig ergriff. »Und ob ich einverstanden bin! Vielen Dank! Da wird sich meine Frau aber freuen, wenn sie das hört!« Freudestrahlend nahm er das Familienbuch in Empfang und eilte zurück nach Hause.

28. Dezember 1965, abends

»Und du bist ganz sicher, dass der Transport nach Würzburg ihren Zustand nicht noch verschlimmern wird?« Fritz, der Jüngste in der Runde, wiegte skeptisch den Kopf.

»Aber nein, das ist ausgeschlossen! Wenn ihr Zustand sich stabilisiert hat – und danach sieht es momentan ja aus – dann ist das mit dem Transport kein Risiko!« Willi erhob sich aus dem Sessel im Eingangsbereich des Kreiskrankenhauses und schaute ungeduldig auf die Uhr. »Eigentlich müsste er schon da sein. Um fünf Uhr, hat er mir am Telefon gesagt, wolle er kommen. Und jetzt ist's gleich halb sechs!«

»Denk an den Schnee da draußen. Den ganzen Tag hat es geschneit! Bis der von Würzburg aus schließlich hier ist. Da muss nur irgendwo eine Schneewehe sein oder eine Umleitung …« Hans versuchte, seinen Bruder zu beruhigen, obwohl er sich selbst inzwischen fragte, ob es wirklich eine gute Idee gewesen war, über Willis Bekannten den Spezialisten aus Würzburg hierher zu bemühen. Und das bei diesen Witterungsverhältnissen! Hatte es überhaupt einen Sinn, die schwerkranke Mutter tatsächlich noch zu verlegen? War es klug, sich damit gegen die eindeutige Empfehlung der Ärzte im Rothenburger Krankenhaus zu stellen, die sich ganz klar gegen eine Überweisung nach Würzburg ausgeprochen hatten? Auch Erich war aufgestanden und breitete hilflos die Arme aus. »Das ist das Schlimmste dabei: diese elende Warterei! Und keiner weiß, was wird!«

»Vor allem eines darf jetzt nicht werden: Den Mut dürfen wir nicht verlieren, oder?« Werner, der sich erschöpft im Sessel zurückgelehnt und die Unterhaltung bis dahin mit geschlossenen Augen verfolgt hatte, beugte sich vor. »Wir haben uns nun einmal darauf geeinigt, dass wir den Spezialisten holen und uns an diesen Strohhalm klammern!«

»Das ist kein Strohhalm!« Ärgerlich fuhr Willi herum. »Das haben sie mir am Telefon doch ganz klar und deutlich erklärt, dass sie in Würzburg seit kurzem bei Gehirnschlag eine neue Methode anwenden und damit gute Erfolge erzielt haben!«

»Ist ja schon gut!« Werner hob entschuldigend die Hände. »So habe ich das doch gar nicht gemeint! Aber du weißt doch selbst: zwei Ärzte, vier Meinungen …«

»Eben.« Willi nahm mit einem tiefen Seufzer wieder auf dem Sessel Platz. »Und genau deshalb ist es ja gut, möglichst ganz verschiedene Ärzte um Rat zu fragen …«

»Da!« Mit ausgestrecktem Arm deutete Erich durch die Glastür auf den Parkplatz vor dem Krankenhaus. »Das ist ein Würzburger Kennzeichen! Na endlich! Er ist da!« Begeistert klatschte Fritz in die Hände und umarmte seine beiden Schwestern Wilma und Frieda, die bis dahin stumm und in ängstlicher Anspannung die Unterhaltung verfolgt hatten.

Neue Hoffnung keimte in der Runde auf. Ein breites Lächeln spiegelte sich in Willis Gesicht, als er sich aufrichtete. »Na seht ihr, alles wird gut!«

Die Familiengeschichten rund um das kleine Haus im Alten Keller in Rothenburg werden immer greifbarer – je größer die Kinder werden, je mehr wir uns der Jetztzeit annähern. Nur drehen sich die Geschichten nun fast immer um die Kinder, nicht um Maria, die Mutter. Die blieb fast immer still und bescheiden im Hintergrund, aber dennoch, sie scheint durch all diese Geschichten durch! Mir wird immer mehr bewusst, dass sie alles ganz genau im Blickfeld behielt. Als ruhender Pol in der großen Familie.

Wie oft ist die Geschichte mit Willi schon erzählt worden, aber erst jetzt, auf meine Nachfrage hin, hat man überlegt, wie sich die Mutter in dieser dramatischen Situation damals eigentlich verhalten hat.

Und die Geschichte vom stotternden Friseur Häuptlein: Sie ist »Pflicht« bei jedem Familientreffen. Erich kann gar nicht anders, als sie – wie immer – zum Besten zu geben. Und dann hinterher das Rothenburger Lied anzustimmen …

Dezember 1938

»Frau Staudacher, Frau Staudacher, kommen Sie schnell!« Keuchend und nach Luft schnappend stand der Junge, der gerade eben polternd die Treppe des kleinen Hauses hochgerannt war, mit vor Aufregung hochrotem Kopf in der Küche und stierte Maria mit panischem Blick entgegen.

»Ja, aber Gustav! Was hast du es denn so eilig?« Freundlich lächelnd drehte Maria sich um und musterte den atemlosen Buben kopfschüttelnd.

»Der Willi! Es ist der Willi!« Wieder musste er innehalten, um Atem zu holen. Ein eisiger Schreck durchzuckte die Frau. »Wie? Was ist mit dem Willi?«

»Er ist ... er ist ... beim Schlittschuhlaufen eingebrochen!«

»Um Gottes willen! Willi!« Schlagartig war alle Farbe aus Marias Gesicht gewichen. »Wo ist das? Sag schon, Gustav! Was ist mit ihm?!« Sie schüttelte den Jungen heftig an den Schultern.

»Unten im Taubergrund«, keuchte der, »wir haben ihm nicht helfen können, weil wir selbst eingebrochen sind. Da haben wir den Bauern zu Hilfe geholt, und der hat ihn schließlich mit der Mistgabel herausgezogen ...« Er machte, immer noch vor Anstrengung heftig keuchend, eine Pause.

»Ja und! Was ist mit ihm?« Wieder schüttelte sie den Jungen, den allmählich die Kräfte zu verlassen schienen.

»Ich weiß nicht! Ich habe nur gesehen, dass er einfach dagelegen hat! Er ist klatschnass und hat sich nicht mehr bewegt! Der Bauer hat ihn zur Mühle bringen wollen, das habe ich noch gehört, und dann bin ich gleich hierher gerannt!« Erschöpft ließ sich der Junge auf den Hocker sinken. »Ich weiß auch nicht, wie das plötzlich gekommen ist! Wir sind Schlittschuh gelaufen, und das Eis war dick genug. Der Willi war ein paar Meter vor uns. Mit einem Mal habe ich dann einen Schrei gehört, und der Willi ist eingebrochen!« Er schüttelte den Kopf. »Der war ganz unter Wasser, den hat man gar nicht mehr gesehen! Und als wir ihm helfen wollten, da hat das Eis plötzlich geknirscht und gekracht, da, sehen Sie, bis zur Wade war ich im Wasser …«

Doch Maria wartete die Worte des Jungen gar nicht mehr ab. Sie hatte die kleine Frieda gepackt, ihr eine Mütze auf den Kopf gezogen und eilte mit dem Kind die Treppe hinunter. »Anna!«, war von draußen ihre Stimme zu vernehmen, die an den Wänden der Häuser widerhallte. »Anna! Ich brauche dich!«

»Was ist denn los, Marie?«, ließ sich darauf die ärgerliche Antwort der Nachbarin vernehmen. »Was machst du denn für einen Krach? Ich hab keine Zeit jetzt, ich bin grade beim …«

»Anna!« Marias Stimme schien sich vor Panik zu überschlagen. »Der Willi ist im Eis eingebrochen! Ich muss runter an den Taubergrund! Pass du mir bitte auf die Kinder auf! Die Frieda nehme ich mit!«

»Ja, aber … Das ist ja schrecklich!« Anna Schmidt schlug die Hände vors Gesicht. »Lauf nur, Marie! Ich kümmere mich schon um die Kinder!« Fassungslos sah sie Maria hinterher, die mit dem Kleinkind auf dem Arm bereits um die Ecke des Alten Keller eilte. Sie faltete die Hände und blickte zum Himmel. »Lieber Gott! Bitte lass es nicht geschehen sein! Und nicht schon wieder ausgerechnet diese Leute!«

Mit einem Schlag wurde die Tür geöffnet, die mit lautem Krachen an die Wand donnerte, und mit hochrotem Kopf stürmte Johann in die Stube. Mit panischem Blick sah er sich um. Dort hinten, auf dem abgewetzten Sofa lag Willi regungslos unter der dicken weißen Decke. Maria saß erschöpft und leichenblass auf einem Stuhl vor ihrem Sohn und sah müde auf, als Johann hereingestürmt kam. »Maria! Was ist mit Willi? Wer hat gesagt, dass er ertrunken ist?« Im selben Atemzug beugte er sich über das Sofa. »Willi! Ist er …? Hat man ihn …?« Es schnürte ihm die Kehle zu. Aus angsterfüllten Augen sah er auf den zehnjährigen Jungen. Maria zupfte ihn am Ärmel. »Es ist gut, Johann! Er hat es unbeschadet überstanden! Der Striffler hat ihn noch rechtzeitig herausziehen können!«

Unsicher blinzelte Johann seine Frau aus wässrigen Augen an. »Er lebt!«, flüsterte er leise. Verstohlen wischte er sich eine Träne von der Wange. »Du meine Güte, er lebt!« Langsam zog er sich einen Stuhl heran und ließ sich erschöpft darauf niedersinken. »Vorhin sind sie zu mir herübergelaufen, als ich grade die Pferde vom Reinwald gestriegelt habe und haben mir zugerufen, mein Junge sei beim Schlittschuhlaufen im Taubergrund ertrunken!« Tief durchatmend schüttelte er den Kopf. »Sie haben mir gesagt, er sei tot! Aber ich habe es nicht glauben wollen!« Überwältigt von seinen Gefühlen stierte er zu Boden. Maria erhob sich und legte fest die Hand auf die Schulter ihres Mannes. »Wir können dem Herrgott danken, dass nichts weiter passiert ist! Der Bauer, der Striffler, war zum Glück heute Mittag mit seinem Fuhrwerk unten an der

Tauber, und hat Mist ausgebracht, als es passiert ist. Die Kinder haben ihn gleich gerufen, und er hat es geschafft, den Willi mit der Mistgabel aus dem Wasser zu ziehen! Du kannst dir vorstellen, klatschnass war der und halb erfroren! Der Striffler hat ihn dann geschnappt und gleich zur Ludleinsmühle gebracht. Da haben sie ihm dann die nassen Sachen ausgezogen und ihn an den Ofen gelegt, wo er dann auch schnell wieder zu sich gekommen ist! Gott sei Dank! Es ist weiter nichts passiert – außer, dass er sich wahrscheinlich eine gewaltige Erkältung eingefangen hat!«

»Ach Mutter, es wird schon nicht so schlimm werden«, ließ sich in diesem Moment eine heisere Stimme vom Sofa vernehmen. Überrascht hob Johann den Kopf und wandte sich zum Sofa hinüber. Dort starrte er in das bleiche Gesicht seines Sohnes, der ihm aus den Kissen verlegen zugrinste. »Hallo Vater! Es ist fast gar nichts passiert!«

»Fast gar nichts passiert!« Mit einem Ruck sprang Johann auf. Polternd fiel der Stuhl hinter ihm auf den Holzboden der Stube. »Nichts passiert, sagst du?« Mit hochrotem Kopf beugte er sich zum Sofa herunter und schüttelte den Jungen heftig an den Schultern. »Nichts passiert, sagst du, du elender Lausbub? Eine Tracht Prügel sollte ich dir jetzt verabreichen, du Nichtsnutz, du granatenmäßiger!« Johann schrie die Worte heraus. »Man sollte dich am besten jetzt gleich am Kragen packen und dir so lange das Hinterteil versohlen, bis du weißt, was passiert ist!« Drohend hob er den rechten Arm, als hole er zum Zuschlagen aus.

»Johann!« Die Stimme von Maria klang scharf und schneidend. »Johann, lass das«, gebot sie ihrem Mann Einhalt, der sich mit zornerfüllten Augen zu ihr umdrehte. »Bitte, Johann! Hör auf!« Durchdringend fixierte sie ihn. Langsam ließ Johann den Arm sinken und nickte ernst.

Ohne ein weiteres Wort zu sagen, drehte er sich um und verließ mit müden, schlurfenden Schritten die Stube.

Lange Zeit fiel in dem Raum kein Wort. Zärtlich streichelte Maria schließlich die Wange ihres Sohnes. »Mach das bitte nie wieder, Willi! Versprich es mir! Du hast es selbst gesehen. Es hätte deinen Vater fast umgebracht!« Willi nickte stumm und konnte die Tränen nicht zurückhalten …

31. August 1939

»Füße gerade, ihr elende Lausebande!« Die dicke Frau Dittmar glotzte missbilligend aus dem Fenster im ersten Stock des großen Hauses auf die Kinder herunter, die gerade in den Alten Keller eingebogen waren.

»Zu Befehl!«, salutierte Erich fröhlich zu der Frau hinauf.

»Lass das doch!« Gretel zog ihren kleinen Bruder heftig am Ohr. »Du weißt doch, wie sie ist! Und nachher erzählt sie dem Vater wieder, dass wir uns über sie lustig gemacht hätten!« Sie schaute zu dem Fenster hinauf. »Grüß Gott, Frau Dittmar! Ist es recht so?« Das Mädchen sah an ihren Beinen hinunter und wies mit dem Arm auf ihre Füße.

»Macht euch ruhig lustig über mich, ihr Staudacherbande!« Die Frau hob drohend den Zeigefinger. »Aber wenn es euch schon die eigenen Eltern nicht beibringen ... Auch das gehört zur Volksgesundheit, dass man die Füße beim Laufen gerade hält und nicht in der Weltgeschichte herumschlappt wie ein Zirkusclown!«

»Füße geradeaus! Und Marsch!« Der kleine Erich konnte es nicht lassen. Kichernd salutierte er wieder und schritt wie ein Rekrut in der Grundausbildung die Gasse hoch, gefolgt von seiner grinsenden Zwillingsschwester Wilma, die es ihm nachtat.

»Lass das doch!«, brummelte nun auch Willi in Gretels Richtung, die drauf und dran gewesen war, Erich eine schallende Ohrfeige zu versetzen. »Du wirst doch die blöde Gans da oben nicht ernst nehmen!«

»Aber das ist ja … das ist ja ungeheuerlich. Ich habe ganz genau gehört, wie du mich grade genannt hast!« Die Dicke war außer sich. Mit schriller Stimme keifte sie in die Gasse hinein. »Und das muss man sich von so einem elenden Haufen bieten lassen! Das ist ja die Höhe! Was leben hier bloß für Leute! Unglaublich!«

Im selben Moment war das Geräusch eines Leiterwagens zu hören, der mit seinen eisenbeschlagenen Holzreifen durch die gepflasterte Gasse holperte. Fröhlich nahm Maria eine Hand von der Deichsel und winkte ihren Kindern zu. »Hallo, da seid ihr ja! Das trifft sich ja hervorragend!« Sie hob den Kopf. »Ach, die Frau Dittmar! Ein schöner Tag heute, nicht wahr!« Die Kinder warfen sich verlegene Blicke zu. Sie ahnten schon, was gleich kommen würde – und es kam.

»Schöner Tag? Wie soll man einen solchen Tag genießen, wenn eine so unverschämte Bande einen zum Narren hält!« Missmutig deutete die Frau mit dem ausgestreckten Arm auf die Staudacher-Kinder unter sich.

»Aber was werden die schon groß angestellt haben!« Maria lachte. »Ich kann mir beim besten Willen nicht vorstellen, dass meine Kinder ungezogen zu Ihnen gewesen sind, oder?« Dabei bedachte sie die Kinder mit einem belustigt-forschenden Blick.

»Natürlich! Das ist ja die Höhe!« Die Dicke war außer sich. »Ohne zu wissen, worum es eigentlich geht, gleich die eigene Brut in Schutz nehmen! Das ist typisch für Sie! Und schon wieder ein Kind zu kriegen, wenn man mit den anderen noch nicht einmal fertig wird!« Sie musterte Maria, deren Bauchumfang mittlerweile deutlich auf die neuerliche Schwangerschaft hinwies, aus zornigen Augen. »Ich sehe aber schon, das kann man nur mit Ihrem Mann besprechen, aber nicht mit Ihnen!« Wütend knallte sie das Fenster zu und zog den Vorhang davor.

»Na ja, so schlimm wird es schon nicht gewesen sein, oder?« Maria strich sich mit der Rechten vorsichtig über den Bauch und musterte ihre Kinder lächelnd. Dann deutete sie hinter sich auf den Leiterwagen. »Da, seht mal, was für schöne Blumen wir dabeihaben. Und neue Kartoffeln haben wir heute Morgen auch ausgegraben! Das gibt ein richtiges Festessen in drei Tagen: Neue Kartoffeln und frischen Quark, den hat mir nämlich die Frau Reinwald fürs Helfen gestern versprochen! Grade recht zum ersten Geburtstag von der Frieda!« Die saß zufrieden auf den Kartoffeln im Leiterwagen und schwenkte fröhlich einen großen gelben Blumenstängel hin und her.

»Was war denn das für ein Geschrei da unten?« Neugierig kam eine Frau aus dem Nachbarhaus gelaufen, gerade als Maria und ihre Kinder vor ihrer Haustür anhielten.

»Ach das«, Maria machte eine wegwerfende Handbewegung. »Das war mal wieder die Dittmar! Ich weiß auch nicht, was die immer mit meinen Kindern hat! Irgendwie ist die wohl unzufrieden, und dann meint sie, es halt an den Kindern auslassen zu müssen! Die Frau kann einem Leid tun!«

»Die wird sich wohl auch nicht mehr ändern!« Emma Vogel, die Frau des Schreiners, schüttelte den Kopf. »Na ja, man geht ihr halt, so gut es geht, aus dem Weg! Aber was sind das denn für schöne Blumen, Marie! Wo hast du die denn her?«

Maria strich sich eine Haarsträhne aus der Stirn. »Na, aus unserem Garten da draußen! Gefallen sie dir?«

»Und wie!« Frau Vogel nickte nachdrücklich. »So schön gelb, wie die blühen! Wie heißen die denn?«

»Das ist der stolze Heinrich – eigentlich fast schon ein Unkraut! Willst du sie haben?«

»Na ja«, die Frau zierte sich nicht lange, »wenn du mich so fragst, gerne!«

»Also bitte, bedien dich ruhig! Ich kann mir ja morgen im Garten neue holen!«

»Aber Mutter! Die waren doch für uns, die schönen Blumen!« Gretel schüttelte enttäuscht den Kopf. »Die hätten doch so schön in die Stube gepasst!« Maria warf ihrer Tochter einen strengen Blick zu. »Wir können doch morgen wieder welche holen! Jetzt sei doch nicht so geizig! Wenn man etwas hat, dann kann man schließlich auch mit anderen teilen!«

»Immer mit der«, maulte Gretel missmutig und stapfte mit zornigen Schritten ins Haus hinein. Maria zuckte entschuldigend die Achseln in Richtung der Schreinersfrau. »Entschuldigung! Aber mach dir nichts daraus! Ich weiß auch nicht, was heute in mein Mädchen gefahren ist!«

»Ist schon gut! So sind Kinder halt manchmal. Aber sag, wo ich grade die schönen Kartoffeln sehe. Meinst du, ich könnte einen Topf voll von dir haben?«

»Aber sicherlich! Komm ruhig nachher rüber und nimm dir, so viel du brauchst! Das ist schon recht so!« Maria streckte die Arme aus und hob die kleine Frieda aus dem Leiterwagen. »Aber jetzt muss ich weitermachen, denn heute Abend kommt noch der Häuptlein zum Haareschneiden. Und bis dahin sollte ich noch die Wäsche gebügelt haben!«

»Das, was ich vorhin von dir gehört habe, Gretel, war aber wirklich nicht nett, das möchte ich nicht noch einmal hören müssen!« Streng hatte Maria ihre Tochter ins Visier genommen, die mit gesenktem Kopf in der Küche stand und verlegen die Finger gegeneinander rieb.

»Aber …«, begann das Mädchen stockend.

»Nichts aber! Gar nichts!« In ungewohnt scharfem Ton

widersprach Maria. »Ich möchte dir das noch mal in aller Deutlichkeit sagen: Wenn man etwas hat, dann kann man auch mit anderen teilen. Und wenn ich das tue, dann möchte ich von dir keine Widerrede hören, hast du verstanden?« Gretel kniff fest die Lippen zusammen, als sie ohne ein Wort zu sagen schließlich nickte. Doch die Mutter war – ganz im Gegensatz zu ihrer sonstigen ausgleichenden Wesensart – dieses Mal noch nicht zufrieden: »Darf ich das auch laut hören?«

Unsicher blickte Gretel auf. »Ja!«, flüsterte sie schließlich verlegen. »Ich habe verstanden!«

»Dann ist es ja gut! Komm her, mein großes Mädchen!« Maria streckte die Arme aus und zog das Kind zärtlich an sich. Liebevoll streichelte sie das blonde Haar. »Du wirst mich schon noch verstehen, wenn du alt genug dazu bist. Geben ist seliger denn nehmen! Merke dir diesen Spruch gut. Er hat mich mein ganzes Leben lang begleitet, und ich bin nicht schlecht damit gefahren!«

»Hallo, ist jemand zu H...Hause?« Ohne offenbar wirklich eine Antwort zu erwarten, kam der Besucher mit schweren Schritten die Holztreppe hinaufgeschnauft. Atemlos blieb er oben auf dem Treppenabsatz stehen und wischte sich den Schweiß von der Stirn. »Puh! Ist das eine H...Hitze h...heute!«

»Ach, der Häuptlein! Pünktlich wie immer!« Maria streckte dem Neuankömmling die Hand entgegen. Mit einer einladenden Geste zeigte sie dann auf die Stubentür. »Bis auf Johann sind schon alle da. Du kannst also gleich mit dem Haareschneiden anfangen! Oder willst du vorher noch etwas trinken?«

Der andere wehrte ab. »Nein, nein! Sch...schon gut! Erst die A...Arbeit, dann das Vergnügen!« Damit betrat er die Stube, in der sich Willi, Erich und Wilma bereits versammelt hatten. »Ja, da sind sie ja alle sch...schon! Wer will denn heute den A...Anfang machen?«

Leises Kichern von Erich war zu hören, verstummte aber sofort, als Maria ihm einen warnenden Blick zuwarf. Auch Gretel hatte sich hinter ihrer Mutter versteckt und belustigt von der stockend-stotternden Sprechweise des Friseurs die Hand vor den Mund gehalten. »Ich!« Willi streckte die Hand in die Höhe. »Ich will heute anfangen! Aber ganz kurz bitte! So, wie es heute modisch ist!«

»Modisch!« Missbilligend zog Häuptlein die Stirn in Falten. »Damit a...alle allmählich gleich aussehen! Wie die Lämmer auf der Schlachtbank!« Er öffnete den Verschluss seiner Ledertasche und legte die zum Haareschneiden benötigten Utensilien vor sich auf den Tisch. »A...also dann! Es kann beginnen!«

»Gut! Ich lasse euch dann allein! Wenn du etwas brauchst, sag nur Bescheid! Ich gehe mit der Gretel inzwischen runter, um die Ziegen und die Schweine auszumisten!« Maria wandte sich um. »Der Johann kommt jetzt sicher gleich! Und wo der Willi steckt? Der müsste eigentlich auch schon da sein!« Damit verließ sie zusammen mit Gretel das Wohnzimmer.

»Onkel Häuptlein, sag mal, wie geht denn die Geschichte weiter vom letzten Mal?«

»Welche Geschichte denn?« Der Friseur tat so, als wisse er nicht, was Erich meinte.

»Na, die Geschichte, die du uns das letzte Mal angefangen hast zu erzählen!«

»Geschichte? Hmmm ... kann mich an keine Geschichte erinnern!« Mit gespieltem Ernst rieb sich der Friseur nachdenklich die Stirn.

»Na, die Geschichte da!« Erich stampfte vor Ungeduld mit dem Fuß auf. »Damals, als du in Afrika warst!«

»Ach die!« Häuptlein spielte den Überraschten. »Die habe ich ja schon fast vergessen!« Er fuhr mit dem Haareschneiden fort. »Wo waren wir denn stehen geblieben?«

»Na, da in Afrika halt! Da wo du die großen Kamele gesehen hast!«

»Ach ja, richtig!« Zufrieden nickte der Mann und holte Atem. »Also, das war so! In A... Afrika ...«

Weiter kam er nicht. Die Kinder, die sich nicht mehr beherrschen konnten, lachten in diesem Moment brüllend los. Darauf hatten sie nur gewartet, auf Häuptleins Geschichten aus Afrika. Denn schon heute Morgen hatten sie grinsend die Sprechweise des Friseurs nachgeahmt, der hauptsächlich mit der Artikulation des Buchstabens A so seine Mühe hatte. Und ausgerechnet der erzählte ihnen immer wieder über seine Abenteuer, die er vor langer Zeit angeblich auf Reisen in Afrika erlebt hatte. »A... Afrika!«, hatte Willi schon den ganzen Morgen über immer wieder ausgerufen und jedes Mal waren sie dabei in schallendes Gelächter ausgebrochen. »Rasselbande, elende!« Wütend holte der Gefoppte aus, um dem vor ihm sitzenden Willi eine kräftige Ohrfeige zu verabreichen, doch der Junge war darauf vorbereitet gewesen und wandte rasch den Kopf zur Seite. »So, das hast du nun davon!« Unwirsch zog ihn der Friseur an den Haaren. »Jetzt habe ich dir ein Loch in die Frisur geschnitten, weil du nicht still gehalten hast! Aber Strafe muss sein! Geschieht dir grade recht, du Bengel!«

»A... Afrika!«, lachte Erich immer noch glucksend und klatschte sich dabei begeistert auf die Schenkel. »A... Afrika!«

Häuptlein trat einen ärgerlichen Schritt auf den Vierjährigen zu. »Na warte, du! Sei jetzt sofort still, sonst sag ich's deinem Vater, wie du dich benommen hast, du Lausebengel, du!«

»Was sagst du wem? Wer hat sich daneben benommen?« Johann war unbemerkt von den anderen in die Stube getreten und schaute streng auf seine Söhne.

»A...ach nichts! Schon gut!« Der Friseur, der wusste, welch strenge Erziehung Johann Staudacher manchmal seinen Kindern angedeihen ließ, zuckte kurz die Achseln. »Nichts, nichts! A...alles in Ordnung!« Er hatte die Rasselbande vom Alten Keller viel zu sehr ins Herz geschlossen, um sie bei ihrem Vater verpetzen zu wollen. Und mit dem sonst so umgänglichen Johann war in puncto Erziehung nicht zu reden. Wer bei so vielen Kindern unter solch schwierigen Umständen keine Disziplin wahrt, der endet in der Gosse, pflegte er immer dann als Argument ins Feld zu führen, wenn ihm einer der Nachbarn wieder einmal ins Gewissen reden wollte, er solle doch fünfe gerade sein lassen.

»Also von mir aus, wie du meinst! Sag – wie wäre es, wenn der Willi uns zwei Gläser Bier aus der Wirtschaft holt? Da sagst du doch sicherlich nicht nein!«

Häuptlein, der froh war, dass sie das Thema wechseln konnten, nickte zustimmend. »Ja, gerne! Einen Moment noch, dann ist der Herr hier fertig! So – bitte sehr!« Er versetzte Willi einen leichten Klaps auf den Hinterkopf und winkte danach Erich zu sich. »So – der Nächste bitte!«

Während Willi sich mit dem Geld, das ihm sein Vater zusammen mit zwei großen Gläsern in die Hand gedrückt hatte, zum Gasthof »Alter Keller« aufmachte, um dort für die beiden Männer das Bier zu besorgen, kam Willi Flohr von der Arbeit nach Hause. »Guten Tag«, murmelte er kaum hörbar und setzte sich danach auf das Sofa.

Verwundert registrierte Johann die Traurigkeit in der Stimme des jungen Mannes. Das war doch sonst nicht seine Art, sich so hängen zu lassen. »Willi, was ist denn mit dir los? Bist du krank, oder was hast du?«

Willi Flohr starrte eine ganze Weile stumm vor sich hin. »Einziehen werden sie mich!«, murmelte er schließlich mit tonloser Stimme. »Morgen schon muss ich einrücken!«

»Morgen schon!« Johann fuhr auf. »Also doch!«

»Wie – also doch?« Der Friseur hatte innegehalten und musterte ihn fragend. »Na, was da in den letzten Tagen in der Zeitung steht, was die Leute auf der Straße so sagen und dazu das ganze Geschrei, das aus dem Radio kommt, das ist doch eindeutig: Jetzt gibt's Krieg!«

Willi nickte betrübt. »Ja, das sehe ich auch so! Und ich darf von vornherein dabei sein, bei der großen vaterländischen Scheiße, die sie da jetzt durchziehen! Na dann, hurra!«

»Um Gottes willen! Vorsicht!« Warnend hob Häuptlein die Hände und legte den Zeigefinger an den Mund. »Wenn euch einer hört, dann seid ihr dran!«

»Ach ja!« Willi verdrehte die Augen. »So schnell geht's dann auch nicht. Jetzt, wo sie Soldaten brauchen, da schicken sie dich zur Strafe höchstens an die Front – aber da komme ich ja sowieso hin, so oder so!«

Schweigend widmete sich der Friseur wieder dem Haarschnitt von Erich, während die beiden Männer in der Stube dumpf vor sich hin brüteten.

»Hallo, kann mir mal bitte jemand die Tür aufmachen! Ich habe keine Hand frei!«, ließ sich schließlich von draußen eine jugendliche Stimme vernehmen. Johann erhob sich und öffnete die Tür. »Hallo, da bin ich wieder!« Mit breitem Grinsen kam Willi herein, in jeder Hand ein gut gefülltes Bierglas. »Bitte schön, zweimal Bier, wie gewünscht!« Damit stellte er die beiden Gläser auf den Tisch.

»Und du hast nichts davon probiert?«, fragte der Vater, während ein belustigtes Lächeln um seine Mundwinkel zuckte. »Natürlich nicht!« Willi schüttelte – die Unschuld in Person – energisch den Kopf. »Und die Gläser auch nicht am Brunnen wieder ganz aufgefüllt?« Allmählich wurde dem Jungen unwohl. Dennoch hielt er dem Blick seines Vaters immer noch stand. »Natürlich auch nicht!«

»Und wie kommt dann der Schaum auf deine Nasenspitze?« Johann sah ihn jetzt durchdringend an. »Der Schaum? Welcher Schaum?« Willi war knallrot geworden und fasste sich verstohlen mit dem Zeigefinger an die Nase. Als er den Schaum auf der Fingerkuppe wahrnahm, zuckte er unbehaglich die Schultern und senkte schuldbewusst den Kopf.

»Na ja! Lassen wir heute mal Gnade vor Recht ergehen!« Johann war vor den Jungen getreten und hatte dessen Kinn nach oben gedrückt. »Schau mir ruhig in die Augen, wenn ich mit dir spreche! Heute kommst du noch mal ungeschoren davon, heute haben wir andere Sorgen! Komm, Willi«, damit schob er das Glas in Richtung seines Pflegesohnes, »nimm ruhig einen kräftigen Schluck, du kannst es brauchen heute!«

Willi griff dankbar nach dem Bierglas und nahm einen tiefen Schluck, bevor er es wieder absetzte. »Danke!«, sagte er und wischte sich den Schaum vom Mund. »Wer weiß, wann ich das nächste Bier trinken kann – wenn überhaupt noch!« Wieder breitete sich bleierne Stille in der Stube aus, nur unterbrochen vom metallischen Klappern der Friseurwerkzeuge.

17. Januar 1940

»Aha, die Frau Klammer ist wieder da!« Willi schnupperte in der von einem seltsamen Geruch erfüllten Luft, als die beiden Kinder das Haus betraten.

»Was meinst du denn damit?« Gretel sah ihren älteren Bruder fragend an.

»Na, riechst du das denn nicht? Das ist Sagrotan! Das kenne ich allmählich in- und auswendig!«

»Jetzt sag schon, was meinst du denn damit?« Ungeduldig stampfte das Mädchen mit dem Fuß auf.

»Immer, wenn eins von unseren Geschwistern auf die Welt gekommen ist, hat es so gerochen. Das Sagrotan ist irgend so ein Desinfektionsmittel, das die Frau Klammer dann immer braucht, damit alles sauber ist, bei der Geburt!«

»Ach so! Sag das nächstes Mal doch gleich!« Gretel hielt nun ebenfalls die Nase in Richtung oberes Stockwerk. »Riecht aber so ähnlich, wie das Mittel, das Wilma auf ihren Glatzkopf bekommen hat! Ah, da ist sie ja! Komm mal her, Wilma!« Gretel winkte die kleine Schwester zu sich, die aus der Küche getreten war, um nachzusehen, wer da gerade die Treppe hochstieg. In ihrem Schlepptau folgte ihr Zwillingsbruder Erich, der fröhlich lachend auf die beiden Älteren zuging. »Hallo, Wilma, lass mal riechen!« Sie zog das Mädchen zu sich und schnupperte an der kahlen Kopfhaut. »Aha, riecht ganz ähnlich!«

Mit einem ärgerlichen Schrei riss Wilma sich los und

boxte Gretel heftig in den Bauch. Dann legte sie die Hände über den Schädel und wandte sich um. Erich, der das Geschehen mit gerunzelter Stirn verfolgt hatte, nahm seine traurige Schwester in den Arm. »Nicht weinen, Wilma! Das wird schon wieder gut!« Er warf der anderen einen zornig-vorwurfsvollen Blick zu.

»Ich habe doch gar nichts Böses getan!« Gretel klatschte in gespielter Verzweiflung die Hände zusammen und verdrehte die Augen. »Also wirklich, manchmal seid ihr aber auch mehr als empfindlich, ihr zwei!«

»Lass sie doch! Ich möchte dich mal sehen, wenn man dir eine Glatze geschoren hat!« Willi zog heftig an Gretels Zöpfen. »Da würdest du sicher auch nicht jubeln! Bloß weil du dir im Kindergarten Läuse eingefangen hast, den ganzen Kopf abrasiert zu bekommen und dann auch noch mit so einem stinkenden Zeug eingerieben zu werden ...«

»Aua! Du tust mir weh!« Gretel schüttelte ihren Bruder ab und blitzte ihn wütend an. »Hat aber trotzdem fast genauso gerochen wie das Zeug von der Frau Klammer! Und die Haare, meine Güte, die wachsen doch wieder nach, da braucht man doch kein solches Theater zu machen!« Innerlich aber musste sie sich eingestehen, dass sie wahrscheinlich wild um sich geschlagen hätte, wenn jemand versucht hätte, ihr die dicken blonden Haare abzuschneiden, auf die sie doch so stolz war.

»Was ist das denn für ein Lärm?«, ließ sich von oben aus dem Schlafzimmer eine ärgerliche Frauenstimme vernehmen. »Könnt ihr denn nicht einmal etwas leiser sein? Eurer Mutter geht es nicht so gut! Sie braucht Ruhe!«

»Entschuldigung, Frau Klammer!« Willi hob besänftigend die Hand und spähte neugierig um die Ecke. »Haben wir denn nun schon ein Schwesterchen oder einen neuen Bruder bekommen?«

»Wenn ich das wüsste! Eben noch gar nichts! Und deshalb noch mal: Ruhe! Am besten, ihr lasst uns in Frieden und geht zu den Nachbarn! Ich sage euch dann schon rechtzeitig Bescheid, wenn wir es geschafft haben!« Ohne eine Antwort abzuwarten, verschwand die Hebamme wieder hinter der geschlossenen Tür.

Die Kinder schauten einander unsicher an, dann ergriff Gretel die Initiative. »Also kommt, wir gehen zur Frau Schmidt hinüber. Die freut sich doch sonst auch immer, wenn wir zu Besuch kommen!« Damit fasste sie die kleine Wilma bei der Hand und zog sie hinter sich her die Treppe hinunter.

1. Februar 1940

»Und damit taufe ich dich auf den Namen Wilhelm Hans Staudacher! Im Namen des Vaters, des Sohnes und des Heiligen Geistes. Amen!«

»Amen!«, murmelten die mit gesenkten Köpfen und gefalteten Händen in der kleinen Stube stehenden Erwachsenen und Kinder feierlich, während der Täufling herzzerreißend zu schreien begann.

»Gebt ihn mir ruhig herüber!« Maria, die während der ganzen Zeremonie ruhig auf dem Sofa gelegen hatte, streckte die Arme aus. Sie schüttelte leise den Kopf, als sie den besorgten Blick bemerkte, mit dem ihr Mann sie gemustert hatte. »Ist schon gut Johann! Ich fühle mich stark genug!« Damit nahm sie aus den Händen des Pfarrers das weinende Kind entgegen. Sie lächelte den Priester dankbar an. »Das werde ich Ihnen nie vergessen, Herr Pfarrer, dass Sie hierher gekommen sind und unseren Sohn hier bei uns im Haus getauft haben! Ich weiß genau, dass man das in der Kirche eigentlich gar nicht mehr so gerne sieht! Umso tiefer stehen wir dafür in Ihrer Schuld!«

»Aber Frau Staudacher, ich bitte Sie! Das war doch das Mindeste, was ich für Sie tun konnte! Bei der furchtbaren Kälte da draußen, da hätten Sie sich doch den Tod geholt in Ihrem schwachen Zustand, und das kann die Kirche ja nun wirklich nicht erwarten, dass man das auf sich nimmt!« Pfarrer Felden spreizte abwehrend die Finger der rechten Hand von sich. »Genug gedankt jetzt! Danken wir lieber unserem Herrgott, dass bei der Geburt doch noch alles gut gegangen ist!« Ein wissender Blick streifte die Hebamme, die den Kontakt mit gerunzelter Stirn erwiderte und nachdenklich nickte. »Das war nicht einfach, dieses Mal! Deshalb bitte ich dich nochmals, Marie, bleib um alles in der Welt noch eine Weile liegen und schon dich dieses Mal wirklich. Johann, du versprichst es mir und die Kinder auch. Ihr werdet eure Mutter unterstützen, wo es nur geht, und bitte pfleglich behandeln, damit sie wieder zu Kräften kommt!«

Die Angesprochenen nickten ernst. »Natürlich, das werden wir!« Gretel ging einen Schritt auf ihre Mutter zu. »Darf ich auch mal?« Vorsichtig nahm sie das schreiende Bündel in die Arme und schaukelte das Kind sachte mit federndem Schritt. »Ganz ruhig, mein Kleiner, ganz ruhig! Alles wird gut!« Zärtlich streichelte sie die Nase des Säuglings, der sich nun ganz allmählich beruhigte. Strahlend wandte sie sich zu ihrer kleinen Schwester hinüber, die verlegen in der Ecke stand und ihren immer noch fast völlig kahlen Schädel mit einem Kopftuch bedeckt hatte. »Siehst du, Wilma, das bringe ich dir jetzt auch bei. Dann können wir unseren Bruder hüten und brauchen gar keine Puppe, die ja nie einen Ton von sich gibt! Komm, setz dich mal auf den Stuhl, dann darfst du ihn auch mal halten, oder, Mutter?« Fragend blickte sie zu Maria hinüber, die zur Bestätigung kurz die Augen schloss. »Natürlich darf sie!« Eine feierliche Stille breitete sich in dem kleinen Raum aus, während Wilma selig lächelnd ihren Bruder auf dem Schoß wiegte.

»Ach Vater!«, seufzte Maria, nachdem sie die Atmosphäre dieses Augenblicks dankbar in sich aufgenommen hatte. »Das freut mich ganz besonders, dass du auch zu uns gekommen bist!«

In den Augen von Leonhard Ohr schimmerte es feucht,

als er zum Sofa hinübertrat und warm die Hand seiner ältesten Tochter drückte. »Und ab jetzt werde ich mindestens einmal im Jahr zu euch zu Besuch kommen, jetzt, wo die Hedwig gestorben ist!«, stieß er mit belegter Stimme hervor. »Das heißt, natürlich nur, wenn es euch recht ist und wenn ihr im Gegenzug aber auch mich immer wieder einmal auf dem Hof besuchen kommt!«

»Das ist schön!« Maria lächelte ihren Vater zufrieden an, dann ließ sie sich entspannt auf das Kissen zurücksinken. »Und kommen werde ich mit den Kindern auf jeden Fall, das verspreche ich dir. Sobald wieder Frühling ist und ich genug Kraft gesammelt habe, dann sind wir da!«

»Und noch eines!« Wieder schluckte der Vater trocken und kämpfte gegen die in ihm aufsteigende Rührung an. »Dass ihr euren Sohn auch Wilhelm genannt habt, wie schon euren ersten Sohn, ist eine ganz besondere Freude für mich. Wilhelm, wenigstens eine kleine Erinnerung an meinen armen Bruder!« Eine Zeit lang sagte niemand der Anwesenden ein Wort.

»Wo nur die Anna mit den Schneeballen bleibt? Sie wird sie doch nicht etwa vergessen haben? Das gehört doch eigentlich schon zu den Taufen hier im Alten Keller wie der Schnee zu Weihnachten, die Anna Ehrmann mit ihren Schneeballen!« Die Hebamme drehte sich zu Willi hinüber. »Was meinst du? Könntest du schnell mal rüberspringen und schauen, wo sie bleibt?« Noch bevor Willi antworten konnte, ließ Erich, der am Fenster stand, einen Jubelschrei ertönen: »Nicht mehr nötig! Da kommt sie grade gelaufen! Mit den Schneeballen!«

»Na also! Dann kann unsere kleine Feier ja beginnen!« Fröhlich klatschte Johann in die Hände und machte eine einladende Handbewegung. »Dann nehmt bitte alle Platz! Und nochmals: Herzlichen Dank, dass ihr gekommen seid!«

März 1940

»Willi, du bist so still! So kenne ich dich gar nicht! Es ist doch sonst immer ein Festtag für dich gewesen, wenn wir geschlachtet haben!« Besorgt musterte Johann den jungen Mann, der neben ihm im Flur des Hauses stand und ihm mit einem großen Eimer heißem Wasser half, das in der Zinkbadewanne vor ihnen liegende, gerade eben geschlachtete Schwein abzubrühen, während der Metzger damit beschäftigt war, mit einem scharfen, langen Messer die Borsten des Tieres abzuschaben.

Willi Flohr zuckte nachdenklich die Schultern. »Ich weiß auch nicht, was mit mir los ist! Die ganze Zeit schon habe ich mich auf diese Woche Heimaturlaub gefreut, und jetzt …« Er hielt inne und betrachtete mit ernster Miene, wie der Metzger mit geschickten Bewegungen hantierte. »Weißt du«, fuhr er nach einer Weile fort, »ich bekomme ganz einfach die Bilder nicht mehr aus dem Kopf: Die Bilder von unserer siegreichen Armee mit den heldenhaft kämpfenden Soldaten! Phhh!« Verächtlich stieß er die Luft aus. »Die Herren Generäle und ihr Heldengefasel! Wenn du aber danebenstehst, wenn sie einem mit einem gezielten Schuss das Gehirn aus dem Kopf pusten oder wenn dem Kameraden plötzlich eine Mine das Bein zerfetzt: Also da habe ich nirgendwo Helden gesehen, sondern nur jämmerlich schreiende Kreaturen, die so gern noch weitergelebt hätten! So ist das!« Müde rieb er sich die Augen.

»Hoffentlich ist der Spuk bald vorbei!« Der Metzger

sah kurz von seiner Arbeit auf. »Schön wäre es ja, aber ehrlich, das glaubt doch keiner von uns! Diese Wahnsinnigen werden weitermachen, bis sie entweder alles unter ihre Kontrolle gebracht haben oder aber alles am Boden zerstört ist. Das ist leider sogar wahrscheinlicher. Ich habe lange genug im Ersten Weltkrieg den Helden spielen müssen, mir brauchst du also nichts zu sagen!« Wütend bückte er sich wieder hinunter und arbeitete konzentriert weiter.

»Na, wie sieht es aus? Gibt es schon die Innereien?« Ohne anzuklopfen, wurde die Tür geöffnet und die Frau des Schreiners kam herein. Unwirsch drehte sich Johann um. »Eine Viertelstunde wird es schon noch dauern!« Missmutig musterte er die Nachbarin und registrierte verärgert, dass sie vorsorglich schon eine große Schüssel zu dem Schlachtfest mitgebracht hatte. Maria, die oben in der Küche stand, wo sie in einem großen Topf das im vergangenen Herbst eingelegte Sauerkraut weich kochte, hatte den Besuch bemerkt. »Wer ist denn da gekommen, Johann?«

»Na, wer wohl? Unsere Frau Vogel natürlich! Mit einer Schüssel so groß wie ein Wagenrad!« Johann war es in diesem Moment egal, wie die Nachbarin darauf reagierte. Er konnte die Frau, die ständig ihre Vorräte mit nach Hause schleppte, sowieso kaum noch ertragen. Irgendwann, das schwor er sich jetzt zum hundertsten Mal, irgendwann würde er sie deswegen auch zur Rede stellen.

»Johann! Ich bitte dich! Es ist doch wirklich genug für alle da!« Maria war die Hälfte der Treppe heruntergegangen und schüttelte missbilligend den Kopf, als sie ihren Mann zurechtwies. Dann streckte sie einladend die Hände aus. »Kommen Sie, Frau Vogel, gehen wir in die Küche. Ich koche nämlich grade eine große Portion Sauerkraut! Die Anna Schmidt und die Anna Ehrmann bekommen auch einen Teil davon ab, die sagen nämlich, dass das bei niemandem so gut schmeckt wie bei mir. Ich habe also einen Ruf zu verlieren, kommen Sie rasch hoch: Nicht, dass mir das gute Kraut womöglich noch anbrennt!«

Willi warf seinem Pflegevater einen belustigt–zerknirschten Blick hinüber. »Na also, wenigstens das hat der elende Krieg noch nicht verändern können!«

Oktober 1940

»So, Helm, hier hast du dein Abendessen!« Maria stellte die dampfende Suppenschüssel auf den Tisch und nickte dem zerlumpten alten Mann, der es sich im einzigen Sessel der Stube bequem gemacht hatte, aufmunternd zu. »Jetzt drück dich halt aus deinem Lieblingsplatz raus und setz dich an den Tisch!« Ein amüsiertes Lächeln spielte um ihre Mundwinkel, als sie sah, wie sich der Mann reckte und streckte, der mit halb geschlossenen Lidern vor sich hin gedöst hatte.

»Nicht, dass du dem das Essen noch Löffel für Löffel einflößt! So weit kommt's womöglich auch noch!« Johann kommentierte den Vorgang säuerlich und warf dem Alten einen kritischen Blick hinüber.

»Johann! Jetzt lass aber mal gut sein! Der Lösleins Helm tut doch keiner Fliege was zuleide! Und ob einer mehr oder weniger bei uns am Tisch sitzt, was macht das schon?« Maria stemmte die Arme in die Hüften und musterte ihren Ehemann streng. Der hob abwehrend die Hände. »Schon gut, schon gut. Ich sag ja gar nichts mehr!«

»Also, dann lasst mal sehen, was es gibt!« Der Besucher hatte sich aus dem Sessel gequält und schlurfte langsam zum Tisch hinüber, wo er den Inhalt des Suppentopfes interessiert unter die Lupe nahm. »Ach, wieder keine Spiegeleier! Schade drum!« Enttäuscht wandte er sich um. Aus vorwurfsvollen Augen musterte er Maria. »Wo ich doch Eier so sehr mag, das weißt du doch, Marie!«

Donnernd krachte Johanns Faust auf die Tischplatte. »Jetzt mach aber mal einen Punkt, Helm! Wir sind schließlich nicht das Hotel Eisenhut, sondern nur eine ganz normale kleine Tagelöhner-Familie in Rothenburg, dass das klar ist!« Mit zornrotem Kopf funkelte Johann den Alten an. Der zuckte nur kurz die Schultern und setzte sich wortlos auf seinen Stuhl.

»Johann, bitte! Er bringt uns doch ab und zu auch ein paar Eier, jetzt sei doch nicht so!«

»Und was macht er mit den Eiern? Er lässt sie von dir braten, und dann isst er sie selbst auf!«, brummelte Johann unwirsch, dem die Strenge in der Stimme seiner Frau nicht entgangen war.

Wilhelm Löslein hatte es vorgezogen, den scharfen Wortwechsel kommentarlos verstreichen zu lassen, gerade so, als habe er überhaupt nichts davon mitbekommen. Erwartungsvoll hob er nun den Kopf: »Gibt's denn nun endlich etwas zu essen, oder wollt ihr es erst kalt werden lassen?«

Johann schnaubte bei diesen Worten heftig durch die Nase, zog es aber vor, die Auseinandersetzung nicht weiterzutreiben. Maria nahm lächelnd die Kelle in die Hand und löffelte dem Mann, der ihr begierig seinen Teller entgegenstreckte, die heiße Suppe hinein. Dankbar schimmerte es in seinen wässrigen grauen Augen, als er vom Teller aufsah. »Kein Wunder, dass dir kalt ist!« Maria schob auch Johann seine Portion hinüber und trat anschließend einen Schritt vom Tisch zurück. Kopfschüttelnd musterte sie den gierig die Suppe schlürfenden Mann. »Es wäre ja auch schon einmal an der Zeit, dass du dir richtige Strümpfe anziehst! Bei den Schuhen, die du da anhast!« Sie rümpfte die Nase. Nein, als Schuhe konnte man die Lederfetzen, die Löslein an seine Füße gebunden hatte, nun wirklich nicht mehr bezeichnen. Deren Sohle bestand mehr aus Löchern als aus Leder. Er hatte die viel zu großen Schuhe nur mit alten Zeitungen ausgestopft, die natürlich schon allein durch die draußen herrschende Feuchtigkeit klamm und nass geworden waren.

»Fertig!« Zufrieden grinsend hob Löslein den Kopf. »Ob ich wohl noch mal eine Portion bekommen könnte?«

»Aber natürlich!« Maria warf ihrem Mann einen warnenden Blick zu. »Komm, gib mir mal den Teller! Aber jetzt sag doch mal«, begann sie ihr Thema von gerade eben wieder aufzunehmen, »wäre es denn nicht besser, wenn du anstelle der alten Zeitungen mal richtige Strümpfe anziehen würdest? Die halten doch viel besser warm – und zum Schuster solltest du auch mal wieder gehen!«

Löslein zuckte ratlos mit den Schultern, als er den randvoll gefüllten Teller wieder im Empfang nahm. »Wo du nicht bist, Herr Jesus Christ ...« Damit rieb er bedeutungsvoll Daumen und Zeigefinger gegeneinander. »Und die Zeitungen, die gibt's halt umsonst. Da bleiben meistens ein paar übrig, in der Druckerei, wenn ich nach dem Austragen noch mal vorbeigehe. Das sei der Andruck, sagen sie! Und die kann ich dann mitnehmen – kostenlos!«

»Also, den Herrn Jesus lassen wir besser einmal aus dem Spiel!« Maria fixierte den Besucher streng. »Aber nach Socken können wir einmal schauen. Du müsstest ja ungefähr dieselbe Größe haben wie der Johann«, fügte sie nach einem abschätzenden Blick auf Lösleins Füße hinzu.

Johann ließ den Löffel auf den Rand des Suppentellers fallen und drückte den Rücken durch. Doch als er die strenge Miene seiner Frau bemerkte, die ihm stirnrunzelnd direkt in die Augen sah, schluckte er das, was er eigentlich hatte sagen wollen, hinunter. Wortlos griff er zum Löffel und widmete sich erneut der Suppe. Maria war in den Flur hinausgetreten und zog die Lade der Kommode auf. »Da müsste doch eigentlich etwas dabei sein … Aahh!« Im selben Moment stieß sie einen spitzen Schrei aus, dass die Männer erschrocken hochfuhren. Sie schlug die Hände vor den Mund!

»Mein Gott, Marie, was ist denn?« Bevor Johann seiner Frau zu Hilfe eilen konnte, winkte Maria lachend ab. »Es ist schon gut! Du meine Güte, habe ich mich grade erschreckt!« Sie schlug die Hände zusammen und winkte dann die beiden Männer zu sich. »Da kommt mal und seht, was mich so erschreckt hat! Da geht man nichtsahnend zur Kommode, und da …!« Mit ausgestrecktem Arm wies sie hinter die halb geöffnete Tür. Dort lagen auf dem Stapel dicker Wollsocken vier winzig kleine Kätzchen und starrten die verblüfften Betrachter ängstlich an. »O nein! Unsere Liesel!« Johann stöhnte laut auf und sandte einen gequälten Blick zum Himmel. »Das wievielte Mal ist es denn jetzt schon …« Er zählte in Gedanken nach: Es war mindestens schon dreimal vorher passiert, dass die Liesel, die dicke schwarze Katze der Familie, ihre Kinder ausgerechnet auf den Wollsocken in der Kommode zur Welt gebracht hatte! »Ja, da kann man halt nichts machen! Katzen sind stur!«, lachte Maria fröhlich. »Jetzt wirst du halt noch ein paar Tage auf deine Socken warten müssen, Helm, bis ich sie mit der Gretel zusammen wieder gewaschen habe!« Löslein schien das nicht weiter zu beschäftigen. Er hatte sich bereits wieder umgedreht und spähte neugierig in die Suppenschüssel.

»Da hinauf?« Eine laute Männerstimme drang in diesem Moment an ihr Ohr. Schwungvoll stürmte der Mann nach oben, gefolgt von Willi und seiner Schwester Gretel. »Heil Hitler!«, brüllte er im selben Moment, als er den Treppenabsatz erreicht hatte und um die Ecke bog. Er streckte energisch die Hand zum Hitlergruß aus und knallte die dicken schwarzen Lederstiefel zusammen. Zackig drückte er den Rücken durch, stieß aber aus diesem Grund mit dem Kopf an die niedrige Decke. »Du mich auch«, murmelte Johann leise, als er den anderen in seiner braunen Uniform erkannte. »Jetzt mach aber mal halblang, nicht dass du mit dem Scheitel noch im oberen Stockwerk durch den Boden brichst«, kommentierte er die Vorstellung des Uniformierten spöttisch. Der rieb sich den Kopf und starrte den Hausherrn missmutig an. »Wie? Was hast du da vorhin gesagt?« Scharf musterte er den kleinen Mann, der sich umgewandt hatte und achselzuckend ohne ein weiteres Wort in die Stube zurückgegangen war. »Na gut!« Ärgerlich klopfte er die Mütze am Oberschenkel ab und winkte dem schüchtern hinter ihm stehenden Willi mit einer raschen Kinnbewegung zu. »Komm mit!« Er betrat die Stube und sah sich mit verächtlich heruntergezogenen Mundwinkeln darin um. Unwirsch musterte er den am Tisch sitzenden Löslein, der von ihm keinerlei Notiz genommen hatte. »Aha, noch so ein Parasit und Volksschädling hier!« Wieder knallte er die Hacken zusammen. »Heil Hitler!«, donnerte er dem alten Mann entgegen. Der ließ für einen Moment den Suppenlöffel sinken und lächelte den anderen milde an. »Ist schon gut, Friedrich! Mir brauchst du nicht zu beweisen, was für ein toller Volksgenosse du bist! Mit mir könnt ihr aber auch euren Krieg nicht gewinnen, so viel steht fest!« Damit wandte er sich wieder seiner Suppe zu.

Fast schien es, als wolle sich der Uniformierte auf den anderen stürzen, doch Maria trat geistesgegenwärtig dazwischen, als sie bemerkte, wie sich die Situation entwickelte. »Also Frieder!«, freundlich lächelnd streckte sie dem vor Zorn bebenden Mann die Hand entgegen. »Willkommen bei uns zu Hause! Komm setz dich!« Damit rückte sie einladend einen Stuhl vom Tisch. »Also, was führt dich denn zu uns?« Der Mann ignorierte den angebotenen Stuhl und blieb starr mit leicht eingezogenem Kopf vor den anderen stehen.

»Jetzt setz dich halt! Du bist einfach zu groß gewachsen für unser kleines Haus! Du wirst dir sonst noch einen Krampf im Hals holen!« Johann winkte ihn zu sich.

»Nicht nötig! Danke! Aber zu Parasiten setze ich mich nicht an einen Tisch!«, gab der braun Gekleidete scharf zurück und funkelte den ihn völlig ignorierenden Löslein böse an.

»Was soll das ...!« Johanns Gesicht hatte sich mit einem zornigen Dunkelrot überzogen, als Maria ihn unterbrach.

»Johann! Lass das! Es bringt nichts!« Dann wandte sie sich ernst an den Besucher. »Also, Frieder, dass wir uns richtig verstehen. Der Helm ist bei uns zu Gast, und ich will nicht, dass er in meinem Haus beleidigt wird. Haben wir uns verstanden?« Sie fixierte ihn durchdringend, bis er dem Blick nicht mehr standhalten konnte und nervös an der roten Binde mit dem weißen Kreis und dem darin aufgedruckten schwarzen Hakenkreuz nestelte, die er über den Oberarm gestreift hatte. Schließlich streckte er den Arm aus und bedeutete Willi, sich neben ihn zu stellen. »Da, schaut! Euer Sohn! Der ist ein wirkliches Vorbild für seine Altersgenossen! So, wie er bei den Pimpfen mitmacht, so erwartet es der Führer eigentlich von jedem Jugendlichen!«

Überrascht stemmte Johann die Hände auf die Tischplatte und erhob sich langsam. »Was soll das denn heißen?«, fragte er verwirrt.

»Das soll heißen, dass euer Sohn der Stolz unserer Hitlerjugend ist und dass ich ihm später eine glänzende Karriere in unserer Partei versprechen kann – oder in der Armee, wenn er weiter so fleißig dabei ist wie bisher!« Er legte eine bedeutungsvolle Pause ein, während Willi verlegen und mit gesenktem Kopf zu Boden blickte. »Deshalb bin ich gekommen und wollte euch gratulieren, zu eurem Jungen!« Er musterte die Eltern scharf. »Wir haben ihn dazu auserwählt, dass er in den Schulferien und in seiner Freizeit weitere Schulungen durchlaufen kann. Wir nehmen ihn deshalb immer wieder mit nach Schillingsfürst, wo die Elite unserer Jugend ihre Ausbildung bekommt!«

»Was?« Johann schüttelte verblüfft den Kopf. »Mein Sohn – ein Edelnazi?« Er schlug sich die Hand vor die Stirn. »Das glaube ich einfach nicht!«

»Du kannst ruhig ein bisschen mehr Stolz an den Tag legen! Andere wünschten sich nichts sehnlicher als solch einen tapferen Knaben!« Der Uniformierte verzog säuerlich das Gesicht und blickte sich streng in der Stube um, während er die Rechte feierlich auf Willis Schulter legte.

Scharf wie ein Peitschenhieb zischte Johanns Antwort durch den Raum. »Lass die Hände von meinem Sohn! Augenblicklich! Sonst vergesse ich mich!« Zornbebend machte er einen drohenden Schritt nach vorn. Erschrocken zuckte die Hand des anderen zurück. »So – und nun mach und sieh zu, wo der Zimmermann das Loch im Haus gelassen hat!« Johann riss mit einer heftigen Bewegung die Stubentür auf und wies nach draußen in den dunklen Flur. »Raus, aber schnell! Solange ich hier im Haus etwas zu sagen habe, wird mein Sohn kein Nazi! Schon gar kein Edelnazi, dass das klar ist!« Er versetzte dem Braunen einen Schubs. »Und komm ja nie wieder! Das nächste Mal vergesse ich mich vielleicht!«, rief er dem eilig die Treppe hinunterstolpernden Nazi noch hinterher.

»Glaub ja nicht, dass das keine Konsequenzen hat!«, dröhnte es von unten herauf. »Das lassen wir nicht auf uns sitzen, der Führer und ich, das schwöre ich dir!«

»Idiot!«, fauchte Johann und sah sich ernst in der Stube um. »›Der Führer und ich‹ – dass ich nicht lache!«

Auch Löslein hatte den Suppenlöffel beiseite gelegt und schüttelte nachdenklich den Kopf. »Nimm das bloß nicht zu leicht, Johann! Mich können sie nicht mehr holen, ich bin ihnen zu alt! Aber denk daran, wie sie im letzten Jahr deinen Freund, den Hermann, geholt haben. Ins Konzentrationslager haben sie ihn gesteckt! Vergiss das um Gottes willen nicht! Hast du eigentlich jemals wieder etwas von ihm gehört?«

Johann verneinte nachdenklich. »Nein, nie wieder!«

»Eben!« Es war erstaunlich zu beobachten, welche Energie sich mit einem Mal in dem alten Mann mit den zerlumpten Kleidern aufzubauen schien. Er straffte den Oberkörper. »Und jetzt, das sagen mir die alten Genossen, die noch übrig geblieben sind, jetzt scheinen sie die politischen Häftlinge als Soldaten in die Armee zu stecken – sie schicken sie als Kanonenfutter an die vorderste Front!« Er machte eine bedeutungsvolle Pause, bevor er Johann ernst und direkt in die Augen sah. »Pass bloß auf, dass sie dich nicht als Nächsten holen!«

»Mich?« Johann lachte kurz und trocken, als er das ängstliche Zucken im Gesicht seiner Frau wahrnahm. Er deutete mit einer wegwerfenden Handbewegung an sich herunter. »Da schau her! Zu klein für die Armee bin ich, haben sie mir früher gesagt! Ein Meter sechzig, das ist nicht gerade ein Gardemaß. Und jetzt, als fast schon vierzigjähriger Familienvater mit sechs Kindern, wie wollen sie mich da holen? Und wer soll dann für die Familie sorgen? Nein, ich glaube nicht wirklich daran, dass ich einrücken muss – zumal sie ja den Willi Flohr schon als Soldaten geholt haben, und der zählt ja auch zu uns!«

Löslein wiegte den Kopf. »Sei dir nur nicht zu sicher!

Aber – mehr habe ich nicht sagen wollen, mehr habe ich auch gar nicht zu sagen!«, und damit fiel er wieder regelrecht in sich zusammen. Dumpf starrte er auf den leeren Teller vor sich auf dem Tisch.

»Aber du!« Mit ausgestrecktem Zeigefinger näherte sich Johann seinem ältesten Sohn. »Wehe dir, wenn mir noch ein einziges Mal irgend etwas davon zu Ohren kommt, dass du mit in diesem stinkenden braunen Sumpf herumrührst!« Drohend baute er sich vor dem Jungen auf. »Und wenn sie dir noch so viel Karriere versprechen und dass sie für deine Ausbildung sorgen werden und so weiter und so fort: Ich möchte darüber nie wieder etwas von dir hören! Ist das klar? Haben wir uns verstanden?«

Tränen tropften von Willis Gesicht herunter auf den Holzboden. »Aber ich darf doch wohl …«, stammelte er.

»Nichts darfst du! Eine Tracht Prügel bekommst du!« Johann schüttelte ihn grob an den Schultern. »Du versprichst mir jetzt auf der Stelle, dass du …«

»Aber … Nein!« Willi wand sich aus dem Griff seines Vaters und rannte schluchzend die Treppe hinunter.

»Lass ihn jetzt! Bitte!« Maria war mit einem raschen Schritt hinzugetreten, als sie bemerkte, dass Johann dem Jungen hinterherlaufen wollte. Sie hielt ihren Mann am Ärmel fest. »Das bekommen wir auch anders in den Griff als mit Prügel!«

Johann schnaubte widerwillig. »Na hoffentlich! Ein Nazi! Und das ausgerechnet in unserer Familie!«

August 1941

»Mutter, sag bloß, was ist denn mit dir?« Betroffen standen die Zwillinge am Leiterwagen und starrten hilflos auf die schwarz gekleidete, gebückte Frau, die sich von ihnen abgewandt hatte und sich keuchend hinter dem großen Holunderstrauch übergab. Sie erhielten keine Antwort auf ihre bange Frage. Im Gegenteil! Immer wieder drang ein halb ersticktes Würgen an ihre Ohren. Der Mutter ging es ganz offensichtlich furchtbar schlecht! Wilma, die sich das alles nicht erklären konnte und ihre Mutter auch noch nie so elend erlebt hatte, begann zu weinen. »Jetzt hör doch auf damit!« Ärgerlich fuhr Erich herum. »Das können wir jetzt nicht auch noch gebrauchen, dieses Geflenne!« Das Mädchen zuckte zusammen und schniefte noch einige Male leise, bis es sich wieder gefangen hatte. »Da, halt mal kurz allein! Ich hole von da drüben zwei Steine, die wir hinter die Räder legen können!« Erich eilte davon, nachdem er Wilma die Deichsel des Leiterwagens in die Hand gedrückt hatte.

»Ahhh!« Maria stöhnte erschöpft, als sie sich endlich wieder aufrichtete. Mit dem Zipfel ihrer Schürze wischte sie sich erst die schweißnasse Stirn und anschließend den Mund ab. Unsicheren Schrittes kam sie dem Mädchen entgegen, von dem sie ängstlich-besorgt gemustert wurde. »Ich muss mich eine Minute hinsetzen«, flüsterte Maria mit matter Stimme und ließ sich vorsichtig auf die Wiese am Abhang unter der Rothenburger Stadtmauer sinken. Dort hatte sie vorhin noch mit der Sense Gras für ihre Ziegen im

Alten Keller gemäht. In aller Frühe war sie schon mit den Zwillingen und den beiden kleinsten Kindern aufgebrochen, denn dann, wenn noch der Morgentau in den Grashalmen hänge, hatte sie ihnen erklärt, lasse sich das Gras wesentlich besser absensen, als um die Mittagszeit, wenn die Stängel bereits trocken und hart seien. Erich und Wilma hatten das abgemähte Gras auf den Leiterwagen geladen und waren anschließend begeistert darauf herumgehüpft, um so viel Ladung wie nur möglich in ihr Fuhrwerk hineinstopfen zu können. Für den kleinen Hans und seine mittlerweile fast dreijährige Schwester Frieda hatten sie schließlich oben auf dem Wagen eine Vertiefung in das Gras gegraben und die beiden dort hineingesetzt. Als sie gegen zehn Uhr an diesem Vormittag mit der Arbeit fertig geworden waren, brannte die Sonne bereits heiß vom stahlblauen Himmel. Und jetzt, auf der steilen Steige, beim Hinaufschieben des prall gefüllten Leiterwagens, da hatten sie es insgeheim doch bereut, den Wagen so schwer beladen zu haben. Mühsam kämpften sie sich mit ihrer Last einen Meter nach dem anderen hoch: Die Mutter zog vorne an der Deichsel, während die Kinder schwitzend und keuchend schoben, so kräftig sie konnten. Dann hatte Maria plötzlich angehalten, den Wagen vor ihnen auf dem schmalen Weg quer gestellt und war panisch hinter den Busch geflüchtet.

»Mutter!« Sorgenvoll betrachtete Erich die leichenblasse Frau, die da vor ihm mit geschlossenen Augen auf der Wiese hockte. »Was ist denn bloß passiert? Bist du krank? Sollen wir den Doktor holen?«

Maria öffnete die Augen und schenkte ihrem Sohn ein gequältes Lächeln. »Nein, nein! Lasst mich nur noch ein kleines Weilchen ausruhen, dann geht es schon wieder!« Sie atmete tief und vorsichtig durch.

»Ist das denn nicht die Cholera?« Besorgt wartete Wilma auf die Antwort.

»Aber nein!« Wieder lächelte die Mutter matt. »Wie kommst du denn bloß auf so etwas?!«

»Das haben sie neulich beim Spielen auf der Gasse erzählt, dass es da so eine ansteckende Krankheit gibt ...«, warf Erich erklärend ein, als er sah, dass seine Schwester um die richtigen Worte rang. »... und dass irgendein Soldat, der neulich hier in Rothenburg seine Eltern besucht hat, dann daran gestorben ist!«, wurde er nun von seiner Schwester ergänzt.

»Ach so!« Maria nickte verständnisvoll. »Und jetzt hast du Angst bekommen, dass ich mich vielleicht auch damit angesteckt haben könnte!«

»Na ja!« Verlegen senkte Wilma den Kopf. »Hätte ja sein können, oder?«, murmelte sie.

Maria winkte die beiden Kinder zu sich her und deutete auf ihren Unterleib. »Es ist etwas ganz anderes, etwas viel Schöneres, meine Krankheit. Da drin, in meinem Bauch, da wächst nämlich gerade ein Baby. Das ist die Ursache, deshalb ist es mir zurzeit manchmal ein bisschen übel! Das geht einem oft so, am Beginn einer Schwangerschaft, wisst ihr! Und grade heute Morgen, da ist es mir sowieso nicht ganz so gut gegangen und dann erst die Senserei und schließlich die Hitze«, sie schenkte den Zwillingen ein kurzes entschuldigendes Lächeln, »das war halt ein bisschen viel für mich!«

»Ein Bruder! Toll!« Erich klatschte begeistert in die Hände und sah seine Schwester mitleidig an. »Dann sind wir endlich mehr als ihr! Dann steht es nämlich vier zu drei gegen euch! Ätsch!« Entrüstet ballte Wilma die Fäuste und funkelte ihren Bruder zornig an. »Wer sagt dir denn, dass es kein Mädchen wird, du vorlauter Kerl, du! Das kannst du doch gar nicht wissen!« Beleidigt streckte sie die Zunge heraus.

»Auseinander!« Maria hob abwehrend die Arme in die Höhe. »Jetzt ist das Kind noch nicht einmal auf der Welt, und ihr streitet euch schon darüber! Kein Mensch kann sagen, ob es ein Junge oder ein Mädchen wird! Euer Vater weiß noch nicht einmal davon, dass wir wieder Nachwuchs bekommen werden. Na, der wird aber Augen machen heute Abend! Aber jetzt kommt!« Sie stützte sich mit der Hand mühsam vom Boden ab. »Wir müssen endlich weiter, dass unsere Ziegen bald etwas zu futtern bekommen – und ihr dann heute Mittag natürlich auch!« Damit nahm sie die Deichsel wieder in die Hand und setzte den beschwerlichen Aufstieg hoch nach Rothenburg fort.

September 1941

»Marie, es ist so weit!« Verwirrt von dem merkwürdigen Tonfall in seiner Stimme wandte sich Maria um und erblickte auf der Treppe ihren Mann, der mit einem weißen Formular in der Hand, langsam und mit schweren Schritten die Stufen hinaufstieg.

»Was ist wie weit, Johann?« Gespannt streckte sie die Hand aus. »Was hast du denn da? Lass mal sehen!«

Doch Johann knirschte anstelle einer Antwort nur wütend mit den Zähnen und zerknüllte das Formular in den Händen. »Jetzt haben sie mich am Wickel!«, stieß er schließlich hervor. »Ich soll nächste Woche zur Ausbildung einrücken – nach Bad Kissingen!«

Ein eisiger Schreck durchfuhr Maria. Damit hatte keiner von ihnen wirklich gerechnet! »Aber, bist du dir auch wirklich ganz sicher, Johann? Die haben doch sicherlich einfach vergessen, dass wir sechs Kinder haben! Und wenn du denen erklärst, dass gerade schon das siebte Kind unterwegs ist …«

Doch Johann schüttelte nur traurig den Kopf. »Und wenn wir hundert Kinder hätten und sie dir tausend von diesen verfluchten Mutterkreuzen schenken würden! Dass die ausgerechnet mich verschonen würden, das glaubst du doch selber nicht! Da kommen erst einmal die verdienten Parteigenossen und dann all die anderen Speichellecker! Für mich gibt es da keine Chance – überhaupt keine!« Verbittert starrte er auf das zerknitterte Papier in seinen Händen.

Maria schluckte schwer und kämpfte ihre Besorgnis hinunter. Jetzt bloß nicht schwach werden und es dem Mann noch schwerer machen, als es eh schon war. Sie wischte sich die Hände an der Schürze ab und klatschte sie dann aufmunternd zusammen. »Aber komm, es ist ja zum Glück erst einmal nur eine Ausbildung! Das heißt doch noch lange nicht, dass du dann auch wirklich in den Krieg einrücken musst, versteht du?«

Doch Johann machte eine wegwerfende Handbewegung. »Nein, das heißt es zwar tatsächlich noch nicht! Noch nicht endgültig! Aber darauf kannst du dann warten, das dauert dann auch nicht mehr lange! Die wissen sicherlich schon ganz genau, wo sie mich bis in ein paar Monaten einsetzen werden!«

»Aber vielleicht ist der Krieg bis dahin schon längst zu Ende, warten wir es doch einfach einmal ab!« Beruhigend legte sie den Arm um ihren Mann und zog ihn an sich. »Was man da zurzeit im Radio hört … es heißt doch, dass sie jetzt auch bald schon Moskau erobert haben werden. Und dann wird der Hitler ja hoffentlich auch einmal genug haben von seinen Feldzügen!«

»Der und genug haben!« Johann lachte bitter auf. »Jetzt hat er Frankreich, Belgien und Holland! Halb Afrika steht unter seiner Kontrolle, auf Kreta sind sie gelandet, jetzt die Geschichte mit Russland … an Deutschland und am deutschen Wesen soll anscheinend tatsächlich die ganze Welt genesen! Der Hitler, der wird nie genug kriegen. Nein«, er schüttelte heftig den Kopf. »Dieser Unmensch, der braucht Menschenmaterial, das er weiter verheizen kann. Menschenmaterial ohne Ende! Bis ihn die anderen dann endlich einmal stoppen können, aber bis dahin: Gnade uns Gott!« Deprimiert stierte der kleine Mann auf den Boden.

»Jetzt sei doch nicht so pessimistisch, Johann!« Maria,

der es vor Kummer und Sorge fast die Kehle zuschnürte, rüttelte ihren Mann mit gespieltem Optimismus an der Schulter. »Du wirst schon sehen, es wird sich letztlich alles zum Guten wenden!« Verstohlen wischte sie sich bei diesen Worten eine Träne aus dem Auge. »So – und jetzt muss ich mich aber um das Essen kümmern, nicht dass da womöglich noch etwas anbrennt!«

Dezember 1941

Nur ein einziges Mal im Leben habe sie ihre Mutter streng und hart erlebt – und auch das nur für einen entscheidenden Augenblick, erzählt mir meine Mutter, während wir auf dem Platz vor dem kleinen Haus im Alten Keller stehen. Sie kann sich an die Szene noch erinnern, als wenn es gestern passiert wäre. Und sie hat später auch – nicht einmal ganz kurz – je mit der Maria darüber gesprochen. Sie hat sie schlichtweg verstanden: Die Situation damals und die kurze Erklärung der Mutter für ihr ungewohntes Verhalten, das sich wie eine Tätowierung eingebrannt hat in das Gedächtnis ihrer Tochter. Wie hätte sie sich auch sonst verhalten sollen? Ja – wie?

»Marie!« Der gequälte, flehentliche Blick aus seinen tränennassen Augen traf Maria mitten ins Herz. Doch sie musste jetzt stark bleiben, egal wie es tatsächlich in ihr aussah. »Johann, bitte! Nicht noch einmal – wir haben doch alles besprochen, was zu besprechen war.« Sie schob den verzweifelten Mann entschieden von sich.

»Aber ich will nicht gehen! Ich kann euch doch nicht alleine lassen! Jetzt, wo bald das Kind auf die Welt kommt und dann auch noch vor Weihnachten! Diese Bestien!« Der Mann vor ihr war nicht mehr als ein Häufchen Elend. Er schluchzte hemmungslos. So hatte sie ihren Johann noch niemals erlebt.

»Johann, es hilft alles nichts – du musst jetzt gehen!« Sie

wandte sich ab, um die Unsicherheit in ihrem Blick nicht zu offenbaren.

»Aber ich gehe nicht, ich bleibe hier und verstecke mich! Du darfst das nicht zulassen! Du musst mich verstecken!«

»Wie sollen wir das denn machen! Johann! Komm doch endlich zu dir!« Sie schlug mit dem Kochlöffel energisch auf die Tischplatte. »Du bringst uns alle noch in Teufels Küche, wenn du keine Vernunft annimmst! Und dich«, nun sah sie ihm streng und eindringlich in die feuchten Augen, »dich werden sie als Deserteur an die Wand stellen und erschießen! Du meine Güte, denk doch einmal nach!«

»Erschießen!« Johann spie das Wort regelrecht vor sich auf den Boden. »Erschießen werden sie mich so oder so! Was glaubst du, was ich da in Kissingen alles erlebt habe! Schon dort in der Ausbildung haben sie die Menschen unbarmherzig kaputtgemacht. Wer nicht hundertprozentig spurt, ist dran! Und Leute wie ich, wir sind doch nur Kanonenfutter!«

»Johann! Es ist so, wie es ist!« Unwirsch drehte sich Maria wieder zur Seite. »Ich habe jetzt keine Zeit mehr für diese endlose Diskussion! Sie führt doch auch zu nichts! Ich muss mich jetzt endlich um das Mittagessen kümmern!«

»Um das Mittagessen! Ist dir das Mittagessen wichtiger als dein eigener Mann?« Fassungslos stierte Johann auf Marias Rücken. Er kannte seine eigene Frau nicht wieder! »Marie! Was um alles in der Welt ist denn los mit dir? Hast du denn gar kein Mitleid?«

»Mitleid? Ich?« Wütend fuhr Maria herum und funkelte ihn zornig an. »Du fragst mich nach Mitleid? Kannst du mir denn mal sagen, wie ich das alles schaffen soll? Das Haus, die Kinder, das Vieh, die Arbeit und dann noch dein Gejammer dazu? Ich habe es auch so wirklich schon schwer genug! Da, schau auf meinen Bauch, in drei, vier Monaten kommt das Kind! Darauf und auf unsere anderen Kinder muss ich mich jetzt konzentrieren! Sei endlich ein Mann, Johann, und trage dein Schicksal!« Johann schluckte trocken. Auch die beiden Mädchen, die den letzten Teil der lautstarken Auseinandersetzung mitbekommen hatten, als sie ins Haus traten, blieben sprachlos stehen. So hatten sie ihre Mutter noch nie erlebt!

»Also gut!« Johann räusperte sich gequält. »Dann gehe ich jetzt eben!« Er nahm den Koffer von Boden und schlurfte mit schweren Schritten zur Treppe. »Auf Wiedersehen, Marie!« Doch sie gab keine Antwort. Johann atmete tief durch. Unten im Flur blieb er kurz stehen und ließ den Blick über die Schweine, Ziegen und Hasen in ihren Verschlägen schweifen. Dann drückte er Gretel und Wilma einen flüchtigen Kuss auf das Haar und trat, vernehmlich schniefend, hinaus auf die Gasse.

»Ist er hinausgegangen?« Fragend streckte Maria den Kopf vom oberen Absatz der Treppe herunter. Die Mädchen nickten schüchtern. »So, dann kommt einmal zu mir!« Sie setzte sich auf eine der Stufen und winkte ihre Töchter zu sich. »Jetzt müsst ihr mir bitte helfen, versprochen?« Ernst nahm sie erst Gretel und dann Wilma ins Visier.

»Aber was denn?« Gretel zuckte, immer noch verwirrt durch die Szene, die sie gerade eben erlebt hatte, hilflos die Schultern. »Ich weiß ja gar nicht, was du von uns willst!«

»Das sage ich dir ja jetzt gerade! Also«, wieder bedachte sie die beiden mit einem ernsten Blick aus ihren dunklen braunen Augen. »Das mit dem Vater ist ein Elend! Ich hätte ihn ja auch viel lieber bei uns zu Hause, aber das geht nicht. Das ist – auch für ihn – viel zu gefährlich, wenn sie ihn festnehmen und an die Wand stellen. Habt ihr mich verstanden?« Gretel wiegte nachdenklich den Kopf, während Wilma starr zu Boden blickte. »Na gut!« Maria schnaufte wie unter einer Zentnerlast. »Es ist ja auch so viel, was da auf euch einstürmt. Aber, ich habe Angst, dass euer Vater es sich womöglich doch noch anders überlegt und nicht zum Zug für die Soldaten auf den Bahnhof geht! Und dann, Gnade ihm Gott!« Sie machte eine kurze, nachdenkliche Pause, bevor sie fortfuhr. »Noch mal, glaubt es mir – es wäre mir lieber, er könnte hier bleiben, aber wenn er jetzt fortläuft und nicht zum Bahnhof geht, das wäre eine Katastrophe – für ihn und auch für uns! Deshalb müsst ihr ihm jetzt nachgehen und schauen, ob er tatsächlich zum Bahnhof geht und auch in den Zug einsteigt! Also bitte, ihr folgt ihm jetzt, aber natürlich so, dass er das nicht bemerkt. Und dann kommt ihr sofort wieder hierher und sagt mir Bescheid!« Maria erhob sich. »Also, ihr habt mich verstanden – worauf wartet ihr noch?« Sie machte eine energische Kinnbewegung in Richtung Haustür. »Los jetzt. Und wie gesagt, vorsichtig!«

Irgendwann, als ich schon die Schule besuchte, da habe ich es bemerkt, am linken Fuß meiner Mutter fehlt der zweite Zeh. Sie hatte meist einen kleinen Wattebausch in den Zwischenraum gestopft, das war mir eines Tages aufgefallen. Natürlich habe ich gefragt, wie das denn gekommen sei. Und sie hat mir erzählt, vom Zweiten Weltkrieg, von den armen Verhältnissen, von den acht Geschwistern, vom Vater im Krieg … Damals habe ich dann doch nicht richtig zugehört – es handelte sich ja um eine Geschichte aus dem in meinen Augen rückständigen Rothenburg. Irgendwas mit Entzündung halt. Vor einigen Monaten habe ich mir die Geschichte dann nochmals schildern lassen – und dieses Mal war der Zusammenhang da. Die emotionale Betroffenheit, wie man heute zu sagen pflegt.

Februar 1942

»Das tut so weh, Mutter, das tut so furchtbar weh!« Das Gesicht des Mädchens glühte vor Fieber, als Maria sich an diesem Morgen über sie beugte und besorgt die Hand auf die heiße Stirn legte.

»Was ist denn mit der Gretel, Mutter? Ich habe fast die ganze Nacht nicht schlafen können. Immer hat sie gestöhnt und gejammert!« Wilma hatte sich im Bett aufgerichtet und rieb sich müde die Augen.

»Muss die Gretel denn jetzt sterben?« Auch die dreieinhalbjährige Frieda schaute nachdenklich zu dem leise wimmernden Mädchen hinüber.

»Frieda! Bitte!« Maria sandte ihr einen strengen Blick hinüber, dann wandte sie sich wieder ihrer ältesten Tochter zu. »Wo tut es denn am meisten weh, Gretel?«

»Da unten am Zeh! Das brennt wie Feuer!« Maria schlug die Decke zurück und stöhnte erschrocken auf. »Aber das ist ja fürchterlich! Seit wann hast du das denn schon? Und wieso hast du nichts gesagt?«

»Ich habe gedacht, das wird schon wieder weggehen«, flüsterte das Mädchen erschöpft. »Ich habe ein bisschen von der Zugsalbe draufgeschmiert … aber es ist immer schlimmer geworden!«

»Wie weit hoch tut es denn schon weh?« Maria tastete sich mit der rechten Hand an Gretels Wade herunter, als das kranke Kind plötzlich einen fürchterlichen Schrei ausstieß. »Aua! Das brennt ja furchtbar!«

»Dann müssen wir uns beeilen! Ihr anderen zieht euch an. Die Größeren helfen den Kleinen, und ich bringe Gretel jetzt sofort ins Krankenhaus! Verstanden?« Entschlossen blickte Maria sich um. »Ich wecke noch schnell die Buben, und dann lege ich ein paar Decken auf den Schlitten. Der Willi hilft mir dann, dich die Treppe hinunterzutragen. Ich komme gleich wieder.« Mit raschen Schritten verließ sie die Kammer. Vor der Tür lehnte sie sich einen Augenblick lang an die Wand und schloss die Augen. Hoffentlich war es noch nicht zu spät. Der Zeh sah fürchterlich aus. Hoffentlich musste dem armen Kind nicht der ganze Fuß amputiert werden. Mit einem energischen Ruck stieß sie sich von der Wand ab. Nein, sie durfte sich jetzt nicht gehen lassen und musste all ihre Kräfte zusammenhalten! Sie öffnete die Tür des gegenüberliegenden Zimmers. »Willi!«, rief sie mit kräftiger Stimme hinein. »Willi, wach auf! Ich brauche deine Hilfe, wir müssen ins Krankenhaus!«

»Ins Krankenhaus?« Laut gähnend streckte sich der Junge. »Ist es etwa schon so weit? Kommt das Kind denn schon?«

»Nein, nicht das Kind – es geht um Gretel, sie muss sofort ins Krankenhaus! Komm jetzt, wir haben keine Zeit zum Diskutieren!«

»Geht es dir denn immer noch nicht besser?« Maria setzte sich erschöpft auf Gretels Bett und betrachtete sorgenvoll das blasse Gesicht ihrer Tochter. Gretel hatte die Zähne fest zusammengebissen und langsam flossen die Tränen aus ihren rot geweinten Augen. »Es tut so furchtbar weh, Mutter! Noch schlimmer als vorgestern!«

»Aber der Doktor hat dem Willi doch gesagt, dass es jetzt eigentlich gut sein müsste! Er hat dir nur den oberen

Teil vom Zeh wegoperieren müssen! Die Entzündung müsste damit vorbei sein, hat er gemeint.« Maria war der Verzweiflung nahe. Der alte Militärarzt hatte ihr doch hundertprozentig versichert, dass es sich bei ihrer Tochter nur um eine Kleinigkeit handeln würde. Ein entzündetes Nagelbett, das leider zu spät zur Behandlung käme. Deshalb müsse man das oberste Glied des Zehs entfernen, bevor sich die Entzündung im Knochen ausbreiten könne und womöglich den ganzen Fuß infiziere. Als er Marias entsetztes Kopfschütteln bemerkte, war er aufgestanden und hatte ihr beruhigend den Arm auf die Schulter gelegt. »Keine Sorge, Frau Staudacher! Ich war lange genug Militärarzt und habe von 1914 bis 1918 genug Amputationen durchgeführt. Da ist diese kleine Operation ein Kinderspiel! Das ist in einer Stunde längst alles erledigt und heute Nachmittag kann ihr Sohn sie gleich wieder mit nach Hause nehmen.« Amputation! Das Wort war Maria durch Mark und Bein gefahren. Ihre Tochter sollte amputiert werden. »Nein, nein! Nochmals, Frau Staudacher – Amputation ist für das, was wir in diesem Fall machen werden, ein zu großes Wort.« Der alte Arzt hatte das Entsetzen der Mutter sofort bemerkt. »Wir machen nur ein kleines Stückchen weg vom Zeh, nur das oberste Glied mit dem Nagel dran, das sind vielleicht grade mal zwei Zentimeter. Da kann Ihre Tochter später wieder genauso springen wie vorher, das garantiere ich Ihnen!«

Von Zweifeln und Sorgen geplagt, hatte sich Maria durch die bittere Kälte dieses Februartages wieder auf den Heimweg gemacht. Die eisigen Temperaturen schienen die letzten Kräfte in ihr zu lähmen. Wenn sie doch bei ihrem Kind im Krankenhaus hätte bleiben können. Aber der Arzt hatte sie nach Hause geschickt – es würde ausreichen, wenn Willi seine Schwester nachher mit dem Schlitten abholen würde. Sie aber solle sich jetzt getrost um ihre anderen Kinder kümmern.

Am späten Nachmittag dann hatte sie erleichtert registriert, dass die Operation tatsächlich so verlaufen war, wie es ihr der erfahrene alte Militärarzt versprochen hatte. Willi, der seine dick in Decken gehüllte Schwester mit dem Schlitten vom Krankenhaus abgeholt hatte, erklärte der aufatmenden Mutter, dass der Operateur wirklich nur das erste Glied des Zehs hatte entfernen müssen. Damit sei die Entzündung wohl noch rechtzeitig zum Stillstand gekommen, ließ er ihr ausrichten. Man brauche sich nun keine Sorgen mehr zu machen. Selbst Gretel, die noch von den Strapazen der vergangenen Nacht und der durch die Lachgasnarkose immer wieder aufsteigenden Übelkeit geplagt wurde, hatte Maria schwach angelächelt und gemurmelt, dass sie sich schon viel besser fühle als noch vor einigen Stunden.

Und jetzt? Müde fuhr sich Maria über die Stirn. Ihr Bauch begann zu schmerzen. Das Kind verspürte die Unruhe, die sie ergriffen hatte. Keine sechsunddreißig Stunden waren vergangen, seit Gretel wieder zu Hause war, und jetzt schien auf einmal alles noch viel schlimmer als zuvor. Maria versuchte, sich zu erheben, doch sie schaffte es nicht. Die Beine versagten ihr den Dienst. Das durfte jetzt nicht sein! Sie atmete tief durch und nahm dann die ganze Energie zusammen, doch es ging trotzdem nicht – immer stärker schmerzte der Bauch. Verzweifelt faltete sie die Hände. Bitte, lieber Gott! Es musste etwas geschehen. »Willi!«, rief sie mit matter Stimme, »Willi!« Doch drüben im anderen Zimmer regte sich nichts. Wenn doch nur Johann noch da wäre! Ob ihr Mann überhaupt noch am Leben war oder ob er, von einer Mine zerfetzt … Eine Woge der Verzweiflung schlug über ihr zusammen. Sich jetzt nur nicht den Gefühlen hingeben, nicht jetzt – nicht, wenn ihre Tochter sie so dringend brauchte.

»Wilma! Wilma, wach auf!« Sie drehte sich zu dem sechsjährigen Mädchen hinüber, das in diesem Moment die Augen aufschlug und die Mutter besorgt anblinzelte. »Ist schon wieder etwas mit Gretel? Ist es immer noch nicht gut?« Maria schüttelte den Kopf. »Nein, es ist schlimmer geworden! Schnell, Wilma, lauf rüber zu den Buben und weck Willi und Erich! Sie müssen uns helfen! Willi soll den Schlitten fertig machen, und du läufst dann hinüber zu den Vogels. Herr Vogel soll bitte schnell rüberkommen und uns helfen, Gretel auf den Schlitten zu setzen! Und Erich soll der Frau Schmidt Bescheid sagen. Vielleicht kann sie mir mit den Kindern helfen. Sie soll den kleinen Siegfried halt mitbringen, den sie adoptiert hat! Und jetzt lauf!«

10. April 1942

»Und noch mal vielen Dank, Herr Pfarrer, dass Sie sich unseretwegen immer so viel Mühe machen! Wie kann ich das jemals wieder gutmachen?« Maria blickte dankbar vom Sofa auf und nickte dem Pfarrer freundlich zu.

»Aber Frau Staudacher! Das sagen ausgerechnet Sie, die doch selbst immer erst an andere denkt und nie an sich!« Der Pfarrer breitete in gespieltem Erstaunen die Arme aus. »Wenn wir nur noch mehr solche Menschen hätten wie Sie!«

»Jetzt machen Sie mich aber ganz verlegen!« Maria hatte den Kopf zur Seite gewandt, um die Röte zu verbergen, die ihr bei diesen Worten des Pfarerrs ins Gesicht geschossen war. »Schon gut, entschuldigen Sie bitte, das war nicht meine Absicht!«

Um die Situation zu entkrampfen, wandte sich der Pfarrer nun an die Nachbarin, die mit seligem Gesichtsausdruck ein kleines Kind in den Armen wiegte. »Na, Frau Schmidt, wie geht es Ihnen denn mit Ihrem kleinen Siegfried?« Die Frau strahlte über das ganze Gesicht. »Ganz hervorragend, Herr Pfarrer! Wo er doch so ein lieber kleiner Junge ist! So lange schon haben wir uns ein Kind gewünscht, und es war eine ganz hervorragende Idee von Ihnen, als Sie uns die Adoption nahe gelegt haben! Wir haben es ja zuerst gar nicht gewollt, das gebe ich zu, aber als wir dann kurz nach Weihnachten den Kleinen im Waisenhaus sahen, sind wir schwach geworden! Und ich habe es nicht bereut!« Anna Schmidt machte eine Pause und betrachtete glücklich das schlafende Kind. Der Pfarrer nickte zufrieden. »Und so hat das Kind ein Zuhause und glückliche Eltern! Das ist gut so!« Ein Schatten huschte über Anna Schmidts Gesicht. »Wenn nur mein Mann das Kind länger hätte genießen können! Aber kaum hatten wir es adoptiert, hat er auch schon einrücken müssen! Hoffentlich ist dieser furchtbare Spuk bald vorbei, was meinst du denn, Willi?« Ängstlich blickte sie zu Willi Flohr hinüber, der gerade für zwei Wochen auf Heimaturlaub war. »Na, ich weiß nicht!« Willi verzog skeptisch das Gesicht. »Ich habe eher den Eindruck, der GRÖFAZ hat sich festgefressen!«

»Der wer?« Erich, der die Unterhaltung bis dahin unbeteiligt verfolgt hatte, sah überrascht auf. »Wer ist das denn?«

»Na, der GRÖFAZ halt«, lachte Willi los. »Der größte Feldherr aller Zeiten, so lässt sich der Hitler doch immer nennen!«

»Psst! Vorsicht! Nicht so laut!« Frau Klammer legte warnend den Zeigefinger an die Lippen. »Heutzutage haben die Wände Ohren!«

»Außerdem darfst du so was über den Führer gar nicht sagen!« Willi Staudacher war aufgesprungen und funkelte seinen Namensvetter mit wütenden Augen an.

»Ach Willi, komm du erst mal in mein Alter und lass dir sagen, was im Namen deines Führers so alles an schrecklichen und furchtbaren Dingen an der Front passiert!« Der Soldat schüttelte nachsichtig den Kopf. »Euch Pimpfen haben sie ja alle den Blick verstellt mit ihrem ganzen Gehabe und Getue!«

»Ich bin kein Pimpf mehr!«, stampfte Willi mit dem Fuß auf. »Und immerhin bekomme ich jetzt eine Lehre bei der

Stadtverwaltung! Das hat man mir auch über die Partei ermöglicht, dass du es nur weißt!«

»Sei bloß froh, dass dein Vater das nicht gehört hat! Der würde dir den braunen Staub nur so aus der Jacke klopfen!« Willi Flohr betrachtete den Vierzehnjährigen nachdenklich. »Wie die es schaffen, aus vernünftigen Kindern fanatisierte Mitläufer zu machen, unglaublich!«

»Das höre ich mir nicht mehr länger an!« Mit zornrotem Gesicht marschierte Willi aus der Stube und warf laut die Tür hinter sich ins Schloss.

»Willi!« Maria hatte sich aufgerichtet und die Szene beschämt verfolgt.

»Lass ihn nur! Der beruhigt sich auch wieder!« Der junge Soldat hob beschwichtigend die Hand. »Was mir nur Sorge macht, ist die Tatsache, dass sie sich die ganzen jungen Leute schon so hinerzogen haben, dass man mit denen gar nicht mehr reden kann! Na, hoffentlich kommt der Johann bald aus dem Krieg zurück. Obwohl ich, wie gesagt, eher glaube, dass wir jetzt allmählich auf dem Rückmarsch sind! Und die braunen Bonzen werden sich nie und nimmer ergeben. Dann bricht nämlich ihr ganzes Kartenhaus samt dem Gefasel vom Sieg der überlegenen deutschen Rasse und all dem anderen Blödsinn in sich zusammen!« Er schwieg und starrte nachdenklich vor sich auf den Boden. Eine ganze Weile sagte keiner von der versammelten Taufgesellschaft ein Wort.

Schließlich ergriff die Hebamme die Initiative. »Na, Gretel«, wandte sie sich an das neben ihrer Mutter auf dem Sofa sitzende Mädchen, »wem sieht der Werner denn ähnlich? Findest du auch, dass er genauso aussieht wie sein Vater?« Gretel nickte eifrig und betrachtete das Neugeborene fröhlich. »Ja, das finde ich auch!«

»Und dir geht es mittlerweile auch wieder gut? Keine

Schmerzen mehr am Fuß?«, erkundigte sich die Hebamme weiter.

»Na ja, ab und zu zieht es schon noch ein bisschen! Aber es wird jeden Tag besser! Gott sei Dank!« Gretel verschränkte die Arme vor der Brust. Beim bloßen Gedanken an den eiskalten Februartag, an dem ihr Bruder Willi sie auf dem Schlitten zum zweiten Mal ins Krankenhaus gebracht hatte, begann sie zu frösteln. Der erfahrene Arzt war – das hatte sie durch den Schleier von Fieber und Schmerzen bemerkt – erschrocken, als er den Verband abgezogen und den frisch operierten Zeh inspiziert hatte. Rasch hatte er die Schwester herbeigewunken und ihr schnelle Anordnungen ins Ohr geflüstert. Und kurze Zeit später war Gretel in einer weißen Wolke aus Lachgas in eine tiefe, lange Narkose gesunken. Nachdem Willi sie nach der Operation auf dem Schlitten durch die eisige Kälte dieses Wintertages wieder nach Hause gebracht hatte, war dieses Mal kurze Zeit später sogar der Arzt persönlich gekommen und hatte der beunruhigten Mutter erklärt, wie es um den Gesundheitszustand ihrer Tochter bestellt war.

»Aber schauen Sie, Herr Doktor«, hatte die Mutter kopfschüttelnd auf die matt und kraftlos in ihrem Bett liegende Gretel verwiesen. »Sie hat Fieber, hohes Fieber, und sie muss sich ständig übergeben! Das kann doch nicht normal sein!«

»Keine Sorge, Frau Staudacher, ich versichere Ihnen, dieses Mal haben wir alles, aber auch wirklich alles in den Griff bekommen – gerade noch rechtzeitig! Es war gut«, und damit streifte er mit einem anerkennenden Blick Willi, der in der Tür stand und stumm und besorgt die Szenerie beobachtete, »es war richtig, so schnell wieder zu uns zu kommen! Solche Entzündungen breiten sich in Windeseile im ganzen Körper aus! Also, Frau Staudacher, wir haben noch ein weiteres Glied vom Zeh weggenommen, dort war noch ein winziger Entzündungsherd, den wir beim ersten Mal nicht haben sehen können. Jetzt ist aber definitiv nichts mehr vorhanden, noch ist der Fuß oder gar der Knochen infiziert worden – und nachdem es sich ja um den zweiten Zeh handelt, den neben dem großen, wird das später beim Laufen überhaupt kein Problem sein. Sie kann ein Stückchen Watte oder etwas Stoff dazwischenstopfen als Abstandshalter, das merkt sie in ein paar Wochen schon gar nimmer, da bin ich mir ganz sicher!«

Doch Maria schien von den beruhigenden Worten des Arztes noch nicht völlig überzeugt zu sein. »Aber das Erbrechen, Herr Doktor! Das kann doch nicht normal sein, so oft wie sie sich übergeben muss, dieses Mal!« Hilflos deutete sie auf die leichenblasse Gretel. »Sie ist ganz schwach …«

Der Arzt legte Maria beruhigend den Arm auf die Schulter. »Das ist bis morgen früh vorbei, spätestens. Das versichere ich Ihnen. Das ist nur wegen der Narkose, das Lachgas, das vertragen eben die einen besser und die anderen weniger gut, das ist aber auch alles. Gut, zugegeben«, dabei verzog er traurig die Mundwinkel, »meine erfahrenen Leute, die sind mittlerweile leider alle abgeordnet zum Militär. Kann sein, dass die Dosierung also etwas hoch war, aber wie gesagt, bis morgen ist alles wieder in Ordnung!«

»Gretel, was meinst du?« Die schreckte aus ihren Gedanken hoch, als das freundlich lächelnde Gesicht des Pfarrers direkt vor ihren Augen auftauchte. Die Erinnerung an die schmerzhaften Erlebnisse in diesem Winter hatte sie so sehr beschäftigt, dass sie nichts von der Frage verstanden hatte. »Wie? Entschuldigung, Herr Pfarrrer! Ich war wohl grade in Gedanken …«, stammelte sie verlegen eine Entschuldigung.

»Ja, das kann man so sagen!«, lachte der Pfarrer. »Weit,

weit weg, mindestens in Amerika bist du wohl gewesen. Aber egal. Ich habe dich gefragt, was der Willi wohl gerne als Lieblingsessen bei seiner Konfirmation haben würde?«

Verwundert sah Gretel zu ihrer Mutter hinüber. »Lieblingsessen? Na, das ist natürlich Sauerbraten mit Kartoffelknödeln! Aber dafür haben wir doch kein Geld, nicht wahr Mutter?!« Gerade erst vorgestern hatte sie dabeigestanden, als sich ihre Mutter und die Hebamme über die Taufe von Werner unterhalten hatten. Und dabei hatte sie bekümmert mit anhören müssen, wie ihre Mutter der Frau Klammer gestanden hatte, dass keinerlei Geld für ein besonderes Essen zur Taufe vorhanden wäre. Mit den restlichen im Keller eingelagerten Kartoffeln aus dem Garten und dem Kraut, das allmählich auch zur Neige gehe, komme man so grade noch hin, aber etwas Besonderes zur Taufe, das ginge beim besten Willen nicht. »Muss es doch auch gar nicht, Marie!«, hatte die Hebamme geantwortet. »Wir kennen doch alle eure Situation und sind froh, dass du und dein Kind die schwere Geburt glücklich überstanden habt, das ist doch die Hauptsache! Und unser Pfarrer Felden, der versteht das doch sowieso!« Und jetzt die Frage des Pfarrers nach einem besonderen Konfirmationsessen – ausgerechnet! Was sollte sie darauf nur antworten? Verzweifelt suchte sie nach den richtigen Worten.

Der Pfarrer, der die Verlegenheit des Mädchens bemerkte, lachte verständnisvoll. Er fuhr ihr sanft über das blonde Haar. »Entschuldigung! Ich wollte dich nicht in Verlegenheit bringen. Ich möchte doch nur dafür sorgen, dass auch ihr die Konfirmation eures ältesten Bruders ein bisschen feierlich begehen könnt, trotz der schweren Zeiten …«

»Aber … aber …« Gretel rang nach Worten. Wie sollte sie es dem Pfarrer denn sagen? Sie krampfte die Hände ineinander und nahm ihren ganzen Mut zusammen. Am besten einfach und direkt, so wie es war! »Wir haben doch kein Geld für so etwas, Herr Pfarrer!«

Ein verstehendes Lächeln huschte über das müde Gesicht von Pfarrer Felden. »Ich weiß, ich weiß! Nur habe ich dieses Mal dafür gesorgt, dass ihr von der Kirche etwas dazubekommt. Ich habe nach Stoff geschaut und auch etwas bekommen, sodass der Willi auch einen richtigen Anzug anziehen kann zu seiner Konfirmation. Die Frau Schmidt hat mir versprochen, dass sie ihn für ihn schneidert, nicht wahr?« Er nickte der Nachbarin zu, die bestätigend die Augen schloss. »Also seht ihr – und für einen Sauerbraten mit Kartoffelknödeln müsste der Rest, denke ich, dann auch noch reichen!« Zufrieden lächelte der Pfarrer in die Runde.

»Aber Herr Pfarrer!« Maria schüttelte den Kopf. »Ich weiß doch, wie schwer Sie es bei Ihren Vorgesetzten haben und dass es für Sie alles andere als einfach war, diese Taufe hier bei uns zu Hause vollziehen zu dürfen!«

Die Miene des Pfarrers hatte einen strengen Ausdruck angenommen. »Also«, damit fixierte er Maria ernst, »ich habe mich entschieden, und wir werden es so machen! Aber jetzt muss ich weiter! Machen Sie es gut!« Er drückte innig Marias Hand und verabschiedete sich anschließend von den Anwesenden.

»Ah, war das gut!« Wohlig klopfte sich der junge Mann in dem feierlichen schwarzen Anzug auf den Bauch. »Mein Lieblingsessen!«

»Ich habe gar nicht gewusst, dass man drei Portionen Sauerbraten hintereinander verdrücken kann und dabei nicht platzt!« Grinsend erhob sich Gretel vom Tisch. »Bist du jetzt satt, oder soll ich noch mal rausschöpfen?«

Willi hob abwehrend die Hände. »Nein, nein, vielen Dank. Jetzt reicht's mir wirklich. Da hat doch diese Konfirmation also auch noch was Gutes gehabt! Den ganzen Quatsch da aus der Bibel auswendig lernen zu müssen, mit dem einen Auge und dem anderen Auge und so!« Willi verdrehte in gespielter Verzweiflung die Augen.

»Aber Willi! Das möchte ich nicht noch einmal hören!« Maria hatte sich von ihrem Stuhl erhoben und funkelte ihren Sohn streng an. »Du bist jetzt alt genug …«

»… um zu begreifen, was die da für ein weinerliches Gesülze über einem ausbreiten. Also, wenn ich das bei der HJ erzähle, ich sage euch, die …«

»Das tust du nicht!« Maria umklammerte fest die Lehne ihres Stuhles. »Du hörst mir jetzt ganz genau zu. Ich möchte so etwas in unserem Haus nie wieder hören, damit das ein für alle Mal klar ist, verstanden?« Willi öffnete den Mund, um seiner Mutter scharf zu widersprechen, doch bevor er dazu kam, donnerte eine scharfe Frage durch den Raum: »Ob du das verstanden hast?« Überrascht sah der Junge auf. So kannte er seine Mutter nicht! Mit zornrotem Kopf hatte sich die sonst so milde und verständnisvolle Frau vor ihm aufgebaut und nahm ihn durchdringend ins Visier. Er schluckte verlegen. »Ja!«

»Wie bitte? Ich habe dich nicht verstanden!« Immer noch diese Schärfe in der Stimme. »Ja, ich habe dich verstanden!« Er senkte den Kopf und starrte wortlos vor sich auf die Tischplatte. »Na, dann ist es ja gut!« Maria atmete vernehmlich durch. Dann musterte sie ihre Kinder nachdenklich. »Also, darin sind wir uns hoffentlich einig …« Bevor sie weitersprechen konnte, waren von der Holztreppe her Schritte zu hören. Es klopfte an der Wohnzimmertür, und gleich darauf trat der Besucher in die Stube. Zufrieden lächelnd ließ er seinen Blick über die Schüsseln und

Teller schweifen. »Ach, da komme ich ja gerade recht, um euch nicht beim Essen zu stören! Guten Appetit noch nachträglich! Ich hoffe, es hat gut geschmeckt!«

»Das hat es! Grüß Gott, Herr Pfarrer! Darf es für Sie auch noch eine Portion sein? Komm, Willi«, entschieden winkte Maria ihren Sohn zur Kommode, ohne die Antwort des Geistlichen abzuwarten. »Hol dem Herrn Pfarrer noch Besteck und einen Teller! Es ist nämlich noch genügend für Sie da!«

»Dann werde ich auch nicht nein sagen!« Der Mann ließ sich auf den ihm angebotenen Stuhl nieder und nickte ernst. »Wer weiß, wie oft ich in der nächsten Zeit noch Gelegenheit zu solch einem Essen haben werde …« Er stockte kurz und zuckte die Schultern.

»Ach, das werden wir schon wieder einmal kochen können, nicht wahr Gretel«, warf Maria mit einem kurzen Seitenblick auf ihre Tochter ein. »Die Gretel hat mir ganz toll geholfen beim Kochen, und es hat geschmeckt wie immer, nicht wahr, Vater?« Leonhard Ohr, der extra zur Konfirmation seines Enkels nach Rothenburg gereist war, nickte. »Und ob! Das war so gut wie in alten Zeiten!«, lächelte er zufrieden.

»Danke, Willi!« Der Pfarrer bedachte den Konfirmanden mit einem dankbaren Blick, den Willi verlegen erwiderte. Nach der ungewohnt scharfen Auseinandersetzung mit seiner Mutter, die immer noch in der Stube zu lasten schien, war er sich nicht sicher, wie er sich verhalten sollte.

Pfarrer Felden musterte Maria ernst. »Es ist nämlich so. Sie haben mich jetzt auch am Wickel! Morgen muss ich einrücken!«

Maria schlug entsetzt die Hand vor den Mund. »Einrücken? Soll das heißen, Sie müssen Soldat werden?«

»Genau das! Mich haben sie als ersten Geistlichen einberufen – na ja«, er zuckte die Achseln, »das war ja nicht anders zu erwarten!«

»Aber das ist doch …«, Maria fehlten die Worte. Sie musste sich setzen.

»Das ist nur konsequent, das habe ich eigentlich schon lange erwartet! So wird man einen unbequemen Menschen los, zumindest habe ich von Seiten meiner Kirche keinerlei Gegenwehr gegen die Einberufung vernommen …« Er fuhr sich mit der Rechten über die Stirn, als wolle er mit dieser Geste die Gedanken beiseite wischen, die ihn seither verfolgten. Dann sah er entschieden auf. »Aber jetzt wird erst mal gegessen! Den Genuss Ihres Sauerbratens, Frau Staudacher, den können die mir dennoch nicht nehmen!« Er rieb erwartungsvoll die Handflächen gegeneinander und lächelte den anderen tapfer zu.

»Manchmal frage ich mich wirklich, wie das alles weitergehen soll, Vater!« Maria saß am Abend mit ihrem Vater in der Stube und sah gedankenverloren auf die Wand gegenüber. »Johann als Soldat im Krieg, Willi Flohr muss morgen wieder fort, jetzt unser Pfarrer! Willi, den sie mit Naziparolen voll stopfen, dass ich ihm fast nicht mehr beikomme! Und dann …« Sie machte eine Pause, bevor sie vorsichtig weitersprach. »Dann auch noch die Mutter krank …«

Die Aussage hing düster in dem spärlich erleuchteten Raum, und weder Maria noch ihr Vater schienen sich damit auseinander setzen zu können. Es war schließlich Leonhard, der sich leise räusperte. »Die Mutter … du meinst die Anna?« Sein Flüstern war kaum zu verstehen. Nach wie vor hielt er den Kopf zu Boden gesenkt.

Maria schluckte. »Ja, die Mutter! Meine Mutter …« Es dauerte eine Weile, bis sie fortfuhr. Noch nie hatten sie über dieses Thema gesprochen. »Ich war gestern bei ihr, sie hat mich zu sich holen lassen …« Wieder machte sie eine Pause, dann sah sie auf und musterte den Vater aus ernsten Augen. »Es geht ihr schlecht, sehr schlecht!« Der Vater atmete tief und schwer, antwortete aber nicht.

Es verging eine ganze Weile, bis Maria den Mut fand, fortzufahren. »Ich gehe morgen wieder zu ihr und schaue, wie es ihr geht. Glaubst du … ich meine … wäre es … soll ich sie vielleicht einmal fragen … würdest du sie gerne wiedersehen?«

»Nein!« Der Vater war aufgefahren und schüttelte energisch den Kopf. »Nein, Maria! Das hat keinen Sinn!« Er hob abwehrend die Hand. »Das bringt nichts, Maria, nicht mehr … nach so vielen Jahren!«

Erschrocken zuckte Maria bei der heftigen Reaktion des Vaters zusammen. »Ich habe ja nur gedacht …«, stammelte sie verwirrt und enttäuscht. Dabei hatte sie es sich so schön ausgemalt, wie es hätte sein können, wenn sich ihre Eltern …

Weiter kam sie nicht. Ihr Vater wandte den Kopf zur Tür und hielt sich irritiert die Hand an das Ohr. »Da, war da nicht etwas?« Er lauschte angestrengt. »Ich habe grade etwas gehört!« Er erhob sich. »Du erwartest doch niemanden mehr? Um diese Uhrzeit! Aber da war etwas!« Und tatsächlich. Jetzt konnte auch Maria die vorsichtigen leisen Schritte hören, die sich langsam Stufe um Stufe die knarrende Holztreppe hinauftasteten. Im selben Moment war ein ängstliches Gemecker der Ziege zu vernehmen. Der Vater war aufgesprungen. »Da ist jemand im Haus«, flüsterte er leise, »mindestens drei Leute!«

Auch Maria hatte sich erhoben. Sie suchte den Blick ihres Vaters und legte vorsichtig den Zeigefinger an die Lippen. »Das könnten sie sein«, nickte sie mit gerunzelter Stirn. »Sei bitte ganz leise und setz dich wieder!«

»Wie? Wer soll das sein!« Irritiert schüttelte er den Kopf. »Psst! Leise!«, flüsterte sie. »Das sind Flüchtlinge! Sei unbesorgt!«

»Was?!«

Wieder legte sie warnend den Zeigefinger an die Lippen. »Psst! Niemandem passiert etwas!« Sie sah sich suchend im Wohnzimmer um. »Wo ist denn … ach hier!« Sie ergriff das neben der Kommode stehende Windlicht und zündete es an. Dann näherte sie sich mit vorsichtigen Schritten der Stubentür und öffnete sie leise.

Im flackernden Schein des Lichtes sah Leonhard drei dunkelhaarige Männer, die mit hochgeschlagenen Mantelkrägen im Flur verharrten. Maria nickte den misstrauisch abwartenden Fremden beruhigend zu und drehte sich anschließend mit einem weiteren warnenden Blick zu ihrem Vater um. »Es ist alles gut!«, flüsterte sie. »Bleib du nur hier im Wohnzimmer!« Damit zog sie leise die Tür hinter sich zu.

»Mutter!«, ließ sich in diesem Augenblick eine verschlafene ängstliche Kinderstimme vernehmen. »Mutter! Wer ist denn da?«

»Ruhe, Kind! Es ist nichts! Alles in Ordnung!« Gedämpft drang Marias Stimme an Leonhards Ohr, danach herrschte Stille in dem dunklen Haus, gelegentlich unterbrochen vom leisen Knarren der Holzdielen auf dem Dachboden …

»Hallo Marie! Bist du wieder zurück?« Mitleidig sah Anna Schmidt aus dem Fenster des großen Hauses auf ihre Nachbarin hinunter, die sich langsam und traurig auf der gepflasterten Gasse in den Alten Keller zurückschleppte. Maria blickte auf. Es schimmerte feucht in ihren Augen, als sie der anderen zunickte. »Ist schon nicht einfach, die eigene Mutter beerdigen zu müssen, nicht wahr? Warte, ich komme zu dir herunter!« Anna verschwand hinter der Brüstung und schloss das Fenster, während Maria mit bitterem Lächeln vor ihrer Haustür stehen blieb.

»Hallo, Mutter, da bist du ja wieder!«, drang eine fröhliche Mädchenstimme an ihr Ohr. »Die Erna und ich haben Bonbons gemacht, war das recht so?« Wilma kam aus dem Haus gehüpft und zog ihre Freundin Erna hinter sich her. Genießerisch rollte sie die Augen. »Nirgendwo gibt es so gute Bonbons wie bei euch, Tante Marie!« Sie klatschte begeistert die Hände zusammen. »Passt nur auf, dass es hier nicht auch die besten Ohrfeigen von ganz Rothenburg gibt!«, ließ sich in diesem Moment die ärgerliche Stimme von Gretel vernehmen. Zornig kam sie die Treppe heruntergepoltert und baute sich drohend vor den beiden auf. »Weißt du, was die gemacht haben, Mutter?« Maria sagte nichts, sondern wartete ab, was ihr die vor Empörung bebende Tochter sicherlich gleich mitteilen würde.

»Die haben in der Küche Bonbons gemacht, obwohl sie mir versprochen haben, dass sie kein dummes Zeug anstellen würden, solange ich oben die Betten mache!« Ärgerlich stieß Gretel die Luft aus. »Die halbe Dose Haferflocken und den ganzen restlichen Zucker haben sie dafür verbraucht! Und ich habe es erst gemerkt, als es schon leicht angebrannt gerochen hat!«

»Hat es nicht!« »Hat es doch!« »Nein, ich habe ja schließlich drei Löffel Schmalz in die Pfanne gegeben! Ich bin doch kein kleines Kind mehr!« Nun hatte auch die kleine Schwester Mut geschöpft und gab der größeren aus dem sicheren Schatten der Mutter heraus kräftig Gegenrede.

»Also, mir schmeckt's jedenfalls«, mischte sich Erna wieder ein und schnalzte genüsslich mit der Zunge. »Schade, dass wir das bei uns zu Hause nicht dürfen!«

»Dürft ihr bei uns auch nicht, zumindest nicht ohne Aufsicht, das habe ich euch doch schon tausendmal gesagt!« Ärgerlich stampfte Gretel mit dem Fuß auf. »Aber ihr könnt ja wohl beide nicht hören, was man sagt!«

»Wo du doch gar nichts mitgekriegt hast da oben!« Wilma sah der großen Schwester keck ins Gesicht. »Hast du das Bett für die dunklen Männer gemacht oder was?«

Ein eisiger Schreck durchzuckte Maria, als sie die Frage hörte. Rasch legte sie ihrer Tochter die Hand auf den Mund. »Wilma! Sei still«, zischte sie leise. Verwundert und erschrocken starrte das Kind sie aus großen Augen an. Sie konnte sich die Reaktion ihrer Mutter nicht erklären. Wieso hielt sie ihr denn so fest den Mund zu?

»Darf sie das mit den dunklen Männern denn niemandem sagen? Ist das ein Geheimnis gewesen?«, fragte nun auch Erna erstaunt und runzelte die Stirn.

Maria war es, als würde ihr der Boden unter den Füßen weggezogen. Sie hielt sich am Oberarm von Gretel fest und atmete tief durch. Was sollte sie tun? Am besten war es, die Sache gleich anzugehen, bevor sich noch mehr aufbaute und die Fantasie mit den Kindern durchging, entschied sie rasch. Entschlossen kauerte sie sich nieder und nahm die beiden Kinder auf Augenhöhe ernst ins Visier. »Jetzt sagt mir bitte einmal, wovon ihr redet! Aber bitte leise, geht das?«

Wilma nickte und begann zögernd mit ihrer Erklärung. »Na ja, da sind doch nachts schon ein paarmal so dunkle Männer gekommen … so Männer mit dunklen Haaren! Die sind durch das Haus geschlichen, aber ich bin trotzdem aufgewacht und habe durch die Tür geguckt, wie du denen etwas zu essen gegeben hast und wie sie dann nach ganz oben gestiegen sind …« Aus ängstlichen Augen sah sie ihre Mutter an. »Das war halt so komisch … Die haben ja auch nie irgendetwas gesprochen … richtig unheimlich war das!«

»Aber Kind!«, beruhigend legte Maria die Hand auf Wilmas Schulter. Sie zwang sich, ganz ruhig zu wirken. »Das war doch weiter nichts! Das war doch niemand, vor dem man Angst haben muss! Sei unbesorgt! Darüber hättest du doch mit mir sprechen können!«

»Hat sie aber nicht! Mir hat sie das Geheimnis dann weitergesagt, nur mir!« Voller Stolz reckte Erna das Kinn in die Höhe.

»Und wem alles sonst noch?!« An der Reaktion des kleinen Mädchens merkte Maria, dass ihre Frage zu scharf ausgefallen war. Sie musste um Gottes willen jetzt ruhig bleiben. Sich nur nicht die Aufregung anmerken lassen! Sie zog die beiden an sich heran und drückte sie innig.

»Niemandem sonst! Nur Erna! Sonst wär's doch kein Geheimnis mehr!« Wilma nickte ernst zu ihrer Freundin hinüber.

»Dann ist es ja gut! Wisst ihr«, Maria atmete innerlich tief durch, »das ist etwas, das sollte man nicht groß herumerzählen in der Stadt! Es muss ja auch noch Geheimnisse geben können. Und ich bin sicher, dass ihr beide alt genug seid, um es für euch zu behalten. Nur ihr zwei, sonst niemand! Ob ihr das wohl schafft, euer Geheimnis ganz allein für euch zu behalten? Ob ihr schon so groß seid?«

»Aber sicher!«, riefen die beiden Mädchen stolz. »Wir sind doch keine kleinen Babys mehr!«

»Na prima!« Maria erhob sich. »Da bin ich aber stolz auf euch! Dann dürft ihr jetzt auch in die Küche gehen, und euch noch ein paar von den Bonbons holen, die ihr vorhin gemacht habt!«

»Toll!« Wilma klatschte begeistert in die Hände. »Komm, Erna, bevor die anderen sie uns wegessen!« Damit streckte sie die Hand aus und zog ihre Freundin zurück ins Haus, wo sie mit fröhlichem Lachen die Treppe hocheilten. Maria fuhr sich erleichtert mit dem Handrücken über die schweißnasse Stirn.

»Na, Marie, das ist aber grade noch mal gut gegangen!« Skeptisch musterte Anna Schmidt ihre erschöpfte Nachbarin, deren Hände deutlich sichtbar zitterten. »Übertreibe es bloß nicht mit deiner Nächstenliebe! Am Ende seid ihr noch alle dran!«

»Ist schon gut!« Maria tastete nach der Hand von Gretel, die das Gespräch mit ernster Miene verfolgt hatte. »Es ist doch gar nichts gewesen, oder?« Sie lächelte matt und alles andere als überzeugend.

»Nein, Mutter! Ich habe es ja auch mitbekommen – ein paarmal schon in den letzten Wochen!« Auch Gretel schüttelte nun ernst den Kopf. »Und das ist schon unheimlich, wie die da ohne eine Wort zu sagen in der Nacht durch das Haus schleichen! Und am nächsten Morgen sind sie dann schon weg, bevor es hell geworden ist! Sag doch, Mutter, was sind das bloß für Leute?«

Maria hob hilflos die Hände. »Ich weiß es nicht, glaubt mir! Ich weiß nur, dass diese Menschen in Not sind und wissen, dass sie hier bei uns eine Nacht lang unterkommen können und etwas zu essen bekommen! Es sind rechte Leute! Mehr weiß ich nicht, und alles andere kümmert mich nicht!« Sie sah den beiden anderen flehentlich ins Gesicht. »Bitte! Lassen wir es dabei, und sprechen wir nicht mehr darüber, einverstanden?«

Anna Schmidt wiegte skeptisch den Kopf. »Aber du weißt doch, wie gefährlich das werden kann! Du hast doch sicher auch gehört …«

»Schau mal, wer da kommt!« Gretel unterbrach die Warnung der Nachbarin und streckte den Arm aus. Dort kam vom oberen Ende der Gasse ein schwarz gekleideter, schätzungsweise fünfzehn Jahre alter Junge gelaufen, der eine blecherne Milchkanne in der Hand hielt. »Das ist doch Wilhelm!« Maria nickte und musterte nachdenklich den Jungen, der mit gesenktem Kopf traurig stehen geblieben war. »Na, Wilhelm, hast du schon wieder losgehen müssen!« Der Junge nickte stumm. Verlegen fingerte er am Henkel der Milchkanne herum. »Du sollst Ziegenmilch holen, wie bisher auch! Stimmt's?« Maria streckte die Hand nach der Milchkanne aus. »Na, dann gib mal her!« Sie ergriff die Kanne, die ihr der Junge zögerlich entgegenhielt. Dann wandte sie sich um. »Ach Gretel, komm, das kannst du doch übernehmen! Der Topf mit der Ziegenmilch steht in der Küche! Es müsste noch etwas da sein – wenn deine Geschwister sich nicht auch schon darüber hergemacht haben wie die Heuschrecken«, setzte sie lächelnd hinzu. »Komm, nimm den Wilhelm mit und schau, was wir noch dahaben!« Damit drückte sie ihrer Tochter die Milchkanne in die Hände und schob den Jungen zur Haustür hinein. Anna Schmidt runzelte die Stirn. »Das war der Wilhelm, der zweitjüngste Sohn von deiner Mutter, nicht wahr?« Maria nickte traurig. »Ja, sozusagen also mein Halbbruder! Jetzt sind sie Vollwaisen, wo erst ihr Vater gestorben ist und dann vorgestern meine Mutter!«

»Aber die älteste Tochter ist doch schon verheiratet und kann sich um die anderen drei kümmern, oder?«

»Na ja, so gut das eben geht, wenn du bei einem Bauern in Stellung bist und selbst zwei Kinder hast!« Maria rieb sich mit beiden Händen müde das Gesicht. »Aber er kann natürlich weiterhin zu uns kommen, und ich helfe ihm und den beiden anderen, so gut es geht. Wenn wir Ziegenmilch haben oder sie sonst etwas brauchen … wenn man schließlich miteinander verwandt ist, auch wenn es anscheinend kaum einer weiß!« Ein bitterer Zug spielte um ihre Mundwinkel. »Wie meinst du das, Marie?« Verwundert sah die Nachbarin auf. Das passte doch gar nicht zur geraden und direkten Art von Maria, sich so umständlich auszudrücken!

»Na ja, es war ja schon heute bei der Todesanzeige für die Mutter nichts von mir zu lesen! Und auch bei der Trauerfeier am Grab, da sind alle erwähnt worden, nur ich nicht! Meine Mutter hat vier Kinder zur Welt gebracht, hat selbst der Pfarrer an ihrem Sarg noch gesagt, vier Kinder – nicht fünf! Mich hat keiner mitgezählt, mich haben sie vergessen, einfach so!« Maria breitete hilflos die Arme aus und nickte der anderen ernst zu. »Aber was soll man da machen, Anna? So ist es eben. Fast ihr ganzes Leben lang hat sie sich nicht zu mir bekennen dürfen oder können – was weiß ich … Und als sie dann krank geworden ist und ich sie mit gepflegt habe, war's zu spät! Komm, Anna!« Sie winkte der anderen zu. »Wir werden es bei unseren Kindern eben anders machen. Schau doch mal, ob dein kleiner Siegfried jetzt wach ist, und dann komm rüber zu uns in die Stube! Ich habe gestern schon eine Hühnersuppe gekocht, die tut uns jetzt sicher gut!«

Ein breites Lächeln überzog ihr Gesicht, als sie in den Flur des kleinen Hauses trat. Dort blieb sie eine kurze Weile stehen und musterte nachdenklich die Tiere in ihren Verschlägen. »Und auch wenn wir noch so arm sind, das Glück kann man nicht kaufen, und deshalb sind wir in Wirklichkeit doch reicher als viele andere! Und das ist alles, was zählt! Was nützt das ganze Geld, wenn kein Segen darauf liegt«, murmelte sie tief in Gedanken. Ein Energiestrom durchflutete ihren Körper. Sie klatschte so laut in die Hände, dass die Schweine erschreckt grunzten. »Auf geht's, Kinder!« Mit raschen Schritten eilte sie die Treppe hinauf. »Jetzt gibt's Hühnersuppe zum Mittagessen! Wer will die erste Portion?« Ein lustiges vielstimmiges Geschrei aus einem halben Dutzend Kinderkehlen war die Antwort, und Maria lächelte glücklich, als sie es hörte.

Es muss eine unglaubliche Situation gewesen sein: Der älteste Sohn Willi agiert als Hitlerjunge begeistert im Dunstkreis der Nazis, die ihn mit ihrem Gepränge, den Uniformen und den zackigen Paraden völlig in ihren Bann geschlagen haben. Der Vater im Krieg – auch deshalb, weil er sich geweigert hat, in die Partei einzutreten. Die ausgebombten Flüchtlinge mit in dem winzigen Haus und diese »dunklen Gestalten« – entflohene französische Kriegsgefangene. Eine knisternde Spannung wird in diesem Haus geherrscht haben, nur auszuhalten dadurch, dass über manches schlichtweg nicht gesprochen wurde. Ich werde das Erstaunen in den Augen von Fritz, dem Jüngsten, nicht vergessen, als ich ihm (meinem Onkel) vor einiger Zeit erklärt habe, dass Maria (seine Mutter) französischen Kriegsgefangenen im Zweiten Weltkrieg Unterschlupf gewährt hat. Mehrmals – über Jahre hinweg immer wieder. Ich habe aber nie verstanden und kann bis heute nicht fassen, dass sie damals und auch später nie darüber geredet haben.

Vom 5. auf den 6. März 1981 nämlich hat sich der spätere französische Präsident Mitterand zusammen mit Willi Brandt in Rothenburg aufgehalten. Ganz ohne großes Protokoll sind sie gekommen, haben im »Hirschen« übernachtet, ohne sich in das Goldene Buch der Stadt einzutragen. Als eine Spurensuche in die eigene Vergangenheit hat Mitterand es später bezeichnet. Er wisse noch genau, wie er während des Krieges als entflohener Kriegsgefangener damals in der Nacht nach Rothenburg gekommen sei. Man habe ihn versteckt in einem kleinen Haus – einem winzigen Haus. Doch es sei eben Nacht gewesen, und deshalb könne er es nicht mehr finden, dieses Haus. Schade!

Und weshalb hat ihn keiner aus meiner Familie gefragt? Weshalb hat ihn niemand zu dem winzig kleinen Haus im Alten Keller geführt? Weil Maria damals schon fast sechzehn Jahre tot war? Weil sich Onkel Willi für seine Rolle bei der HJ geschämt hat? Ich hätte ihn gern gefragt, aber auch er lebt leider nicht mehr! Oder war es einfach deshalb, weil man eben ohne großes Aufsehen hilft, wo Hilfe nötig ist?

Oktober 1942

»Du kannst es dir nicht vorstellen, Helm.« Kopfschüttelnd, wie um das gerade Geschilderte damit noch zu unterstreichen, lehnte sich Johann auf dem Stuhl zurück. Mit der rechten Hand umklammerte er krampfhaft sein Glas. Wilhelm Löslein, der gerade im Begriff war, sich aus dem einzigen Sessel in der Stube zu schälen, um am Esstisch Platz zu nehmen, nickte nachdenklich. »Doch, das glaube ich dir aufs Wort, Johann! Jetzt, wo so viele schon gefallen sind, jetzt muss es doch allmählich jeder begreifen ...« Johann lachte bitter und trocken auf. »Von wegen, ich sage dir, das wird immer irrer, der ganze Krieg! Und je mehr sich das Blatt wendet, desto verbissener werden sie, die Herren Generäle und Offiziere!«

»Hat Marie dir übrigens schon das vom Pfarrer erzählt?« Neugierig musterte Löslein den seit gestern auf Heimaturlaub zurückgekommenen Soldaten.

»Nein, was denn? Welcher Pfarrer?«

»Na, der Pfarrer Felden, der, der ihnen so oft widersprochen hat. Ihn haben sie doch vor einem halben Jahr auch eingezogen! Und Ende August ist er gefallen, an der Front in Russland! Du kannst dir vorstellen, was für ein Schock das für uns alle war – und welche Krokodilstränen die Kirchenfürsten mit einem Mal vergossen haben, wo die doch alle in Wirklichkeit froh sind, dass sie den armen Felden endlich vom Hals haben!«

»Was?!« Johann verschlug es fast die Sprache. »Der Pfarrer Felden als Soldat? Den haben sie eingezogen? Und jetzt ist er gefallen?« Er wollte es nicht glauben, doch Löslein nickte traurig mit dem Kopf. »Diese Verbrecher! Wetten, dass sie den Mann ganz absichtlich nach vorne an die Front gestellt haben?« Johann donnerte empört mit der Faust auf die Tischplatte. Dann sah er sich forschend im Wohnzimmer um. »Wo ist Willi eigentlich schon wieder? Na ja«, damit blieb sein Blick auf Erich und Wilma haften. Er kramte in der Hosentasche und zog schließlich einige Münzen daraus hervor. »Dann geht ihr eben jetzt in den ›Alten Keller‹ und holt uns zwei Krüge Bier! Auf geht's!« Damit drückte er Erich das Geld in die Hand und winkte zur Tür, die in diesem Moment geöffnet wurde. »Aha, da ist er ja! Was ist denn mit dir passiert?«, fragte er verwundert, als er Willi sah, der mit rot geweinten Augen zur Tür hereinkam.

»Nichts!«, schniefte der Junge und wandte sich um, um seine Tränen zu verbergen.

»Das sehe ich. Von wegen nichts – hast du Ärger gehabt? Jetzt sag schon!« Johann sah den alten Löslein fragend an, doch der zuckte nur mit den Schultern.

Auch Maria, die ihrem Sohn ins Wohnzimmer gefolgt war, stand ratlos neben ihm. »Jetzt sag schon«, sie fasste ihn an den Schultern und drehte ihn zu sich herum. »Was ist denn passiert?«

Der Junge schluchzte laut auf. »Sie wollen mich nicht nehmen!« Gequält drangen die Worte aus seiner Kehle.

»Wer will dich wozu nicht nehmen?« Maria hatte genauso wenig verstanden wie die anderen. »Und vor allem, warum nicht?«

»Da, schau doch!« Mit vorwurfsvoller Miene deutete Willi auf seinen Kopf. »Die Haare!« »Aber was ist denn mit deinen Haaren?« »Sie sind rot!« Willi spuckte die Worte förmlich aus dem Mund. »Feuerrot!«

»Rotes Haar, rotes Haar!«, ließ sich die kleine Frieda vernehmen. »Ich hab rotes Haar!« Sie lachte fröhlich.

»Frieda, lass das!« Maria begann zu begreifen, was Willi widerfahren war. Dennoch drang sie weiter in ihren Sohn. Er sollte es selbst aussprechen – vielleicht tat ihm das ja sogar gut, vielleicht öffnete es ihm endlich die Augen. »Also, jetzt sag schon. Was ist mit deinen Haaren?« Sie legte den Arm um seine Schulter, doch Willi schüttelte ihn mit einer unwirschen, trotzigen Bewegung wieder ab. Zornig stampfte er mit dem Fuß auf. »Sie wollen mich nicht nehmen, weil ich rote Haare habe! Das sei nicht arisch!« Wütend heulte er auf. »Aber was kann ich denn dafür, dass ich rote Haare habe?!«

»Gar nichts natürlich! Das habt ihr alle von eurem Vater, die roten Haare! Das ist doch schön!«

»Schön?! Das ist furchtbar!« Willi schrie seine Meinung heraus. »Ich will aber keine roten Haare!«

In Johann stieg allmählich der Zorn hoch. Was war denn das für ein Benehmen? Das konnte er sich als Vater von einem Halbwüchsigen nun wirklich nicht gefallen lassen! »Willi! Sei vorsichtig! Ich warne dich!« Maria warf ihm einen besänftigenden Blick entgegen, dann wandte sie sich wieder ihrem Sohn zu. »Also, du hast rote Haare! Und wer will dich deswegen jetzt nicht nehmen?!«

»Die SS! Die haben gesagt, mit roten Haaren nehmen sie mich nicht auf! Das sei nicht arisch! Einer mit roten Haaren bei der SS, das sei ausgeschlossen!« Jetzt war es heraus, und laut schluchzend hielt sich der Junge die Hände vors Gesicht.

»Die SS!« Johann war hochgefahren. »Mein Sohn will zur SS!« Er ballte die Fäuste zusammen. »Das kann ja wohl nicht wahr sein!« Mit einem raschen Schritt war er bei Willi und zerrte ihn grob an den Schultern. »Jetzt hör einmal ganz genau zu, was ich dir jetzt sagen werde. Ich sage es nämlich nur einmal …«

Doch weiter kam er nicht. Wieder wurde die Tür geöffnet und eine erbärmlich weinende Frau mit einem kleinen Kind auf dem Arm kam hereingestürzt. »Er ist tot!«, jammerte sie. »Tot! Gefallen! Aus! Alles ist aus!« Maria schaffte es geistesgegenwärtig im letzten Moment, Anna Schmidt auf einen Stuhl zu setzen und ihr das Kind abzunehmen. Dann sank die Frau in sich zusammen.

»Anna«, Maria beugte sich, das Kind in den Armen, zu ihrer Nachbarin herunter. »Anna, sag doch, wer ist gestorben?«

Laut aufheulend trommelte die verzweifelte Frau mit den Händen auf ihre Oberschenkel. »Mein Mann! Vor zwei Wochen schon! Als Soldat in Afrika! Gefallen! Tot! Tot! Tot!« Hysterisch schrie sie den schrecklichen Begriff wieder und wieder aus sich heraus. Schockiert und hilflos standen die anderen um sie herum. Schließlich sah sie mit wirrem Blick auf. »Und jetzt habe ich das Baby! Was soll ich jetzt noch mit einem Kind! Jetzt ist er tot, und wir sind wieder keine Familie! Tot! Tot! Tot!«

»Gretel!« Maria sah sich hilfesuchend um. »Da, nimm mir den Siegfried einmal ab!« Damit drückte sie das Kind ihrer ältesten Tochter in die Arme und wandte sich dann der Nachbarin zu, die sich immer mehr in ihrer Verzweiflung verlor. »Komm, Anna!« Sie schlang die Arme um die in sich zusammensackende Frau. »Komm, Anna! Lass dich trösten! Wir sind alle bei dir und werden dir helfen! Und dein kleines Baby, das werden wir schon auch zusammen großziehen!« Beruhigend sprach sie auf die Soldatenwitwe ein und drückte sie eng an sich.

25. August 1943

»Jetzt brauche ich also tatsächlich eine neue Seite!« Grinsend sah der Standesbeamte auf und musterte fröhlich den vor ihm stehenden, verlegenen kleinen Mann, der unschlüssig die Mütze in den Händen bewegte. »Ach, Herr Staudacher, jetzt stehen Sie doch nicht vor mir wie bestellt und nicht abgeholt! Sie sind halt eine fruchtbare Familie, was soll's also! Da braucht man sich doch nicht zu schämen! Andere wären froh, wenn sie Kinder hätten!« Er machte eine einladende Handbewegung. »Kommen Sie, nehmen Sie bitte Platz!«

Johann räusperte sich rau. »Danke, Herr Wirsching!« Unbehaglich setzte er sich auf die Kante des ihm angebotenen Stuhls.

»Also, dann wollen wir mal!« Der Standesbeamte schlug das Familienbuch auf, bis er eine leere Seite fand. »Aha, da geht es: ›Wichtige Ereignisse und Aufzeichnungen‹, da passt es hinein! Schließlich ist so ein Kind ja schon ein wichtiges Ereignis, nicht wahr?« Wieder strahlte er sein Gegenüber freundlich an. »Also«, mit einer geübten Handbewegung strich er die Seite glatt. »Dann also die Überschrift: Neuntes Kind!« Mit dem Lineal zog er einen dicken Strich darunter. »So, Herr Staudacher, wie soll das Kind denn heißen? Ein Junge diesmal, nicht wahr?«

»Fritz! Das heißt, Karl«, verbesserte sich der aufgeregte Vater rasch. »Karl mit erstem Namen und dann Fritz. Wie mein Schwager Fritz, und das soll auch der Rufname sein. Der Fritz und meine Schwester Anna, die haben nämlich keine eigenen Kinder und wollen so gerne Paten für den Kleinen sein. Also, Karl Fritz Staudacher, so soll er heißen!«

»Gut!« Befriedigt nickte der Beamte und schrieb den Namen ins Familienbuch. »In diesen schweren Zeiten ein Kind großzuziehen ist ja alles andere als einfach!« Er blickte auf und musterte den ihm gegenübersitzenden Mann aus ernsten Augen. »Und dann noch nicht einmal zu Hause sein können!« Nachdenklich fasste Wirsching sich an die Nase. »Manchmal hat es schon auch seinen Vorteil, zu den älteren Semestern zu gehören. Also, mich mit meinen sechzig Jahren können sie beim besten Willen nicht mehr holen, das ist aber auch schon das einzig Gute daran! Wann müssen Sie denn wieder einrücken, Herr Staudacher?«

Johann schluckte trocken. Es drehte ihm beinahe den Magen um, wenn er daran dachte, dass er seine Familie bald wieder verlassen musste. »Übermorgen«, stieß er mit rauer Stimme hervor. »In zwei Tagen schon!« Wirsching nickte ernst. »Ich ahne, wie es in Ihnen aussehen muss! Wohin geht es denn, wissen Sie das?!«

»Anscheinend nach Italien. Sie stellen ein neues Regiment zusammen, und dann sollen wir in Italien eingesetzt werden, zunächst einmal auf jeden Fall«, fügte er achselzuckend noch hinzu. »Man weiß ja zurzeit wirklich nicht, wie lange die Marschbefehle noch Bestand haben. An allen Ecken und Enden, an allen Fronten scheint sich das Blatt zu wenden, haben mir die Kameraden erzählt, die ich im Zug getroffen habe!«

»Ich bin sicher, der braune Spuk neigt sich dem Ende entgegen, fragt sich nur, wie lange er noch andauert und welche Opfer er noch fordern wird!« Nachdenklich sah er aus dem Fenster auf den großen Marktplatz vor dem Rathaus. »Ob wir verschont bleiben werden … Wie schon in der Bibel steht: Wer Wind sät, wird Sturm ernten!«

»So ist es«, pflichtete Johann dem Beamten bei. »Bei uns im Alten Keller, da ist jetzt vor ein paar Tagen eine Frau mit zwei Kindern einquartiert worden. Sie ist in Düsseldorf ausgebombt worden, und deshalb hat man sie jetzt bis Kriegsende hier bei uns in Rothenburg untergebracht. Ihr Mann ist im Krieg, und Rothenburg, sagen sie, sei eine relativ sichere Stadt!«

»Na hoffentlich!« Der andere setzte sich wieder an seinen Schreibtisch. Für einen Moment schien er zu überlegen, dann zuckte er hilflos die Achseln. »Was wir jetzt mit dem Taufeintrag machen, ich weiß auch nicht ... Der Pfarrer Felden ist ja gefallen, und als ich Ihrer Frau vor einigen Wochen in der Stadt begegnet bin, da hat sie mir klipp und klar bedeutet, dass sie von keinem der beiden übrig gebliebenen Pfarrer ihr Kind taufen lassen will. Die Paten stehen zwar eigentlich schon fest, wie Sie mir ja gerade eben gesagt haben, aber wenn die Mutter nicht will ...«

»Ja«, nickte Johann ernst. »Darin ist sie ganz eigen. Und es hat auch keinen Sinn, ihr zu widersprechen. Da hat sie mit der Kirche auch schon viel zu viel mitgemacht, in beiderlei Richtung! Sie wissen, was ich meine ...«

»Ihr erstes Kind und die Sache mit der verweigerten Taufe! Ja,« der Standesbeamte deutete auf das vor ihm liegende Familienbuch, »ich weiß es noch genau. Und wie dann das arme Kind eine Woche vor der Taufe gestorben ist. So etwas vergisst man nicht!« Er hob den Kopf und überlegte kurz. »Also, Herr Staudacher, ich schreibe da nur hinein: ›Getauft am:‹ und dann werden wir ja sehen, wann es so weit ist! Wenn wir den gottverdammten Krieg bis dahin hoffentlich überlebt haben!«

Oktober 1943

»Und noch mal vielen Dank für die Bettwäsche, Frau Staudacher!« Helene Wipperfürth packte überglücklich die Laken und Bezüge zusammen. »Das werde ich Ihnen nie vergessen! Wo Sie doch selbst alles andere als im Überfluss leben!«

Maria hob beschwichtigend die Hände. »Ist schon in Ordnung, Frau Wipperfürth. Sie brauchen die Sachen jetzt nötiger als wir, das ist sicher! Es muss furchtbar sein, wenn man aus dem eigenen Haus vertrieben worden ist – einfach so, von einer Nacht auf die andere!«

Ein Schatten huschte über das Gesicht der Frau. Müde strich sie sich eine braune Haarsträhne aus dem Gesicht. »Es war schrecklich! Diese Bilder und dieser Lärm, dieses Heulen und Krachen, das werde ich mein Leben lang nicht vergessen! Und der Tag danach, als wir aus dem Luftschutzbunker durften und unser Haus gesehen haben – oder vielmehr das, was davon übrig geblieben ist. Gerade mal der Kamin und ein Teil des Kellers! Nein«, sie schüttelte bitter den Kopf, »ich kann mir gar nicht vorstellen, wie jemals wieder ein normales Leben in Düsseldorf möglich sein soll!« Sie wandte sich zur Tür. »Kommt, Kinder, wir gehen jetzt in unsere Wohnung, und ihr helft mir, die Betten zu beziehen! Und wie gesagt, Frau Staudacher, vielen Dank für alles!« Damit verließ sie mit den beiden Kindern die Stube.

»Arme Frau«, murmelte Maria bekümmert hinter ihr

drein, während sie den kleinen Fritz in frische Windeln wickelte. Sie hob den Kopf und lauschte in den Flur hinein. »Du, Gretel, schau doch mal nach den Buben. Ich glaube, ich habe was gehört. Einer von beiden ist aufgewacht, Werner oder Siegfried!«

»Mach ich, Mutter!« Gretel hatte ihr Nähzeug beiseite gelegt und war aufgestanden. »Das ist sicher wieder Siggi, da wette ich!«

»Na ja, wahrscheinlich hast du Recht! Er träumt in letzter Zeit schon schwer!« Maria nickte der anderen Besucherin verständnisvoll zu. »Wissen Sie, Frau Körner, Siegfried ist das Adoptivkind von unserer Nachbarin, der Anna Schmidt. Sie und ihr Mann haben sich jahrelang vergeblich ein Kind gewünscht, und als sie sich dann dazu entschlossen haben, den kleinen Siegfried zu adoptieren, hat der Mann als Soldat einrücken müssen. Ein paar Wochen später ist er dann gefallen – und das«, Maria breitete hilflos die Arme aus, »hat die arme Anna völlig aus der Bahn geworfen. Sie sitzt nur noch im Haus und brütet stumm vor sich hin. Und deshalb habe ich jetzt den Siegfried bei uns aufgenommen – er und unser Werner sind ja schließlich fast gleich alt –, dann wachsen sie halt bis auf weiteres als Zwillinge auf!« Sie lachte verlegen, bevor sie fortfuhr. »Irgendwann wird es ja schon wieder gehen, hoffentlich! Was mir nämlich momentan am meisten Kummer macht, ist, dass sie das Essen, das wir ihr rüberbringen, fast gar nicht anrührt! Sie wird von Tag zu Tag weniger …«

Die Besucherin seufzte schwer. »Ja, wir leben schon in furchtbaren Zeiten! Wenn ich daran denke, wie ich vor zwei Monaten mit den Kindern aus Nürnberg geflüchtet bin! Mir ist es doch genauso ergangen wie der Frau Wipperfürth. Kein Haus mehr, alles weggebombt! Und dann mit den Kindern im Leiterwagen hierher, das ist kein Zuckerschlecken!

Ich habe mit meiner Unterkunft da unten im Gasthof zwar wirklich Glück gehabt, aber das ist natürlich kein Dauerzustand, vor allem, weil wir ja alle in einem Zimmer …

»So ein verdammter Mist!«, wurde sie in diesem Augenblick von einer zornigen Stimme unterbrochen. Willi stürmte zur Tür herein und deutete ärgerlich auf den Schnürsenkel, den er zwischen Daumen und Zeigefinger vor sich hochhielt. »Da, schau, schon wieder abgerissen! Immer, wenn man es eilig hat! Kannst du mir schnell einen neuen geben?«

»Das kann ich! Aber nicht so!« Maria hatte sich erhoben und musterte ihren ungeduldig vor ihr stehenden Sohn aus strengen Augen.

»Was heißt das, ja oder nein?« Willi zerknüllte den Schnürsenkel unwirsch in den Händen. »Das heißt, dass in unserem Haus nicht geflucht wird, niemals! Haben wir uns verstanden?« Überrascht sah der Junge auf. »Aber was habe ich denn gesagt? Das ist doch nichts Schlimmes, du meine Güte! Du solltest mal in die Stadtverwaltung kommen, da …«

»Ich muss dazu nirgendwo hinkommen«, unterbrach ihn die Mutter scharf. »Hier im Haus wird nicht geflucht! Das haben wir schon öfter miteinander besprochen, oder? Es lässt sich für alles Missgeschick auch immer noch ein anderes Wort finden, ja? Haben wir uns verstanden?«

Willi warf einen verlegenen Blick auf die Besucherin, dann nickte er leise. »Schon gut, ich habe verstanden!«, brummelte er vor sich auf den Boden.

Über Marias Gesicht huschte ein Lächeln. »Na, siehst du, es geht doch!« Sie bückte sich zur mittleren Schublade der Kommode hinunter und zog sie auf. »Dann wollen wir mal sehen, ob wir einen Schnürsenkel hier haben …«

Wir stehen vor dem großen Haus am Grünen Markt bei der Rothenburger Jakobskirche, und ich schaue etwas ratlos zum ersten Stock des Hauses empor. Hier also hat mein jüngster Onkel, der Fritz Staudacher, fast seine ganzen ersten zehn Lebensjahre verbracht! Weshalb das so war, sei heutzutage zwar kaum noch zu begreifen, aber angesichts der ärmlichen Verhältnisse, die damals im Alten Keller geherrscht haben ... Meine Mutter kann sich daran noch genau erinnern, schließlich war sie bei der Geburt des kleinen Bruders ja schon elf Jahre alt gewesen. Fritz ist bei seiner Patentante Anna, der Schwester seines Vaters, aufgewachsen. Der Onkel, der ebenfalls Fritz hieß, besaß ein kleines Malergeschäft und sei ein kleiner, buckliger Mann gewesen, immer ein bisschen kränkelnd, daran könne sie sich auch noch erinnern. Die Leute hatten keine eigenen Kinder und wollten deshalb den kleinen Fritz adoptieren: die acht Kinder, die harten Lebensumstände im Alten Keller, das sei doch sicher eine Entlastung für die Maria. Doch da war nichts zu machen. Richtig »hergeben« wollten Maria und Johann ihren Fritz auf keinen Fall. Andererseits, es war Krieg, die Flugzeuge mit der bedrohlichen Bombenlast kamen Rothenburg immer näher, und der – von vornherein aussichtslose – Kampf um die Stadt stand unmittelbar bevor. Maria rüstete sich mit ihren Kindern zur Flucht aus Rothenburg, und ausgerechnet jetzt erkrankte Fritz an Diphterie. Ausgeschlossen, dass man das schwer kranke anderthalbjährige Kind in den Leiterwagen setzen und mit ihm über Land fliehen konnte. Die Patentante Anna bestand deshalb darauf, ihn bei sich in Rothenburg zu behalten. Maria solle ihre übrigen Kinder nehmen und diese bei der Verwandtschaft auf dem Land verteilen. Das ist das, was mir erzählt worden ist – zunächst.

Bei einem Familientreffen an Ostern 2001 habe ich dann Fritz getroffen, der über diese Zeit fast nichts mehr wusste – wie sollte er auch, so klein, wie er damals war. Und später dann, nach dem Krieg, gab es Wichtigeres, als sich die alten Geschichten zu erzählen. Da hat man nach vorne geblickt und sich nicht so gern mit der Vergangenheit beschäftigt.

Aber ja, doch. Mit beinahe zehn Jahren erst sei er dann wieder ganz in den Alten Keller gekommen. So lange sei er praktisch bei der Patentante und dem Onkel aufgewachsen – bis zu dem Zeitpunkt, an dem sich die Tante Anna das Leben genommen habe! Das Leben genommen? Das hatte mir bisher noch niemand erzählt! Doch, das sei so gewesen, nickt Fritz, aber weshalb, wisse er auch nicht so genau …

Jetzt ist die Reihe an meiner Mutter, die diese Geschichte kennt. Tante Annas Mann, der kleine, bucklige Maler Fritz, habe immer stärker gekränkelt und sei Ende der vierziger, Anfang der fünfziger Jahre gestorben. Das habe Anna in tiefe Depressionen gestürzt, so sehr habe sie ihren Mann vermisst. Eines Tages dann, als der kleine Fritz von der Schule »nach Hause« zum Grünen Markt gekommen sei, war die Wohnungstür versperrt. Er habe daraufhin den Vater verständigt, der es schließlich geschafft habe, die Tür zu öffnen. Johann hat seine Schwester im Wohnzimmer gefunden. Sie hatte sich aus Kummer über den Tod ihres Mannes erhängt. Und so kam Fritz wieder zurück in den Alten Keller.

23. März 1945

»Es ist mir wirklich ernst, Marie! Fritz bleibt bei uns! Es hat gar keinen Wert, dass du ihn mit nach Hause nimmst. Bei den vielen Leuten, die ständig bei dir im Haus sind, hat das Kind ja nie seine Ruhe – wie soll es denn da jemals gesund werden?!« Die kleine, rothaarige Frau stemmte entschlossen die Arme in die Hüften und schüttelte energisch den Kopf.

Maria biss sich vor Anspannung auf die Unterlippe. »Aber Anna, was würde denn Johann dazu sagen, wenn du ihm unser Kind wegnimmst – einfach so?« Die kleine Kinderhand, die matt und erschöpft nach der Mutter tastete, fühlte sich fiebrig nass und klebrig an. Sie rang nach Atem, und es schien ihr, als würde ihr Herz gleich vor Schmerz und Hoffnungslosigkeit zerreißen.

Doch die Antwort der Schwägerin war eindeutig. »Johann ist im Krieg, und ich bin eben nicht nur seine Schwester, sondern auch die Patin für den Fritz! Ich weiß, dass dir das mit der Taufe damals nicht wichtig war, aber ich habe die Patenschaft schließlich übernommen und verstehe sie auch als Amt, als Patenamt. Das habe ich so versprochen, und daran halte ich mich. Und beim Fritz ist es genauso, das steht fest! Ich werde für den Kleinen schon sorgen, darauf kannst du dich verlassen.« Anna machte eine eindeutige Handbewegung hin zur Tür. »Und jetzt geh lieber und kümmere dich um deine anderen Kinder!«

Unschlüssig verharrte Maria im Flur. Einerseits hatte

Anna ja Recht. Maria hatte mehr als genug damit zu tun, für ihre anderen Kinder zu sorgen. Die Not wurde immer größer, und es waren nur noch die beiden jungen Schweine im Stall des kleinen Hauses übrig geblieben. Das große hatte sie ebenso abholen lassen müssen wie sämtliche Ziegen, und auch der Kartoffelvorrat neigte sich bedenklich dem Ende entgegen. Gleichzeitig hörte man beunruhigende Nachrichten von immer näher rückenden feindlichen Truppen, immer wieder rasten Tiefflieger über das Gelände, und in der Nacht zogen mit bedrohlichem Brummen die großen Bomber der Alliierten am Himmel entlang. Noch flogen sie mit ihrer todbringenden Last vorbei – aber wie lange noch? Außerdem musste sie im Haus präsent sein, denn es fiel ihr zunehmend schwerer, den immer mehr aufbegehrenden Willi, der gegen ihren erklärten Willen mittlerweile eine herausragende Position bei der Hitlerjugend einnahm, von seinem Vorhaben abzubringen, zusammen mit dem Volkssturm eine Barriere gegen die anrückenden feindlichen Truppen aufzubauen. Es sei jetzt die Pflicht und Schuldigkeit jedes Volksgenossen, gemeinsam Seite an Seite für den Führer und den Endsieg zu kämpfen, hatte ihr der fanatisierte junge Mann an seinem 17. Geburtstag vor genau einer Woche erklärt. Und jetzt auch noch die schwere Krankheit bei dem kleinen Fritz. Es war allmählich wirklich alles zu viel. Ein wogendes Schwindelgefühl breitete sich in Maria aus. Gerade noch konnte sie sich an der Klinke der Haustür festhalten, wo sie mit geschlossenen Augen verharrte, um einige tiefe Atemzüge zu nehmen.

Sie musste sich eingestehen, dass es vorerst wirklich am besten war, den Kleinen in der Obhut seiner Paten zu lassen. »Aber du versprichst mir, heute noch mal mit ihm ins Krankenhaus zu gehen und den Doktor nachschauen zu lassen, Anna! Mit Diphterie ist nun wirklich nicht zu spaßen!«

»Natürlich nicht! Und darum ist es ja auch besser, dass er bei uns bleibt, bevor bei dir daheim die anderen Kinder angesteckt werden!« Anna schob die immer noch zaudernde Maria auf die Straße hinaus. »Nun geh schon! Wir kriegen den Fritz schon wieder gesund, das verspreche ich dir!«

Maria nickte mit tränennassen Augen. »Also gut! Ich komme dann aber auch jeden Tag vorbei und schaue nach ihm!« Sie wandte sich um und lief mit raschen Schritten durch die Straßen der alten Stadt. Von Sorge und Kummer eingenommen, bemerkte sie die Menschen nicht, an denen sie grußlos vorüberhuschte und die ihr erstaunte Blicke hinterherwarfen.

»Ach, Marie! Da bist du ja endlich!« Wilhelm Löslein begrüßte Maria fröhlich aus dem Sessel heraus, in dem er es sich bequem gemacht hatte, als sie müde und abgespannt die Stubentür öffnete. »Sogar vier Eier habe ich heute mitgebracht, was sagst du dazu?«

»Schön für dich, Helm«, sie ließ sich erschöpft auf einem der Stühle am Esstisch nieder. »Sagst du dann bitte der Gretel Bescheid, dass sie dir die Eier kochen soll? Ich schaffe es heute nicht mehr, glaube ich.« Verwundert sah der alte Löslein auf. So kannte er die sonst immer agile und freundliche Maria gar nicht. »Was ist denn mit dir los, Marie? Stimmt etwas nicht?«

Es dauerte eine ganze Weile, bis sie antwortete. »Nein, nein. Mit mir ist alles in Ordnung, aber Fritz hat sich die Diphterie eingefangen, und jetzt habe ich ihn draußen bei Anna gelassen.«

Löslein pfiff nachdenklich durch die Zähne. »Das ist ja keine gute Nachricht! Du lieber Himmel, was wird das noch geben, bis wir alles endlich überstanden haben. Und die anderen Nachrichten, die so in der Stadt verbreitet werden, die besagen auch nichts Gutes.«

Trotz der bleiernen Müdigkeit, die sich in Maria ausgebreitet hatte, hob sie beunruhigt den Kopf. »Was meinst du damit, Helm? Was gibt es denn für Neuigkeiten, die noch schlechter sein können als das, was uns sowieso schon umgibt an furchtbaren Dingen?«

»Na ja«, nachdenklich fuhr sich der Alte über die hohlen Wangen. »Man munkelt, dass General Weißenberger, der die Front bei Nürnberg hält, seinen Gefechtsstand nach Rothenburg verlegen will. Das bedeutet nichts Gutes! Ich denke, man sollte sich am besten darauf einstellen, die Stadt zu verlassen – so schnell wie möglich, fürchte ich!«

»Aber das geht doch nicht! Wo sollen denn all die Menschen hin? Denk doch mal allein an Frau Wipperfürth aus Düsseldorf, die kennt hier doch weit und breit keinen Menschen. Und Frau Körner mit ihren Kindern – jetzt ist sie schon mit dem Leiterwagen von Nürnberg bis hierher geflüchtet, wo soll das denn noch enden?«

Doch Löslein hob abwehrend die Hände. »Warte, es kommt noch schlimmer! Es heißt in diesem Zusammenhang auch, dass der Kreisleiter schon morgen die Parole ausgibt, dass unsere Stadt bis zum letzten Blutstropfen verteidigt wird – Volkssturm, Wehrmacht und SS werden aus Rothenburg eine Festung machen.«

»Um Gottes willen, nur das nicht!« Maria war entsetzt hochgefahren und schlug die Hände vor den Mund. »Das können sie doch nicht tun, Helm!«

»Werden sie aber – so wahr ich hier sitze!« Löslein nickte bitter. »Du wirst auf deinen Sohn ganz genau Acht geben müssen, Marie, aber das weißt du ja genauso gut wie ich, nicht wahr?«

»Hallo Marie! Wo bist du denn?«, wurden sie von einer lauten Frauenstimme aus dem Flur unterbrochen. »Marie, ich bin's, Emma Vogel!« Die Tür wurde von draußen geöffnet, und die Nachbarin trat ein. In den Händen hielt sie einen großen Topf. »Hast du vielleicht noch ein paar Kartoffeln für uns? Der Ernst ist gerade heimgekommen und hat einen Bärenhunger. Dabei«, sie vollführte eine hilflose Handbewegung, »ist unser Keller leer. So kurz vor Ostern, aber da ist nichts mehr, was man essen könnte!«

»Schon gut, Emma!« Maria winkte müde. »Bediene dich ruhig, du weißt ja Bescheid.«

24. März 1945

»Ich finde absolut nicht in Ordnung, was hier geschieht. Das ist subversives Handeln gegen das eigene Volk!« Drohend hatte sich der junge Mann vor seiner am Esstisch sitzenden Mutter aufgebaut. »Das nennt man Hochverrat, Mutter.«

»Willi! Wie redest du denn mit unserer Mutter!« Mit zornrotem Gesicht trat Gretel dazwischen. »So kannst du dich doch nicht benehmen!«

Doch Maria hob schwach die Hand und winkte ab. »Lass nur, Gretel, ich kann mich schon zur Wehr setzen, wenn es sein muss.« Damit wandte sie sich ihrem nun aufgeregt im Wohnzimmer auf- und abschreitenden Sohn zu. »Setz dich gefälligst hin!« Sie schleuderte ihm den Satz wie einen Befehl entgegen, das war der einzige Ton, der noch zu ihm durchzudringen vermochte, darin war sich Maria mittlerweile sicher. Ungläubig sah Willi seine Mutter an, doch gerade, als er zu einer scharfen Entgegnung ansetzen wollte, streckte sie energisch den Arm aus und wies auf den Stuhl vor ihr am Tisch. »Du sollst dich hinsetzen, habe ich dir gesagt!«, donnerte sie so laut wie wahrscheinlich noch nie in ihrem Leben. Und sie hoffte inständig, dass es auch das letzte Mal sein musste, aber das durfte sie ihrem Sohn jetzt nicht zeigen, denn der hätte es sofort als Schwäche ausgelegt und wäre ihr wieder entglitten. Ohne weitere Gegenrede nahm Willi Platz. Missmutig fixierte er einen Fleck auf der Tischdecke. »So, und jetzt werde ich dir einmal in aller Deutlichkeit etwas sagen.« Maria stemmte die Hände auf die Oberschenkel und betrachtete den Jungen streng. »Du kannst mir ruhig ins Gesicht schauen, wenn wir miteinander reden!« Unsicher flackerten Willis Augen, als er den Kopf hob. »Schon besser«, konstatierte Maria mit eisiger Kälte. »Was du da bei deinen Nazis treibst, hat mir noch nie gefallen und deinem Vater genauso wenig, aber das weißt du ja wohl! Und dennoch gehst du immer wieder hin und bist sogar auch noch stolz darauf, wenn sie dich befördern und dich loben! Dabei kennst du die Menschen, die hierher nach Rothenburg geflüchtet sind, weil sie keine Heimat mehr haben, und du hast die Nachrichten gehört von den Gefallenen, von den Kindern, die jetzt Waisen sind. Du weißt, wie das war, als dein Vater einrücken musste, und wie sie seinen besten Freund ins KZ gesteckt haben. Du siehst die Not und das Elend um uns herum, und dennoch glaubst du, dass dieses braune Gesindel alles richtig gemacht hat! Da«, sie zeigte auf Gretel, »schau deine Schwester an – die geht nur zu denen, wenn sie unbedingt muss! Sie hasst genau das, was du anscheinend gut findest. Dass der Einzelne plötzlich nichts mehr zählt, sondern nur noch irgendein winziges Rädchen in einem riesigen Getriebe darstellt, und dass dieses Rädchen, wenn es ausfallen sollte, auch keine Rolle mehr spielt. Dass einzelne Menschen nicht mehr wichtig sind, dass nur noch die Masse zählt! Was sind das bloß für Leute? Was ist das für eine furchtbare Denkweise! Und was hat sie bereits Schreckliches angerichtet! Glaubst du denn immer noch, dass alle anderen die Bösen sind und nur wir Deutschen die Guten? Die Engländer, Franzosen, Belgier, Holländer, Amerikaner, Polen, Russen, Tschechen und so weiter und so weiter ... alles nur Verbrecher, die uns vernichten wollen? Sag mir, Willi, glaubst du das denn wirklich?!«

In ihrer wachsenden Erregung war sie aufgesprungen und nahm den Kopf des vor Anspannung leichenblass gewordenen jungen Mannes in die Hände. »Willi, schau mich an! Die Leute, die gestern und vorgestern Nacht im Haus waren, kenne ich nicht – wirklich nicht!« Sie machte eine abwehrende Handbewegung. »Nein, sag nichts! Ich weiß nur, dass sie Gegner der Nazis sind und sie unter Einsatz ihres Lebens bekämpfen. Das haben mir Menschen versichert, denen ich vertraue, und viele gibt es davon nicht in Rothenburg, das kann ich dir versichern. Aber diese Menschen haben mir erklärt, dass es richtig ist, wenn ich diesen Leuten ab und an in der Nacht einen Unterschlupf gebe, ob sie uns nun Angst machen oder nicht!« Sie hielt für eine erschöpfte Pause inne und setzte sich wieder zurück auf ihren Stuhl. »Und deshalb«, fuhr sie schließlich müde fort, »deshalb sage ich dir klipp und klar, was hier in diesem Haus unter diesem Dach geschieht, ist einzig und allein meine Sache! Und darin hast du dich nicht einzumischen. Ist das ein für alle Mal klar?« Streng beobachtete sie die Reaktion auf ihre Worte.

Lange kam von Willi keine Antwort. Er schien einen heftigen innerlichen Kampf mit sich auszufechten, während er das eben Gehörte verarbeitete. Schließlich hob er den Kopf und nickte ernst. »Ja, Mutter«, formulierte er gepresst mit tonloser Stimme. »Ich habe verstanden.«

An diesen Geburtstag wird sie sich zeit ihres Lebens erinnern: den 31. März 1945. Es lag etwas in der Luft – tagelang schon, hat sie mir berichtet. Nur habe man es als Kind weder wahrhaben wollen noch sich vorstellen können, was die Bombenflugzeuge an einem einzigen Tag anrichten würden: neununddreißig Tote, über dreihundert zerstörte Häuser, die Hälfte der mittelalterlichen Stadt in Schutt und Asche! Der 30. März war ein Karfreitag, er verlief ruhig. Die Ruhe vor dem Sturm.

Am Samstag kamen von Würzburg her sechzehn Flugzeuge in Sicht. Sie schienen die Stadt zu verschonen, weiter nach Süden zu fliegen, berichtet die Chronik. Doch dann das blanke Entsetzen. Sie wendeten plötzlich, erweiterten die Formation und verringerten ihre Flughöhe, als sie direkt auf Rothenburg zuflogen und die Bombenschächte öffneten, aus denen tausende von Stabbrandbomben auf die Stadt herunterregneten …

31. März 1945

Gretel stand in der engen Küche des kleinen Hauses und schnupperte genüsslich an dem großen Topf, der auf dem Herd stand. »Das gibt ja ein richtiges Festessen, Mutter – extra für meinen Geburtstag!« Maria drehte sich zu ihrer Tochter um, die an diesem Morgen voller Freude über ihren 13. Geburtstag aus dem Bett gehüpft war, obwohl sie in der Nacht zuvor wieder ängstlich eine Zeit lang zu ihrer Mutter ins Schlafzimmer geschlüpft war. Sie hatte wieder einmal mitbekommen, wie stumme fremde Leute lange nach Einbruch der Dunkelheit auf den Dachboden geschlichen waren. Die Angst dieser Nacht schien wie weggewischt, und auch die Erinnerung an die bedrohlichen Bombergeschwader, die jetzt sogar schon am helllichten Tag in der Nähe der Stadt zu hören und zu sehen gewesen waren, war der Vorfreude auf das mittägliche Geburtstagsessen gewichen.

»Das ist unser letztes Sauerkraut vom Herbst, Gretel.« Zärtlich strich Maria ihrer Tochter über die blonden Haare. Dreizehn Jahre waren also schon vergangen, und dabei konnte sie sich noch ganz genau an den Tag erinnern, als die Wehen eingesetzt hatten. Sie lächelte und hob den Deckel des Topfes an. »Komm, Gretel, nimm einen Löffel und rühr kräftig um – aber bis auf den Boden, nicht dass es noch anbrennt, das schöne Kraut!« Gerade, als Gretel den Löffel in die Hand nehmen wollte, erfüllte plötzlich ein dumpfes Brummen die Luft und wurde von Sekunde zu

Sekunde stärker. Wie von tausend übergroßen Hornissen, schoss es Maria durch den Kopf. Die Wände schienen zu zittern, und sogar die Teller in den Schränken begannen zu klappern. Erschrocken hielt sich Gretel die Hände an die Ohren. »Mutter, was ist das?«

»Das sind die Bomber!« Maria stockte bei der plötzlich in ihr aufflammenden Erkenntnis der Atem. »Das sind sie! Jetzt sind wir an der Reihe! Komm schnell! Die Kinder!« Sie griff nach Gretels Arm und zog sie hinter sich her aus der Küche. »Erich, Wilma, wo seid ihr?« Suchend blickte sie sich zu Gretel um. »Komm – schau schnell nach, ob auch keines auf der Gasse draußen ist! Ich fürchte, gleich geht es los!« Sie hatte noch nicht richtig ausgesprochen, als ein schweres Flugzeug mit infernalischem Lärm im Tiefflug über das Haus hinwegraste.

Während die beiden entsetzt im Flur stehen blieben, knallte die Haustür auf und Wilhelm Löslein rannte mit hochrotem Kopf die Treppe hoch. »Maria, es geht los!«, keuchte er atemlos. »Kommt schnell mit und steht hier nicht rum, es kommt auf jede Sekunde an!« Er streckte den Arm aus und zog Maria heftig am Ärmel. Mit einem bedauernden Blick in die Küche fasste er die wie erstarrt dastehende Gretel an der Hand. »Herzlichen Glückwunsch zum Geburtstag, Mädchen! Schade um das schöne Sauerkraut!«

Im selben Moment schlug krachend die erste Bombe in der Stadt ein. Minutenlang herrschte ohrenbetäubendes Getöse, und dort, wo die Brandbomben explodierend einschlugen, kam jede Hilfe zu spät. Nach einer scheinbaren Ewigkeit ließen die Explosionen nach, und schließlich ebbte auch das unaufhörliche Brummen und Zittern in der Luft ab. »Gott sei Dank!« Löslein wischte sich erleichtert den Schweiß von der Stirn, als das Geräusch der Bomber nachließ. Besorgt sah er sich in dem dunklen Keller um. »Hat irgendjemand von euch etwas abbekommen?«

»Nein, anscheinend haben wir noch mal Glück gehabt!« Maria erhob sich mühsam und sah ihren Kindern – einem nach dem anderen – forschend ins Gesicht, während sie sich den Staub vom Kleid klopfte. Sorgenvoll runzelte sie die Stirn. »Hoffentlich war der Willi auch in Deckung, als es losging.«

»Das können wir nur hoffen.« Wilhelm Löslein stieg die Leiter hoch und öffnete den hölzernen Verschlag im Fußboden des Erdgeschosses. Langsam zwängte er sich durch die Öffnung und sah sich vorsichtig um. »Das Haus scheint nichts abbekommen zu haben, zumindest nichts Dramatisches, und die beiden Schweine haben auch überlebt«, fügte er grinsend hinzu. »Na also!« Er streckte die Hand aus und half einem nach dem anderen wieder hoch.

»Aber dir ist doch hoffentlich klar, dass das mit Sicherheit nur das erste, aber auf keinen Fall das letzte Mal gewesen ist, dass sie einen Angriff geflogen haben, Marie! Die kommen wieder, jetzt, wo der General ja tatsächlich seinen Befehlsstand hier in Rothenburg hat. Die geben erst auf, wenn die weiße Flagge vom Rathaus weht. Aber so wie ich die braunen Brüder einschätze, kann das noch lange dauern.« Ernst sah er ihr in die Augen. »Es gibt nur eines für dich und die Kinder: raus aus der Stadt und zwar sofort!«

Noch bevor Maria zu einer Erwiderung ansetzen konnte, wurde von draußen ruckartig die Tür aufgerissen, und Frau Wipperfürth mit ihren beiden halbwüchsigen Kindern kam ins Haus gerannt. Schiere Panik verzerrte ihre Gesichtszüge. »Frau Staudacher! Ich halte das nicht mehr aus – erst hat man uns in Düsseldorf ausgebombt und hierher in Sicherheit gebracht, und jetzt geht es hier weiter! Ich kann nicht mehr, ich weiß beim besten Willen nicht, wie es jetzt noch weitergehen soll!« Sie schlug die Hände vor das Gesicht und begann zu weinen, während ihre Kinder verschreckt und aschfahl neben ihrer Mutter standen.

»Frau Wipperfürth!« Maria nahm die verzweifelt schluchzende Frau in die Arme. »Es wird schon alles wieder gut werden. Wir packen nur ganz schnell das Nötigste zusammen, und dann verlassen wir die Stadt so schnell wir können. Und Sie kommen mit – einverstanden?«

Überrascht sah die weinende Frau auf. »Ich soll mit? Wohin denn? Ich kenne doch niemanden hier!«

»Das macht nichts. Wir gehen aufs Land – wenn wir es schaffen, bis zu meinem Vater auf den Bauernhof! Jetzt aber schnell«, damit schob sie die Frau von sich. »Wir haben keine Zeit zu verlieren, da hat Helm völlig Recht! Schauen Sie, dass Sie in zehn Minuten etwas zusammengepackt haben, und dann geht es los!« Energisch klatschte sie in die Hände. »Also – jedes Kind steckt ein paar Sachen zum Anziehen in einen Kopfkissenbezug, sonst nichts! Die Großen helfen den Kleinen! Gretel, du nimmst das restliche Brot mit und schaust nach dem Rechten. Ich hole inzwischen ein paar Decken und den Leiterwagen. Auf jetzt – beeilt euch!«

Nach einer knappen Viertelstunde waren sie so weit. Maria setzte die kleinen Kinder, den dreijährigen Werner und seinen fünf Jahre alten Bruder Hans zusammen mit der sechseinhalbjährigen Frieda in den Leiterwagen und nahm die wenigen Habseligkeiten der Frau aus Düsseldorf in Empfang. »So – das packen wir noch zwischen die Kinder, Frau Wipperfürth, dann sind sie ein bisschen abgepolstert!« Suchend sah sie sich um. »Ah, da ist er! Und du, Helm, du willst also wirklich hier in Rothenburg bleiben?«

Löslein kratzte sich verlegen am Kopf. »Wer will mich alten Kerl schon noch aufnehmen? Und so gut zu Fuß bin ich ja auch nicht mehr. Nein, nein, Marie«, er lächelte zaghaft. »Einer muss ja auch hier nach dem Rechten sehen! Macht ihr nur, dass ihr so rasch wie möglich fortkommt! So schnell wird mich der Teufel schon nicht holen!«

Maria musterte ihn sorgenvoll. »Ja dann, mach es gut! Und geh zu Anna und Fritz, wenn das Haus hier doch etwas abbekommen sollte – versprich mir das! Ach, wenn ich doch noch mal bei ihnen vorbeischauen könnte, wie es meinem kleinen Fritz geht ...« Sie rang verzweifelt die Hände.

»Nichts da! Bis ihr da drüben seid, kann es schon zu spät sein! Und wenn etwas passiert ist, dann könnt ihr auch nichts mehr machen, außer dass du die anderen Kinder auch noch in Lebensgefahr bringst!« Löslein drückte ihr mit entschlossener Miene die Deichsel des Leiterwagens in die Hand. »Auf jetzt, Marie, bringt euch in Sicherheit! So schnell wie möglich!«

Maria seufzte schwer, als sie die unschlüssig an der Hauswand lehnende Frau zu sich winkte. »Er hat leider Recht, Frau Wipperfürth, kommen Sie – nehmen Sie die andere Seite von der Deichsel, zu zweit zieht es sich besser. Auf Kinder, es geht los!« Und damit zogen sie den auf dem holprigen Pflaster heftig rumpelnden Leiterwagen an, in dem die drei kleinen Kinder vergnügt lachend saßen. Sie hatten den Schock schon verdaut. »Solch ein kurzes Gedächtnis müsste man manchmal haben, was meinen Sie?«, konstatierte Maria kopfschüttelnd, als sie die fröhlichen Mienen der Kleinen sah. Als sie, gefolgt von Gretel und den fünf anderen Kindern, die Gasse herunter und dann zwei Querstraßen weiter nach Osten gelaufen waren, offenbarte sich das Ausmaß der ersten Zerstörungswelle an diesem schicksalhaften Tag. Bis auf die Grundmauern niedergebombte Häuser in diesem Teil der Stadt und Fassaden, aus deren hohlen Fensteröffnungen meterhohe Flammen schlugen. Überall eilten Menschen in panischer Hast durch die Straßen, stolperten über reglos auf dem Boden liegende Männer und Frauen, die aus weit geöffneten Augen blicklos zum Himmel starrten.

»Um Gottes willen, Mutter! Das ist ja furchtbar!« Gretel hatte die Hände vor das Gesicht geschlagen und schüttelte fassungslos den Kopf. »Diesen Geburtstag werde ich mein ganzes Leben lang nie mehr vergessen.« Bei diesen Worten krampfte sich Marias Herz zusammen: »Wenn wir überhaupt noch eine Zukunft haben«, murmelte sie leise und hoffnungslos vor sich hin und beschleunigte gleichzeitig ihren Schritt.

1. April 1945

»Das ist das schlimmste Ostern, das ich jemals erlebt habe, und ich hoffe, dass ich so etwas auch nie mehr erleben werde.« Frau Wipperfürth rieb sich erschöpft die müden Glieder, als sie am frühen Morgen dieses Ostersonntags von Maria geweckt wurde. Fast bis Mitternacht hatten die verängstigten Flüchtlinge die heftigen Detonationen hören können, die sich von Rothenburg in das einige Kilometer entfernte Dorf Diebach hinüberwälzten. Von der Scheune, in der sie für diese Nacht untergekommen waren, konnten die schaudernden Beobachter den Feuerschein sehen, der die alte, gepeinigte Stadt in dieser Nacht in ein gespenstisch grelles Licht hüllte.

Maria zupfte sich die Strohhalme aus den Haaren und nickte nachdenklich. »Man glaubt ja kaum, dass überhaupt ein Mensch diese Hölle überleben kann.« Wieder durchzuckte sie ein heißer Feuerstrahl. Was wohl mit Willi und ihrem kleinen Fritz geworden war? Ob sie überhaupt noch … Nein! Energisch zog sie sich von ihrem Strohlager hoch. Jetzt war es am allerwichtigsten, die Kinder in Sicherheit zu bringen, alle anderen Gedanken hatten nun zurückzustehen, denn sie kosteten nur Kraft, die sie jetzt so dringend benötigte!

»Du, Mutter«, Gretel setzte sich zu ihr. »Ich habe heute Nacht lange nicht schlafen können, obwohl ich so müde war …«

»Hmm«, sie legte den Arm um die Schulter ihrer Tochter und zog sie zärtlich an sich. »Ich glaube, das ist den meisten von uns so gegangen …«

»Schon, aber …« Gretel stockte und musterte eine Zeit lang die staubige alte Scheune, in der sie die Nacht verbracht hatten, und sah dann erst zu ihrer Mutter auf. »Mir ist die ganze Nacht das Bild von den dunklen Männern nicht aus dem Kopf gegangen.« Wieder machte sie eine Pause.

Maria runzelte die Stirn. »Was für dunkle Männer meinst du denn?«, fragte sie leise, obwohl sie sich sicher war, dass sie die Antwort eigentlich schon kannte.

»Na die, die neulich wieder in der Nacht bei uns waren.« Gretel nickte bestätigend, um ihre Worte noch zu unterstreichen. »Gestern, als wir gerade am Waldrand waren, habe ich sie wieder gesehen. Es waren drei Männer, mit genauso dunklen Haaren und dunklen Augen, die haben sich dort in den Büschen versteckt und das Bombardement beobachtet. Als sie gesehen haben, dass ich sie beobachte, sind sie schnell in Deckung gegangen!« Wieder hielt das Mädchen inne und schaute die Mutter fragend an, doch Maria wiegte nur skeptisch den Kopf. »Was sind das denn für Männer, Mutter? Was haben die denn da gemacht? Was weißt du über die?« Gretel ließ nicht locker. »Waren das die gleichen wie die, die vor zwei oder drei Jahren ein paarmal gekommen sind? Die hatten doch auch so dunkle Haare!«

Maria breitete mit einer hilflosen Geste die Arme aus. »Ich weiß es wirklich nicht! Ich weiß nur, dass sie gegen die Nazis waren – alle, das weiß ich sicher – und dass sie alle Hilfe gebraucht haben, ein Versteck für eine Nacht. Sie haben Hilfe gebraucht, und ich habe ihnen Hilfe gegeben, mehr interessiert mich auch gar nicht.«

Doch Gretel bohrte weiter. »Waren das damals vielleicht Flüchtlinge? Geflohene Kriegsgefangene vielleicht?«

Unwillig zog Maria die Stirn in Falten. »Ich habe doch gesagt, ich weiß es wirklich nicht! Mehr kann ich dazu nicht sagen. Hast du verstanden?«

»Also gut, dann frage ich eben nichts mehr.« Schmollend zog sich Gretel in eine Ecke der Scheune zurück und starrte durch die Ritzen der Holzlatten ins Freie. Draußen war es mittlerweile taghell geworden.

»Mutter, mir tun die Füße so weh!« Die zehnjährige Wilma verzog schmerzhaft das Gesicht, als sie an ihre linke Ferse deutete. »Sieh mal! Da haben gestern die ganze Zeit die Schuhe gescheuert!« Maria beugte sich zu dem Mädchen nieder. »Tatsächlich. Das sieht aber gar nicht gut aus!« Offenbar hatten bei der hastigen Flucht aus Rothenburg die viel zu engen Schuhe eine Blase verursacht, die mittlerweile aufgeplatzt war. Wie sollte sie da bloß die zwanzig Kilometer schaffen, die es auf jeden Fall noch bis zum Goschenhof sein würden? Auch Erich offenbarte seiner Mutter eine offene Blase an den Füßen. Maria schluckte schwer und bekämpfte tapfer die in ihr aufsteigende Verzweiflung. Gerade hatte sie hastig überlegt, ob sie Wilma – was schwer genug werden würde – zu den drei anderen in den Leiterwagen setzen könnte, aber nun auch noch Erich? Nein, das ging beim besten Willen nicht!

»Tja, was machen wir denn da?« Mit gespielter Leichtigkeit wiegte sie den Kopf und fasste sich nachdenklich an die Nase. »Ich fürchte, da hilft nur eins. Ich gehe mit Frau Wipperfürth und den anderen voraus, und ihr ruht euch einen Tag lang beim Bauern hier aus! Dann komme ich mit dem Leiterwagen wieder und hole euch nach! Einverstanden? Ein Tag im Heu extra – nur für euch beide!« Sie klatschte aufmunternd in die Hände und hoffte inständig, die Kinder würden ihre innere Anspannung nicht bemerken. Und würde der Bauer überhaupt erlauben, dass sie die Kinder zwei Tage bei ihm zurückließ? Wie auch immer, es musste ganz einfach so gehen, es war der einzige gangbare Weg – im wahrsten Sinn des Wortes.

»Und du, Gretel«, wandte sie sich nun an ihre älteste Tochter, »du bleibst dann erst einmal mit Frau Wipperfürth und den Kindern in Larrieden auf dem Hinterhof bei deiner Tante Lina, so habe ich mir das heute Nacht überlegt. Ich denke, es ist einfacher so, als wenn wir alle, also zwei Erwachsene und acht Kinder, beim Großvater auf dem Goschenhof einfallen, einverstanden?« Sie hatte es tatsächlich fertig gebracht, ein leichtes Lächeln aufzusetzen. »Nicht dass der Opa seine letzten Schweine schlachten muss, wenn wir da alle wie die Heuschrecken bei ihm einfallen, nicht wahr?« Gretel nickte eifrig. Bei Tante Lina, ihrer Patentante und Stiefschwester der Mutter, hatte sie in den vergangenen Jahren schon ab und zu einige Tage verbracht und war dort mit den sechs Kindern der Familie gut ausgekommen, besonders mit der gleichaltrigen Emma, die immer für ein lustiges Spiel zu gewinnen war. Auch Frau Wipperfürth war einverstanden, sie sei schließlich froh und dankbar, der Flammenhölle in der Stadt überhaupt entkommen zu können. Und da sei es ja völlig einerlei, wo sie unterkomme. Hauptsache, in Sicherheit! Nachdem sich auch der Bauer bereit erklärt hatte, die Zwillinge für zwei Tage in der Obhut seiner Frau zurückzulassen, hatten sich die Flüchtlinge wieder auf den Weg gemacht. Ein kalter Ostwind schnitt ihnen in das Gesicht, während sie zügig ausschritten, ohne auf die düsteren Rauchsäulen zurückzublicken, die über Rothenburg in den Himmel stiegen.

3. April 1943

»Ach, Mutter schau mal, da kommt ein Flieger!« Noch ehe Maria etwas erkennen konnte, donnerte das Flugzeug auch schon mit Angst einflößendem Zischen über sie hinweg. »Tiefflieger!« Das Flugzeug war tatsächlich direkt aus der Sonne auf sie zugerast gekommen, und erst als es längst zu spät war und Erich seinen Ruf ausgestoßen hatte, war sie sich der plötzlichen Gefahr bewusst geworden. Gott sei Dank hatte das Maschinengewehr keine seiner todbringenden Salven ausgespuckt, aber das konnte sich beim nächsten Angriff rasch ändern.

Maria konnte ihr Herz bis zum Hals hoch schlagen hören. Vielleicht hätte sie ja doch auf den Ratschlag ihres Vaters hören und mit den Zwillingen zurück zum Goschenhof kommen sollen, wo sie Frieda, Hans und Werner in Sicherheit wusste, während Gretel ja zusammen mit Frau Wipperfürth und deren Kindern bei der Patentante in Larrieden untergekommen war. Doch in der Nacht nach ihrer Ankunft auf dem Hof hatte sie ihre ursprüngliche Planung verworfen. »Die werden Rothenburg nicht tagelang bombardieren! So bedeutend ist die Stadt ja schließlich wirklich nicht! Die haben sicher schon längst andere Ziele im Visier!«, hatte sie am nächsten Morgen dem erstaunten Vater erklärt und ihm zu verstehen gegeben, dass sie auf jeden Fall mit den Zwillingen zurück nach Rothenburg gehen und dort im Haus nach dem Rechten schauen werde. Ihr Stiefbruder Fritz hatte zustimmend genickt, während der Vater kopfschüttelnd widersprochen hatte. »Aber du hast ja schon immer deinen eigenen Kopf gehabt und gewusst, was du wolltest. Dann wird es dieses Mal hoffentlich auch gut gehen«, hatte er am Ende resignierend gemeint und ihr das Versprechen abgenommen, auf dem schnellsten Weg mit den Kindern zum Goschenhof zurückzukommen, falls das Haus in Rothenburg nicht mehr bewohnbar sei. Für Frieda, Hans und Werner werde von der Schwiegertochter auf dem Hof bestens gesorgt, sie solle die Kleinen auf jeden Fall einige Wochen bei ihnen auf dem Land lassen, da sei wenigstens genug zu essen vorhanden und die Gefahr, am sich abzeichnenden Ende dieses Krieges in irgendwelche Auseinandersetzungen zu geraten, auch wesentlich geringer als in der Stadt.

»Erich! Wilma! Hört mir bitte jetzt ganz genau zu!« Noch immer atmete sie hastig, so sehr war ihr der Schreck in die Glieder gefahren. »Ihr beobachtet jetzt immer ganz genau den Himmel! Du auf der Seite, Wilma«, damit zeigte sie nach Süden, »und du, Erich, auf dieser Seite«, wies sie mit dem ausgestreckten Arm nach Norden. »Und sobald ihr irgendetwas bemerkt, ruft ihr sofort! Verstanden?« Noch ehe die Kinder eine Antwort auf ihre Frage geben konnten, hörte sie es ganz von ferne wieder, dieses furchtbare Geräusch, das in Windeseile auf sie zujagte. Und da sah sie das Flugzeug auch schon aus dem Himmel auf sie zustürzen. In wilder Hast kippte sie den Leiterwagen auf die Seite und warf sich über ihre Kinder. Ein hämmerndes Geräusch peitschte an ihre Ohren, und nur Zentimeter vom Leiterwagen entfernt spritzten die Steine hoch, als die Kugeln des Maschinengewehrs auf dem Weg aufschlugen.

»Ruhig liegen bleiben, Kinder. Das ist wieder der Tiefflieger. Bleibt ganz ruhig!« Die Angst schnürte ihre Kehle zu, und nur ganz allmählich registrierte sie, dass das Flugzeug hinter dem Horizont verschwunden war. Mühsam rappelte Maria sich auf. »Kommt, Kinder, hinein in den Wagen. Wir müssen weiter, damit wir heute Nachmittag auch wirklich zu Hause sind!« Wie sich das anhörte: zu Hause sein. Und wie es wohl sein würde zu Hause?!

Der Weg zurück hatte länger gedauert, als Maria erwartet hatte. Noch zweimal hatten sie sich vor dem Angriff der Tieflieger nur durch einen raschen Sprung in den Straßengraben in Sicherheit bringen können, und mehrmals mussten sie die Straße verlassen, weil sie durch Bombenlöcher und zerstörte Fuhrwerke blockiert war. Immer wieder waren ihnen auch Menschen begegnet, die zerlumpt und mit Panik in den Augen aus der Stadt geflohen waren, aus der Stadt, in die sie mit den Kindern zurückkehren wollte. Von Minute zu Minute wuchs die Unruhe in Maria, als sie durch die furchtbar zerstörten Häuserzeilen liefen. Das wunderschöne Rathaus von Rothenburg, was war davon noch übrig geblieben, außer traurigen Resten der gotischen Fassade! Das Gymnasium, die Galgengasse, große Teile der Stadtmauer! Zerstört, verbrannt, vernichtet! Was konnte sie angesichts der brutalen Zerstörung in der gesamten Stadt von ihrem Haus noch erwarten? Würde überhaupt noch ein Stein auf dem anderen stehen?

Mit bangem Herzen bog Maria um die Ecke. Zumindest der Alte Keller war als Gasse noch erhalten, auch die Wirtschaft hatte wohl nicht allzu viel abbekommen. Und hier, tatsächlich: Das Haus stand noch! Prüfend ließ sie den Blick schnell über die Fassade wandern. Gott sei Dank! Größere Schäden waren nicht zu erkennen! Erleichtert stieß die müde Frau einen Freudenschrei aus: »Da Kinder, seht! Unser Haus! Es steht noch! Kommt!« Hastig stellte sie den Leiterwagen ab und half den Kindern heraus. Dann drückte sie die Klinke der Haustür herunter und trat in den dunklen Flur. Im selben Augenblick drang ein erschrockener, spitzer Schrei aus ihrer Kehle. Das konnte doch gar nicht wahr sein! Spielten die Gedanken jetzt mit ihr verrückt, oder wie sollte, wie konnte sie sich die Szenerie erklären, die sich vor ausbreitete?

Im Erdgeschoss des kleinen Hauses saßen dicht gedrängt fremde Menschen und starrten ihr neugierig entgegen. Auch oben, das konnte sie an den knarrenden Geräuschen erkennen, die von der Decke her zu hören waren, mussten sich Leute befinden. Fremde Leute! Was hatten die in ihrem Haus zu suchen, und wo waren die beiden jungen Schweine, die sie bei ihrer Flucht zurückgelassen hatte? Fieberhaft sah sich Maria um, doch die Tiere waren nirgendwo zu entdecken. Kindergeschrei drang an ihr Ohr. Wie viele Menschen waren das denn bloß?! Allmählich konnte sie das eine oder andere bekannte Gesicht aus der Masse wiedererkennen, es waren alles Leute, denen sie schon oft in Rothenburg begegnet war. Aber was hatten diese Männer und Frauen hier in ihrem Haus zu suchen?

Sie erhielt die Antwort im selben Augenblick. »Ach, guten Tag Marie, da bist du ja!« Eine dicke Frau, ungefähr in ihrem Alter, kam die Treppe heruntergelaufen und musterte sie eindringlich. »Und ich habe schon gedacht, du wärst bei dem Bombenangriff ums Leben gekommen! Na, Gott sei Dank!« Maria schüttelte stumm den Kopf und zog ihre verschüchterten Kinder näher zu sich heran. »Du wunderst dich sicherlich, was wir hier in deinem Haus zu suchen haben«, fuhr die andere schließlich fort. Sie machte eine hilflose Geste und ging die letzten Stufen herunter auf Maria zu. »Es ist nämlich so, dass wir alle ausgebombt worden sind, der ganze Ostteil von Rothenburg ist eine einzige Trümmerlandschaft. Wir sind alle aus diesem Teil der Stadt. Von unseren Häusern sind – wenn überhaupt – nur noch Ruinen übrig geblieben.« Sie wischte sich die Tränen aus den Augen, und die Erinnerung an den schrecklichen Anblick schien sie zu überwältigen.

»Ich habe es gesehen«, antwortete Maria mit matter Stimme. »Es sieht furchtbar aus. Das sind ja keine Häuser mehr. Und da seid ihr eben auf die Suche nach einem Dach über dem Kopf gegangen. Das verstehe ich.«

Die Frau hatte sich wieder in der Gewalt und lächelte verlegen. Langsam ließ sie den Blick über die anderen Obdachlosen schweifen. »Der Kreisleiter hat es angeordnet. Er hat befohlen, dass die leer stehenden Häuser besetzt werden sollen und dass die, deren Häuser mehr oder minder unbeschädigt geblieben sind, die anderen aufnehmen sollen!« Sie zuckte die Schultern. »Jetzt ist nur die Frage: Wie bringen wir dich unter, Marie? Wir haben schon alles verteilt, und es geht eng genug zu.« Skeptisch musterte sie die vor ihr stehende Maria mit den Zwillingen, die sich ängstlich hinter ihrer Mutter versteckt hatten.

»Na, das wird doch wohl kein Problem sein!« Die ärgerliche Stimme eines jungen Mannes drang in diesem Moment von oben herunter. »Da verteilen wir eben eine Familie weiter. Es müssen ja nicht alle bei uns hocken, schließlich können die Vogels oder die vornehme Frau Dittmar auch jemanden aufnehmen!«

»Willi!« Mit einem Freudenschrei hatte sich Maria einen Weg durch die Menschen zur Treppe gebahnt und nahm ihren Sohn jubelnd in die Arme. »Gott sei Dank, du lebst, Willi!«

»Natürlich lebe ich, Mutter!« Willi schluckte schwer, um

die in ihm aufsteigende Rührung zu unterdrücken. Sanft schob er Maria von sich und baute sich am Fuß der Treppe auf. »Also, sind wir uns einig? Wer geht freiwillig, um meiner Mutter und meinen Geschwistern Platz zu machen?« Er verschränkte die Arme vor der Brust und musterte die anderen rings um sich streng.

»Da schau her, der kleine junge Nazi«, ließ sich von hinten eine bittere Männerstimme vernehmen.

»Psst! Sei ruhig!«, zischte im selben Augenblick leise eine Frau.

»Ist doch wahr!« Einer der Männer, die ganz hinten an der Wand gekauert hatten, pflichtete dem Ersten bei und erhob sich stirnrunzelnd. »Was glaubt der Pimpf denn eigentlich?« Drohend starrte er den Jungen an.

Auch eine alte, grauhaarige Frau gesellte sich zu ihm und streckte anklagend den Arm in Willis Richtung. »Erst erklären sie Rothenburg zur Festung und lassen uns in Trümmer sinken und schon führen sie wieder das große Wort!«

In die Menge kam mit einem Mal Bewegung. Die Menschen brummelten ärgerlich und nickten zustimmend. Mit zornrotem Kopf trat Willi einen Schritt nach vorne und setzte zu einer scharfen Erwiderung an.

»Lass das!« Energisch hob Maria den Arm und gebot ihrem Sohn Einhalt. Mit ernster Miene sah sie in die Runde und zog den wütenden Jungen dicht an sich. »Ihr kennt uns doch alle. Ihr wisst doch, dass wir keine von denen sind. Und der Willi«, sie deutete auf seine Kleidung, »sehen eure Kinder etwa anders aus? Habt ihr den Leuten von der Partei widerstanden, als sie euch aufgefordert haben, ihnen die Kinder zu schicken – in die Hitlerjugend oder zum BDM? Hat man eure Kinder denn nicht genauso verführt und in den Bann geschlagen wie den Willi?

Was ist denn anders an ihm als bei den anderen?« Antwort suchend sah sie sich um.

»Einer von den Anführern ist er, das ist anders in diesem Fall!« Der Mann von vorher gab sich noch lange nicht geschlagen.

»Oh, Nistler, jetzt mach aber mal langsam!« Maria schnaubte unwillig und stemmte entschlossen die Hände in die Hüften. »Jetzt erzähl du mir bloß nicht, dass du ein Widerstandskämpfer bist! Nur weil deine Enkel noch jünger sind! Aber du, was ist mit dir?«

»Marie, um Gottes willen, sei vorsichtig!« Die Frau, die sie vorher begrüßt hatte, zupfte sie am Ärmel und flüsterte leise die Warnung in Marias Ohr. »Wenn sich das herumspricht, holen die dich!«

Doch Maria schüttelte unwillig den Kopf. »Nein, Nistler, es stimmt doch. Für den Krieg warst du ja schon zu alt, so ein Glück, nicht wahr? Da kann man gerne den Parteigenossen spielen, oder? Oder sag bloß, du bist jetzt ganz schnell aus der NSDAP ausgetreten und Widerstandskämpfer geworden?«

Erstauntes Gemurmel kam in der Menge auf. »Recht hat sie! Ach, so ist das!« »Ja, Nistler, jetzt bist du an der Reihe«, kicherte eine hohe Stimme vergnügt von der Treppe herunter. »Sag das noch mal!« Wütend funkelte der Mann die vor ihm stehende Maria an.

Doch bevor die Situation weiter eskalieren konnte, wurde die Haustür aufgerissen und ein verschwitzter Mann in brauner Uniform stürmte herein. »Heil Hitler!« Er knallte die Hacken zusammen und streckte den rechten Arm weit von sich. Atemlos fuhr er mit schneidender Stimme fort. »Befehl vom Kreisleiter. Rothenburg wird weiter verteidigt, bis auf den letzten Blutstropfen! Der Vormarsch des Feindes ist zum Stillstand gekommen.

Volkssturm und Hitlerjugend verteidigen die Stad, bis unsere Truppen uns zu Hilfe kommen, koste es, was es wolle! Alle Männer und Jugendlichen sammeln sich am Rathaus! Augenblicklich!« Er ließ den Blick streng über die Runde schweifen. »Alles verstanden?!«

Die hohe Fistelstimme von vorhin ließ sich wieder vernehmen. »Welches Rathaus?« Ein leises Kichern folgte der Frage.

Der Uniformierte fuhr unwirsch herum. »Was soll das?«, donnerte er zornig und deutete mit erhobenem Zeigefinger drohend zur Treppe hinüber. »Subversive Elemente können wir jetzt gerade noch gebrauchen! Noch ein falsches Wort und du hängst schneller am nächsten Baum, als du denken kannst!« Wieder schlug er die Hacken zusammen. »Also! In einer halben Stunde sind alle da! Heil Hitler!« Damit drehte er sich um und marschierte weiter.

»Du mich auch!« Der Mann mit der hohen Stimme schüttelte den Kopf. »Diese Idioten haben es noch immer nicht begriffen! Die lassen nichts als verbrannte Erde zurück, diese Hohlköpfe!«

»Eberwein, ich bitte dich, sei vorsichtig! Die meinen es ernst!« Warnend hob einer der Umstehenden die Hand.

»Ach was! Ich bin jetzt zweiundsiebzig Jahre alt, ich habe mein Leben gelebt.« Der alte Mann erhob sich seufzend von der Treppe und stieg langsam die Stufen empor.

Eine beklommene Stille breitete sich aus, bis Maria sich suchend umsah. »Übrigens«, fragte sie schließlich die dicke Frau neben sich, »wo sind eigentlich meine beiden Schweine geblieben?« Errötend senkte die Frau den Blick. »Die Schweine?«, murmelte sie verlegen und klopfte sich hilflos mit den Händen an die Oberschenkel.

»Also, die … die sind … weißt du, Marie!« Sie hob den Kopf und sah Maria entschuldigend an. »Wir haben doch alle so einen Hunger gehabt! Die Kinder hatten nichts zu essen …«

»Ach so«, Maria hatte es sich schon so gedacht. »Ja, da kann man halt nichts machen.« Sie nickte verständnisvoll. »Schließlich gehen die Kinder vor, da hast du Recht!«

Mai 1945

Zweimal klopfte es laut an der Zimmertür. »Hello?!« Ein hochgewachsener amerikanischer Soldat betrat mit eingezogenem Kopf die Stube. »Excuse me, Entschuldigung, dass ich hier so hereinplatze! Aber ich habe gehört, dass Sie hier untergebracht sind! Ich darf doch?« Mit breitem, verlegenem Grinsen zog er sich einen Stuhl heran und ließ sich darauf nieder. Er hob die Hand einen halben Meter über die Tischplatte. »Look! Ich bin eben zu groß gewachsen. Ein Meter und fünfundachtzig, wie sagt man, Zentimeter.« Er warf einen verständnisheischenden Blick an die niedrige Decke. »Zu groß für diesen Raum!« Lächelnd sah sich der Offizier im Raum um. »Man hat mir gesagt, Sie wären hier untergekommen, deshalb bin ich jetzt hier.« Beunruhigt hob Maria den Kopf. »Sie haben uns gesucht? Was haben wir denn …«

»Nichts, nichts!«, fiel ihr der Amerikaner ins Wort. »Keine Angst, es ist nichts Schlimmes, weshalb ich hier bin!« Er legte die Mütze auf den Tisch und rieb sich die Hände. »Well, es ist nämlich so, ich suche Ihre Tochter!«

»Unsere Tochter?« Maria zuckte zusammen. »Welche Tochter meinen Sie denn?«

»Die blonde! Sie müsste jetzt ungefähr dreizehn oder vierzehn Jahre alt sein, die meine ich!«

»Ja, aber warum denn?« Maria hatte ihr Nähzeug beiseite gelegt und wartete sorgenvoll auf die Antwort.

»Keine Sorge«, lächelte der Offizier. »Sie werden mich sicherlich nicht mehr kennen, nicht wahr?«

Verblüfft musterte Maria den großen Mann. »Wieso sollte ich Sie denn kennen?«

»Well, warum eigentlich?« Der Amerikaner kratzte sich am Kinn. »Weil ich vor rund zehn Jahren schon einmal bei Ihnen war, zusammen mit meiner Frau! Damals waren Sie gerade schwanger.« Er betrachtete die in einer Ecke des Raumes spielenden Zwillinge und die anderen vier Kinder lächelnd. »Aber damals waren es noch nicht so viele! Gehören die alle zu Ihnen?«

»Ja, das heißt so gut wie!« Maria spürte, wie ein zartes Rot in ihr hochgestiegen war. »Alle bis auf den kleinen Siegfried. Der ist bei uns sozusagen zur Pflege, denn sein Adoptivvater ist im Krieg gefallen, und seine Mutter hat den Tod ihres Mannes noch nicht verwunden, deshalb habe ich ihn zu mir genommen.«

»Schlimme Zeiten!« Der Offizier atmete tief durch. »Ja, aber damals haben wir Ihr kleines blondes Mädchen so sehr bewundert. Es sah genauso aus wie Shirley Temple.« Besorgt beugte er sich vor und runzelte die Stirn. »Es ist ihr doch hoffentlich nichts passiert, oder?!«

»Nein, nein.« Maria schloss erleichtert die Augen, denn nun war ihr klar geworden, um wen es sich bei dem fremden Besucher handelte. »Jetzt erinnere ich mich wieder an Sie! Sie wollten uns die Gretel damals abkaufen und mit nach Amerika nehmen!«

»Genau! Und wie ich nun durch den Krieg wieder hierher nach Deutschland gekommen bin, da habe ich mir gedacht, ich muss einmal nach meinem blonden Engel schauen! Ich bin nämlich in Nürnberg stationiert und habe gerade zwei Tage frei bekommen, und nun bin ich hier!« Der Amerikaner breitete die Arme aus. »Aber wo ist Ihre Tochter?«

»Die ist auf einem Bauernhof bei meinen Verwandten geblieben! Wir sind an Ostern geflüchtet, als die Stadt bombardiert worden ist – übrigens am Geburtstag von Gretel war das. Und weil das Leben hier so schwierig ist und wir nicht mehr in unser Haus dürfen, hat sie beschlossen, noch eine Weile dort zu bleiben.«

»Ach so! Wie schade!« Enttäuschung breitete sich im Gesicht des Mannes aus. »Und dabei habe ich mich so darauf gefreut, sie wiederzusehen! Schade«, fuhr er fort und musterte Maria nachdenklich. »Wissen Sie schon, wann Sie wieder in Ihr Haus dürfen? Ich war ja selbst erstaunt, dass man ausgerechnet Sie ausquartiert hat!«

Maria schüttelte den Kopf. »Nein. Da sind nur vor vier Wochen, also Mitte April, gleich nach dem Einmarsch in Rothenburg zwei von Ihren Kollegen erschienen und haben gesagt, wir müssten das Haus sofort räumen. Ich habe zwar noch darauf hingewiesen, dass wir schon einige obdachlose Familien aufgenommen hatten, aber das haben die gar nicht hören wollen. Die haben nur gesagt, wir müssten raus, und zwar schnell. Das Haus sei jetzt von der amerikanischen Armee in Beschlag genommen.« Maria breitete hilflos die Arme aus. »Ja – und da sind wir eben hier in dieser Stube untergekommen.«

»Alle miteinander?« Der Offizier schüttelte ungläubig den Kopf. »Sie – und all diese Kinder hier?«

Maria nickte müde. »Und noch unser Willi, aber der ist gerade auf der Suche nach etwas zu essen.«

»Aber das ist ja … Wie geht das? Sie und all die Kinder in einer Stube!«

»Das geht schon – irgendwie halt. Wir schlafen abwechselnd auf dem Sofa, Willi und ich. Die Zeiten sind hart, da muss man eben zusammenrücken!«

Immer noch schüttelte der andere den Kopf. »Ich will einmal sehen, was sich da machen lässt, vielleicht kann ich ein gutes Wort für Sie einlegen.«

»Das wäre schön.« Maria sah dem Mann dankbar in die Augen, der sie sorgenvoll musterte.

»Und was ist mit Ihrem Mann? Ist der auch Soldat gewesen?« Er bemerkte, wie die Frau am anderen Ende des Tisches schmerzlich zusammenzuckte. »Sie haben also seit Kriegsende nichts mehr von ihm gehört?« Maria schüttelte stumm den Kopf und wischte sich mit dem Handrücken eine Träne aus dem Auge. Eine unbehagliche Stille breitete sich in der engen Stube aus, denn auch auf die Kinder hatte sich die Anspannung übertragen. Der Offizier blickte sich einen Moment ratlos um, dann klatschte er aufmunternd in die Hände. »Wisst ihr was, Kinder! Ich habe ein Päckchen chewing gum bei mir, Kaugummi, wie es hier heißt! Wer will ein Stück davon?«

Ratlos sahen sich die Kinder an. »Was ist das denn, Herr Soldat?«, fragte die sechsjährige Frieda nach einer Weile schüchtern.

»Ach so – Entschuldigung.« Der Mann lachte verständnisvoll. »Ihr kennt das noch nicht! Also, das ist süß, und man muss es lange kauen. Es schmeckt ähnlich wie ein Bonbon, und es ist auch noch gut für die Zähne. Wer will also so ein Kaubonbon?« Er holte das Päckchen Kaugummi aus seiner Jackentasche und verteilte grinsend die kleinen, weiß eingewickelten Streifen, als sich die Kinder freudestrahlend auf ihn stürzten.

»... und was hast du noch vergessen, Werner?« Mit gespielter Strenge nahm Maria den dreijährigen Werner ins Visier. Der starrte seine Mutter überrascht und ratlos an. »Na, dann überleg doch mal!«, half sie dem Kleinen auf die Sprünge. »Wie sagt man, wenn man etwas geschenkt bekommen hat?«

Die Miene des Kindes hellte sich schlagartig auf. Es öffnete den Mund, um sich für den Kaugummi zu bedanken, als ein junger Mann ohne anzuklopfen in das Zimmer stürzte. Hektisch sah er sich um. Sein Hemd war schweißnass, und Panik stand in seinen Augen. »Frau Staudacher, Sie müssen mit! Sofort! Sie haben sich Willi geschnappt!«

Maria war aufgesprungen. »Aber Alfred! Was ist denn mit Willi?«

Es musste etwas Schlimmes passiert sein, aber was? Keuchend schnappte der erschöpfte Jugendliche nach Luft. »Ein paar Männer sind gekommen und haben den Willi verhaftet. Sie bringen ihn gerade nach Schillingsfürst, dort wollen sie ihn lynchen, haben sie gesagt! Zusammen mit ein paar anderen von der Hitlerjugend wollen sie ihn an den Baum hängen! Eine solche Jugend habe in Deutschland nichts mehr zu suchen, jetzt würden sie Schluss machen mit den Nazis! Bitte, Frau Staudacher, kommen Sie schnell, vielleicht können Sie ihm ja noch helfen!«

»Was sagst du da?« Maria konnte nicht glauben, was sie da gehört hatte. »Aber Willi hat doch nie etwas Böses getan, der ist doch nur von denen mit hineingezogen worden! Er ist doch nur ein Opfer der Verführung gewesen, ein Kind!«

»Das habe ich auch gesagt, Frau Staudacher, aber das ist denen egal! Sie haben mich beiseite gestoßen und gesagt, ich solle schauen, dass ich wegbleibe, sonst würden sie mich an den nächsten Ast neben meinen Freund hängen!« Maria schlug die Hände vor das Gesicht. Was sollte sie jetzt tun? Wie konnte sie ihren Jungen retten? »Also, wo ist er jetzt?« Entschlossen sah sie dem Jungen in die Augen. »Bring mich zu ihm!«

Der Offizier war ebenfalls aufgesprungen und gebot der besorgten Mutter Einhalt. »Lassen Sie mich das machen, auf mich hören sie eher! Also!«, damit wandte er sich dem völlig erschöpften jungen Mann zu, »zeigen Sie mir den Weg zu Ihrem Freund!« Der andere nickte und wandte sich zur Tür, der Offizier folgte ihm rasch.

»Ich komme mit! Ihr bleibt hier und wartet, bis ich wiederkomme, habt ihr verstanden!« Maria wartete die Antwort ihrer Kinder gar nicht mehr ab und stürmte den beiden Männern hastig hinterher.

Ich hätte diese Geschichte früher wahrscheinlich nie geglaubt. Der ruhige, gemütliche Onkel Willi ein Hitlerjunge, der beinahe in Schillingsfürst aufgehängt worden wäre? Unglaublich! Auch dann noch, als ich mit achtzehn, neunzehn Jahren und dem ersten Auto den Onkel Willi ein paarmal in Rothenburg besucht habe. Den hochangesehenen »Finanzminister« von Rothenburg, den Stadtkämmerer, der er zwanzig Jahre lang, von 1970 – 1990, war. Ein überzeugter Sozialdemokrat, ein bewunderter Mundartdichter – nein, nicht Heimatdichter. Er war einer der Begründer der fränkischen Mundartdichtung nach dem Krieg, hat es gewagt, in seinem Dialekt zu schreiben – einfach deshalb, weil man sich da viel mehr von der Seele reden und die Dinge deutlicher beim Namen nennen könne als in der Hochsprache. Er hatte Recht, aber wie gesagt, das habe ich erst viel später begriffen. Und er hat sich diesen Verrat an einer ganzen Generation von der Seele geschrieben, erst auf Hochdeutsch, dann auf Fränkisch. Es hat ihm geholfen. Und er ist deshalb auch zeitlebens dafür eingetreten, schon den Anfängen zu wehren. Sein Bruder Erich, der Steinmetz geworden ist, hat für ihn eine Gedenktafel an der Fassade des kleinen Hauses im Alten Keller angebracht, und in der Zwischenzeit hat die Stadt Rothenburg sogar eine Straße nach Willi Staudacher benannt. Eine unglaubliche Entwicklung – wo doch die Familie vor grade mal sechzig Jahren immer mit einem Fuß am sozialen Abgrund stand.

Im Jahr 1995 ist Willi Staudacher gestorben, an einem Herzschlag nach einem Sommersturm. Als es Bäume entwurzelt und Dächer abgedeckt hat, als man für ein paar Stunden meinen konnte, Rothenburg sei wieder zerstört worden wie damals am Ende des Zweiten Weltkrieges. Und plötzlich haben sich die längst verarbeitet geglaubten Erinnerungen explosionsartig wieder Bahn gebrochen. Das hat ihn das Leben gekostet.

August 1945

»Du meine Güte! Wie sieht es denn in unserem Zimmer aus!?« Entsetzt hielt Erich die Hand vor den Mund und starrte kopfschüttelnd auf das Chaos in seinem Zimmer. Auch Wilma konnte nicht glauben, was sie da sehen musste. Tränen schossen ihr aus den Augen. »Mein schönes Bett!«, deutete sie auf ein zerfetztes Lager, das mit Essensresten übersät in der Ecke stand.

Beruhigend legte Maria die Arme um die beiden Kinder. »Ich habe euch doch vorhin schon gesagt, dass ihr so etwas erwarten müsst, aber«, sie drückte die Zwillinge eng an sich, »das bekommen wir schon wieder alles sauber. Zum Glück sind wir wenigstens wieder in unserem eigenen Haus, und das ist doch erst einmal das Allerschönste, oder?«

»Ja schon«, nickte Erich gequält. »Aber da, schau, was sie mit den Bildern von Hans gemacht haben!« Er wies mit dem Kinn hinüber in die Ecke, in der der fünfjährige Hans stand und kopfschüttelnd die Reste seiner Bilder in Händen hielt, die er vor einigen Monaten noch auf Kartonpapier gemalt hatte. Sorgfältig hatte er das zusammengeknüllte Papier geglättet und es dann mit den Stummeln von über Wochen hinweg gesammelten Farbstiften bemalt.

»Ist denn hier keiner im Haus?« Eine vertraute Stimme drang von unten an ihre Ohren. Es war schon lange her, dass sie diese Stimme vernommen hatten. Konnte es wirklich wahr sein? Maria straffte sich und biss sich vor Anspannung auf die Lippen. Hatte sie richtig gehört? »Na, bekomme ich keine Antwort? Ist da niemand?« Müde kroch die Stimme des Fragestellers die Treppe herauf. Doch, er war es!

»Johann!« Mit einem Jubelschrei stürzte Maria nach unten. »Johann! Wo bist du?«

»Wo werde ich schon sein?« Tränen liefen über das Gesicht des kleinen, rothaarigen Mannes, als er seiner Frau zitternd und vor Rührung bebend in die Arme fiel. »Hier bin ich! Ich lebe! Schau mich an!« Er stieß sich von ihr ab und breitete die Hände aus. »Da, schau, Marie! Das haben sie aus mir gemacht!« Er deutete an sich herunter. In der Tat sah Johann elend aus. Dichte, rotblonde Bartstoppeln bedeckten die untere Hälfte seines Gesichtes, und sein rotes Haar fiel ihm in langen, ungepflegten Strähnen bis über die Ohren. Zwei dicke, entzündete Narben liefen quer über die Stirn des zu Tode erschöpften Soldaten. Die Reste seiner Uniform hingen in Fetzen herunter. »Da, schau! Elend, aber am Leben!« Er versuchte den Anflug eines Lächelns auf sein Gesicht zu zaubern, doch die verzerrte Miene glich mehr einer grinsenden Totenmaske.

Maria musste sich beherrschen, um nicht erschrocken aufzustöhnen. »Hauptsache, du bist wieder da!« Sie zog ihn an sich. Lange blieben sie so aneinander geschmiegt stehen, ohne ein Wort zu sagen. Dann aber war es mit der Ruhe vorbei.

Die Kinder, die instinktiv gespürt hatten, dass die ersten Minuten des Wiedersehens allein ihren Eltern gehören mussten, beanspruchten nun ihr Recht. »Vater! Da bist du ja endlich! Wo warst du die ganze Zeit? Bist du geflohen, oder haben sie dich gehen lassen? Wie ist es dir ergangen? Haben sie dich gefangen genommen? Was hast du alles erlebt?« Fragen über Fragen prasselten auf den glücklichen Johann ein, der trotz aller Erschöpfung geduldig Rede und Antwort stand. Als würde dadurch ein Stückchen Normalität und damit auch die lange vermisste Energie in ihn zurückfließen, genau so war es ihm. Erst lange später hob er abwehrend die Arme.

»So, Kinder, das ist fürs Erste genug!«, stöhnte er erschöpft auf. »Sonst schafft ihr noch das, was tausend feindliche Kugeln nicht vermocht haben, und das wäre ja doppelt traurig, oder?« Belustigt registrierte er den entsetzten Gesichtsausdruck, den er mit dieser Bemerkung bei der kleinen Frieda hervorrief. »Ach, Frieda, komm, das war doch nur Spaß! Jetzt bin ich wieder da, und alles wird gut!« Er zog das Mädchen an sich und drückte ihm einen lauten Kuss auf die Wange. »So! Und jetzt lasst ihr mich mit eurer Mutter ein bisschen allein! Einverstanden?« Damit gab er seiner Tochter einen sanften Klaps auf das Hinterteil und beobachtete zufrieden lächelnd, wie sich die Kinder in ihre beiden Zimmer zurückzogen, um zunächst die gröbsten Verwüstungen aufzuräumen.

»So«, er lehnte sich aufatmend in dem arg ramponierten Sessel zurück, den die Amerikaner in der Stube gelassen hatten. »Und nun erzähl, Marie! Wo sind denn die anderen drei, Willi, Gretel und vor allem Fritz? Der wird mich wahrscheinlich gar nicht kennen, wenn er mich sieht.«

»Das ist eine lange Geschichte.« Maria nahm auf dem Stuhl neben ihrem Mann Platz und betrachtete nachdenklich die zersprungenen Fensterscheiben des Zimmers. Die Amerikaner mussten teilweise wirklich gehaust haben wie die Wandalen! Zum Glück hatte es der freundliche amerikanische Offizier, der immer wieder aus Nürnberg herüberkam und den freudestrahlenden Kindern Süßigkeiten mitbrachte, nach langen Verhandlungen geschafft, der Familie wieder in ihr Haus zurückzuhelfen! Wer weiß, wie sonst das Haus in ein paar Monaten erst ausgesehen hätte! »Wo fange ich an? Am besten mit unserem Ältesten. Also, Willi – ich sage dir, das war vielleicht eine furchtbare Angelegenheit!«

Sie seufzte tief, als sie an die dramatischen Stunden zurückdachte, in denen Willi nur um Haaresbreite dem Tod entgangen war. Nur das entschiedene Auftreten des amerikanischen Offiziers hatte die aufgebrachte Menge letztlich davon abgehalten, Willi zu lynchen. Mit Mühe und Not war der Amerikaner kurz vor der Ankunft des Transportes in Schillingsfürst noch zu Willi vorgedrungen und hatte mit gezogener Pistole erklärt, dass er auf jeden schießen werde, der sich ihm und dem Jungen nähern würde.

»Aber Willi ist doch kein Nazi! Das ist doch ein Junge, dem sie mit ihrem Prunk und Brimborium mächtig das Bewusstsein durcheinander gewirbelt haben, aber mehr doch nicht! Der hat doch niemandem etwas angetan!« Johann war aufgesprungen und lief unruhig in der Stube auf und ab. »Das kann doch nicht wahr sein!«

»Ist es aber«, Maria hatte sich ebenfalls erhoben. »Wenn du nur dabei gewesen wärst – ich sage dir, da hat nicht mehr viel gefehlt! Die Menschen waren dermaßen fanatisiert, selbst der Amerikaner war sich seines Lebens nicht mehr sicher – und weißt du, was das Merkwürdigste dabei war?« Sie drehte sich um und suchte die Augen ihres Mannes. »Ich war mir hundertprozentig sicher, dass da in der Menge nicht nur Menschen waren, die unter den Nazis gelitten haben, ganz im Gegenteil – da sind auch welche mitgelaufen, die noch vor ein paar Wochen selbst die braunen Uniformen angehabt haben – und zwar voller Stolz! Und jetzt haben sie so getan, als müsse Willi unbedingt dran glauben – nur um von sich selbst abzulenken. Ich dachte, ich sehe nicht recht.«

Johann nickte betrübt. »Doch, das hast du. Diese Sorte kenne ich! Die hat's auch bei der Armee gegeben, und als sie gemerkt haben, wo der Hase langläuft, waren sie plötzlich schon seit Jahrzehnten Widerstandskämpfer! Und dabei haben sie vorher jeden, der nur versucht hat, seine Meinung zu sagen, sofort denunziert und an den Pranger gestellt!« Er ballte mit vor Wut hochrotem Kopf die Faust. »Es ist immer dasselbe! Wenn diese Mitläufer nicht gewesen wären mit ihren Karrierehoffnungen und ihrer schleimigen Jasagerei, hätte die braune Brühe gar nicht erst dermaßen hochschwappen und das anrichten können, wohin es jetzt geführt hat, diese Schweine!« Zornig hieb er auf die Tischplatte, dann besann er sich. »Ja und jetzt, Marie?! Was ist jetzt mit Willi?«

Maria zuckte die Achseln. »Ich glaube, dem sind in den letzten Wochen die Augen übergegangen. Die Amerikaner haben ihm – wie vielen anderen von der HJ auch – schonungslos Bilder gezeigt! Bilder von den Konzentrationslagern, von den tausenden ermordeten Menschen, von Leichenbergen und Verbrennungsöfen!« Sie schauderte bei der Erinnerung an die Fotos, die ihr der amerikanische Offizier zur Information darüber, wie die Schocktherapie aussah, die sie mit ihrem Sohn vorhatten, ebenfalls gezeigt hatte. »Sie haben die Jungen gezwungen, sich die Bilder anzusehen, und ich sage dir, bei Willi hat es gewirkt! Dem ist eine Welt zusammengebrochen, du erkennst ihn kaum noch wieder. Und jetzt, das haben die Deutschen, die in der Verwaltung mitmachen dürfen, erst einmal angeordnet, muss er mit den anderen den Schutt beseitigen und die Trümmer aufräumen. Aber ich denke, das tut ihm ganz gut, fürs Erste zumindest!« Sie setzte sich wieder auf ihren Stuhl und ließ das eben Gesagte auf ihren Mann einwirken.

Johann sagte lange kein einziges Wort. Dann seufzte er tief und legte schwer die Hand auf Marias Schulter. »Du hast Recht, Marie. Wenn ihn das zur Besinnung gebracht hat, dann soll es recht sein. Diese Verbrecher! Die Jungen hatten ja auch wirklich keine Chance – wenn du mit sechs Jahren in eine Uniform gesteckt wirst und dir ständig einer etwas von der überlegenen Rasse ins Ohr brüllt, der du angehörst,« er machte eine hilflose Handbewegung, »wer will da über diese Kinder richten?!«

Maria nickte nachdenklich. »Das denke ich auch. Die Verbrecher sind die Erwachsenen, die das alles den Kindern eingeimpft haben. Wenn ich denke, wie viele von Willis Kameraden noch in den letzten Kriegstagen gefallen sind! Als sie noch die Brücke unten gesprengt haben – einen Tag, bevor sie die Stadt aufgegeben haben!« In Gedanken zählte sie die Liste der gefallenen jungen Männer durch. Unglaublich! »Aber ich glaube, der erste Knacks, der womöglich sogar entscheidend war, ist wohl die Geschichte mit der SS und seinen roten Haaren gewesen, als sie ihn wegen seiner Haarfarbe nicht nehmen wollten. Da hat er zum ersten Mal nachgedacht, natürlich ohne es zuzugeben! Aber wieso soll einer nicht dazugehören, nur weil er eine andere Haarfarbe hat? Das ist ihm immer wieder durch den Kopf gegangen, hat er mir erst neulich gesagt.«

Auch Johann setzte sich aufatmend wieder in den Sessel. »Dann besteht ja noch Hoffnung – und das ist gut so. Aber wo ist Gretel, und wo ist Fritz? Den würde ich schon gerne einmal wiedersehen! Wahrscheinlich kenne ich ihn ja genauso wenig wie er mich.« Erwartungsvoll musterte er seine Frau.

»Ja, Gretel müsste eigentlich bald da sein. Sie ist zusammen mit Frau Wipperfürth und ihren Kindern erst einmal bei Lina in Larrieden geblieben. Ich habe ihr gesagt, dass sie da sicherer aufgehoben ist als in der Stadt, wo sich so viele Soldaten herumgetrieben haben. Aber ich habe ihr jetzt ausrichten lassen, dass wir wieder in das Haus zurückdurften und deshalb denke ich, sie müsste jeden Moment kommen. Am besten mit dem Milchauto, wenn es von Larrieden zurückfährt. Dann ist sie nämlich nicht allein unterwegs – in diesen Zeiten!« Maria hielt inne und faltete die Hände zu einem stummen Gebet. Hoffentlich würde alles gut gehen und Gretel wohlbehalten im Alten Keller ankommen.

»Und Fritz? Was ist mit ihm?« Ungeduldig rutschte Johann auf seinem Sessel hin und her.

»Der Fritz, na ja, du kennst doch deine Schwester Anna«, Maria wiegte den Kopf. »Fritz hat sich vor einem halben Jahr mit Diphterie angesteckt, und es war unmöglich, ihn aus der Stadt herauszubringen. Das hätte er mit Sicherheit nicht überlebt in seinem Zustand. Anna wollte ihn mir auch gar nicht geben, und im Nachhinein – so schwer das damals für mich auch war – hat sie Recht behalten. Jedenfalls ist er wieder gesund und munter. Allerdings«, sie rieb die Handflächen aneinander und verzog skeptisch das Gesicht, »wie gesagt, du kennst deine Schwester – sie hat ja kein eigenes Kind und sagt, bei uns herrsche sowieso große Not, und deshalb sei der Fritz bei ihr viel besser aufgehoben. Sie will ihn gar nicht mehr hergeben, so ist das!«

»Na – sonst noch was! Das werden wir ja sehen, und zwar augenblicklich!« Johann war aufgesprungen und hatte sich entschlossen der Tür zugewandt, als Maria ihn am Ärmel zurückzog.

»Das hat doch auch bis morgen Zeit! Es geht ihm ja gut

bei der Anna, das muss ich zugeben. Lass ihn also ruhig noch einen Tag dort und ruhe dich erst einmal aus. Willkommen daheim, Johann!«

Missmutig kam Johann am nächsten Morgen vom Besuch bei seiner Schwester zurück. »Na, was hat sie gesagt?«, erkundigte sich Maria, die sich die Antwort schon denken konnte. Sie kniete mit einer Kehrschaufel vor der Haustür, um den Schmutz zusammenzufegen, den die Besatzer achtlos zurückgelassen hatten.

»Na was wohl!«, brummte Johann ärgerlich. »Alles das, was du mir auch schon gesagt hast. Dass eh viel zu viele Kinder bei uns seien, dass es uns schlecht ginge, dass sie keine Kinder habe und sich deshalb dem Fritz voll und ganz widmen könne, dass mein Schwager als Maler besser und schneller Geld verdiene könne als ich als Tagelöhner und Knecht – ja«, unwirsch fuhr er sich über das Gesicht, »dass es ihm halt bei ihnen besser ginge als bei uns!«

»Jetzt lass ihn halt noch eine Weile bei ihnen, bis wir wirklich wieder alles gerichtet haben.« Maria lächelte ihrem Mann aufmunternd zu und deutete mit vielsagender Miene auf die gestern Abend zurückgekehrte Gretel, die eifrig damit beschäftigt war, die Kissen draußen im Freien heftig mit einem Teppichklopfer zu bearbeiten. »Da, schau nur auf deine Tochter! Wenn die ihr Tempo beibehält, dann ist unser Haus in einer Woche schon wieder auf Vordermann, du wirst sehen. Und dann holen wir auch den Fritz wieder ab!«

Bevor Johann seiner Frau etwas entgegnen konnte, kamen genau in diesem Moment Werner und Siegfried aus dem Haus gerannt. »Vater, komm mal schnell!« Aufgeregt schnappte Werner nach Luft.

»Was ist denn bloß mit euch beiden?«, lachte Johann und musterte die Jungen kopfschüttelnd. »Da sind so merkwürdige kleine Tiere!« Siegfried schüttelte sich angewidert. »Und die krabbeln überall herum!«

Johann sog hörbar die Luft ein. »Kleine Tiere?«

»Ja – so komisch weiß, und sie kommen alle aus dem Klo heraus! Schau doch mal!«

»O bitte, bloß das nicht auch noch!«, stöhnte Johann und warf Maria einen resignierten Blick zu. »Das wird ja immer mehr anstatt weniger!«

»Das schaffen wir auch noch!« Maria hatte sich erhoben und folgte den anderen ins Haus.

»Pfui Teufel!«, dröhnte da auch schon die Stimme ihres Mannes durch das Haus. »So eine Schweinerei!« Laut schimpfend trat er wieder in den Flur hinaus und sah sich hilfesuchend um. »Tausende von Maden! Und sie kriechen aus dem Rohr heraus!« Angeekelt kratzte er sich an den Unterarmen. »Was machen wir denn da bloß? Hast du irgendein Mittel dagegen?« Maria ging rasch in Gedanken durch, womit sie die Tiere am besten bekämpfen konnten. »Nein, da ist nichts. Die Soldaten haben ja auch alles mitgenommen oder rausgeworfen. Nein, ich wüsste nicht, was wir nehmen könnten.«

»Das ist ja toll.« Johann verdrehte die Augen. Dann sah er sich suchend um. »Da hilft nur eins. Wir müssen ein Feuer machen. Ja genau!« Er streckte den Arm aus und deutete auf die hintere Ecke im Flur. »Da schau, der Strohballen für unsere Ziegen, den haben sie uns wenigstens dagelassen.« Damit hob er den Ballen hoch und schleppte ihn in den engen Anbau hinten am Haus, in dem die Toilette untergebracht war. »Gretel, komm, bring mir schnell Streichhölzer, bevor die Viecher mich auffressen!«, rief er hinter sich.

Wenig später kam Gretel mit den Streichhölzern von der Küche zurück. »Igitt, das ist ja widerlich!«, rief sie angeekelt und warf ihrem Vater die Schachtel mit den Streichhölzern zu.

»Aber nicht mehr lange,« grinste Johann und entzündete den Strohballen genau über dem Loch des Abflussrohrs. »Na, wird's wohl?« Konzentriert blies er seine Atemluft in das Stroh, das anfangs nicht so richtig brennen wollte. »Na also, jetzt geht es ja!« Johann hatte noch nicht richtig ausgesprochen, als eine meterhohe Flamme explosionsartig unmittelbar vor ihm hochschoss.

»Um Gottes willen!« Maria schlug entsetzt die Hände vor das Gesicht. »Johann! Was machst du da?!«

Erschrocken taumelte der Mann zurück und sah die hochlodernden Flammen, die ihnen aus der Toilette entgegenschlugen. Laut schreiend stürzte er zur Tür hinaus: »Hilfe! Kommt schnell! Mein Haus brennt ab! Helft mir!« Verdutzt schauten die Nachbarn aus den Fenstern, als sie den von Panik erfüllten Johann auf der Gasse um Hilfe schreien hörten. »Jetzt kommt schon und helft mir! Bringt Wasser, sonst brennt die ganze Gasse ab!« Das war das Stichwort. Hastig griffen die Männer zu den blechernen Wassereimern und eilten aus ihren Häusern. »Dort ist es – schnell!« Aufgeregt deutete Johann hinter sich. »Beeilt euch, sonst ist es zu spät!«

Doch bevor die Rettungsaktion begann, war sie auch schon wieder beendet. Mit rußgeschwärztem Gesicht stolperte Maria hustend aus der Haustür. »Ist schon alles wieder in Ordnung!«, keuchte sie mühsam und lehnte sich erschöpft an die Hauswand. »Zwei Eimer Wasser – einer von der Gretel und einer von mir – haben genügt!« Auch Gretel war nun aus dem Haus gekommen und musterte ihren Vater kopfschüttelnd. »Das war ja wirklich ein tolles Rezept,

Vater, das muss ich schon sagen!« Johann, der vor Verlegenheit am liebsten im Boden versunken wäre, blickte betreten zu Boden. Er konnte sich schon ausmalen, was die Nachbarn jetzt gleich an Hohn und Spott über ihm ausschütten würden, wenn sie die Geschichte erzählt bekamen. Er brauchte nicht lange darauf zu warten …

September 1945

»Und es ist wirklich endgültig, Frau Staudacher? Sie wollen mir die Gretel wirklich nicht mitgeben? Sie hat es sicher gut bei uns, das können Sie mir glauben! Und ich könnte Ihnen schon noch hundert Dollar extra dazugeben, das können Sie doch momentan mehr als nötig brauchen, oder?« Ernst stand der amerikanische Offizier vor Maria und wartete auf die Reaktion, die sein letztes Angebot wohl bewirken würde. Doch Maria schüttelte entschieden den Kopf.

»Nein, auf gar keinen Fall! Ich kann mein Kind doch nicht einfach so verkaufen! Das geht nicht, um kein Geld der Welt! Und außerdem – schon gar nicht über den Kopf von Gretel hinweg kann ich das tun! Nein!« Sie breitete Verständnis heischend die Arme aus. »Verstehen Sie mich – bitte!«

»Aber Gretel … lassen Sie mich doch einmal allein mit ihr darüber sprechen …«, versuchte er noch einmal, die Mutter zu überzeugen, doch Maria winkte ab.

»Das wäre nicht gut. Wissen Sie, natürlich ist Gretel jetzt im Augenblick fasziniert von den Geschenken, der Schokolade, den Bonbons und von allem, was Sie ihr immer mitbringen – besonders in unserer Lage jetzt! Aber wenn Sie das alles abziehen … ob mein Kind dann wirklich glücklich ist … Nein! Bitte verstehen Sie mich, aber es geht nicht!« Sie verschränkte die Arme vor der Brust und blickte dem Offizier entschlossen ins Gesicht.

»Schade!« Der Amerikaner schlug enttäuscht die Hände zusammen. »Aber ich kann Ihnen keinen Vorwurf machen, natürlich ist es Ihr Kind. Sie hätte es wirklich gut bei mir und meiner Frau in den USA, aber bitte, Sie haben entschieden.« Traurig reichte er Maria die Hand zum Abschied. »Auf Wiedersehen – und alles Gute! Ich fahre heute noch nach Nürnberg zurück, und nächste Woche ist meine Mission in Deutschland dann beendet. Machen Sie es gut, und grüßen Sie Gretel noch einmal herzlich von mir!« Abrupt machte er auf dem Absatz kehrt und ging mit schnellen Schritten die Gasse hinunter. »Schade!«

Gretel war vorsichtig zu ihrer Mutter getreten und blickte dem Mann nachdenklich hinterher. »Ich hätte euch jeden Monat ein Paket aus Amerika schicken können, wenn ihr mich verkauft hättet …«

Die Mutter wandte sich um und legte den Arm um ihre Tochter. »Für kein Geld der Welt hätte ich dich verkauft – und wenn's uns noch so schlecht ginge! So, du blonder Engel«, damit schob sie ihre Tochter ein Stück von sich und musterte sie lächelnd. »Weil aber auch Engel Geld verdienen müssen, solltest du jetzt zurück in die Küche und endlich die Socken für die Amerikaner fertig waschen, damit wenigstens ein bisschen Geld reinkommt, einverstanden?« Gretel nickte eifrig und drückte ihrer Mutter einen Kuss auf die Wange, bevor sie rasch ins Haus zurückeilte.

Sehr oft war ich früher nicht in Rothenburg, zugegeben, aber dennoch: Nie hat jemand die Geschichte von der Lola erzählt oder die vom Willi Flohr. Oder habe ich nur nie zugehört? Denn ohne emotionale Beziehung verblasst auch die Erinnerung an Menschen und ihre Geschichten, sofern sie überhaupt des Erinnerns wert erachtet werden. Aber ich bin mir fast sicher, dass von dem Willi Flohr mal gesprochen wurde, womöglich bin ich ihm sogar irgendwann einmal begegnet. Aber die Lola? Nein, von deren Existenz habe ich zum ersten Mal gehört, als wir im März 2000 vor dem kleinen Haus im Alten Keller standen und meine Mutter sich wieder erinnerte. Wenn sie die Augen schloss und die fast schon verblassten Bilder wieder Farbe bekamen, die Stimmen von damals wieder an ihr Ohr drangen.

Oktober 1945

»So, so, du bist also die Lola, die Freundin vom Willi!« Maria streckte der Besucherin freundlich die Hand entgegen. »Dann also herzlich willkommen in Rothenburg, Lola!« Sie wandte sich um. »Hast du gehört Willi, das also ist die Lola!« Irritiert runzelte das Mädchen aus Polen die Stirn und beschrieb darauf mit der Hand eine abwehrende Geste.

»Nein, nein, das ist nicht der Willi! Mein Willi ist größer und hat dunkle Haare!«

Willi verdrehte die Augen und fuhr sich ärgerlich mit der Hand durch seine roten Haare.

Maria bot dem jungen blonden Mädchen einen Stuhl an. »Komm, setz dich, Lola! Das hier«, zeigte sie auf den immer noch verstimmten Willi, »das ist mein Sohn, der heißt auch Willi. Dein Freund aber, der deutsche Soldat, das ist der Willi Flohr. Der wohnt schon seit fast zehn Jahren bei uns, der ist wie ein Sohn für mich, aber eben kein leiblicher! Hast du das verstanden, Lola?«

Das Mädchen überlegte kurz und ging in Gedanken das eben Gehörte noch einmal angestrengt durch. Dann nickte sie. »Ja, ich glaube schon«, strahlte sie Maria nun freudig an. »Wann kommt er denn nun, mein Willi?« Erwartungsvoll hob sie den Kopf.

»Tja«, Maria rieb sich die müden Augen, »wenn ich das wüsste. Er ist ja immer noch in Frankreich!«

»In Frankreich?!« Das Mädchen fuhr hoch und schlug

die Hände vors Gesicht. »Nicht hier in Rothenburg? Aber«, sie suchte mühsam nach Worten, »aber er hat mir doch geschrieben, dass er ab Ende September wohl wieder zu Hause sein würde!«, stieß sie mit heiserer Stimme, die durch den rauen Akzent noch verschärft wurde, hervor. »Sie wollten ihn doch schon Ende August aus der Gefangenschaft entlassen, das hat er mir doch geschrieben!« Ihre Augen füllten sich mit Tränen.

»Na, komm schon«, beschwichtigend hob Maria die Hände. »Wenn er dir das geschrieben hat, dann wird er auch bald kommen. Das kann sich immer um ein paar Tage verzögern, weißt du! In diesen Zeiten kann man ja nie genau sagen, wie es wird!« Diese Worte schienen die junge Frau einigermaßen zu beruhigen.

Besorgt schaute sie sich in der Stube um. »Aber, wo soll ich in der Zwischenzeit denn auf ihn warten?«, fragte sie mit bangem Unterton und blickte Maria hoffnungsvoll an.

Maria nickte und schenkte dem Mädchen ein warmes Lächeln. »Das geht schon, bei uns. Du bleibst einfach bei uns, bis Willi kommt. Die obere Stube, die ist zwar gerade belegt, aber du kannst bei den Mädchen im Zimmer schlafen. Da legen wir noch eine Matratze rein. Gretel«, sie wandte sich an ihre Tochter, »komm und zeig der Lola, wo sie schlafen kann. Und dann holt ihr noch eine Matratze von oben, das müsste gehen!«

Freudestrahlend bedankte sich Lola für die Aufnahme und folgte Gretel in das Zimmer, in dem sie zusammen mit den anderen Mädchen übernachten würde. Willi schüttelte erstaunt den Kopf. »Also wirklich, Mutter. Noch eine Person mehr im Haus! Frau Utz mit ihrem Sohn ganz oben, wir in der Mitte, jetzt auch noch mit Lola. Wir können so allmählich ein Hotel aufmachen – oder tagsüber auch noch ein Café, wenn ich sehe, wer ständig bei uns ein- und ausgeht und dir unbedingt etwas erzählen muss.«

»Ach, lass sie doch«, Maria lächelte ihren Sohn unbeschwert an. »Die Nachbarinnen brauchen das halt. Und es ist doch schön, wenn sie gern zu mir kommen. Sie wissen ja auch ganz genau, dass ich es nicht haben will, wenn sie über die anderen herziehen. Das tut ja auch fast keine mehr, oder?«

»Nein, das nicht«, Willi wiegte abschätzend den Kopf. »Aber dafür werden sie ja auch immer reichlich belohnt. Wenn ich sehe, wie sie auch noch den kleinsten Brotrest davontragen, also wirklich, manchmal würde ich am liebsten …«

»Geben ist seliger denn nehmen!«, schnitt ihm Maria das Wort ab. »Lass sie nur, und von uns ist ja auch noch niemand verhungert, oder? Aber jetzt mal etwas ganz anderes«, sie tippte sich nachdenklich an die Nase. »Das stimmt ja schon, was Lola gerade gesagt hat. Willi wollte doch schon vor ein paar Wochen da sein. Weißt du etwas? Er hat dir doch neulich geschrieben.«

»Ja, das hat er«, Willi grinste schelmisch und setzte eine bedeutungsvolle Miene auf. »Es ist ihm nur etwas dazwischengekommen …«

»Wie, etwas dazwischengekommen?!« Irritiert legte Maria die Stirn in Falten.

»Na, was wohl? Du kennst ihn doch – etwas Weibliches anscheinend! Offenbar hat die andere ihn gut über die Zeit ohne Lola hinweggetröstet. So gut, dass er jetzt eigentlich am liebsten gar nicht mehr kommen würde.« Das Grinsen zog sich jetzt breit über Willis ganzes Gesicht. »Ich bin mal gespannt, wie das endet!«

»Das kann ich dir sagen!« Maria erhob sich und schüttelte den Kopf. »Das könnte unserem Casanova so passen.

Sich weit weg in Frankreich zu vergnügen und hier die trauernden Witwen zurücklassen! So geht das nicht. Aber du hast doch seine Adresse, oder?«

Willi nickte. »Ja, die stand ja als Absender auf dem letzten Brief!«

»Also, dann setzt du dich bitte heute Abend noch hin und schreibst deinem Namensvetter, er soll gefälligst zurückkommen. Seine Freundin Lola sei hier! Und wenn er nicht gleich kommen wolle, dann würden wir ihr alles erzählen und ihr die Adresse sagen, wo sie ihm die Augen auskratzen könne.« Sie lachte zufrieden. »Na, da werden wir mal abwarten, wann der Herr dann hier auftaucht!«

»Willi! Marie!« Freudestrahlend kam in diesem Augenblick Johann zur Tür herein und schwenkte fröhlich seine Mütze. »Ich habe gute Neuigkeiten!« Ausatmend setzte er sich in den Sessel und machte eine kurze, spannungsvolle Pause.

»Was denn? Nun sag schon!« Willi konnte sich nicht vorstellen, welche guten Nachrichten man zurzeit überhaupt erhalten konnte – zu viel, allzu viel an düsteren Erkenntnissen war in den letzten Wochen und Monaten über ihn hereingebrochen. Und wenn er sich recht besann, dann hatte er sich gerade eben zum ersten Mal seit Monaten auch wieder lachen hören. Unglaublich!

»Zum Beispiel, dass du ab November deine Ausbildung bei der Stadtverwaltung wieder aufnehmen kannst! Was sagst du dazu!« Der Vater hieb sich vor Stolz und Zufriedenheit auf die Schenkel.

Willi fehlten die Worte. »Das glaube ich nicht! Jetzt auf einmal?«

»Jetzt auf einmal!«

Joahnn nickte bestätigend. »Der Altbürgermeister hat neulich erfahren, dass sie dich nicht nehmen wollten und dass du deshalb die Lehre bei dem Schreiner angefangen hast. Da ist der Mann persönlich auf die Verwaltung gegangen und hat erzählt, wie das wirklich war mit dir. Als er dann noch erzählt hat, wie mich die Nazis jahrelang erpresst haben und wie sie mir sogar die Stellung gekündigt haben, nur weil ich nicht in die Partei eingetreten bin, da war das Eis dann anscheinend gebrochen. Wer aus solch einem Elternhaus stammt, kann kein richtiger Nazi sein, haben sie gesagt! Und ich kann auch wieder die eine oder andere Arbeit bei der Stadt übernehmen! Also, Junge«, damit beugte sich der Vater vor und sah seinem Sohn stolz in die Augen, »du siehst, arm darf man sein, und seinen Stolz muss man dennoch nicht verlieren! Wer aufrecht durch das Leben geht, bekommt irgendwann einmal eben doch den verdienten Lohn! So ist das!«

»Jetzt werdet mir nur nicht gleich übermütig!«, wehrte Maria die aufkeimende Euphorie im Ansatz ab. »Wer so etwas nämlich aus Berechnung tut, der hat genauso Unrecht! Aber dennoch!« Vorsichtig strich sie über den Kopf ihres Sohnes. »Ich freue mich für dich, Willi! Du hast in der letzten Zeit schließlich genug mitmachen müssen!« Willi schluckte trocken und wandte sich ab, um das verdächtige wässrige Glitzern in seinen Augen zu verbergen.

Was aus den beiden geworden ist, dem Willi Flohr und seiner Lola? Die Mutter überlegt nur kurz: Willi sei schon vor einiger Zeit gestorben, aber Lola …? Sie habe die Lola schon länger nicht mehr gesehen, irgendwo da an der Stadtmauer habe sie gewohnt, da müsste sie eigentlich heute noch wohnen. Und irgendwann würde man sich sicherlich mal wieder über den Weg laufen. Es sei halt schwierig bei acht Kindern und so viel Verwandtschaft – bis man da immer alle besucht habe …

In der Tat, mir geht es ja genauso. Und ehrlich gesagt, die Hälfte meiner zahlreichen Nichten und Neffen würde ich beim Gang durch die alte Stadt wahrscheinlich gar nicht erkennen. Jetzt frage ich mich nur: Darf man diese Geschichte von Lola und Willi überhaupt aufschreiben und veröffentlichen? Werden dadurch eventuell Persönlichkeitsrechte verletzt? Hätte ich ihnen, wie vielen anderen auch, andere Namen geben sollen? Nein – trotz aller Bedenken, ich glaube nicht. Auch solche Episoden gehören eben dazu …

November 1945

Enttäuscht kam Maria am Abend nach Hause und betrat die Stube, in der ein Großteil ihrer Familie versammelt war. »Na, Marie, hast du kein Paket bekommen?« Frau Utz, die frühere Wirtin der Gastwirtschaft »Zum Engel«, die zusammen mit ihrem Sohn das obere Zimmer des Hauses bewohnte, bis die ausgebombte Wirtschaft wieder hergerichtet war, verzog missbilligend das Gesicht. »Es ist immer dasselbe, sogar bei der Kirche. Diejenigen, die es nicht nötig haben, die bekommen noch mehr, die anderen, die können schauen, wo sie bleiben.«

»Na ja«, hilflos hob Maria die Hände. »So ist es halt. Dann müssen wir eben mit dem zurechtkommen, was wir haben. Vielleicht hätte ich ja in der Brauerei auch eine Viertelstunde eher aufhören sollen, aber ich war mitten in der Arbeit …«

»Siehst du, Mutter!«, mischte sich nun Gretel in das Gespräch. »Hättest du mich nach Amerika verkauft, dann würdest du von mir jede Woche ein Carepaket geschickt kriegen!«

»Hör auf mit dem Blödsinn, Gretel! Wir schaffen es auch so!«, fuhr der Vater ärgerlich auf. »Wir brauchen keine Almosen, fertig!« Bevor er weitersprechen konnte, klopfte es an der Tür und ein verlegen grinsender älterer Mann trat ein.

»Aber ein gutes Stück Schinken, das könnt ihr doch sicherlich gut brauchen, oder?«

»Vater!« Freudestrahlend streckte Maria die Arme aus. »Endlich sehe ich dich wieder! Wie schön, dass du uns besuchst!« Sie drückte den grauhaarigen Mann innig.

»Na ja«, befreite der sich nach einer Weile lachend aus ihrem Griff. »Ich habe mir schon gedacht, dass es in der Stadt nicht allzu viel zu Essen geben wird. Und nach dem Rechten wollte ich ja sowieso einmal wieder schauen!«

»Da kommst du grade richtig!«, strahlte Johann und schnupperte neugierg mit der Nase. »Ich weiß schon gar nicht mehr, wie richtiger Speck riecht, so lange habe ich schon keinen mehr gegessen!« Freudig klatschte er die Hände zusammen.

»Also, dann kann es ja gleich losgehen!« Leonhard Ohr legte seinen Rucksack auf den Tisch und begann ihn auszupacken.

»Ach, da komme ich ja grade richtig!« Ohne dass es die anderen bemerkt hatten, war auch Frau Vogel in die Stube getreten und beobachtete mit unverhohlener Neugier, welche lange vermissten Köstlichkeiten da vor ihr auf dem Tisch ausgebreitet wurden. »Darf ich?« Ohne eine Antwort abzuwarten, setzte sie sich zu Willi und Gretel auf das Sofa. Johann, dem eine scharfe Erwiderung auf der Zunge lag, schluckte mühsam, als er den strengen, warnenden Blick gewahrte, den Maria ihm genau in diesem Augenblick zuwarf. Er zuckte unmerklich mit den Schultern und senkte leise seufzend den Kopf.

März 1946

»Jetzt noch einmal, Frieda. Du nimmst das Geld ganz fest in die Hand und passt gut auf, dass du es nicht verlierst! Das ist das Geld für den Bäcker Trump, für die ganze Woche! Erich und Wilma nehmen dann gleich die Brote für heute Abend mit, hast du verstanden? Gut!« Gretel nickte anerkennend. Dann beugte sie sich zu dem kleinen Hans hinunter. »Und dann geht ihr beide weiter zum Schuster. Dem gibst du dann das Geld für die Schuhreparaturen neulich, ja? Also, Frieda hat das Geld für den Bäcker, und Hans hat das Geld für …?« Fragend musterte sie ihren kleinen Bruder.

»… den Schuster!«, rief der Junge fröhlich. »Ist doch klar wie Kloßbrühe!«

»Na also! Was habe ich doch für schlaue Geschwister!« Die ältere Schwester nickte zufrieden, dann hob sie jedoch warnend den Zeigefinger und sah den Zwillingen streng ins Gesicht. »Ach ja, bevor ich es vergesse. Nicht, dass ihr wieder stundenlang zusammen vor dem Spielzeugladen steht und euch das Schaufenster anguckt!« Gretel schüttelte den Kopf bei dem Gedanken, dass sie die zwei neulich in der Stadt verzweifelt gesucht hatte, bis sie sie einträchtig Hand in Hand vor dem Schaufenster vom Spielwarenladen hatte stehen sehen. Dann gab sie ihnen einen Schubs, drehte sich um und ging zurück in die Wohnstube, wo es sich ihr Vater bereits im Sessel bequem gemacht hatte. Es war wie fast jeden Freitag, seit die Normalität allmählich wieder in dem kleinen Haus im Alten Keller Einzug gehalten hatte.

»Sechs Pfund Brot pro Tag, mein lieber Mann!« Johann schmunzelte, als er den wöchentlichen Brotverbrauch seiner Familie an den Fingern abzählte. »Das sind ja dann sechs mal sieben, also zweiundvierzig Pfund in der Woche. zweiundvierzig Pfund, also einundzwanzig Kilo. Ein Monat hat vier Wochen, vier mal einundzwanzig ist dann ...«, er unterbrach sich und sah seiner Tochter schelmisch lächelnd in die Augen, »Na, weißt du es, oder musst du in der Schule noch eine Runde machen?«

Gretel stemmte die Hände in die Hüften und baute sich mit gespielter Empörung vor ihrem Vater auf. »Als ob ich das nicht wüsste! Das sind vierundachtzig Kilogramm oder hundertachtundsechzig Pfund, falls du das auch noch wissen willst! Und in zwei Wochen habe ich die Schule geschafft, dann ist endlich Schluss damit!«

»Na also! Bravo!« Der Vater klatschte in die Hände und warf einen Blick auf Werner und Siegfried, die in der Ecke mit einem Holzstück spielten. »Hoffentlich könnt ihr beide auch einmal so rechnen! Beim Essen seid ihr ja schon ganz vorn mit dabei. Du liebe Güte, fast ein Doppelzentner Brot im Monat, allein für uns! Kein Wunder, dass es dem Bäcker schon wieder so prächtig geht!«

Das Mädchen nickte. »Klar! Aber was ich dich schon neulich habe fragen wollen, Vater ...«, nachdenklich musterte sie den kleinen Mann vor ihr im Sessel. »Glaubst du jetzt, dass das klappt mit meinem Pflichtjahr in der Mühle? Dann bin ich zwar weg von zu Hause, aber halt doch nicht so weit ...« Überrascht hob Johann den Kopf.

»Keine Sorge, das klappt schon – und dann kannst du ja am Sonntag immer in die Stadt kommen. Letzte Woche, als ich dem Müller mit seinen Pferden geholfen habe, hat er mir versprochen, dass das klargeht!« Johann schnaufte tief durch, als er an das harte Stück Arbeit zurückdachte, das er in der Mühle im Taubergrund absolviert hatte. Die beiden Pferde, die der Müller erworben hatte, waren alles andere als geeignete Zugtiere für landwirtschaftliche Transporte. Es seien Pferde, die man in Galopprennen hätte einsetzen können, hatte er dem Müller erklärt, der ihn in seiner Not beim Einspannen um Hilfe gebeten hatte. »Aber der Kerl, der mir die beiden verkauft hat, hat mir versprochen, dass es sich um ganz normale Zugpferde handelt! In die Hand hinein versprochen!«, hatte der aufgebrachte Müller wütend mit dem Fuß aufgestampft, nachdem Johann kopfschüttelnd die beiden Tiere betrachtet hatte.

»Als wenn du nicht schon lange wüsstest, dass man beim Pferdekauf Vorsicht walten lassen und jemanden mitnehmen sollte, der davon etwas versteht. Aber nun ist es zu spät. Jetzt haben wir den Salat!«

Mit viel Mühe und Geschick hatte Johann die Pferde aber nach mehreren Tagen schließlich so weit, dass nun auch der Müller oder dessen Knecht es wagen konnte, das Fuhrwerk zu beladen und die temperamentvollen Pferde anzuspannen, ohne befürchten zu müssen, dass der Transport im Straßengraben endete. Als Lohn war ihm vom Müller ein großer Sack Mehl mitgegeben worden. Der Jubel darüber war in der Familie groß gewesen, denn die Arbeit als Tagelöhner bei der Stadt reichte nicht immer aus, den Hunger der zahlreichen Kinder zu stillen, und die Kartoffelvorräte waren längst zusammen mit den anderen notleidenden Familien im Alten Keller aufgebraucht worden. Die Kartoffelvorräte! Nachdenklich kratzte sich Johann am Kinn. Er musste während seiner nächsten Hilfsdienste bei dem einen oder anderen Bauern daran denken, dass er als Lohn Saatkartoffeln erhielt, die er Ende nächsten Monats auf ihrem Acker am Stadtrand stecken konnte, um im Herbst endlich wieder einmal genügend Kartoffeln im Keller zu haben. Das wäre schön! Aber so einfach würde das mit den Saatkartoffeln sicherlich nicht werden, denn zumindest bei den Bauernhöfen rings um Rothenburg waren die Vorräte knapp geworden. Darum müsste er sich also schleunigst kümmern – nicht dass noch einmal ein so karger Winter vor der Tür stand wie in diesem Jahr!

»Sag mal, Gretel, wann kommt denn eigentlich die Mutter heim?« Stirnrunzelnd wandte er sich um. »Müsste sie denn nicht schon lange da sein?«

»Na ja«, Gretel wiegte nachdenklich den Kopf. »Sie hat gesagt, dass sie nach der Arbeit noch auf dem Frankenhof vorbeischauen will, ob es da noch etwas zu tun gibt. Und dann kann es schon länger dauern!«

»Erst die Brauerei und dann noch dort hinaus, du meine Güte!« Johann schlug die Hände zusammen. »Man kann sich auch mit Gewalt kaputtschuften. Was zu viel ist, das ist einfach zu viel ...«

Er wurde von Geräuschen aus dem Treppenhaus unterbrochen, und gleich darauf trat Maria strahlend ins Wohnzimmer, gefolgt von Willi Flohr und der selig lächelnden Lola. »Schaut mal, wen ich mitgebracht habe! Willi ist endlich wieder da – ist das nicht schön?«

Johann war aufgesprungen und umarmte den Pflegesohn innig. »Und ob das schön ist! Endlich wieder zu Hause! Herzlich willkommen, Willi!« Er zwinkerte der neben ihnen stehenden Lola fröhlich zu. »Na, was sagst du dazu? Endlich hat er sich von den hübschen Französinnen losreißen können ...«

»Johann!« Ein scharfer Ruf von Maria unterbrach seinen Redefluss. »Lass den Blödsinn!« Sie schüttelte streng den Kopf und zog Willi, dessen Gesichtsfarbe sich in Sekundenschnelle in ein verlegenes Rot verwandelt hatte, energisch an sich. »Wie kann er denn so etwas von dir behaupten? Wo du dich doch so sehr auf das Wiedersehen mit deiner Lola gefreut hast, nicht wahr?« Willi nickte stumm und warf seiner Freundin einen verstohlen forschenden Blick hinüber. Doch die hatte den Wortwechsel vor lauter Glück gar nicht wahrgenommen und strahlte nach wie vor zufrieden über die positive Wendung, die das Schicksal für sie an diesem Tag genommen hatte.

»So!« Maria klatschte die Hände zusammen. »Jetzt müssen wir halt noch organisieren, dass Willi auch wieder seinen Platz bei uns findet.« Sie zuckte entschuldigend mit den Schultern. »Weiß du, es ist noch ein bisschen enger bei uns geworden, weil ja Frau Utz mit ihrem Kind noch eine Weile bei uns wohnt – und Siggi ja auch, weil seine Mutter nach dem Tod von Herrn Schmidt immer noch nicht wieder richtig auf die Beine gekommen ist! Aber«, und damit drückte sie dem jungen Mann einen fröhlichen Kuss auf die Wange, »das schaffen wir auch noch. Wir müssen halt ein bisschen zusammenrücken, dann wird es schon gehen, nicht wahr?« Ohne eine Antwort abzuwarten, streckte sie die Hände aus und zog Gretel und Lola mit sich auf den Flur hinaus. »Kommt, ihr beiden. Lola und ich, wir müssen die Betten machen und sie neu zusammenstellen, und Gretel macht uns in der Zwischenzeit etwas zu essen, einverstanden? Du schaust halt, Gretel, was noch übrig ist!«

Ich fand das Foto von dem Mädchen mit dem Engelshaar, das sich dem Fotografen in einem schwarzen Kleid präsentierte, immer etwas befremdlich. Ein Konfirmationsbild. Meine Mutter mit vierzehn Jahren! Ein schwarzes Kleid! Doch seit ich den Hintergrund kenne, sehe ich dieses Bild mit ganz anderen Augen.

März 1946

»Das war doch jetzt eine schöne Konfirmation, wie die Gretel in dem schwarzen Kleid in der Kirche gestanden hat, mit ihren blonden Haaren, fast wie ein Engel! Sag, Vater, war das nicht wunderschön?« Maria strahlte erst ihren Vater und dann die Tochter glücklich an, als sie nach der Konfirmation ihrer ältesten Tochter wieder in der Stube zusammensaßen. »Und Gretel, hat dir dein Kleid denn gefallen?«

»Und wie, Mutter!« Gretel lächelte glücklich und sah stolz an sich herunter. »Das war wirklich eine tolle Idee von dir, das mit dem Hochzeitskleid!«

»Eigentlich ja ganz einfach, wir hätten gleich darauf kommen sollen und nicht so lange überlegen müssen, wie wir dir zu einem Konfirmationskleid verhelfen können.« Maria nickte zufrieden. »Schließlich bist du ja jetzt schon so groß wie ich damals bei meiner Hochzeit. Da brauchte ich das Kleid ja nur noch ein bisschen umnähen, und schon hat es gepasst!«

»Ich hoffe, das passt jetzt auch.« Anna Ehrmann betrat die Stube, beladen mit einem Tablett voller weißer Rothenburger Schneeballen.

»Schneeballen! Toll!«, jubelten die kleinen Kinder, als die Nachbarin ihr Tablett auf dem Esstisch absetzte. Begeistert streckte Fritz den Arm nach einer der süßen Kugeln aus und zuckte im nächsten Moment wieder zurück, als ein scharfer Befehl an sein Ohr drang.

»Fritz!« Der Vater hatte die rechte Hand mit dem Zeigefinger erhoben und musterte seinen Jüngsten streng. »Eins nach dem andern! Du wartest, bis du an der Reihe bist, haben wir uns verstanden?« Der kleine Fritz nickte betreten, ohne dabei jedoch die Schneeballen aus dem Auge zu lassen.

»Ach ja, Johann! Wieder ganz der Alte!« Kopfschüttelnd baute sich Anna Ehrmann vor ihrem Nachbarn auf. »Was musst du denn immer so streng mit deinen Kindern sein?«

Maria befreite ihren nach einer Antwort suchenden Mann aus seiner Verlegenheit. »Lass ihn nur, Anna! Er meint es ja nicht so. Aber dass du uns Schneeballen mitbringst …«

»Dabei ist es ja eine Konfirmation dieses Mal, und keine Taufe … nicht, dass du dich womöglich geirrt hast«, pflichtete ihr Gretels Patin Lina lächelnd bei.

»Ach ihr«, Anna machte eine wegwerfende Handbewegung. »Als wenn man das immer so genau auseinander halten könnte, bei den vielen Kindern hier! Schaut euch doch nur einmal um, da wuselt es doch an allen Ecken und Enden …«

»Ist doch schön, oder?« Leonhard Ohr breitete die Arme aus. »Und wir alle haben diesen furchtbaren Krieg glücklich überstanden, Gott sei Dank!«

»Natürlich!« Anna Ehrmann nickte nachdrücklich. »Und deshalb habe ich mir gedacht, machst du halt dieses Mal bei der Konfirmation deine Schneeballen, falls das mit der nächsten Taufe noch eine Weile dauern sollte!« Sie warf einen belustigt-prüfenden Blick auf Marias Bauch. »Zumindest sieht man noch nicht, dass sich etwas ankündigen würde! Und schließlich habe ich mir auch noch gedacht, dass die Schneeballen vielleicht ein Stück Normalität darstellen, die – Gott sei Dank – allmählich wieder Einkehr bei uns hält!«

»Das hast du ganz richtig gemacht!« Maria war in der Zwischenzeit aufgestanden und schüttelte dankbar die Hand ihrer Nachbarin. »Es ist schön, dass du an uns gedacht hast! Komm, setz dich an den Tisch zu uns!«

Willi, der bislang stumm auf seinem Stuhl gesessen hatte, erhob sich. »Ja, also …«, begann er zögernd, »ich würde gerne noch ein bisschen in die Stadt gehen.« Unsicher wandte er sich zu seiner Mutter um. »Ihr habt doch hoffentlich nichts dagegen, wenn ich jetzt einmal kurz weggehe …«

Bevor Johann sich zu Wort melden konnte, nickte Maria schnell. »Aber sicher! Geh du ruhig! Und nimm dir einen Schneeballen mit – das kommt sicher gut an …« Sie bedachte ihren Sohn mit einem warmen Lächeln. Schnell griff Willi zu und verließ mit hochrotem Kopf das Zimmer.

»Was ist denn in den gefahren?« Johann sah seinem Sohn erstaunt hinterher. »Und wieso muss der jetzt unbedingt noch in die Stadt gehen? So schön ist das Wetter draußen doch gar nicht!« Er spähte aus dem Fenster. »Da, sag ich doch! Jetzt hat es sogar noch angefangen zu regnen, da kann man doch nicht spazieren gehen!«

»Doch, das kann man!« Maria breitete lächelnd die Arme aus. »Es gibt Situationen im Leben, da ist es einem egal, ob es regnet oder die Sonne scheint …«

»So, so!« Leonhard musterte seine Tochter nachdenklich. »So schnell geht das. Aus Kindern werden Erwachsene. Der Willi, schau an!«

»Ja – und ich bin eigentlich ganz froh darüber.« Maria warf einen ernsten Blick zu ihrem Mann hinüber. »Wenn du dich daran erinnerst, wie niedergeschlagen er die ganzen letzten Monate gewesen ist. Ich habe schon befürchtet, der kommt überhaupt nicht mehr auf die Beine! Nicht einmal die Anstellung bei der Stadtverwaltung hat ihn so richtig aus seiner Trauer und seinem Entsetzen reißen können …«

»Es muss ja auch ein grauenvolles Gefühl sein, um ein Haar am nächsten Baum aufgeknöpft worden zu sein, oder?«, gab Anna zu bedenken. »Und dabei war er doch noch ein Junge …«

»Eben!« Maria sah sie vielsagend an. »Der Schock für die jungen Leute war riesengroß, als die Amerikaner ihnen die Fotos gezeigt haben und was ihre ›Helden‹ mit den armen Menschen gemacht haben. Willi ist fast wahnsinnig geworden vor Entsetzen.« Sie holte tief Luft, bevor sie weitersprach. »Und dann hat er jeden Abend im Zimmer gesessen und Gedichte geschrieben. Er hat geschrieben und geschrieben und geschrieben. Ich habe ihn neulich einmal gefragt, was das denn soll – aber er hat mir gesagt, er braucht das jetzt.« Maria hob nachdenklich die Schultern. »Er schreibt sich seine Last von der Seele, hat er gemeint. Und wenn jetzt noch das Mädchen dazukommt, dann ist ja auch mit dieser frischen Liebe wieder ein Farbtupfer mehr auf sein Leben gefallen – und jetzt kommt der Frühling, dann der Sommer … das kann nur gut tun, uns allen hoffentlich.« Sie klatschte aufmunternd in die Hände. »Aber jetzt kommt und esst und lasst uns die Konfirmation von unserer Gretel feiern! So, wer will denn nun alles einen Schneeballen?«

Vielstimmig kam die Antwort aus den Kinderkehlen und beendete fröhlich die ernsten Diskussionen über die Vergangenheit. Ein dankbares Gefühl warmer Zuneigung durchströmte Maria in diesem Augenblick: Wir werden die Zukunft meistern, alle zusammen – die schweren Zeiten sind vorüber! Fest tastete sie mit der rechten Hand nach der kleinen Holzpuppe in ihrer Schürzentasche …

Februar 1947

»... und wo kommst du denn jetzt noch her?« Klatschend landete die Hand auf der Wange des heulenden Jungen, der wie ein Häufchen Elend vor seiner Schwester stand. »... und wie siehst du eigentlich aus?«

Donnernd prasselten die Vorwürfe auf ihn herab und wollten anscheinend kein Ende nehmen. Dabei war ihm nur kalt, so entsetzlich kalt! Er ließ seinen Tränen freien Lauf. »Ich ... ich ...«, stammelte er mühsam und schluckte trocken. »Es war halt ganz plötzlich dunkel! Und da ...«

»Ganz plötzlich dunkel!« Gretel lachte bitter auf. »Als wenn die Dunkelheit so überraschend käme! Du meine Güte: Wir haben uns alle Sorgen gemacht, und ich habe den Willi vorhin losgeschickt, damit er dich sucht!«

»Aber, aber ...«, hilflos breitete Erich die Arme aus. »Hier bin ich doch!«

»Das sehe ich auch!« Gretel verschränkte die Arme vor der Brust und musterte ihren kleinen Bruder streng. »Und klatschnass bist du – und eiskalt noch dazu!« Sie schüttelte den Kopf. »Das hätte uns jetzt grade noch gefehlt, wenn du jetzt auch noch krank wirst!«

»Aber der Erich hat doch gar nichts Schlimmes gemacht!« Wilma, die sich bis dahin verschüchtert aus dem Streit herausgehalten hatte, sah ihre große Schwester vorwurfsvoll an.

»Nichts gemacht?« Gretel zeigte mit dem ausgestreckten Arm auf Erichs Hosenbeine. »Da, schau! Klatschnass ist er – bis hinauf an die Knie! Und hier, fass mal an, da ist er eiskalt!« Sie nahm die Hand ihres Bruders und legte sie an Wilmas Wange. »Wenn er sich nur nichts geholt hat dabei!«

»Ach, Gretel, lass doch das Schimpfen! So sind Sportler halt, nicht wahr Erich?« Willi hatte sich zu den anderen in die Küche gesellt und legte freundschaftlich den Arm um den Nacken seines kleinen Bruders, der ihn aufatmend anstrahlte. »Was hast du denn gemacht, dass du so nass bist?«

»Skispringen! Da drüben am Hang ins Taubertal hinunter!« Erich platzte schier vor Stolz.

»Skispringen! Auch das noch! Sämtliche Knochen hättest du dir da brechen können!«

»Hat er aber nicht!«, grinste Willi fröhlich. »Ja, sag mal, wie weit bist du denn gehüpft?«

»Gesprungen, Willi! Richtig gesprungen«, verbesserte Erich auf der Stelle. »Das waren gut siebzehn Meter – das kannst du mir glauben!«

»Donnerwetter – da kannst du aber stolz sein! Da warst du sicherlich bei den Besten, oder?«

»Natürlich«, strahlte Erich, »und wenn es nicht dunkel geworden wäre …«

»… müsstest du jetzt nicht ruck, zuck raus aus den nassen Kleidern und ins Bett, um wieder warm zu werden«, wurde er von Gretel entschieden unterbrochen. Sie machte eine eindeutige Handbewegung. »Hier hinauf und keine Widerrede mehr, verstanden?«

Erich nickte stumm und machte, dass er aus der Küche kam.

»Schau, so streng geht es bei uns zu, wenn die Mutter nicht zu Hause ist«, wandte sich Willi nach hinten und winkte eine schmächtige junge Frau zu sich, die bis dahin schüchtern im Flur des Hauses verharrt hatte. »Schau,

Schwester, ich bringe dir Hilfe. Das ist Alice – meine Freundin«, setzte er rasch hinzu, als er den fragenden Blick von Gretel bemerkte. »Sie sagte, sie könne dir gern abends bei der Hausarbeit helfen, damit das nicht alles an dir hängen bleibt – bis die Mutter wieder gesund ist. Was meinst du?«

Gretel brauchte nicht lange zu überlegen, sondern schlug erfreut in die offen ausgestreckte Hand von Alice ein. »Na, herzlich gern! Du kannst mir wirklich eine Hilfe sein!« Sie atmete tief durch. Zwar war sie von Kindesbeinen an mit der Hausarbeit vertraut, und auch in ihrer Stellung war sie von der Müllersfrau dementsprechend beschäftigt worden, aber jetzt der ganze Haushalt mit den vielen Kindern … Sie fragte sich, wie ihre Mutter das alles seit Jahren schon klaglos auf sich genommen und bewältigt hatte.

Hoffentlich ging es ihrer Mutter bald wieder besser! Die Operation im Nürnberger Krankenhaus hatte Stunden gedauert, war ihr von Willi berichtet worden. Er hatte sie einen Tag nach der schweren Kropfoperation besucht und mit den behandelnden Ärzten gesprochen. Immer wieder hatten sie ihm Vorhaltungen gemacht, dass er seine Mutter nicht eher zu dem Eingriff hatte bewegen können, doch was hätte er tun sollen. Alle hatten sie immer wieder gedrängt, endlich einen Arzt aufzusuchen, doch erst, als der Kropf immer mehr gewachsen war und Maria es nur noch mit Mühe schaffte, die steile Treppe des Hauses heraufzusteigen, hatte sie in die Operation eingewilligt, die zu einem früheren Zeitpunkt natürlich viel einfacher und unkomplizierter verlaufen wäre. Es würde noch mehrere Wochen dauern, bis sie sich so weit erholt hätte, dass sie zu Hause ihrer normalen Arbeit nachgehen könnte. Zum Glück hatte die Müllersfrau ein Einsehen gehabt und

Gretel bis dahin freigegeben, damit sie die Arbeit im Alten Keller übernehmen konnte ...

»Ach, bin ich kaputt heute!«, hörte Gretel in diesem Moment die müde Stimme ihres Vaters. Das Mädchen schreckte hoch und sah ihn sich mit einem schweren Seufzer auf den Hocker in der Küche setzen. »Dass es aber auch noch mal schneien musste! Ich habe erst heute Morgen die ganze Straße beim Landratsamt geräumt, und jetzt hat alles ausgesehen wie vorher! Zweimal dieselbe Arbeit – und das an so einem Tag! Morgen früh kommt Erich mit mir mit, sonst schaffe ich es nicht, um sieben Uhr in der Mühle den Wagen zu beladen!« Prüfend blickte Johann sich um. »Und wen haben wir denn da?«, fragte er neugierig, als er Alice bemerkte, die fast ganz hinter Willi versteckt war.

»Das ist die Alice, Vater!« Willi nahm Alices Hand und drückte sie.

»Alice, so, so«, grinste Johann. »Und was ist mit Alice, wenn ich fragen darf?«

Ein zartes Rot zog sich über Willis Gesicht. »Alice ... das ist ... sie ist ...« Er fasste sich ein Herz und sah seinem Vater gerade in die Augen. »Alice ist meine Freundin!«

»Ach so, deine Freundin! Das ist also das Mädchen, für das du all die schönen Gedichte schreibst! Na dann!« Er streckte offen und freundlich die Hand aus. »Guten Tag Alice, willkommen im Alten Keller!«

Alice ergriff verlegen die dargebotene Hand. »Guten Tag, Herr Staudacher.«

»Und woher kommst du, Alice?« Neugierig wartete Johann auf die Antwort. Das Mädchen senkte den Kopf und suchte nach Worten. »Ich ... äh ... eigentlich ...«

»Sie kommt aus Eger und ist wie die anderen Deutschen dort vertrieben worden«, sprang Willi in die Bresche, um seiner Freundin aus ihrer Verlegenheit zu helfen. »Und jetzt ist sie mit ihrer Mutter in einer Wohnung im Staudtschen Haus untergebracht!«

Johann nickte langsam, dann sah er dem Mädchen mitleidig ins Gesicht. »Dann weißt du ja, was Elend heißt. Und du siehst ja«, mit dem rechten Arm machte er eine ausladende Bewegung, »bei uns geht es auch alles andere als üppig zu. Wir sind einfache Leute, und wenn du damit zufrieden bist, dass dein Willi keinen reichen Vater hat, sei uns herzlich willkommen, Alice!«

April 1953

»Und Ihnen sage ich es zum allerletzten Mal. Lassen Sie meine Mutter in Frieden und suchen Sie sich Ihre Sklaven woanders! Und jetzt raus aus unserem Haus!« Mit zornrotem Kopf riss Gretel die Wohnzimmertür auf und wies dem verdatterten grauhaarigen Mann mit ausgestrecktem Arm den Weg zur Treppe hinunter. »Und glauben Sie bloß nicht, dass Sie wiederkommen können, wenn ich wieder weg bin!« Damit wandte sie sich um und warf mit einem energischen Schwung die Tür ins Schloss.

Die drei Frauen, die um den Esstisch versammelt waren, zuckten bei dem Geräusch zusammen – zwei von ihnen musterten sie mit deutlichem Respekt, während Maria vorwurfsvoll den Kopf schüttelte. »Aber Gretel, so hättest du ihn doch nicht behandeln müssen!«

Gretel schnaubte ärgerlich und stemmte die Hände in die Hüften. »Aber Mutter! Dass du dem hilfst, die Kartoffeln zu legen, und dann hinterher noch nicht einmal Geld dafür bekommst, sondern grade mal eine halbe Schachtel Eier, das geht wirklich zu weit!«

»Aber wenn er mich doch nächste Woche braucht beim Kartoffellegen …«

»… soll er dich ordentlich bezahlen, und damit Schluss! Der hat genug Geld, das ist einer der reichsten Bauern von ganz Rothenburg – und einer der geizigsten. Er weiß genau, dass du ihm nie widersprechen würdest, wenn er dir nur ein paar Eier als Lohn gibt! Der nutzt dich aus, und deshalb soll er sich jetzt eine andere Dumme suchen – dich jedenfalls nicht mehr!«

»Kind, Kind, Kind!« Immer noch schüttelte Maria vorwurfsvoll den Kopf. Dann aber zog sich ein Lächeln über ihr Gesicht, und sie breitete die Arme aus. »Jetzt aber erst einmal herzlich willkommen! Fast ein Jahr haben wir uns jetzt schon nicht mehr gesehen! Wie geht es dir denn in Stuttgart?«

Gretel löste sich nach einer Weile aus der Umarmung ihrer Mutter und ließ sich müde auf den Sessel sinken. »Ach ja! Seit ich die Stellung gewechselt habe, verdiene ich tatsächlich auch ein bisschen was. Als Verkäuferin erhält man wenigstens ab und zu etwas Trinkgeld – selbst im Zigarrengeschäft! Aber nächsten Monat habe ich was Besseres!« Sie strahlte ihre Mutter begeistert an. »Ich habe es nämlich geschafft! Ich darf im Mai in einem der größten Hotels in Stuttgart als Zimmermädchen anfangen! Gleich nachdem ich mich vorgestellt habe, hat die Chefin gesagt, dass sie mich nimmt! Ist das nicht toll?« Freudig klatschte sie in die Hände. »Es war ja nicht einfach, als ich vor zwei Jahren nach Stuttgart ging, aber es war richtig. Wisst ihr«, sie warf den anderen Frauen bedeutungsvolle Blicke zu, »in Stuttgart, da merkt man, wie es aufwärts geht. Mercedes, Bosch und so weiter, da gibt es jetzt wieder richtig Arbeit«, bedauernd zuckte sie die Achseln, »viel mehr als in Rothenburg – leider!« Sie seufzte und sah ihrer Mutter forschend in die Augen. »Sag mal, wie ist das mit der Frieda? Stimmt es, dass sie jetzt ihre Lehre abbrechen muss, weil die Leute aufgeben?«

»Ja, leider!« Maria seufzte. »Anscheinend reicht der Absatz für das Geschäft hier in Rothenburg nicht aus, und deshalb wird die Firma geschlossen. Jetzt hat sie grade mal ein knappes Jahr diese Lehre als Strickerin machen können …

und das Schlimme ist, es gibt für das Mädchen in Rothenburg sonst keine Arbeit!« Traurig wischte Maria über das Tischtuch. »Wenn ich nur wüsste, wo ich ihr eine Arbeit besorgen könnte …«

»Aber ich sage es doch, es ist immer dasselbe! In Rothenburg findet man nichts mehr. Weißt du was?« Gretel hatte ihren Entschluss bereits gefasst. »Ich nehme sie einfach mit nach Stuttgart, dort wird sich auf jeden Fall etwas für sie finden.«

»Aber doch nicht mit noch nicht einmal fünfzehn Jahren!« Maria schüttelte energisch den Kopf. »Nein, nein, so schnell kann ich mein Kind doch nicht hergeben!«

»Und wie alt warst du, als du nach Dinkelsbühl in Stellung gekommen bist? Da warst du doch sogar noch jünger, oder?«

»Eben drum! Eben weil ich weiß, wie das ist, wenn man als junges Mädchen allein bei völlig fremden Leuten ist, will ich das der Frieda ersparen! Dann bleibt sie halt jetzt eine Weile bei uns und hilft mir im Haushalt, bis wir etwas für sie gefunden haben!«

Gretel legte nachdenklich die Stirn in Falten. »Wir machen es so, Mutter. Wenn ich wieder in Stuttgart bin, dann höre ich mich einmal bei den Leuten um, bei denen ich in Stellung war. Vielleicht wissen die ja eine Familie, wo eine tüchtige Haushaltshilfe gesucht wird. Und die schaue ich mir dann vorher an – und ich bin ja auch in Stuttgart, für alle Fälle …«

Lachend hob Maria die Arme und musterte ihre älteste Tochter amüsiert. »Sie gibt halt nie auf, unsere Gretel! Wenn die sich einmal etwas in den Kopf gesetzt hat! Aber gut, so machen wir es, einverstanden! Es wird ja sowieso noch ein paar Wochen dauern, bis es so weit ist.« Sie blickte zufrieden lächelnd in die Runde. »Jetzt schauen wir aber erst mal, ob es was Gutes zu essen gibt, zur Feier des Tages. Ich glaube, es ist noch das letzte eingestampfte Kraut im Keller, wie wäre es damit?«

»Toll! Das habe ich schon lange nicht mehr gegessen! Richtig vermisst habe ich das in Stuttgart!« Übermütig zwinkerte Gretel der älteren Frau am Tisch zu. »Was meinen Sie, Frau Vogel, ob ich Ihnen vielleicht noch etwas übrig lasse?«

»Gretel!« Mit gespielter Strenge zog Maria die Stirn kraus und wandte sich zu ihrer Tochter um. »Es reicht für alle, wie immer!«

Mai 1960

Im dem kahlen weißen Zimmer herrschte bedrücktes Schweigen, als der Arzt leise die Tür hinter sich zuzog. Ernst starrten die am Bett versammelten Menschen auf den alten Mann mit den eingefallenen hohlen Wangen herunter, aus dessen Gesicht alle Farbe gewichen war. Er hatte die Augen geschlossen und atmete mühsam. Dicke Schweißperlen standen auf seiner Stirn, jeder Atemzug schien eine fast übermenschliche Anstrengung zu sein. Linas feuchte Augen sahen hilfesuchend zur Stiefschwester. Maria schluckte schwer und schüttelte traurig den Kopf, als sie den Blick bemerkte.

»Hmm«, Georg räusperte sich heiser. »Das wäre es dann also wohl gewesen …« Hoffnungslos zuckte er die Schultern, als er vielsagend einen nach dem anderen musterte. Der Arzt im Dinkelsbühler Krankenhaus hatte ihnen gerade die letzte Hoffnung genommen. Es sei mehr als unwahrscheinlich, dass ihr Vater die kommende Nacht überleben würde. Die Zeit zum Abschied sei gekommen. Unruhig drehte der sterbenskranke alte Mann im Bett den Kopf von der einen auf die andere Seite und rang röchelnd nach Luft. Dann schien mit einem Mal jede Anspannung von ihm zu weichen, er streckte sich aus und blieb reglos liegen, kein Atemzug war mehr zu hören, und Stille breitete sich im Zimmer aus. Lina schluchzte laut auf und konnte die Tränen nun nicht mehr zurückhalten. Auch die anderen senkten die Köpfe und kämpften mit den Gefühlen, die sie zu überwältigen drohten.

»Maria!« Überrascht blickten sie hoch. Sie hatten es ganz deutlich gehört, den heiser ausgesprochenen Namen ihrer Schwester. War er also doch noch ...? Wieder hörten sie es, dieses Mal deutlicher: »Maria!«

Tatsächlich! Der Todkranke hatte die Augen geöffnet und sah suchend in die Gesichter der Umstehenden. Schließlich fand sein Blick Maria, die am Fußende des Bettes stand. »Maria!« Der Anflug eines Lächelns huschte über sein Gesicht. Er versuchte vergeblich, die Hand auszustrecken. Mit den Fingern schaffte er es dann mühevoll, sie zu sich zu winken. »Maria! Komm zu mir!« Wieder lächelte der todkranke Leonhard Ohr, als er seine Tochter ansah. Langsam trat Maria zu ihrem Vater an das Kopfende des Bettes. »Komm näher«, flüsterte er kraftlos. Tastend suchten seine Finger ihre Hand und umschlossen sie zitternd. »Maria!« Aus trüben, matten Augen sah er in ihr Gesicht. »Eines sollst du wissen, mein Mädchen: Du warst mir immer die Liebste von allen! Maria!« Der Druck seiner Finger ließ langsam nach, Leonhards Körper entspannte sich, und sein Blick verlor den Halt ... Marias Vater war gestorben.

Juni 1960

»Und du hast wirklich gar nichts geerbt von deinem Vater?« Anna Ehrmann schüttelte ungläubig den Kopf.

»So ist es!« Maria strich sich eine Haarsträhne aus der Stirn und betrachtete ihre Nachbarin nachdenklich. »Du weißt, dass mir das nichts ausmacht. Das ist es nicht, was mir zu schaffen macht …«

»Ja, das ist aber doch ungeheuerlich, Marie!« Entrüstet war Anna aufgesprungen. »So oft, wie dein Vater bei euch war, und dann bekommen die anderen alles, und du gehst leer aus! Dagegen musst du etwas unternehmen!«

Unwirsch entgegnete Maria: »Nein, Anna. Ich will nichts erben, glaube es mir! Sollen doch die anderen damit glücklich werden – dem Johann und mir hat es bisher auch so gereicht, ohne große Reichtümer. Nein«, betrübt schüttelte sie den Kopf, »das ist es wirklich nicht, was mich so traurig macht …«

»Ja, und was denn dann?« Anna verstand die Welt nicht mehr. Wollte denn die Marie wirklich auf ihren Anteil an dem Bauernhof verzichten – und das bei ihren ärmlichen Lebensumständen? Da wären doch ein paar Mark von den anderen Geschwistern das Mindeste gewesen! Was meinte sie denn sonst, wenn nicht das verweigerte Erbe? »Dass in der Todesanzeige und bei der Beerdigung in Lehengütingen mich keiner erwähnt hat, Anna. Da hat der Pfarrer all meine Geschwister aufgeführt, sogar den Fritz – obwohl der doch nur von meiner Stiefmutter war – aber mich haben sie einfach vergessen! Genauso wie damals bei der Beerdigung meiner Mutter! Einfach vergessen!« Maria hob den Kopf, und Tränen strömten ihr aus den Augen.

Anna Ehrmann registrierte erschrocken, dass sie ihre Nachbarin zum ersten Mal weinen sah. So verzweifelt hatte sie die Marie noch nie erlebt. »Als wenn es mich überhaupt nie gegeben hätte!« Maria schluchzte laut auf. »Gehöre ich denn zu gar niemandem?!« Dieses eine Mal in ihrem Leben kämpfte sie gegen die Traurigkeit nicht an – dieses eine Mal gab Maria ihren Gefühlen nach …

Es war das einzige Mal, dass sie die Maria wirklich für einige Stunden depressiv erlebt habe, erzählte mir meine Mutter. »Niemands Tochter!«, so habe sie sich gefühlt in diesem Moment auf dem Friedhof. Es war kein Selbstmitleid und auch kein autistisches In-sich-selbst-Zurückziehen. Der Ballast der langen Jahre war es, der mit einem Mal zentnerschwer auf ihren Schultern lag.

Ich habe all diese Geschichten auch lange nicht geglaubt, habe kaum zugehört. Die Hörspiele des Onkel Willi über seine Eltern: romantisierender Kitsch, mehr nicht! Erst jetzt, bei dieser Recherche, da ergreift es mich – immer wieder. Die Gänsehaut, wenn ich vor dem Goschenhof stehe, in dem das Stiefkind aufgewachsen ist. Das Kribbeln im Nacken vor dem winzigen Haus in Rothenburg …

Die Staudachers, sie waren die anderen, die Außenseiter – auch bei der Verwandtschaft rund um den Goschenhof. Die von der Unehelichen, die ja nie den Namen ihres Vaters trug. Die aus bitterarmen Verhältnissen kamen, der Vater Knecht oder arbeitslos, während sie die Bauern auf der eigenen Scholle waren. Die Maria mit ihren vielen Kindern, die den Kontakt auf den Hof nie abreißen ließ. Gut, die Kinder haben sich verstanden, zumindest im Kindesalter, als ihnen die vermeintlichen »Standesunterschiede« noch nicht so bewusst waren.

Später dann, als es mit der Landwirtschaft immer mehr bergab ging, änderte sich das Verhältnis – ganz zögerlich erst, dann immer deutlicher. Die Verwandtschaft aus Rothenburg, die da eisern immer jemanden zu einer Beerdigung nach Lehengütingen schickte und anfangs immer eher abseits stand, rückte nun näher. Willi – mit einem Mal in der Zeitung: mit Gedichten, dann als Rothenburger Kämmerer. Ungläubiges Staunen: Ist das denn tatsächlich der von »unserer« Marie aus Rothenburg?!

Oder Onkel Hans: Mit einem Mal sieht man auch von ihm die Fotos in der Zeitung. Er ist jetzt sogar Kreiskämmerer, also sozusagen der Finanzminister des Landkreises Ansbach!

Neulich erst hat mir mein Onkel Hans dieses neue Verwandtschaftsgefühl beschrieben. Früher, vor zwanzig, dreißig Jahren, da haben sie dich schon mal übersehen. Du warst ja nicht wichtig, ein Niemand aus Rothenburg, einer von der Marie halt. Nein, unfreundlich waren sie nie zu einem, manchmal halt hatte man so ein Gefühl – ein Gefühl, als sei ihnen diese Verwandtschaft peinlich … Und heute kommen sie freudestrahlend auf dich zu, bei irgendwelchen Turnhalleneinweihungen und ähnlichen Festivitäten. Drücken dir freudig-erregt die Hand und klopfen dir auf die Schulter, erzählen dir, dass sie alle Fotos von dir ausgeschnitten haben, die sie in der Zeitung gefunden haben. Er erzählt das ohne Bitterkeit, es ist halt nur so eine Beobachtung. Und irgendwie ist er dann auch ein bisschen stolz, dass er und seine Geschwister es geschafft haben, ganz allein für sich, ganz ohne Seilschaften! Dank dieser Eltern …

Juli 1962

»Also dann, Junge, mach es gut, und pass auf dich auf!« Es schimmerte feucht in den Augen des alten Mannes, als er seinem Sohn die Hand zum Abschied reichte. »Aber wahrscheinlich hast du ja Recht! Wenn ich damals gekonnt hätte, dann hätte ich es genauso gemacht!«

»Danke, Vater!« Auch Werner schluckte schwer, als er sich von seinen Eltern verabschiedete. Aber so schwer es ihm auch fiel, in Deutschland konnte er, zumindest in den nächsten Jahren, nicht bleiben. Jetzt, nachdem er seine Lehre als technischer Zeichner beendet hatte, würden sie ihn zur Bundeswehr einziehen, und er hatte keine Chance, sich dagegen zu wehren. Auf keinen Fall wollte er sich in eine Uniform stecken lassen und mit dem Gewehr im Arm üben müssen, wie man andere Menschen erschießt. Darüber hatte er schon viel zu viel Schreckliches gehört – auch von seinem Vater, der lange Jahre gebraucht hatte, bis er den Kindern überhaupt etwas über die furchtbaren Geschehnisse erzählen konnte, die er als Soldat im Zweiten Weltkrieg erleben musste.

»Und du meldest dich dann aber gleich, sobald du gut in der Schweiz angekommen bist. Und dann schreibst du uns auch regelmäßig, wo du wohnst, versprochen?« Maria fiel der Abschied genauso schwer wie ihrem Jungen, aber auch sie konnte gut verstehen, dass ihr Werner nicht zu den Soldaten wollte. Er hatte ihnen vor einigen Wochen gesagt, dass er den Entschluss gefasst hatte, in die Schweiz auszuwandern.

»Hoffentlich lassen dich die Schweizer auch bei sich arbeiten!« Johann wiegte bedenklich den Kopf. So gut die Idee auch war, vor dem Zugriff der Militärpolizei in die Schweiz zu fliehen – ob aber die Schweizer einem Deutschen die nötige Aufenthaltserlaubnis erteilen würden, stand auf einem anderen Blatt.

»Mach dir keine Sorgen, Vater, ich habe mich doch vorher erkundigt! Die brauchen Leute wie mich. Als technischer Zeichner bin ich in der Schweiz gut aufgehoben – so schnell schicken die mich dann nicht mehr weg!«

»Na hoffentlich!« Aufmunternd klopfte Johann seinem Sohn auf die Schultern. »Dann mach es mal gut, und lass dich nicht unterkriegen!«

»Du kannst dich schon mal umschauen! In zwei Jahren komme ich nach!« Auch Fritz, der jüngste Bruder, hatte sich eingefunden und umarmte Werner innig. »Sobald ich die Schriftsetzerlehre hinter mich gebracht habe, packe ich auch die Koffer! Wenn du Fuß gefasst hast, schau dich also schon mal um, wo sie bis dahin dann Schriftsetzer brauchen in der Schweiz!«

Werner lachte und strich dem Jüngeren sanft über die Haare. »Also gut! Wenn du es dir bis dahin nicht anders überlegst ...«

»Auf keinen Fall! Du wirst schon sehen!« Entschieden tippte Fritz sich an die Stirn. »Ich geh doch nicht zum Bund und lasse mich zu einer Kampfmaschine ausbilden!«

»Was ihr bloß alle habt!« Siegfried, das Adoptivkind der Nachbarin Anna Schmidt, der ja fast wie ein Zwillingsbruder zusammen mit Werner aufgewachsen war, schüttelte heftig den Kopf. »Als wenn wir die Bundeswehr nicht brauchen würden. Was tut ihr denn, wenn die Russen kommen?«

»Da können wir dann sowieso nichts tun! Komm, Siggi, lass gut sein! Diese Diskussion haben wir doch schon tausendmal geführt!« Werner wandte sich zur Tür, doch sein Freund gab sich immer noch nicht geschlagen.

»Mensch, Werner«, versuchte der einen letzten Anlauf. »Überleg doch mal, wir beide gemeinsam beim Bund. Da kann es doch gar nicht so furchtbar werden. Und dann kann man ja auch noch auf Kosten der Bundeswehr studieren! Das könnten wir uns doch sonst gar nicht leisten. Ich mache das mit dem Studium auf jeden Fall! Mach doch mit!« Fast schon flehentlich war der Blick, den Siegfried seinem Freund zuwarf.

»Kommt nicht in Frage!«, schüttelte Werner energisch den Kopf. »Also dann«, der Anflug eines Lächelns huschte über sein Gesicht, »auf Wiedersehen in zwei, drei Jahren; und dich, kleiner Bruder, sehe ich ja übernächstes Jahr auf jeden Fall!« Er hob den Koffer an und ging mit festem Schritt zur Tür hinaus.

»Auf Wiedersehen, mein Junge!«, flüsterte Maria, die ihm nachsah, bis er um die Ecke der engen Gasse gebogen war.

Nein, ich bin nicht mit zur Beerdigung nach Rothenburg gefahren. Was sollte ich auch da? Habe die Frau doch kaum gekannt! Ganz im Gegensatz zur Oma väterlicherseits. Bei ihr in Stuttgart nämlich war ich während der Ferien. Irgendwann kam dann der Anruf, über die Nachbarn, die Oma selbst hatte ja noch kein Telefon. Meine Mutter habe angerufen, die Rothenburger Oma sei gestorben, ganz plötzlich, Gehirnschlag.

Ich habe das achselzuckend zur Kenntnis genommen. Der Tod einer mir fremden Frau, die in mir völlig fremden Verhältnissen gelebt hatte. Die Katastrophe, die es für die Familie war, habe ich nicht gespürt. Ich war ja erst zehn Jahre alt damals.

31. Dezember 1965

Niemand in der alten Stadt konnte sich daran erinnern, dass jemals so viele Menschen an einer Beerdigung teilgenommen hatten wie an diesem letzten Tag des Jahres 1965. Die Türen der Friedhofskapelle waren weit geöffnet, um den zahlreichen Trauernden, die keinen Platz mehr in dem Gotteshaus gefunden hatten, Gelegenheit zu geben, die Predigt des Pfarrers zu verfolgen.

Es war ja weiß Gott keine »besondere« Familie gewesen, die von dem Todesfall betroffen war. Keine dieser alteingesessenen Rothenburger Patrizierfamilien. Ganz im Gegenteil, die Leute im Alten Keller waren bitterarm gewesen – eher Hungerleider, keine reichen Bürger, und auch Grundbesitz war ja praktisch nicht vorhanden. In Rothenburg hatten die Staudachers auch nie eine herausragende Rolle gespielt, sie waren weder jemals in den Stadtrat gewählt worden, noch hatte man sonst eine irgendwie gewichtige und gesellschaftlich angesehene Position innegehabt. Und so hatte eigentlich niemand in Rothenburg damit gerechnet, dass so viele Menschen der Verstorbenen das letzte Geleit geben würden – einer einfachen, armen Frau, die lediglich ein kurzes, hartes Leben gelebt hatte. Aber es war, wie der Pfarrer in seiner Predigt hervorhob, ein segensreiches Leben, das Leben der

Maria Staudacher

geboren am 15. Mai 1903 in Rothenburg und gestorben am 29. Dezember 1965 in Rothenburg – das Leben meiner Großmutter, Niemands Tochter.

Die wahren Abenteuer eines kleinen Prinzen

Simone de Saint-Exupéry
FÜNF KINDER IN EINEM PARK
Die Kindheit
des »Kleinen Prinzen«
Biografie
240 Seiten mit
s/w-Abbildungen
ISBN 3-404-61520-4

Antoine de Saint-Exupérys Schwester entführt den Leser in diesem Buch in eine längst vergangene Welt. Sie lässt die Kindheit der fünf Geschwister im Park des Schlosses von Saint-Maurice lebendig werden, wo die Familie die Sommer verbrachte. Ihre Schilderungen der heiteren Erlebnisse, der Freude an Streichen und Spielen bis hin zur Schwelle des Erwachsenwerdens ermöglichen einen tiefen Einblick vor allem in die Kindheit ihres Bruders Antoine und erklären viele Passagen in seinen Werken.

Bastei Lübbe Taschenbuch

Werburg Doerr

„Flieg, Maikäfer, flieg"

Eine Kindheit jenseits der Oder

Aus der Perspektive des heranwachsenden Mädchens erzählt Werburg Doerr Alltagserlebnisse aus ihrer Familie, aus Hof, Feld und Jagd. Sie beschreibt die jährlich wiederkehrenden Riten und Feste auf dem Rittergut ihrer Eltern, Hans und Ruth von Wedemeyer geb. Kleist-Retzow. Sie berichtet über die Folgen des Kriegseinbruchs im Dorf und erzählt von Geschwisterrivalität, kindlichem Schmerz und überschwänglicher Freude. All diese Erlebnisse fügen sich wie Mosaiksteine zum Bild einer für immer untergegangenen, in sich geschlossenen kleinen Welt und einer Zeit, die Jahrhunderte zurückzuliegen scheint und doch erst gestern zu Ende ging.

320 Seiten, gebunden